低碳经济视角下
易腐品供应链的
运营优化与协调管理

柏庆国　徐健腾　马雪丽　著

清华大学出版社
北京

内 容 简 介

本书从低碳经济视角全面、系统地介绍了易腐品供应链的运营优化与协调管理。全书共分13章：第1~2章介绍了低碳减排的实施背景、易腐供应链管理的研究现状与进展；第3~6章从企业的视角介绍了受不同碳政策规制的供应链在不同需求环境下的运营优化策略；第7~12章重点介绍了低碳减排下二级易腐品供应链的协调策略；第13章介绍了多级生鲜品供应链在随机需求下的低碳运营优化。

本书一方面能够给实际供应链管理者在进行决策时提供理论指导，另一方面也能对从事该领域的研究工作者提供基本的方法和技术。因此，本书可以作为高等学校管理科学、工商管理、运筹学及其相关专业研究生的教材或参考书；同时也可供上述相关领域的科研工作者参考。

版权所有，侵权必究。举报：010-62782989，beiqinquan@tup.tsinghua.edu.cn。

图书在版编目（CIP）数据

低碳经济视角下易腐品供应链的运营优化与协调管理 / 柏庆国，徐健腾，马雪丽著.
北京：清华大学出版社，2025.5. -- ISBN 978-7-302-69044-3
Ⅰ. F252
中国国家版本馆 CIP 数据核字第 202509KU38 号

责任编辑：陈凯仁
封面设计：常雪影
责任校对：薄军霞
责任印制：刘海龙

出版发行：清华大学出版社
网　　址：https://www.tup.com.cn，https://www.wqxuetang.com
地　　址：北京清华大学学研大厦A座　　邮　编：100084
社 总 机：010-83470000　　邮　购：010-62786544
投稿与读者服务：010-62776969，c-service@tup.tsinghua.edu.cn
质量反馈：010-62772015，zhiliang@tup.tsinghua.edu.cn
印 装 者：三河市科茂嘉荣印务有限公司
经　　销：全国新华书店
开　　本：170mm×240mm　　印　张：18.25　　插　页：6　　字　数：366千字
版　　次：2025年6月第1版　　印　次：2025年6月第1次印刷
定　　价：89.00元

产品编号：107080-01

前言

随着现代商业零售模式的持续发展和人民生活水平的不断提高,易腐类产品作为居民消费必需品在日常销售中所占的比例不断增加。然而,该类产品的高损耗属性决定了其对仓储和周转效率的要求极高,特别是在面对较低的订单频率时,此类产品的库存与定价策略受到了极大的挑战。另外,易腐类产品在流通的每一个环节都需要保证产品具有较高的新鲜度,其不菲的物流配送与存储成本给供应链上下游企业的有效协调增加了难度。2017年10月,国务院办公厅印发《关于积极推进供应链创新与应用的指导意见》,首次将供应链创新与应用上升为国家战略。党的二十大报告明确提出,要着力提升产业链供应链韧性和安全水平。艾媒咨询提供的2020年中国跨境电商行业趋势研究报告显示供应链能力是企业高质量发展和成功与否的关键。这些政策和报告都表明解决以易损耗为属性的易腐品供应链优化和可持续性管理已经被政府和企业提上日程。

易腐类产品在存储和物流配送过程中需要严格的低温控制和较好的保鲜技术,这使该类产品需要消耗更多的资源,从而在运营过程中排放出更多的二氧化碳。近年来,由于人类经济活动而引起的二氧化碳过度排放问题已经成为全球关注的焦点之一,许多国家和企业制定了相应的二氧化碳减排措施和目标。我国长期致力于降低碳排放,2020年9月,我国政府在联合国大会上提出力争2030年前使二氧化碳排放达到峰值,努力争取在2060年实现碳中和。为了有效控制碳排放及实现减排目标,碳限额与交易等诸多政策被许多国家和地区所采用,目前我国已建成全球规模最大的碳市场和清洁发电体系。供应链企业是碳排放的主体,而碳减排政策的实施则改变了供应链的决策环境和运营目标,同时也给易腐品供应链的运营优化和协调管理带来了新的挑战。

本书综合利用凸优化、分布式鲁棒优化、博弈论、契约理论等相关理论及算法设计,系统探讨了低碳减排约束下易腐品供应链的运营优化与协调管理。首先,本书从企业的视角探讨低碳减排对确定型和随机需求环境下易腐品运营策略的影响;其次,针对易腐品供应链,本书探讨了不同碳减排政策下的联合订购策略;最后,基于契约协调理论,本书系统分析了不同结构下易腐品供应链的低碳协调策略。本书的主要研究工作和结论包括以下几个方面。

(1)以确定型需求环境下供应链企业为研究对象,系统分析了不同碳政策下易腐品的运营策略。通过碳税政策下易腐品具有多分销渠道的联合库存和定价模型得出当易腐品的销售价格小于某一阈值时,零售商应该采用多订购模式;否则只需在计划期内订购一次即可。通过碳限额与交易政策具有时变销售价格的易腐品库存优化模型得出零售商在有限计划期内的库存优化策略能够实现高利润和低排放的效果。

(2) 以不确定型需求环境下供应链企业为研究对象,系统分析了不同碳政策下生鲜品的鲁棒运营策略。在仅能获取需求随机因子的期望和方差时,通过碳限额与交易政策下生鲜品的分布式鲁棒优化报童模型得出碳限额与交易政策的实施能够降低需求信息缺失对生鲜品运营绩效的影响。进一步,通过碳补偿政策下生鲜品的分布式鲁棒优化报童模型,得出生鲜品企业投资减排技术能够有效改进企业的经济和环境双重绩效。

(3) 以由一个制造商和一个零售商组成的二级供应链为研究对象,系统分析了碳限额与交易政策及碳税政策下的供应链联合库存策略,分别构建各碳减排政策下二级易腐品供应链库存优化模型,得出在时变销售价格、有限计划期和零售商处仓库容量有限的综合因素影响下,受碳限额与交易政策规制的供应链运营绩效要优于受碳税政策规制的系统运营绩效。

(4) 以由一个制造商和一个零售商组成的二级供应链为研究对象,系统分析了碳税和碳限额与交易政策下的供应链协调优化策略。当制造商生产能力有限且需要生产准备时间时,构建了受碳税政策规制的二级易腐品供应链在有限计划期的博弈决策模型,得出与收益共享契约相比,供应链在两部收费契约下能够实现帕累托改进,而此时会产生更多的碳排放。当制造商生产能力无限且时变需求同时受销售价格、促销努力与零售商当前库存水平的影响时,构建了受碳限额与交易政策规制的易腐品供应链在单周期的博弈决策模型,得出具有拉动式生产模式的该系统在收益共享契约下能够实现帕累托改进和碳排放的降低。进一步,当时变需求同时受零售商促销水平、产品销售价格和制造商可持续技术水平的多重影响时,构建了受碳限额与交易政策规制的易腐品供应链在单周期的博弈决策模型,得出具有按订单生产模式的该系统在收益与成本分摊契约以及两部收费契约下都能实现帕累托改进。然而,与收益共享与成本分摊契约协调下的供应链相比,低碳减排下的二级易腐品供应链在两部收费契约协调下的运营策略更具有鲁棒性。

(5) 以由一个制造商和两个竞争零售商组成的二级供应链为研究对象,系统分析了碳限额与交易政策下该系统的供应商管理用户库存模式与协调优化策略。当具有价格竞争的两个零售商的市场需求都受到制造商绿色技术和产品销售价格的影响时,构建了易腐品供应链在供应商管理用户库存模式下的单周期博弈决策模型,得出收益共享契约协调该供应链系统的条件。此外,基于微分博弈方法,构建了由一个供应商和一个零售商组成的二级冷链系统在动态环境下的决策模型,得出当供应商获得的收益比例能被控制在一定范围内时,在改进后的双边成本分摊契约下该冷链系统成员的效益都能实现帕累托改进。

（6）以由一个供应商、一个第三方物流服务供应商和一个零售商组成的三级供应链为研究对象，系统分析了碳限额与交易政策下面对随机需求时的供应链协调优化策略。当产品的随机需求同时受到新鲜度、价格和随机因素的影响时，构建了受碳限额与交易政策规制的生鲜农产品的三个供应链博弈决策模型，得出收益共享与成本分摊契约能够使三级生鲜农产品供应链的所有成员实现帕累托改进。

总体上，本书框架是由相互联系、逐层递进的四大部分研究内容构成。第一部分由第1章和第2章构成，是本书研究问题的现实背景和理论进展。第二部分由第3~6章构成，该部分重点从供应链企业的视角探讨易腐品运营策略。第三部分由第7章构成，该部分从整体供应链的角度探讨易腐品运营策略。第四部分由第8~13章构成，该部分重点对不同结构的易腐品供应链系统分析了协调优化策略。

本书凝聚了作者近年来的主要科研成果，系统地对低碳减排条件下易腐品供应链的运营优化与协调策略进行研究。本书由柏庆国进行总体的设计、组织和统稿。其中，第1~5章和第7~11章由柏庆国和徐健腾完成；第6章由徐健腾和赵璇完成；第12章和第13章由柏庆国和马雪丽完成。研究生赵璇和刘世豪对本书的格式和参考文献进行了整理。

本书是在山东省泰山学者专项基金项目（项目编号：tsqun202103063、tsqn201812061）、山东省研究生优质教育教学资源建设项目（项目编号：SDJKC2023014）和山东省理论人才"百人工程"的资助下，追踪最新研究前沿，基于国家自然科学基金项目（项目编号：71771138、71702087）的相关研究成果撰写而成。

受限于作者的知识修养和学术水平，本书难免存在一些疏漏之处，恳请广大读者批评指正。

目录

第1章 绪论 ··· 1
  1.1 研究背景 ··· 1
    1.1.1 低碳减排政策的实施背景 ·· 1
    1.1.2 易腐品供应链的管理现状 ·· 3
  1.2 问题的提出与研究意义 ·· 4
    1.2.1 问题的提出 ·· 4
    1.2.2 研究意义 ·· 6
  1.3 全书主要结构 ··· 7

第2章 国内外相关研究综述 ··· 11
  2.1 易腐品库存优化模型 ·· 12
    2.1.1 无限计划期内的易腐品库存优化模型 ··································· 12
    2.1.2 有限计划期内的易腐品库存优化模型 ··································· 16
  2.2 易腐品供应链的协调优化模型 ··· 17
    2.2.1 易腐品供应链系统的优化策略分析 ······································ 18
    2.2.2 基于契约机制的易腐品供应链协调优化模型 ························ 20
  2.3 碳排放政策下的供应链优化模型 ··· 22
    2.3.1 碳排放政策下的库存优化模型 ··· 22
    2.3.2 碳排放政策下的供应链优化模型 ··· 24
  2.4 本章小结 ·· 27

第3章 碳税政策下易腐品的多分销渠道定价策略 ·· 28
  3.1 问题背景 ·· 28
  3.2 问题描述及假设 ··· 29
  3.3 模型的建立与分析 ··· 30
    3.3.1 模型的建立 ·· 30
    3.3.2 模型的分析与求解 ·· 32
  3.4 应用算例与灵敏度分析 ·· 34
    3.4.1 应用算例的计算结果 ·· 34

  3.4.2 碳税政策对混合分销渠道策略的影响 ……………………… 36
  3.4.3 相关参数的灵敏度分析 ………………………………………… 37
 3.5 本章小结 ………………………………………………………………… 40

第4章 碳限额与交易政策下易腐品的多周期库存优化策略 ……………… 42
 4.1 问题背景 ………………………………………………………………… 42
 4.2 问题描述与假设 ………………………………………………………… 43
 4.3 模型的建立和分析 ……………………………………………………… 45
  4.3.1 数学模型的建立 ………………………………………………… 45
  4.3.2 数学模型的求解 ………………………………………………… 46
  4.3.3 模型的进一步分析 ……………………………………………… 47
 4.4 数值算例 ………………………………………………………………… 48
 4.5 本章小结 ………………………………………………………………… 52

第5章 碳限额与交易政策下生鲜品的鲁棒订购策略 ……………………… 53
 5.1 问题背景 ………………………………………………………………… 53
 5.2 问题描述与符号假设 …………………………………………………… 54
 5.3 碳限额与交易机制下生鲜品的分布式鲁棒优化模型 ………………… 55
 5.4 算例分析 ………………………………………………………………… 58
 5.5 本章小结 ………………………………………………………………… 62

第6章 碳补偿政策下生鲜品的联合鲁棒订购和减排策略 ………………… 63
 6.1 问题背景 ………………………………………………………………… 63
 6.2 问题描述与符号假设 …………………………………………………… 64
 6.3 低碳减排约束下的生鲜品鲁棒优化模型 ……………………………… 66
  6.3.1 碳补偿政策下的鲁棒优化模型 ………………………………… 66
  6.3.2 碳排放补偿配额政策下鲁棒优化模型的性能分析 …………… 69
 6.4 应用算例 ………………………………………………………………… 70
 6.5 本章小结 ………………………………………………………………… 73

第7章 不同碳减排政策下易腐品供应链的联合订购策略 ………………… 75
 7.1 问题背景 ………………………………………………………………… 75
 7.2 问题描述与假设 ………………………………………………………… 76
 7.3 碳排放政策下模型的建立与求解 ……………………………………… 77
  7.3.1 二级供应链系统的基本模型 …………………………………… 77
  7.3.2 碳限额与交易政策下的二级易腐品供应链模型 ……………… 79

   7.3.3 碳税政策下的二级易腐品供应链模型 ……………………… 82
  7.4 算例分析 …………………………………………………………… 83
   7.4.1 基本算例的计算结果 …………………………………… 83
   7.4.2 仓库容量对供应链整体决策的影响 …………………… 84
   7.4.3 两类碳政策对供应链整体决策的影响 ………………… 86
  7.5 本章小结 …………………………………………………………… 89

第8章 碳税政策下易腐品供应链的协调优化策略 …………………… 91
  8.1 问题背景 …………………………………………………………… 91
  8.2 问题描述与假设 …………………………………………………… 92
  8.3 碳税政策下二级易腐品的供应链模型 …………………………… 93
   8.3.1 基本模型的建立 ………………………………………… 93
   8.3.2 分散式决策模型 ………………………………………… 95
   8.3.3 集中式决策模型 ………………………………………… 97
  8.4 碳税政策下基于契约机制的供应链协调 ………………………… 98
   8.4.1 收益共享契约下的供应链协调 ………………………… 98
   8.4.2 两部收费契约下的供应链协调 ……………………… 100
  8.5 算例分析 ………………………………………………………… 101
   8.5.1 基本算例的计算结果 ………………………………… 101
   8.5.2 碳政策对集中式和分散决策模型的影响 …………… 103
   8.5.3 两类契约机制下主要参数的灵敏度分析 …………… 104
  8.6 本章小结 ………………………………………………………… 106

第9章 碳限额与交易政策下基于收益共享契约的易腐品供应链协调优化策略 ……………………………………………………………… 107
  9.1 问题背景 ………………………………………………………… 107
  9.2 问题描述与假设 ………………………………………………… 108
  9.3 碳限额与交易政策下基于收益共享契约的供应链协调 ……… 109
   9.3.1 基本模型的建立 ……………………………………… 109
   9.3.2 分散式决策模型 ……………………………………… 110
   9.3.3 集中式决策模型 ……………………………………… 111
   9.3.4 收益共享契约下的供应链协调 ……………………… 112
  9.4 算例分析 ………………………………………………………… 113
   9.4.1 基本算例的计算结果 ………………………………… 113
   9.4.2 碳排放政策对集中式和分散决策模型的影响 ……… 114
  9.5 本章小结 ………………………………………………………… 117

第 10 章　碳限额与交易政策下基于不同契约的易腐品供应链协调策略与比较 ································ 118
10.1　问题背景 ································ 118
10.2　问题描述与符号假设 ································ 119
10.3　模型构建与分析 ································ 121
10.3.1　集中式决策模型 ································ 122
10.3.2　分散式决策模型 ································ 123
10.4　两种契约机制下的供应链协调 ································ 125
10.4.1　收益共享与成本分摊契约下的供应链协调 ································ 125
10.4.2　两部收费契约下的供应链协调 ································ 127
10.5　算例分析 ································ 128
10.5.1　数值算例 ································ 128
10.5.2　灵敏度分析 ································ 132
10.6　本章小结 ································ 135

第 11 章　碳限额与交易政策下易腐品供应链的供应商管理库存协调优化策略 ································ 136
11.1　问题背景 ································ 136
11.2　问题描述和符号定义 ································ 137
11.3　模型构建与分析 ································ 139
11.3.1　基本模型 ································ 139
11.3.2　分散式和集中式决策模型 ································ 141
11.3.3　基于收益共享契约的供应链协调优化问题 ································ 144
11.4　算例分析 ································ 146
11.4.1　数值算例 ································ 146
11.4.2　灵敏度分析 ································ 147
11.5　本章小结 ································ 154

第 12 章　低碳减排下二级冷链动态优化博弈模型 ································ 155
12.1　问题背景 ································ 155
12.2　问题描述与符号假设 ································ 156
12.3　碳政策下二级冷链动态优化模型 ································ 159
12.3.1　集中式情形下的动态优化模型 ································ 159
12.3.2　分散式情形下的动态优化模型 ································ 161
12.3.3　基于单边成本分摊契约的冷链动态优化模型 ································ 162
12.3.4　基于双边成本分摊契约的冷链动态优化模型 ································ 165

12.4 算例分析 ··· 168
      12.4.1 碳减排水平与保鲜技术水平的发展轨迹分析 ············· 169
      12.4.2 四种情景下渠道收益的比较 ································· 170
      12.4.3 消费者新鲜度偏好和环保意识对冷链系统的影响
             分析 ··· 171
      12.4.4 主要成本系数对冷链系统的影响分析 ······················ 174
      12.4.5 边际利润对冷链系统的影响分析 ···························· 176
   12.5 本章小结 ··· 178
   12.6 实践意义及其局限性分析 ·· 179

第 13 章 碳限额与交易政策下考虑生鲜努力的易腐品供应协调策略 ········ 181
   13.1 问题背景 ··· 181
   13.2 问题描述与符号假设 ·· 182
   13.3 三级生鲜农产品供应链优化模型 ······························· 184
      13.3.1 分散式供应链系统 ··· 184
      13.3.2 集中式供应链系统 ··· 188
      13.3.3 基于收益共享和成本分摊契约下的三级生鲜农产供应链
             协调模型 ·· 189
   13.4 算例分析 ··· 190
      13.4.1 数量/质量弹性和碳交易价格的影响 ······················ 190
      13.4.2 协调机制对各成员预期利润的影响 ······················· 193
   13.5 本章小结 ··· 195

参考文献 ··· 196

附录 ··· 211

第 1 章

绪 论

1.1 研究背景

1.1.1 低碳减排政策的实施背景

全球变暖是目前地球生态系统及人类社会面临的极其严峻的问题之一。世界气象组织(World Meteorological Organization,WMO)发布的《2020年全球气候状况》报告指出,2020年全球平均温度较工业化前水平高出约1.2℃,2011—2020年是有记录以来最暖的10年。联合国政府间气候变化专门委员会(Intergovernmental Panel on Climate Change,IPCC)在2021—2023年发布的第六次报告中首次用确定的口气指出:人类通过活动排放的温室气体已毋庸置疑引起了全球变暖,并且导致气候系统发生了前所未有的变化。联合国环境规划署的信息显示,虽然新冠疫情造成的全球经济衰退暂时抑制了新的温室气体排放,但对大气温室气体浓度没有明显的影响。2020年全球二氧化碳浓度已经超过410mg/m³。温室气体浓度的持续上升推动陆地和海洋温度达到创纪录的新高,加速了冰川融化和海平面上升,这些气候变化越来越多地影响着人类的生存环境。《中国应对气候变化的政策与行动(2021)》白皮书就指出,应对气候变化事关中华民族永续发展,也关乎人类前途命运。

为了有效地减少与降低二氧化碳的排放,实现人口、环境、资源的可持续发展,1997年12月联合国气候变化框架公约参加国第3次缔约方大会在日本京都召开,会议签署通过了旨在限制发达国家温室气体排放量以抑制全球变暖的《京都议定书》。这也是世界各国首次以国际法规的形式限制温室气体排放。欧盟及其成员国于2002年5月31日正式批准了《京都议定书》。作为负责任的国家,我国积极推动共建公平合理、合作共赢的全球气候治理体系,为应对气候变化贡献中国智慧和中国力量。面对气候变化的严峻挑战,我国于1998年5月签署并于2002年8月核准了《京都议定书》。2020年9月,我国政府在联合国大会上提出了"努力争取 2030 年前实现碳达峰,2060 年前实现碳中和"的应对气候变化的新目标。为了实现碳减排目标,根据《京都议定书》提供的碳减排机制框架,许多有效的政策[如碳限额与交易(carbon cap-and-trade)、碳税(carbon tax)、碳配额(carbon quota)]被众多国家和地区制定并用来控制二氧化碳的排放。碳限额与交易和碳税是目前被公认为比较有效的两种碳减排激励措施,其中,碳限额与交易政策指政府为了提高企业的减排积极性,将碳排放权市场化,即允许将碳排放权放在市场上进行交易;在此政策下,当企业的实际碳排放量小于政府规定的碳排放限额时,就可以将剩余的碳排放权出售,反之则需要从碳交易市场上购买相应的碳排放权;碳税政策指政府为了控制企业的碳排放量,对企业生产活动过程中排放的每单位二氧化碳征收相应的税额。这里,碳限额与交易是一种用市场手段来解决环境外部性问题以降低碳排放的重要政策,能以价格激励排放主体做出决策,相比碳税而言更灵活,也更容易为企业所接受。欧盟及其成员国在 2005 年建立了全球第一个实施碳限额与交易机制的欧洲碳排放权交易体系(European Union Emissions Trading System,EU ETS)。2013 年,我国在北京、天津和深圳等 7 个碳排放权交易试点先后启动了交易。自 2021 年 7 月 16 日全国碳排放权交易市场正式启动上线交易,我国就成为全球覆盖温室气体排放量规模最大的碳市场。芬兰是第一个实施碳税政策的国家,随后瑞典和挪威都在 1991 年实施了自己的碳税政策,截至 2021 年 1 月已有 35 个国家实施了碳税。我国尽管没有涉及碳税政策,但在 2018 年实施了《中华人民共和国环境保护税法》,旨在减少污染物排放、保护和改善环境、推进生态文明建设。

作为二氧化碳排放的主体,企业在碳减排政策的实施过程中扮演着重要的角色,在各种碳减排政策下,其经营决策与目标发生了根本改变。一方面,碳减排政策的实施使企业在进行生产的同时不得不考虑碳排放政策的约束,这增加了企业的运营决策难度;另一方面,在碳减排政策下,碳排放权的量化、动态价格及不同交易规则使企业的成本构成和销售收入发生了变化,这进一步影响了企业的利润计算。供应链是由若干个企业构成的,因此碳排放约束也给供应链的运营管理带来了新的机遇与挑战。带有碳足迹的产品将给供应链系统提供有利的竞争优势,例如,全球最大的零售商沃尔玛大部分的碳排放都是出自其供应链,为了减少事业对环境的冲击、应对零售行业的激烈竞争,沃尔玛在 2007 年要求其供应商寻求从能源、产品设计等方面减少碳排放量的方法,并在产品上标注碳足迹以向消费者显示其生产过程中排放的二氧化碳量,这些措施提高了沃尔玛的营销业绩同时也提升了社会声誉。

然而,供应链碳足迹的计算因为涉及产地、生产时间、工厂使用的能源来源、物流方式等众多复杂的因素,故其数据的准确性常常被公众质疑,而消费者对碳标签的认知不充分也会对碳标签所包含信息的准确性天然缺少足够的信任,进而影响对低碳产品的购买行为。与碳排放政策下单个企业的决策相比,供应链成员对低碳的重视程度不同,碳排放信息共享程度可能不够高,难以建立有效的协同机制以促进供应链碳减排目标的实现,这同时也增加了供应链间企业决策和协同低碳管理的复杂程度。尤其供应链系统中一些无碳约束的企业往往会拒绝接受其他企业在碳政策下做出的决策。例如,当供应链中某制造商在碳约束下给出的批发价格高于无碳约束条件下的批发价格时,下游分销商或零售商极有可能重新选择新的制造商进行订购。而若下游无碳约束下的零售商向上游制造商要求提供带有碳足迹的产品时,制造商通常也会希望零售商承担一定的减排成本,这也容易导致制造商和零售商不愿进行合作。因此,如何有效地对供应链系统在碳政策下进行协调管理、最大限度地实现系统减排效果成为当前决策者面临的新问题。正如明尼苏达大学商学院教授 Benjaafar 等(2013)指出的那样,碳排放约束下的供应链运营是近年来才开始受到关注的一个热点问题,社会需要一些定量研究方法来解决该类问题下供应链企业的成本或利润优化。

1.1.2 易腐品供应链的管理现状

供应链的概念源于价值链(value chain),前者强调了核心企业与供应商、与供应商的供应商的一切向前的关系,与零售商、与零售商的零售商的一切向后的关系。现代管理教育将供应链定义为"围绕核心企业,通过对信息流、物流、资金流的控制,从采购原材料开始到制成中间产品及最终产品,最后由销售网络把产品送到消费者手中的一个由供应商、制造商、分销商、零售商直到最终用户所连成的整体功能网链结构。"2017 年 10 月 13 日,国务院办公厅发布了《关于积极推进供应链创新与应用的指导意见》(简称《意见》),首次将供应链的创新与应用上升为国家战略,这既是一直强调降本增效的物流业获得跨越式发展的机遇,也是农业、制造业和服务业全面形成产业生态链从而获得全球竞争优势的机遇。

易腐品指在生产、运输或存储等过程中自身质量或数量会发生损耗变质的物品,比如实际生活中的水果、蔬菜、牛奶等。易腐类产品是居民日常生活所必需的消费品,对居民生活水平质量具有举足轻重的作用。然而,由于具有生命周期短、难以保存的特殊属性,此类产品很容易受到外界的物理条件(如温度、时间等因素)的影响从而使自身的质量和价值发生损耗和贬值。随着现代商业零售模式的持续发展和人民生活水平的不断提高,易腐类产品在日常零售中所占的比重不断增加。Ferguson 等(2007)指出在美国零售店每年获得的 400 亿美元销售收入中,易腐类产品的销售收入大约占到 50%。我国农业农村部食物与营养发展研究所研究显示,每年我国蔬菜、水果、水产品、粮食、肉类、奶类、蛋类七大类食物按重量加权平均损耗和浪费率合计达 22.7%,约 4.6 亿吨,其中生产流通环节食物损耗 3 亿吨,消费环节浪费 1.6 亿吨。因此,存储易腐类产品是供应链管理中的一个重要环节,而对易腐类产品库存模型的研究则一直受到理论研究者们的广泛关注(Ferguson et al.,2007;Dye et al.,2012)。20 世纪以来,电子商务的快速发展与消费者对高品质、健康产品需求的增长使易腐类产品在多分销商渠道下的定价策略与供应链的优化管理成为业界关注的焦点。例如,生鲜农产品一直被视为我国电商领域的"蓝海",中国电子商务研究中心检测数据显示,2022年全国生鲜电商交易规模达5601.4亿元,同比增长20.25%(这里的生鲜农产品也是一类特殊的易腐品),以永辉超市为代表的传统连锁零售商纷纷涉足生鲜电商并开通了网上渠道销售生鲜品。中国电子商务研究中心检测数据显示,生鲜农产品在原产地、仓储运输和"最后一千米配送"等环节的损耗率达到20%~30%。产品的高损耗决定了生鲜农产品对仓储和周转效率的要求极高,在面对较低的订单频率时,此类产品的库存与定价策略受到了极大的挑战。另外,生鲜品在流通的每一个环节都需要保证产品具有较高的新鲜度,而不菲的物流配送与存储成本则给供应链上下游企业的有效协调增加了难度。与此同时,易腐类产品在存储和物流配送过程中需要严格地保鲜,这使其消耗了更多的资源,从而对环境的影响不同于一般性产品,比如,果蔬类生鲜品在流通过程中需要严格的低温控制与较多的化学保鲜剂,这也导致了该类产品排放出过多的二氧化碳。因此,在碳减排约束下,易腐品的供应链决策者需要解决几个问题:低碳减排将给电子商务环境下易腐品的库存优化决策带来怎样的影响?在国家政策规制和企业技术投资双重减排驱动下,是否存在使易腐品供应链实现高利润和低排放的可持续协调策略?低碳减排对易腐品供应链库存优化与协调策略的影响是什么?……本书拟将解决这几个问题,为易腐类产品供应链的管理者提供理论依据和实践参考。

1.2　问题的提出与研究意义

1.2.1　问题的提出

易腐类产品的库存策略、易腐品供应链协调,以及碳排放政策下供应链的运营管理已经得到众多学者的研究,然而,这些研究为了便于得出结论而往往只考虑了问题的某一方面或者只对问题的某些特殊情形进行了建模分析,这样容易造成所得出的研究结论具有一定的局限性。因此,本书将在这些研究文献的基础上做进一步拓展和分析,具体地讲,本书将结合低碳减排下供应链库存优化和易腐品供应链运营管理两方面主题,利用凸优化、博弈论、契约理论等相关理论及算法设计详细探讨一般情形下易腐品供应链的运营优化与协调策略。

已有很多文献研究了易腐品库存策略,但都是假定供应链中某结点企业利用传统渠道销售产品(Goyal et al.,2003;Tiwari et al.,2016;Li G P et al.,2019)。然而随着电子商务的快速发展,越来越多的传统零售商开通了网上商店销售以生鲜品为代表的易腐类产品,由于顾客的严格要求,此类产品的库存与定价策略成为企业获利的关键,因此在混合分销渠道下考虑易腐品的联合库存与定价策略更符合实际情形。此外,考虑到易腐品在生产、运输和存储过程中会释放大量的二氧化碳等温室气体这一实际情形,本书将现有的易腐品库存优化模型拓展到碳税政策下具有多分销渠道的易腐品联合库存和定价模型,在此类模型中本书还考虑到了企业多次订购所具有的人类学习行为并分析了这种学习行为对库存和定价策略的影响。

一些文献对随机需求环境下生鲜品的库存优化进行了分析(Cai et al.,2014;Chen et al.,2018;郑宇婷等,2019),但这些文献都假设了生鲜品的随机需求分布信息完全已知和产品在库存运输过程中不会产生碳排放,在实际中,由于市场竞争激烈及响应速度滞后使市场需求的全部信息很难被精确获取。基于这一现实问题,本书在已知需求随机因子的期望和方差时构建了碳限额与交易政策下分布式鲁棒报童模型,求得了企业的鲁棒库存策略。进一步,本书还构建了碳补偿政策下生鲜品的分布式鲁棒优化模型,并求得了生鲜品的联合订购和减排技术投资策略。

一些文献分析了易腐品供应链系统的整体运作策略(Wu et al.,2014;Taleizadeh et al.,2015;Xu et al.,2017),还有一些则基于契约机制考虑了供应链成员的协调(Xiao et al.,2013;Zhang et al.,2015),但这些文献都忽略了易腐品对环境的影响,而本书将考虑二级易腐品供应链系统在碳排放约束下的整体运作策略。在实际中,各国政府实施了多种不同的碳排放政策,供应链管理者应该如何应对这些碳排放政策对自身运作决策的影响?面对这一实际问题,本书分别建立了碳限额与交易政策和碳税政策下的供应链整体库存优化模型,通过最优策略的求解分析使供应链实现高利润、低排放的碳排放政策。随着消费者对健康产品需求的增长,制造商将面对政府实施碳政策和消费者(或下游零售商)环保要求的双重压力,此时制造商往往会投资减排技术来降低产品的碳排放。针对这一实际情形,保持供应链的可持续性及系统成员的博弈决策也是本书的主要研究内容。

当前考虑碳约束下供应链运作优化的文献都没有分析产品变质对供应链的影响(Toptal et al.,2017;Bouchery et al.,2017;Feng et al.,2021)。而在实际中,经营以生鲜品为代表的易腐类产品的分销商往往由于和上游供应商或下游配送商无法有效协调而系统效率低下,这也是生鲜品分销商陷于亏损的主要原因之一。碳排放约束下易腐品供应链系统是否能够实现协调是本书的一个主要研究动机:一方面,本书考虑碳限额与交易政策下由一个制造商和一个零售商组成的易腐品供应链,针对多因素影响的时变需求情形、结合零售商订购周期的特点,利用收益共享、促销努力成本分摊契约及两部收费契约协调该类型供应链,系统地分析实现低碳减排下的易腐品供应链完美协调的条件;另一方面,针对由一个制造商和两个竞争零售商组成的易腐品供应链,本书构建了面对碳限额与交易政策与制造商投入减排技术双重驱动时供应商管理库存的供应链优化模型。本书利用传统的收益共享契约协调上述易腐品供应链,并对三个供应链成员接受收益共享契约的条件进行了分析及鲁棒性检验。

还有一些文献对生鲜农产品供应链的优化与协调进行了研究(Cai et al.，2013；Wu et al.，2015；曹晓宁等，2021)，这些文献大都聚焦随机需求环境并且没有考虑低碳减排对生鲜品供应链运营优化的影响。基于这一研究现状，本书考虑了由一个供应商和一个零售商组成的低碳生鲜品供应链在动态环境下的运营策略。当供应链成员投资保鲜技术来保持产品的新鲜度时，供应链会产生更多的碳排放，这也促使供应链投资减排技术来降低运营过程的碳排放。结合这一现实，本书利用微分博弈方法系统地探讨了生鲜品供应链在动态环境下的博弈均衡策略。而且，本书还进一步考虑了一个由供应商、第三方物流服务供应商和零售商组成的三级生鲜农产品供应链在碳限额与交易政策下的协调优化，在产品随机需求受到销售价格和新鲜度的影响且需求函数为乘积形式时，本书重点探讨了三级生鲜品供应链在收益共享和成本分摊契约下实现有效协调的低碳运营策略。

1.2.2　研究意义

碳排放约束下易腐品的运营管理是一个近年来供应链管理领域的研究热点，本书从微观的角度分析了低碳减排条件下易腐品的联合库存与定价策略及供应链的协调优化，得到的相关研究成果具有一定的理论价值和现实意义，具体表现如下。

1. 理论意义

尽管产品在生产、运输和存储等过程都会产生大量的二氧化碳等温室气体，然而低碳减排条件下的供应链运营管理则是最近几年才受到理论研究者的关注(Benjaafar et al.，2013)。为了降低建模难度和减少计算复杂程度，当前的相关研究文献大多数仅分析了非变质产品情形，但作为日常消费品，易腐品对环境的影响不容忽视，比如，为了保持新鲜度，易腐品需要特定的存储技术与恒定的低温条件，且这一过程会释放出更多的二氧化碳等温室气体。与传统的易腐品供应链优化模型不同，本书探讨了低碳减排对易腐品在多分销渠道下的联合定价和库存策略的影响，并对易腐品在需求分布信息部分已知情形下的可持续运营策略进行了鲁棒性检验。本书还进一步探讨了不同易腐品供应链的结构及它们在不同碳减排政策下的协调优化策略问题。与当前低碳视角下的企业运营管理研究相比，本书将研究对象拓展到易腐品，这符合企业的实际运营现状，且得到的成果丰富和完善了当前供应链运营管理的相关理论。而且，本书综合运用分布式鲁棒报童、凸优化、博弈理论，以及契约机制理论探讨低碳减排对易腐品供应链库存优化和协调策略的影响，扩展了这些理论和方法的应用范围，同时也为低碳供应链问题的研究提供了新的研究视角。

2. 实践意义

我国生鲜品市场被视为电商领域的"蓝海"。近年来，一线电商如京东、淘宝、苏宁易购、1号店等纷纷进军生鲜市场，而许多传统的零售商如永辉超市也开通了网上商店销售生鲜产品。然而,中国电子商务研究中心统计,国内生鲜电商领域大约有4000多家参与者,其中仅有4%营收持平,88%陷入亏损,7%是巨额亏损,只有1%能实现盈利。产品损耗大、物流配送成本过高及经营者与上游供应商或下游配送商的协调困难是当前众多生鲜电商无法盈利的主要原因。另外,以生鲜品为代表的易腐品对外部环境的要求明显不同于其他产品,故保持供应链的可持续发展成为了当前管理者面临的一个难题。结合上述现实背景,本书以易腐品为研究对象构建了低碳减排条件下易腐品的库存优化模型及不同结构的供应链协调模型。本书得到的研究结论能够为管理者在经营易腐品过程中实现高利润和低排放提供指导建议,有利于企业及其供应链实现可持续发展。而且,本书还系统地探讨了各类低碳减排措施对易腐品供应链库存优化和协调策略的影响,得出的管理启示能够为政府实施碳政策、深化农业供给侧结构改革提供一定借鉴和理论依据。

1.3 全书主要结构

本书分为"现实背景与理论进展""低碳减排下易腐品的运营优化""低碳减排下易腐品供应链的运营优化""低碳减排下易腐品供应链协调策略"四大板块,围绕这四个板块展开研究,得出的研究结果由13章构成,章节结构见图1-1。本书各章节的主要内容如下。

第1章主要介绍了本书研究的选题背景、研究理论意义和实践意义,梳理了本书的总体结构和框架。

第2章归纳了与本书相关的三个方面主要研究内容:易腐品库存优化模型、易腐品供应链的协调优化模型,以及碳排放政策下的供应链优化模型,并对上述研究内容的相关国内外文献进行了系统的梳理和总结,明确了本书的主要研究内容和研究重点。

第3章研究了碳税政策下具有多分销渠道的零售商的联合库存与定价策略。以中百仓储超市有限公司(简称"中百仓储")开通网上商店进行销售变质类产品为实际背景建立了碳税政策下易腐品具有多分销渠道的优化模型,目标为极大化零售商在有限计划内的总利润。在模型中作者还考虑了零售商多次订购会产生的人类学习行为现象。通过分析模型最优解的相关性质,作者设计了求得最优订购次数、最优订购时间,以及最优销售价格的有效算法,以中百仓储销售某类易腐品为例进一步验证了本章的理论研究成果。

第4章分析了碳限额与交易政策在有限计划期内库存策略对零售商的影响。在本章中,作者考虑了易腐品的销售价格随时间的连续动态变化,并以有限计划期内总利润最大为目标建立碳限额与交易政策下的库存优化模型,通过证明该模型最优订购策略的唯一性,求解出易腐品最优订购次数的解析式,然后,与无碳约束情形和以碳排放量最小为目标的碳模型分别进行比较,得出了零售商实现高利润

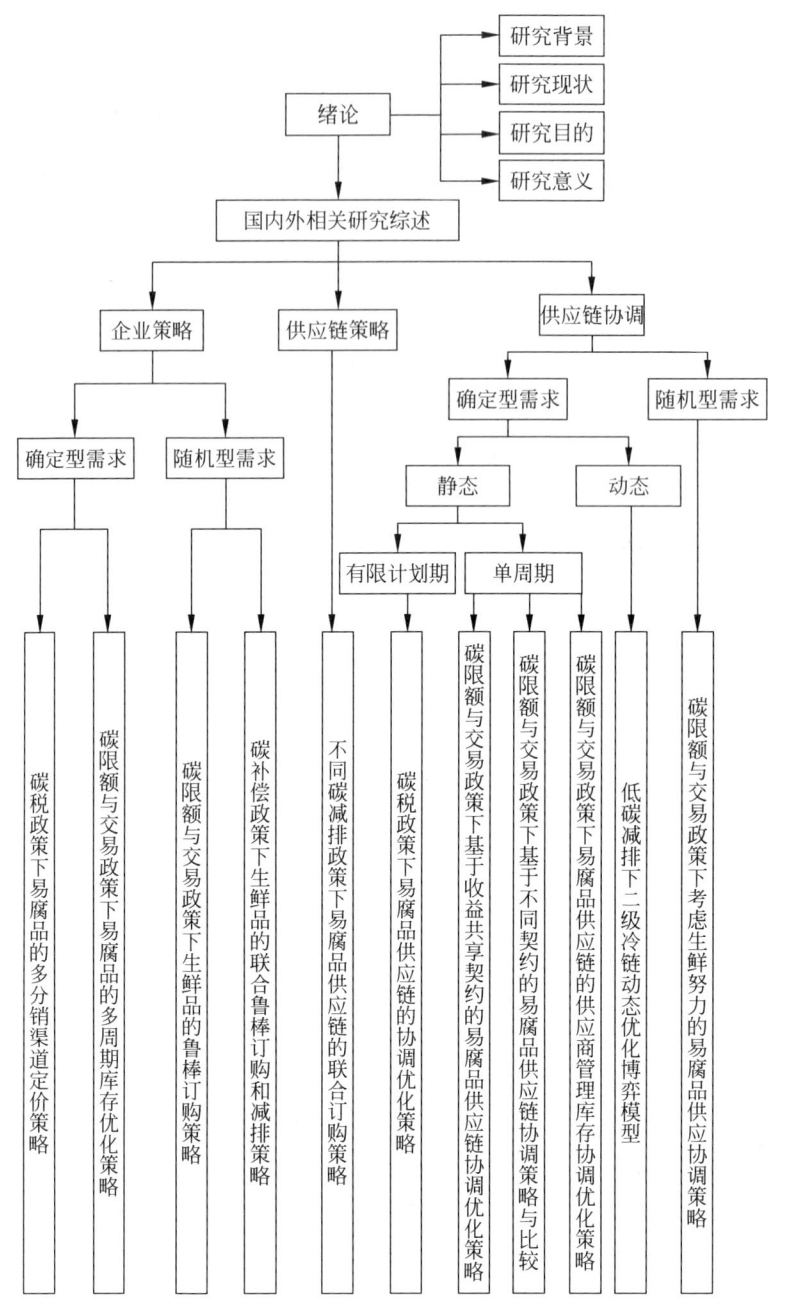

图 1-1 文章结构图

和低排放的条件。

第 5 章研究了碳限额与交易政策下生鲜品零售商在已知需求信息部分的情形下的订购策略。在本章所考虑的问题中，零售商在固定的时间内将订购的产品运到销售市场，产品的运输和存储阶段会产生碳排放。当市场需求随机因子的概率分布信息未知而随机因子的期望和方差为已知时,本章构建了碳限额与交易政策下生鲜品的分布式鲁棒优化模型并将其与无碳政策规制的情形进行比较。最后,本章结合数值算例比较了最坏分布情形下与需求服从正态分布时的订购策略,得出已知需求分布信息部分对生鲜品库存优化的影响。

第6章在第5章问题的基础上进一步研究了生鲜品企业在碳补偿政策下的联合库存与减排技术投资策略。考虑到生鲜品企业会通过投资减排技术来降低产品保鲜过程中的碳排放,本章针对需求随机因子的期望和方差已知的情形构建了碳补偿政策下生鲜品的分布式鲁棒优化模型。通过分析该模型最优解的相关性质,本章利用KKT(Karush-Kuhu-Tucker)条件求得生鲜品的联合订购和减排技术投资策略,并将其与未进行减排投资的情形进行了比较。

第7章研究了二级易腐品供应链在碳限额与交易政策和碳税政策下的整体库存优化策略。本章所考虑的供应链系统具有几个特点:系统运行在有限计划期内、零售商自身仓库容量有限制、产品的销售价格为时变价格而市场需求为常数、制造商为碳排放主体且碳排放与生产量有关。在碳限额与交易政策和碳税政策下,本章分别构建了二级供应链整体库存模型,利用优化理论的方法证明了各模型最优库存策略的相关性质并将两种碳排放政策下的系统总利润与无碳约束的情形进行了比较。

第8章研究了制造商生产能力有限制和生产准备时间情形的二级易腐品供应链在碳税政策下的协调优化策略。针对有限计划期内的易腐品供应链,制造商的生产准备时间为固定常数且其生产和存储的过程是产生碳排放的主要来源。此外,产品的时变需求同时受到零售商的销售价格和促销努力水平影响。本章首先建立和比较了分散式和集中式决策下的供应链模型,得出制造商和零售商合作能够使供应链的利润值至少增加三分之一。然后,本章证明收益共享契约和两部收费契约使易腐品供应链实现双赢时契约因子满足的条件。最后,本章结合数值算例检验了相关系数对供应链协调和碳排放的影响。

第9章研究了受碳限额与交易政策规制的二级易腐品供应链基于收益共享契约协调的优化策略。针对由一个制造商和一个零售商组成的易腐品供应链,作者针对单周期情形考虑了制造商生产能力无限、市场需求拉动(Pull)生产并且制造商和零售商共同承担促销成本。而且,时变需求同时依赖销售价格、促销水平和零售商的当前库存水平。本章首先建立了分散式和集中式决策下的供应链模型,得出制造商和零售商在碳限额与交易政策下合作尽管能增加利润值但是其利润值的增加存在一个上界值这一论断,然后,利用收益共享契约协调此模型求得了供应链实现双赢的充分必要条件,并结合数值算例检验了收益共享契约的协调效果。

第10章分析了由一个制造商和一个零售商组成的二级易腐品供应链在碳限额与交易政策下的协调优化。针对固定单周期的易腐品供应链,产品的需求具有时变属性且同时受到零售商促销水平、产品销售价格和制造商可持续技术水平的多重影响。本章首先构建和比较了集中式和分散式供应链决策模型,得出受碳限额与交易政策规制的成员相互合作给易腐品供应链带来的收益存在一个有限上界值的论断,然后,提出用收益共享、促销努力成本分摊,以及两部收费契约协调该供应链,通过分析所有供应链成员都接受契约的条件,从理论和数值分析的角度比较了这两个契约协调供应链的效果。

第 11 章将传统的供应链系统推广到由一个制造商和两个竞争零售商组成的易腐品供应链,还考虑了系统在供应商管理库存模式下受到碳限额与交易政策规制的制造商还投资绿色技术来降低碳排放的特殊情况,此时,制造商的生产和库存阶段是产生碳排放的主要来源。当每个零售商的市场需求都受到制造商绿色技术和产品销售价格的影响时,本章分别构建和比较了集中式和分散式决策情形的运营绩效。然后,本章利用收益共享契约协调了该易腐品供应链,并通过田口实验对协调策略进行了鲁棒性检验。

第 12 章研究了由一个供应商和一个零售商组成的低碳生鲜品供应链在动态环境下的运营策略。本章所考虑的供应链系统具有的特点是动态需求同时受到供应商的减排技术水平、保鲜努力,以及零售商的促销努力的影响。本章构建了四种不同结构生鲜品供应链动态优化模型,并利用微分博弈方法分别求解了这些模型的均衡策略,进一步利用数值算例检验和比较了生鲜品供应链在四种动态情形下的运营绩效。

第 13 章研究了由一个供应商、第三方物流服务供应商和零售商组成的三级生鲜农产品供应链在随机需求环境下的协调优化。在该供应链系统中,碳排放主要来自零售商的运输过程和第三方物流服务商进行保鲜存储的过程。当该生鲜农产品供应链受到碳限额与交易政策规制时,本章利用收益共享和成本分摊契约协调供应链并得出实现系统完美协调的条件。最后,本章结合数值算例检验了理论结果,以及相关系数对供应链运营策略的影响。

第2章 国内外相关研究综述

本书以易腐品为研究对象主要考虑了两个框架下的内容，一个是从企业的角度探讨易腐品在低碳减排政策限制条件下的运营策略，另一个则是从供应链的角度探讨易腐品在低碳减排政策限制条件下的优化与协调。作为居民日常生活所必需的消费品，易腐品的运营管理一直是理论研究者和实践工作者关注的焦点之一，该问题同时也是管理科学领域的一个研究热点。当前关于此类问题的研究文献特点主要是从微观层次的角度出发分析不同情形的解析模型，这些研究文献尽管考虑的角度和使用的方法不尽相同，但是都丰富了易腐品供应链管理的研究内容。与本书研究密切相关的一类文献是关于易腐品库存优化模型的研究，这一类文献主要分析了供应链中某结点企业如何确定最优的运营策略以使其成本或利润实现最优。在这些研究成果中，作者根据系统运行时间的特点将之分为无限计划期和有限计划期两类，其中按影响需求的因素又可被分为单因素影响需求和多因素影响需求两种情形。

与本章研究密切相关的第二类文献是对易腐品供应链运营优化与协调的研究。当前企业的竞争已经被转变为供应链之间的竞争，传统易腐品供应链运营优化与协调的研究文献都是将上下游企业作为一个整体分析供应链的运营决策。然而，实际中，供应链的成员都是主权独立而又相互依存的个体，个体的利益被极大化加剧了供应链成员之间的博弈。因此此类问题的研究文献还有一些基于契约理论考虑了易腐品的供应链运营优化与协调，这些文献的特点是重点分析了产品的变质属性对协调优化效果的影响。

与本章研究密切相关的第三类文献则是研究碳排放政策下的供应链运作决策的。碳排放约束下企业的运作优化是近年来供应链管理领域的研究热点，这主要是因为二氧化碳等温室气体的过度排放引起了一系列生态问题及社会公众对环保意识的持续关注。当前相关的研究文献多是分析低碳减排下企业运营决策或者供应链协调优化的，这些文献的特点是没有考虑低碳减排对易腐品运营企业和供应链的影响。

2.1 易腐品库存优化模型

易腐品的库存优化是供应链管理领域中的一个重要分支。在此类产品的经营管理过程中，当企业的库存量过大时，大量的产品很容易因为自身损耗而失去其应用价值和销售价值，从而给企业带来巨大的资金损失；另外，当易腐产品的库存量过小时，市场的需求往往会由于很难得到有效满足而导致企业的利润和商誉遭受损失，因此，寻找合适的库存策略是易腐品运作管理的关键。自20世纪60年代以来，易腐品的库存管理就受到了学术界和业界的广泛关注，Ghare 等(1963)首次构建了易腐品的库存微分方程，随后众多理论研究者从不同的视角对这一模型进行拓展并得到了大量杰出的成果。Nahmias(1982)、Raafat(1991)、Goyal 等(2001)、Bakker 等(2012)、Janssen 等(2016)，以及 Goldberg 等(2021)相继对2021年之前关于研究易腐品库存模型的文献进行了全面总结。当前的研究文献根据系统的运行时间可以分为无限计划期和有限计划期两类。

2.1.1 无限计划期内的易腐品库存优化模型

在易腐品的研究文献中，系统运行在无限计划期内的库存模型是一个受到关注最多的方向。此类问题的研究主要特点是基于传统的经济订货批量(economic order quantity，EOQ)模型确定易腐类产品的订购周期长度。根据影响需求函数的因素个数可以将此类问题分为两类：需求受单因素影响的易腐品库存优化模型和需求受多因素影响的易腐品库存优化模型。

1. 需求受单因素影响的易腐品库存优化模型

经典的 EOQ 公式自诞生以来在实际中就得到了广泛的应用，也取得了明显的经济效益。在 EOQ 模型中，市场需求被假定为一个常数，许多学者基于这一模型从不同的角度考虑了易腐类产品的情形，通过分析所构建模型的库存策略得到了大量杰出的成果。例如，Ouyang 等(2016)分析了供应商提前宣布涨价对零售商关于某类易腐品订购策略的影响，利用凸优化的理论方法证明出零售商最优订购策略的存在性和唯一性。Tiwari 等(2016)针对非立即变质产品的两货栈库存问题分析了延迟付款和通货膨胀对零售商在允许缺货情形下订购策略的影响。Huang 等(2017)研究了生产线存在从高生产率到低生产率现象的易腐品生产库存优化问题。Tai 等(2019)考虑了产品具有最大生命周期的易腐品库存优化问题，通过构建六个优化模型求解并比较了该类产品的联合检查和库存策略。Shi 等(2020)结合卖方向买方付款存在三种方式的实际情形构建了碳税政策下的易腐品库存优化模型，求得了相应的最优补货策略。Tiwari 等(2020)考虑了产品订单大小依赖贸易信贷时易腐类产品在允许完全缺货回补情形下的最优订购策略。Tai 等(2016)、Wu 等(2016)，以及 Otrodi 等(2019)还分别从其他视角建立了常数需求下的易腐品库存优化模型并求解出了最优的补货策略。

在商品销售过程中,产品展示能够对顾客产生激励性的影响从而吸引顾客购买更多的商品,Levin等(1974)强调库存的广告效应产生了这一现象。在易腐类产品的库存模型研究文献中,许多学者分析了库存水平影响需求时的最优订库存策略,例如,Lee等(2012)构建了市场需求线性依赖当前库存水平的易腐品库存模型,其中,企业可以通过投资保护技术降低产品的变质程度,他们分析求得了允许缺货且部分回补情形下的最优补货周期和保护技术投资策略,此外,通过数值试验分析了投资保护技术对企业利润的影响,研究发现企业通过投资保护技术可以有效地降低产品的变质程度,从而提高了服务水平和业务竞争力,最终将提升自身的利润。Mo等(2014)分析了两级信贷支付下多种易腐品的库存策略,在他们的模型中,企业的自身仓库有容量限制且每一类产品的需求线性依赖库存水平,他们的研究表明拉格朗日线性搜索方法可以有效地求解多种易腐品的最优补货周期长度和订购量。Pando等(2018)考虑需求率依赖当前库存水平的易腐品存储问题,并分别构造了非线性需求函数和产品持有成本为时间的非线性函数形式,他们以单位平均利润最大化为目标求解出易腐品的最优订购策略。Ghiami等(2020)将经典的两货栈库存问题推广到需求率线性依赖当前库存水平的易腐品情形,在传统的自有货栈/租赁货栈存储策略下分析求解出了使平均总成本最小的订购周期长度。

销售价格是影响需求的一个重要因素。在经济学中,需求与销售价格的关系分为两类:需求为价格的线性减函数,以及需求为价格的多项式函数。当前,这两类形式的需求函数被应用到了易腐品的库存模型中。Jaggi等(2014)研究了允许延期支付的两仓库易腐品库存模型,其中市场需求线性依赖销售价格,以及允许缺货且缺货全补,他们分析了先进先出(first in first out,FIFO)和后进先出(last in first out,LIFO)两种策略对企业补货和定价的影响,研究表明当企业考虑保持产品的新鲜度时应该采用 FIFO 策略,而当租借库存成本变大时则应采取 LIFO 策略。Bhunia等(2015)则通过粒子群优化(particle swarm optimization,PSO)算法求解了部分缺货回补的两仓库易腐品库存模型并分析了短缺后库存(inventory following shortage,IFS)和库存后短缺(shortage following inventory,SFI)两种策略对企业补货和定价的影响。Alfares等(2016)在传统的易腐品库存模型基础上考虑了市场需求率为销售价格的线性减函数、单位库存成本为存储时间的线性增函数,以及单位订购成本为订购量的减函数,他们以极大化零售商的平均总利润求得最优补货策略。Tiwari等(2016)在两级贸易信贷条件下构建了允许缺货的易腐品整合库存优化模型,他们在不同模式下求得了最优联合销售价格、补货周期,以及库存策略。Li G等(2019)研究了市场需求率依赖销售价格的非立即变质的易腐品库存优化问题,在他们的问题中,产品保护技术影响着不发生变质的时间长度及变质率,针对允许缺货和缺货部分回补两种情形分析,他们求得了最优联合价格、保护技术投资,以及库存策略。

易腐类产品对时间变化表现出了高度敏感性,在有效的时间内保持产品的新鲜度是库存管理者关注的焦点,因此,时变需求下的易腐类产品的库存策略得到了当前研究者的关注。Lin(2013)研究了需求为梯形时变函数的易腐品库存模型的订购策略,在产品变质率具有时变特征并且产品缺货率为顾客等待时间的负指数函数时,他们从理论上分析了模型最优解的存在性和唯一性,结合数值试验发现使零售商平均总成最小的补货周期长度不会受到市场需求、产品变质率,以及缺货率等具体函数表达式的影响。Sicilia 等(2014)考虑了一般时变需求函数下的易腐品库存模型,其中,零售商处允许缺货且缺货量全补,他们通过理论分析得出了最优订购策略的相关性质并通过数值分析进行了验证。Chen 等(2015)将产品变质率受时间影响的特征考虑进贸易信贷下易腐品的库存优化模型,他们假设产品需求率为下游信贷期长度的增函数,以系统平均总利润最大为目标求出最优联合库存和信贷策略。Pakhira 等(2020)将认知心理学中的记忆理论考虑进缺货部分回补的易腐品库存问题,针对时变需求函数的情形,他们构建了分数阶导数公式来定量描述易腐品库存系统中的记忆效应,并利用原始几何规划方法求得最优库存策略。San-José 等(2024)将时变需求函数构造为具体的乘方结构形式,重点分析了碳税政策对缺货全补策略下易腐品库存策略的影响。

国内的一些学者也对需求受单个因素影响的易腐品库存问题进行了研究。李嘉音等(2015)分析了需求依赖库存水平的易腐品在货架空间有限时的库存策略,在他们的模型中,被销售的产品展示在货架而其他的产品则被存储在仓库,研究表明当产品变质率大于某一个阀值时,零售商应该增加货架的库存量使平均利润增加;而当变质率小于阈值时,则零售商应增加仓库的库存量。曹裕等(2019)在提前支付购置成本的情形下考虑具有常数需求率和产品保质期的易腐品库存问题,她们针对不允许缺货和缺货部分挤压两种模式进行了分析,并求得相应的订购策略。艾学轶等(2020)将非立即变质易腐品的市场需求率构建为销售价格的乘积函数,针对不允许缺货的情形,他们求解该模型的最优联合保存技术投资、销售价格和库存策略。吴成锋等(2020)在常数需求率下构建了具有两层部分商业信用和顾客信用的易腐品库存模型,求出了企业的最优订货策略并结合数值算例进行了灵敏度分析。郑梦等(2022)将传统的经济订购批量模型推广到了需求线性依赖当前库存水平的易腐品库存问题,在采购价格不确定背景下求出了不允许缺货模型对应的在线采购策略。

2. 需求受多因素影响的易腐品库存优化模型

销售价格、促销服务与当前库存水平等是影响市场需求的主要因素,在实际中,这些因素往往同时影响着需求,而需求则受到多个因素的混合影响,给易腐品库存优化模型的建立与分析增加了难度,也使该问题成为当前理论研究者关注的一个热点。Wang 等(2014)研究了斜坡时变需求在同时受到销售价格影响下的易腐品库存模型,使用凸优化的理论与方法分析了最优销售价格和补货周期的相关性质,研究表明尽管零售商的平均总利润函数不是销售价格的凹函数,但是仍然可以通过理论分析验证存在有效的算法确定零售商的最优策略;Zhang J 等(2016)将时变服务水平考虑进依赖销售价格的需求函数中,并构建了动态环境下的易腐品库存优化模型,通过分析模型最优解的结构性质,他们设计了一个有效算法以求出易腐品的最优联合定价、服务、技术投资,以及库存策略;Feng 等(2017)针对产品新鲜度具有时变属性的易腐品构建了订购周期末库存量非零的库存优化模型,将时变需求率假设为销售价格指数函数时,他们重点求出了易腐品的联合最优销售价格、订购周期,以及库存策略;Li 等(2018)考虑了产品销售价格、参考价格和当前库存水平对易腐品时变需求的影响,利用构造的多因素时变需求率分析了最优联合销售价格和库存策略的相关性质并设计了求解方法;San-José 等(2018)将时变需求率构建为销售价格的对数概率函数和幂函数两种形式,在允许缺货回补的情形下,他们设计了一个有效算法以求解最优联合销售价格和库存策略;Liu L 等(2019)针对无限订购周期的易腐品库存模型在考虑产品保鲜程度和销售价格对时变需求影响的条件下,通过分析最优联合技术投资和销售价格策略的相关性质,结合数值算例求解了缺货部分回补情形下的最优联合策略;Feng(2019)将动态环境下易腐品需求率定量表示为销售价格和产品质量的复合函数,利用庞特里亚金极大化原理求出了最优的动态价格和质量投资策略以使易腐品企业的利润最大优化;Özbilge 等(2024)在报童问题的基础上考虑了产品销售价格和质量对生鲜品时变需求函数的影响,针对具有社会责任的食品企业构建了线性需求函数并求解了最优的联合价格和捐赠策略;Krommyda(2013)、Banerjee 等(2017),以及 Wu 等(2017)分别从其他视角建立了时变需求受销售价格影响的易腐品库存模型并确定了零售商的联合库存和定价策略。

  上述文献的特点是认为易腐类产品的时变需求同时受到了价格的影响,还有一些学者考虑了易腐品的需求会同时受到销售价格、广告支出或零售商当前库存水平的影响。Prasad 等(2016)研究了时变需求同时受到零售商当前库存水平影响的易腐品库存模型,其中产品变质率服从两参数韦布尔(Weibull)分布,在允许缺货且缺货量可以全部回补的情形下,他们求解了零售商的最优订购策略并分析了产品变质率对订购策略的影响,研究表明当产品变质率系数大于临界值 1.0 时,模型得出的库存策略适合变质率随时间增加的产品(如时尚的物品、食品与电子组件等),而当产品变质率系数小于临界值 1.0 时则该库存策略适合在最初阶段变质程度较大但随时间的推移而变质速度降低的物品。Khan 等(2019)在全部或部分体现贷款提前支付的前提下构建了易腐品库存优化模型,针对允许缺货的情形定量表示了受产品价格和当前库存水平线性影响的市场需求率,通过分析模型结构性质求得了最优补货策略;Khan 等(2020)随后对具有最大生命周期的易腐品库存问题构建了受广告水平和销售价格影响的产品需求率,通过分析部分缺货回补和不允许缺货两种模型分别求得了最优联合广告投入、销售价格和库存策略。

在国内的研究中，霍佳震等（2015）研究了易腐类产品在需求同时受到销售价格和库存水平影响时的联合定价和生产存储策略，其中，产品的生产能力有限且部分缺货量会通过延迟订购满足，他们结合数值算例验证了理论分析结果的应用性；刘国莉等（2015）考虑了不允许缺货的情形下易腐品的联合定价、营销和生产计划优化模型，在他们的模型中，需求依赖销售价格和营销成本，所以他们利用几何规划的方法求解了模型最优解并通过灵敏度分析检验了相关参数对最优策略的影响；赵连霞等（2019）将顾客具有延期支付信用期考虑进易腐品库存模型中，将市场需求构建为当前库存水平和延期支付信用期的复合函数，并针对缺货全补的情形求解和比较了延期支付和延期交货策略。

2.1.2 有限计划期内的易腐品库存优化模型

与无限计划期内易腐品库存模型的研究不同，一些学者通过研究有限计划期内易腐品的库存模型分析了产品变质对企业多次订购的影响，此类模型的特点是分析了多周期易腐类产品的订购策略。Gilding（2014）研究了通货膨胀对有限计划期内易腐产品库存策略的影响，考虑了时变需求条件下不允许缺货和允许缺货两类库存模型，利用优化理论的方法分析了最优订购策略的相关性质，研究发现通货膨胀影响了零售商在最终订购周期补货时间的同时决定了零售商订购周期的最优次数；Xu 等（2017）考虑了有限计划期内易腐品两货栈库存模型的四种策略，通过证明订购策略的最优性质，他们比较了修正的 FIFO、LIFO、修正的 LIFO 及 FIFO 策略的运营绩效；Ranjan 等（2022）构建了有限计划期内具有固定保质期的易腐品供应链库存优化模型，在假设企业会投资保鲜技术的基础上考虑了需求率依赖销售价格、当前库存水平、参考价格，以及产品生鲜度，利用优化理论求出了相应的最优联合动态运营策略。

上述文献在分析易腐品的订购策略时都是求解了使零售商在有限计划期内总成本最小的订购次数与订购或缺货时间，这些决策变量影响着各周期的订购周期长度，从而提升了所求解问题的复杂程度。还有一些学者考虑了固定订购周期长度的情形，将有限计划期内的订购次数作为决策变量求解了易腐品的库存策略。Ghoreishi 等（2015）考虑了市场需求受通货膨胀率和销售价格影响的非立即变质产品库存模型，其中允许顾客退货且退货率依赖产品需求率和销售价格，他们发现存在唯一的最优销售价格和订购次数以使零售商在有限计划期内总利润的贴现值最大并在允许延迟支付时，零售商获得的利润贴现值将增加；Dye 等（2016）将易腐品需求率定量描述为销售价格和参考价格的复合函数，在有限计划期内分析了易腐品动态联合定价和补货策略的最优性质并设计出相应的算法以求解该策略；Hsieh 等（2017）进一步考虑了易腐品需求率依赖产品销售价格、参考价格和当前库存水平，通过构建多周期动态定价模型求出易腐品的最优运营策略；Duan 等

(2018)考虑了随机需求线性依赖销售价格的易腐品库存问题,在有限计划期内联合动态定价和生产策略构建了以总期望利润最大的优化模型,并利用随机控制方法求出了联合动态策略的解析式;Chen 等(2019)将产品变质率量化为服从指数分布的变量并进一步将时变需求率表示为销售价格和当前库存水平的复合函数,在假设不允许缺货情形下设计了一个算法以求解有限计划期内的最优补货周期策略;Dye(2020)分析了多订购周期内易腐品的动态联合定价、广告投入和库存控制问题;Tashakkor 等(2018)和 Chen 等(2018)分别从其他视角分析了易腐品在有限计划期内的最优补货策略。

在国内早期的研究中,余大勇等(2008)建立了已知物品有效期情形下的易腐品库存优化模型,假设市场需求率依赖当前库存水平,设计了有效算法以求该类产品在有限计划期内的最优库存策略,研究表明零售商每次订购较高库存水平的物品时尽管能够促进销售量但是也产生了更多的过期产品,这些过期的产品通常会出现在订购时间为物品有效期整数倍的时刻;陈军等(2009)考虑了市场需求依赖当前库存水平的某类易腐品在有限计划期内的库存优化模型,其中产品的保质期具有时间约束,他们针对计划期长度不是订购周期长度整数倍的情形分析了允许修正计划期时零售商的两次订购策略,研究表明当计划期长度在允许变动的范围内时,缩短订购周期长度有利于零售商获得更多的利润,而若超过了计划期的合理变动范围时,则零售商应该将订购周期长度控制在保质期内。近年来,柏庆国等(2017)构建了多分销渠道下易腐品的库存优化模型,在该模型中,他们假设线上渠道的需求率为销售价格的线性减函数而实体渠道的需求率为销售价格和当前库存水平的线性函数,通过分析最优销售价格和补货策略的相关性质给出了相应的求解方法并结合实际案例检验了理论结果;张金隆等(2018)则在新产品情境下量化了多次购买引起的需求演化函数,通过建立易腐类新产品的联合定价和动态批量补货模型探讨了重复购买对易腐品定价和库存优化策略的影响。

2.2 易腐品供应链的协调优化模型

随着信息技术的发展和经济全球化水平的提高,企业之间的竞争逐渐发展成为供应链之间的竞争。作为提升供应链整体竞争力的重要手段之一,供应链的协调受到了理论研究者和实践工作者的广泛关注。在意识到协调对优化系统整体利益的重要性之后,Thomas 等(1996)对多级供应链协调的研究现状进行了全面总结。另外,随着现代生活品质的提高,人们对易腐品质量的要求也越来越高,但因为此类产品具有容易损耗、保鲜周期短的特征,所以给其供应链的运作管理带来巨大的机遇与挑战。例如,生鲜农产品是典型的易腐类产品,该类产品的线上销售业务也一直被视为我国电商领域的"蓝海",中商产业研究院发布的《2022—2027 年中国生鲜电商产业需求预测及发展趋势前瞻报告》显示,2023 年我国生鲜电商交易规模约 6427.6 亿元,同比增长 14.74%。然而,该类产品在原产地、仓储运输和"最后千米配送"等环节的损耗率却达到 20%～30%。整合供应商、提高配送效率及降低物流成本是生鲜品运营商提升核心竞争力与极大化自身利润的重要途径,在此背景下,易腐品的供应链协调优化成为当前运作管理领域的一个研究焦点。

2.2.1 易腐品供应链系统的优化策略分析

产品的保鲜要求对供应链的协调提出了新的问题,当前众多学者从整体优化的角度研究了易腐品供应链的库存策略。Wu 等(2014)考虑了时变需求线性依赖零售商当前库存水平的二级易腐品供应链(其中制造商采取按批量生产的方式满足零售商在有限计划期内的订单),他们分析了商业信用对系统订购策略的影响,研究表明信贷周期的长度对制造商和零售商的库存成本与生产或订购固定成本有着重要的影响,这意味在合作决策的条件下零售商和制造商应该建立或采用良好的信贷机制;Chen 等(2017)构建了由一个分销商和一个零售商构成的二级易腐品生产库存优化模型,他们假设产品变质率具有指数变化特征,而生产率为决策变量,然后设计了几个近似算法以求解模型对应的最优生产率,研究结果表明将生产率作为决策变量的易腐品库存优化模型能够有效降低运营阶段的库存和产品损耗;Liu L(2019)将运输时间和产品损耗考虑进由一个分销商和一个零售商组成的易腐品供应链,通过构建以供应链总成本最小为前提的数学模型设计了近似算法以求解最优的生产和运输策略;Lin 等(2019)对由一个分销商和一个零售商组成的易腐品供应链构建了在允许延期支付条件下的两阶段联合生产与库存优化模型,他们假设产品在运输和销售过程存在损耗现象,通过定义可变容量利用率等相关概念分析出联合生产与库存模型的最优结构性质,进一步设计了几个算法以求解最优运营策略;Huang X 等(2021)考虑到通货膨胀对易腐品联合定价和补货策略的影响,利用贴现现金流模型来衡量下游零售商的收益,在此基础上分别研究了通货膨胀和不考虑通货膨胀两种情形下的库存优化策略,研究结果表明通货膨胀明显地影响着易腐品的销售价格和补货策略,而且与一般性产品相比,易腐品的利润更适合用贴现现金流模型衡量。

上述文献在进行分析时都是以供应链整体利润最大或成本最小为目标研究易腐品的联合运营策略,还有一些学者从供应链个体成员的角度分析易腐品的博弈均衡策略。Chen(2017)针对由一个供应商和一个零售商组成的易腐品供应链考虑了生产成本、库存持有成本和供应链运营绩效均受到系统中不稳定生产的影响这一情形,分析并比较了供应链成员在相互合作和独立决策时的联合定价和补货策略;Tiwari 等(2018b)考虑由一个制造商和一个零售商组成的易腐品供应链在零售商展示仓库容量有限情形下的补货策略,假设需求率依赖销售价格和当前库存水平而分别构建了制造商和零售商合作、不合作,制造商或零售商分别具有权力地位四种情形下的优化模型,通过证明各模型最优策略的相关性质、结合数值算例比较了易腐品的联合运营策略；Mahmoodi(2019)构建了两个可替代易腐品的线性价格依赖需求函数,在此基础上研究和比较了两个相互竞争的零售商面对允许缺货和不允许缺货时的最优联合定价和补货策略；Liu L 等(2021)考虑了一类易腐品具有时变产品变质率和需求非线性依赖销售价格,利用主从博弈方法构建了由一个制造商和一个零售商组成的供应链模型,通过求解该供应链的博弈策略得出当产品变质率较高或较低时,制造商应该在一定条件下改善存储条件来提高供应链运营绩效的结论；Liu M 等(2021)探讨了生鲜产品的信息共享对电子零售供应链运营绩效的影响,假设供应商提供保险服务而零售商提供增值服务时,研究发现当产品新鲜度高于一定阈值时,电子零售商会自愿共享信息。He 等(2022)考虑了由一个供应商和一个零售商组成的非立即变质易腐品的供应链,以时变需求非线性依赖销售价格这一假设为基础探讨了获取和披露市场信息对供应链联合定价和补货策略的影响；Beullens 等(2022)以企业利润函数为其现金流的净现值,在此基础上分别研究并比较了供应商和零售商合作与不合作时易腐品的补货策略。

上述文献在进行分析时都考虑了由一个供应商和一个零售商组成的二级供应链。还有一些学者研究了由一个供应商和多个零售商或多个供应商与一个零售商或多个供应商和多个零售商组成的二级供应链系统。Ghiami 等(2015)考虑了由一个制造商和多个零售商组成的易腐品生产存储系统(其中制造商的生产能力有限),发现当制造商的生产能力较强时,由模型得出的订购策略能够精确地反映实际情形,反之则存在一定的误差；Taleizadeh 等(2015)考虑了供应商库存管理(vendor managed inventory,VMI)模式下由一个供应商和多个相互独立的零售商组成的二级易腐品供应链(其中各零售商处的需求依赖销售价格),利用施塔克尔贝格(Stackelberg)方法分析了供应商和零售商在独立决策时的订购策略,研究表明产品变质率变大时供应链在独立决策下获得的总利润会增加,并且更多的零售商参与决策会增加供应链的总利润；Chen(2018)考虑了由一个制造商和多个存在价格竞争的零售商组成的易腐品供应链,首先考虑准时配送时 VMI 模式的供应链集中补货决策,在此基础上,又考虑了具有独立补给的分散决策模式,通过比较这两个模式他们研究发现,与独立补给模式相比,尽管 VMI 对供应链整体有着系统优势,但是对制造商和各零售商的影响是不同的。

与上述研究二级供应链系统的文献不同,还有一些学者对多级供应链系统的运作策略进行了研究。考虑到此系统的复杂程度,当前研究成果还不是很多。Rau 等(2003)考虑了由一个供应商、一个制造商和一个零售商组成的三级易腐品供应链(其中制造商的生产率和市场需求率为常数),他们分析了使系统总成本最小的生产订购策略,研究表明当三方成员地位平等时,相互合作是供应链系统取得最小成本的最好选择；Giri 等(2014)考虑了由一个供应商、一个制造商和一个零售商组成的三级易腐品供应链(其中市场需求线性依赖销售价格),分别研究了集中式决策模型和零售商为主导者的施塔克尔贝格(Stackelberg)博弈决策模型,研究表明集中式决策模型下供应链系统能够获得更多的利润,而在博弈模型下零售商常常会通过降低销售价格来提高需求,从而使三方成员实现均衡;Shah(2017)考虑了由一个制造商、一个分销商和一个零售商组成的三级易腐品供应链,在他们的模型中,时变需求为二次凹函数且制造商的生产率线性依赖需求率,故他们在两级信贷支付的条件下分析了供应链系统的整体生产库存策略,研究表明两级信贷支付能够促使供应链成员合作并接受整体运作策略;Claassen 等(2024)在传统的经济订货批量模型基础上考虑产品随时间和温度发生变质的多级易腐品供应链,结合实际中花卉栽培的冷链管理案例,检验了理论结果并得出存储时间和温度对易腐品供应链不同层级最优订单水平的影响有着明显的差异。

在国内的研究中,徐健腾等(2013)研究了二级易腐品供应链在学习效应影响下的联合生产与订购策略,在他们的模型中,制造商重复生产与零售商多次订购使系统的经验不断积累,从而具有人类学习行为,研究表明学习效应能够提高系统生产效率同时降低成本;计国君等(2015)分析了由多个供应商和多个零售商组成的二级易腐品供应链在供应商库存外包给第三方时的联合库存决策(其中产品的需求依赖零售商的销售价格和当前库存水平),通过与需求仅依赖销售价格的情形进行比较,他们发现前者得出的结论更接近实际情形;张云丰等(2020)将需求率定量表示为销售价格和产品变质时间的复合函数,在此基础上,他们考虑由一个制造商和一个销售商组成的易腐品供应链,并构建集中式和分散式决策下的联合定价与补货模型,研究发现,与集中式决策情形相比,分散式决策下易腐品的销售价格更高且订货批量和预期利润更少;冯海荣等(2021)研究了由一个供应商和多个零售商组成的易腐品供应链在碳限额与交易政策下的系统补货策略问题,应用合作博弈理论分析了多个零售商协同采购后的收益分配问题,研究表明多个零售商的协同合作能够增加供应链的整体收益,同时减少了碳排放。

2.2.2 基于契约机制的易腐品供应链协调优化模型

在实际的运营管理中,供应链是由多个相互独立的企业组成,而每一个企业都是独立的利益主体。由于供应链成员之间存在相互竞争,故从整体优化的角度分析供应链的运作策略并不能真实地反映实际情况。另外,为了尽可能大地追求供应链系统的利润,实际的供应链管理者常常采取一些有效的契约机制以吸引相互独立的企业接受和采取整体优化下的决策。供应链契约又称供应链合同合约,是系统主导者通过提供适当的信息和激励措施以使供应链系统实现帕累托(Pareto)最优,从而保证供应链成员之间的协调,即保证各成员的利益不比原来的差。作为有效的激励手段,不同类型的契约机制被众多理论研究者与实践工作者设计用来协调供应链,如收益共享契约(Cachon et al.,2005)、两部收费契约(Chen et al.,2012;Bai et al.,2023)、回购契约(Heydari et al.,2017)等。目前一些学者利用契约机制协调了易腐品供应链。Zhang 等(2015)研究了产品变质率可控的二级供应链的协调策略(其中产品需求线性依赖销售价格且制造商和零售商会联合投资保护技术控制产品的损耗),分析了联合投资保护技术对供应链协调的影响,研究表明联合投资保护技术有利于制造商获得更多的利润但是会降低零售商和系统的利润,而收益共享和投资成本分摊契约在大多数情形下能够使供应链实现完美协调;Bai 等(2016)考虑了由一个制造商和一个零售商组成的易腐品供应链在有限计划期内的运营决策,在假设时变需求同时受到销售价格和促销努力影响的前提下,他们分析了集中式和分散式决策下的运营策略,并得出供应链成员联合进行决策时能够提升供应链利润的上界,并进一步提出了修改的收益契约和证明了该契约能够使易腐品供应链实现完美协调;Panda 等(2017)提出一种包含向前和向后讨价还价过程的契约以协调由一个制造商、多个分销商和多个零售商组成的易腐品供应链,该混合契约包含了制造商向分销商提供的数量折扣,以及分销商向零售商提供的变质成本补偿,他们研究发现,在没有数量折扣的情形下,经销商可以通过为易腐类产品提供成本补偿来实现渠道的协调;Liu C 等(2021)定量描述了动态需求线性依赖销售价格和产品新鲜度的现象,在此基础上考虑在动态环境下由一个线上零售商和一个线下制造商组成的生鲜品供应链,通过求解集中式和分散式决策系统提出了一种线性奖励契约协调该供应链,研究结果表明该线性奖励契约能够明显地改进运输过程中生鲜品的新鲜水平;Huang Y S 等(2021)利用韦布尔分布函数定量描述了产品变质率并考虑了由一个供应商和一个零售商组成的易腐品供应链(其中零售商处允许出现产品短缺),提出了一种数量折扣契约以协调供应链系统并求得协调后的供应链库存策略,研究结果表明,数量折扣契约能够减少零售商的订单数量,同时有效增加供应链的整体利润。与上述研究文献不同,Cai 等(2013),Cai 等(2014),以及 Ma 等(2019)则从不同视角对随机需求环境下的易腐品供应链协调问题进行了探讨。

  国内的一些学者也通过契约机制的设计研究了易腐类产品的供应链协调。王磊等(2015)研究了由一个供应商和一个零售商组成的二级生鲜农产品供应链模型,在此模型中,顾客的时变效用函数受产品新鲜度和销售价格的影响,"基于生鲜农产品新鲜度的采购价"契约和"批发价+保鲜成本分摊"契约分别被用来协调供应链系统,研究表明这两种契约在一定条件下均能协调供应链而且当零售商为决策主导者时,前者要优于后者;冯颖等(2015)考虑了由供应商、第三方物流(the third party logistics,TPL)服务商和零售商组成的生鲜农产品三级供应链系统(其中供应商为决策主导者),发现物流服务成本分担契约和物流服务数量折扣契约均不能协调供应链系统,然而将上述两种契约引入收入共享时该供应链却能够实现协调;张旭等(2017)利用纳什讨价还价博弈理论定量描述了零售商的公平关切参照框架,在此基础上设计了一种有效的契约以协调由一个供应商和一个零售商组成的生鲜品供应链,并得出了供应链实现帕累托改进的条件;冯颖等(2020)将生鲜品随机产出和价值损耗的特性考虑进农产品供应链运作中,分别构建了离岸价格和到岸价格两种商务模式下的分散式决策模型,求解并比较了两种模式下供应链的运作绩效;李琳等(2022)在全渠道零售的背景下研究了生鲜品零售企业面对渠道差异时的联合定价和服务策略,研究发现,线上订单线下取货(buy on line and pick up in store,BOPS)模式的引入会导致零售价格的降低和线上需求率的增加。

2.3 碳排放政策下的供应链优化模型

随着社会公众对环境问题的持续关注,许多国家和国际组织制定了不同的政策和法规用来控制二氧化碳等温室气体的排放。作为碳排放的主体,供应链结点企业的运营在这些碳政策的影响下受到了诸多的挑战,比如,欧盟在 2020 年 1 月以逐步导入(phase-in)的方式将行业整体针对乘用车的 CO_2 排放量标准值从 130g/km 降低至 95g/km,超出部分每克需要缴纳罚金 95 欧元。为了达成碳排放量标准值,欧洲众多汽车公司(如雷诺、沃尔沃和菲亚特克莱斯勒等)纷纷进行战略转型或投入大量资金进行技术改进[①]。在碳排放政策的约束下,企业的经营目标由单一的追求利润最大化转变为追求利润最大化的同时有效地降低碳排放。在此背景下,碳排放政策对供应链运作决策的影响得到了众多理论研究者和实践工作者的关注。

2.3.1 碳排放政策下的库存优化模型

企业是碳排放的主体,其生产、运输和存储流程是产生碳排放的主要来源,因此碳排放政策下企业的生产存储策略也最先受到理论工作者的关注。Chen 等(2013)分别考虑了碳配额、碳税等排放政策下的经济订购批量问题,分析了企业在不同碳排放政策下通过改变订购量而使碳排放降低的条件;基于经典的经济订货量(economic order quantity,EOQ)模型,Toptal 等(2014)则分别考虑了企业在碳排放限额与交易、碳配额,以及碳税政策下的联合订购与减排投资策略,比较了三种碳排放政策对企业决策的影响,研究表明企业在碳排放限额与交易政策下能够实现低成本和低排放的双赢结果而在碳税政策下则有可能到导致高成本和高排放的局面;基于经典的 EOQ 模型,Konur 等(2014)研究了不同碳排放政策下企业的库存与运输策略,其中运输方式为零担运输(less-than-truckload)和整车运输(truckload),发现在碳排放政策的约束下,企业更愿意采用零担运输的方式;He 等(2015)进一步考虑了碳限额与交易政策下的经济订购批量模型(其中企业购买碳排放权的价格不低于售出的价格),发现企业在碳限额与交易政策下的碳排放决策依赖碳排放权交易价格,他们还比较了碳限额与交易政策和碳税政策下的企业订购决策,研究表明当固定成本和存储产品的单位成本之比等于固定碳排放和存

---

① https://www.auto-testing.net/news/show-110382.html。

储产品所产生的单位碳排放量之比时,企业在两种碳政策下的碳排放量没有区别,否则企业在没有碳排放政策约束下所产生的碳排放量将最低;Dye等(2015)考虑了易腐品在碳排放限额与交易政策下的商业信用和库存策略(其中产品需求依赖零售商给顾客提供的信贷周期长度),发现当碳排放权交易价格增加时零售商会收紧商业信用周期长度,同时减少碳排放量,然而碳配额取值对控制易腐品的碳排放所起到的作用有限。

近年来,越来越多的学者开始探讨碳政策对企业运营策略的影响。Lin等(2017)构建了一个考虑缺陷产品的拉动式库存模型,在碳税政策规制下设计了两个有效算法以求得最优的补货策略,研究发现,当零售企业的垄断地位降低时,实施碳税政策对一次补货期间订购量的影响会减少;Tang等(2018)将运输和存储阶段产生的碳排放考虑进传统的库存问题中,针对控制碳排放的三种有效手段构建了碳排放约束下的存储优化模型,并设计了求解模型的优化算法;Yu等(2020)针对易腐品库存问题进一步考虑了产品需求依赖销售价格和当前库存水平同时产品变质率受到保存技术投资的影响,结合产品在运输和存储过程会产生碳排放分别构建碳税和碳限额与交易政策下的库存优化模型,并分析和比较了易腐品的联合补货策略;Shi等(2020)研究了碳税政策对现金支付、允许延期支付及信用支付下易腐品库存策略的影响,证明了每种情形下最优策略的存在性和唯一性,并设计出了相应的最优求解算法,研究发现,与其他两种支付方式相比,易腐品库存模型在信用支付方式下产生的碳排放最少;Ruidas等(2021)在传统生产库存问题基础上考虑了生产启动、生产和存储阶段会产生碳排放并且需求线性依赖销售价格,假设存在生产有缺陷产品的可能而利用量子行为粒子群优化(quantum-behaved particle swarm optimization,QPSO)算法求解产品在四种不同碳政策下的联合补货策略;Lok等(2023)针对非立即变质的易腐品库存问题考虑了产品保质期间会产生碳排放,在碳税政策规制下分析出常数需求情形的最优联合产品保护技术投资与库存策略性质,并结合数值算例检验了理论结果;San-José等(2024)构建了缺货情形下的易腐品库存优化模型,假设具有时变需求的易腐类产品在运输和存储阶段产生碳排放,分析了最优补货策略的相关性质并设计了一个求解算法。

以上文献的特点是基于经典的EOQ模型在碳排放政策下分析了单个企业的库存优化策略,而另外一些学者则利用报童模型分析了随机需求环境下企业的单周期库存优化问题。Raz等(2013)将产品生命周期的环境影响考虑进企业运营管理中,基于报童模型分析了企业联合生产和环境创新努力决策;Zhang等(2013)将经典报童模型推广到碳限额与交易政策下的情形,并求出了多产品订购策略的解析式;Rosič等(2013)重点比较了碳税和碳限额与交易政策对企业双资源采购策略的影响;Arikan等(2014)求解了碳限额政策下企业的双资源采购策略;Chen等(2016)构建了不同碳政策下的运输方式选择随机模型,求得了企业最优联合订购和运输策略;Drake等(2016)利用报童模型分析了碳税和碳限额与交易政策对企业联合技术选择和产能组合策略的影响；Song 等(2017)针对企业产能扩张和生产计划问题建立了碳减排约束下的随机优化模型；Wang 等(2020)定量描述了绿色消费意识对产品线性需求函数的影响,进一步利用报童模型研究了碳交易机制下企业的最优联合生产和减排策略；Bai 等(2022b)考虑了随机需求信息部分已知的情况下再制造企业的联合回收和生产策略,构建了再制造企业在碳限额与交易政策下的分布式鲁棒报童模型,研究发现,当碳排放权的购买和售出价格不相等时,实施碳限额与交易政策能够激励再制造企业回收更多的产品。此外,还有一些学者利用随机动态规划方法研究企业在碳政策下的多周期库存策略,如 Gong 等(2013)及 Yuan 等(2018)。

在国内的研究中,马秋卓等(2014)分析了碳限额与交易政策下企业销售低碳产品的联合定价与碳排放策略,在他们的模型中,产品的需求依赖销售价格和碳排放量,故他们发现产品的最优销售价格会受到消费者的低碳意识或产品低碳度的影响。申成然等(2014)分别研究了制造商在碳配额政策和碳限额与交易政策下的再制造决策问题(其中产品的需求依赖新产品和再制造产品的销售价格),分析并比较了制造商在两类碳政策下的最优决策,研究表明与碳配额政策相比,碳限额与交易政策对制造商更有利；马常松等(2015)将经典的报童模型推广到考虑碳排放的情形(其中企业通过投资绿色技术来降低生产过程中产生的碳排放),分别求解了企业在碳配额、碳税,以及碳限额与交易政策下的最优生产与绿色技术投资策略,研究表明绿色技术的投资有利于提高企业的期望利润值而且碳排放政策对企业的生产量会有较大的影响；柏庆国等(2016)在报童模型的基础上考虑了市场需求分布的全部信息未知但仅能获取期望和方差,构建了碳排放限额和碳限额与交易政策下的分布式鲁棒优化模型,通过求解和比较两个模型下制造商的最优生产和减排投资策略,发现与碳排放限额与交易政策相比,碳限额与交易政策能使随机需求下的制造商获得更高的利润和更低的排放；徐春明等(2018)针对不同碳政策下易腐品库存优化模型考虑了时变需求依赖当前库存水平的影响,通过分析各个碳政策下易腐品最优库存策略的性质,他们研究发现,在各种碳政策下,碳配额和碳价对易腐品库存系统最优绩效的影响基本稳健,而变质率和存货影响销售因子则对库存最优绩效的影响显著；徐健腾等(2023)考虑了受碳交易配额政策规制的企业在需求信息仅能获取期望和方差时的联合减排和库存策略,与当前相关文献不同的是,她们分别构建历史法和基准线碳配额分配方式下的分布式鲁棒报童模型,研究表明,用基准线法设定碳配额能使企业实现高利润和低排放,进而充分调动企业的生产积极性。

2.3.2 碳排放政策下的供应链优化模型

供应链由多个企业构成,是碳排放主体的载体,故碳排放政策对供应链系统优化的影响一直受到了理论研究者的关注。Jaber 等(2013)研究了由一个制造商和一个零售商构成的二级供应链在不同碳排放政策下的联合生产和库存策略(其中制造商的生产过程是产生碳排放的主要来源并且碳排放量是生产率的二次凸函数),根据欧盟排放交易体系(EU ETS)实施现状考虑了两类碳政策(碳税政策和碳排放惩罚政策,即企业的碳排放量超过碳配额时需要对企业征收额外的碳排放费用),发现供应链在两种碳排放政策的共同约束下能够取得低成本低排放的效果;Bazan 等(2015)研究了由一个制造商和一个零售商组成的二级供应链在碳税政策下的协调策略,在他们的模型中,产品的生产和运输是产生碳排放的主要来源(其中生产过程产生的碳排放依赖生产率而产品在运输过程中产生的碳排放则与整车运输次数有关),在双方成员联合生产方式与零售商管理库存且库存寄售方式下分析并比较了系统的最优生产率和运输车辆数目,研究表明系统在后一种方式下的总成本更经济;Toptal 等(2017)分别考虑了由一个制造商和一个零售商组成的二级供应链在碳限额与交易和碳税政策下的协调优化策略(其中在碳限额和交易政策下,碳排放权的购买价格要不低于售出价格),在他们的模型中,产品的需求为常数且制造过程、订购过程和库存过程是产生碳排放的主要来源,在两种碳排放政策下分别构建了供应链的分散式决策和集中式决策,研究表明尽管供应链能够在集中式决策下花费更低的成本但是却产生了更多的碳排放;Bouchery 等(2017)将传统的经济订购批量问题推广到由一个供应商和一个分销商组成的二级供应链,假设车辆运输容量有限及运输和存储过程会产生碳排放,他们给出了供应链成员集成模式下最优订购决策的性质,并将其与独立决策模式下的订购决策进行了比较。

近年来,越来越多的学者探讨了低碳减排对供应链优化的影响。Chen X 等(2019)考虑了同时受到碳税政策规制的供应商和零售商组成的分散式供应链,基于传统的经济订购批量模型考虑了订购和存储过程是碳排放的主要来源,并分析了实施碳政策对供应链分散式决策的影响;Li Z(2019)及 Castellano 等(2019)分别针对由一个供应商/仓储中心和多个零售商组成的供应链,假设产品的运输和存储阶段会产生碳排放,两篇文献的作者分别设计出了不同的近似算法以求解该类型复杂供应链的订购策略,并分析了碳排放对订购策略的影响;Huang 等(2020)考虑了由一个供应商和一个零售商组成的生产-存储系统,假设生产、运输和存储过程是产生碳排放的主要来源且系统会投资减排技术来降低这些过程产生的碳排放,他们构建了碳税、碳限额与交易,以及碳排放限额三种政策下的生产-存储模型,通过分析模型最优解的结构和性质,他们设计求解了最优的联合生产和减排投资策略,研究表明,在碳税政策下,供应链企业更倾向于投资相对水平较高的减排技术;Feng 等(2021)构建了碳限额与交易政策下由一个供应商和多个零售商组成的供应链库存优化模型(其中产品的运输和存储过程会产生碳排放),考虑到零售商的利他主义行为,他们利用合作博弈理论探讨了零售商的利润分配策略;Zeng 等(2022)利用合作博弈理论分析和比较了四种碳政策下由一个供应商和多个零售商构成供应链的利润分配问题,研究发现零售商在严格的碳排放配额下采取订购策略并不能降低碳排放,因此,他们设计了一个算法来对零售商组成的联盟结构有效地分配碳配额;Bazan 等(2017)和 Zhang 等(2022)分别构建了产品制造和存储过程会产生碳排放的闭环供应链,从不同角度探讨了碳排放政策对该闭环供应链运营策略的影响;Marchi 等(2019)重点分析了碳减排政策对生产过程存在缺陷产品供应链库存优化的影响;Jauhari 等(2022)将带有可变生产率的混合生产模式考虑进由一个供应商和一个零售商组成的供应链,并探讨了碳税政策对其联合库存和生产分配策略的影响。

上述文献都是以二级供应链为研究对象探讨低碳减排对供应链库存优化的影响,还有一些学者研究了多级供应链在不同碳政策下的库存优化策略。Sarkar 等(2016)考虑了由一个原材料供应商、一个制造商和多个零售商组成的三级供应链,重点探讨了产品的可变运输成本和碳排放对供应链联合库存策略的影响;Daryanto 等(2019)则构建了由一个制造商、一个零售商和一个第三方服务供应商组成的易腐品供应链在碳减排约束下的库存协调策略;Chen X 等(2019)在资源回收和低碳减排两种可持续机制下考虑了由一个原材料供应商、一个产品制造商和一个第三方回收企业构成的三级供应链,分析了不同回收方式下供应链的联合生产与库存优化问题,得出提高产品的回收率能够有效地降低碳排放和生产成本,而与碳税政策相比,供应链在总量管制政策下会产生更少的碳排放。Manupati 等(2019)针对由多个零部件供应商、多个制造商和多个仓储中心构成的供应链网络构建三种不同碳政策下的联合生产-运输-库存优化模型,通过设计近似算法求解了该供应链网络的可持续联合生产和分配策略;Halat 等(2019)将政府的决策行为考虑进由多个原材料供应商、一个制造商、多个分销商和多个零售商组成的供应链,假设供应链各个成员的库存阶段是产生碳排放的主要来源,分别构建了四种碳政策下政府和该多级供应链之间的博弈决策模型,并将其与联合优化模型进行了比较;Halat 等(2021)考虑了由多个原材料供应商、多个自有品牌制造商、多个分销商和多个零售商构成的供应链分销网络,假设原材料和成品的运输、库存和加工都会产生碳排放且该供应链受到碳税政策的规制,以此构建了分散式、后向垂直整合、前向垂直整合和横向一体化四种供应链结构模型并设计了算法以求得相应的模型解,研究发现,在满足一定条件时,实施碳政策能够有效降低供应链整体的碳排放和成本;Jain 等(2023)针对由一个制造商、一个第三方物流配送公司和一个零售商组成的三级易腐品供应链考虑不同碳减排政策对其联合生产、运输和库存策略的影响,他们研究发现,与碳税和碳配额补偿政策相比,碳限额与交易政策对上述三级易腐品供应链降低碳排放和运营成本最有效。

近年来,国内的一些学者也分析了碳排放政策对供应链优化的影响。戢守峰等(2017)将成员竞争能力考虑进由一个制造商、多少分销商和多个零售商构成的三级供应链生产-库存系统,结合政府对企业超标准排放的容忍程度,利用非合作博弈和合作博弈方法分析求解了级差碳税和统一碳税下的四种博弈策略,研究发现,与统一碳税相比,供应链成员在级差碳税下合作不一定能取得最优利润效果,但能有效降低碳排放;柏庆国等(2018)构建了有限计划期内由一个制造商和一个零售商组成的易腐品供应链,结合易腐品销售价格具有时变属性且零售商处货栈有容量限制的实际现状,探讨并比较了碳限额与交易政策和碳税政策对供应链库存优化策略的影响;康凯等(2019)将传统的经济批量问题推广到碳限额与交易政策规制下由一个制造商和一个零售商组成的供应链,通过界定三种延期付款策略并探讨了这些策略对供应链经济订货批量、碳排放,以及总成本的影响;杨建华等(2021)以产品备件为研究对象构建了碳税政策下由多个基层站点和一个基地站点组成的二级保障链联合库存决策模型,重点设计了使二级保障链平均成本最小的算法,并结合实际算例检验了结果。

2.4 本章小结

从上述文献综述可以看出,对易腐品库存优化模型、易腐品供应链的协调优化模型,以及碳排放政策下供应链优化模型的研究一直是运作管理领域的热点,并且取得了一系列的成果,但仍然存在着一些亟待解决的问题,这些问题主要表现在以下几个方面。

现有关于易腐品库存优化模型的文献主要考虑了供应链的某结点企业在不同需求环境下的补货策略。然而,在双碳战略背景下,低碳减排对易腐品供应链各个结点成员的库存优化和补货策略具有什么样的影响是本书探讨的内容之一。

现有关于易腐品供应链协调优化模型的研究大多没有考虑低碳减排对供应链运营绩效的影响。与之不同,本书分别探讨了低碳减排对供应链整体库存优化,以及各成员运营策略的影响。本书还特别从政府实施碳政策和供应链成员进行减排投资双重驱动下探讨了不同结构的易腐品供应链优化策略,深入分析了易腐品供应链实现高利润和低排放的有效路径。

现有文献关于碳排放政策下供应链优化模型的研究大多没有分析产品变质对成员决策与系统协调优化的影响,而本书分别构建了确定性和随机需求环境下不同结构的易腐品供应链模型,重点探讨了低碳减排对供应链库存优化与协调策略的影响。

第 3 章

碳税政策下易腐品的多分销渠道定价策略

3.1 问题背景

近年来,二氧化碳等温室气体的过度排放引起了一系列环境问题,如何有效地降低碳排放成为当前社会关注的焦点。以价格控制为特征的碳税政策被世界多个国家用来降低企业的碳排放,而随着社会公众环保意识的增强,消费者对企业产品提出了低碳化要求,越来越多的消费者青睐于带有"碳足迹"标签的产品。在此背景下,作为碳排放的主体,零售企业纷纷引进节能降耗的管理技术与设备,采用低碳化的运营管理方法来保证企业自身的可持续发展。在电子商务环境下开通网上商店之所以成为目前被众多零售企业所采用的一种低碳运营管理方法,是因为网上销售能利用电子商务技术把传统渠道下的商业活动转移到互联网上,有效地减少了传统商业的流通环节进而降低了运营过程中的碳排放。例如,中百仓储制定了国内首部《超市节能规范》并在 2009 年 11 月试行,实现了企业自身的低碳化运营。该公司在 2013 年 8 月 28 日又开通了网上商店进行在线销售。在线销售的产品主要是该零售商根据商品数据分析而精选的实体门店里最受顾客欢迎的商品,包括粮油、生鲜食品,以及日用百货等。在低碳化商业管理过程中,该公司提高了运营管理水平并保证了企业的可持续发展。然而在碳税政策的约束下,该类型企业的销售与订购决策发生怎样的变化?这些企业现有的运营管理是否有进一步提升的空间?在低碳化管理过程中,这些企业是否能实现高利润低排放的结果?基于这些现实问题,本章研究了具有多分销渠道的零售商在碳税政策下销售易腐品的联合库存与定价策略。

与本章研究相关的文献是关于多分销渠道下企业的联合定价与库存策略问题。早期研究这一类问题的文献大多是聚焦于制造商主导的双渠道问题(Tsay et al.,2004;Cattani et al.,2006;Dumrongsiri et al.,2008),而且这些文献的研究特点都是假设了制造商是在线销售的唯一主体,零售商则是传统销售的唯一主体。然而,随着网络平台的普及,现实生活中零售商通过实体店销售的同时也会利用网上商店进行在线销售,例如,近年来山东省寿光蔬菜基地的经销商通过中国寿光蔬菜网进行在线销售,拓宽了销路,实现了在线销售与传统销售的有效结合。因此,传统零售商面临的多渠道选择引起了学者的关注。Bernstein等(2008)首次研究了垄断企业利用实体店进行传统销售的同时开通网上商店进行在线销售的供应链问题。随后,众多学者对这一问题进行了拓展研究,例如,Yan等(2015)比较了零售商通过实体商店和网上商店两种渠道销售再制造产品的优劣,给出了相应的对策;Luo等(2016)在不确定需求的环境下研究了零售商在线扩张时制造商的最佳产品设计策略;Letizia等(2018)研究了制造商多分销渠道下顾客退货对分销渠道设计的影响;Özbilge等(2022)对具有多分销渠道的零售商运营策略进行了详细综述;Huang等(2024)则将直播带货考虑进零售商多分销渠道运营中,并进一步研究了竞争零售商下的运营策略。然而这些文献都没有考虑碳排放政策与产品变质属性对供应链企业运作策略的影响。

本章以开通实体商店和网上商店两种渠道销售产品的某零售企业为研究对象,分析了碳税政策约束下零售商的联合库存与定价策略,其中两种销售模式共用一个订货渠道来满足顾客需求并且订购过程与存储过程是产生碳排放的两个主要来源。与当前的研究文献不同,首先,在模型构建上,本章不仅考虑了易腐品的碳排放,还将零售商多次订购的学习行为引入到多分销渠道系统;其次,在模型求解上,本章以零售商总利润最大化为目标重点分析了模型最优解的相关性质,设计了求得最优策略的有效算法,从而保证了最优方案的获取;最后,对实际企业进行调研,利用搜集的相关数据验证了理论结果并得出与实际运作情形相比,采用本章分析的策略可以使零售商实现高利润、低排放。

3.2 问题描述及假设

在有限计划期 H 内,某零售商采用实体店与网上商店两种渠道销售某易腐类产品,产品的变质率为 $\theta(0<\theta<1)$。用 n 表示有限计划期内零售商订购产品的周期总数,$t_i(i=1,2,\cdots,n-1)$ 表示第 $i+1$ 周期的开始时刻(也是第 i 周期的结束时刻),这里 $t_0=0$,$t_n=H$。每个周期初零售商向上游供应商订购产品,产品的订购单位成本为 c_1。零售商将订购的产品存储在仓库用来应对两种渠道下的顾客需求,其中产品的存储单位成本及单位变质成本分别为 c_2 与 c_3。在线销售渠道下顾客通过浏览网店主页来决定是否下订单,属于远期市场需求,其市场需求率 $D_1(p)$ 依赖销售价格 p。而传统销售渠道下,顾客直接到实体店体验产品,其需求被即时满足,属于即期市场需求,此种渠道下的市场需求率 $D_2(p,I(t))$ 依赖零售商的当前库存水平 $I(t)$ 与销售价格 p。零售商在每个周期初开始接受在线订单,

这一周期内累积的在线订单在周期结束时刻被零售商的剩余库存满足。在有限计划期内,多次订购对固定成本的学习经验积累具有明显的影响,因此零售商的订购固定成本具有学习效应行为。考虑到零售商订购产品的运输过程与存储过程是产生碳排放的两个主要来源,用 e_1 与 e_2 分别表示运输过程与存储过程单位产品所释放的碳排放量。此时在碳税政策下,零售商应该如何确定最优订购时间 $t_i(i=1,2,\cdots,n-1)$,订购次数 n,以及销售价格 p 使整个计划期内获得的总利润 $TP(p,n,\{t_i\})$ 最大。

与本章相关的其他符号定义如下:I_i:零售商第 i 周期的库存总量$(i=1,2,\cdots,n)$;Q_i:零售商第 i 周期的订购量$(i=1,2,\cdots,n)$;$S_1(t)$:零售商在 t 时刻在线渠道的销售总量;$S_2(t)$:零售商在 t 时刻传统渠道的销售总量;$J(Q)$:零售商在有限计划期内的碳排放总量;A_i:第 i 周期零售商订购产品的固定成本$(A_1 \geqslant A_2 \geqslant \cdots \geqslant A_n)$;$\Phi$:零售商各周期订购固定成本的学习率,它表明了固定成本以什么样的速度减少;l:零售商订购固定成本对应的学习因子$\left(l=\dfrac{\ln\Phi}{\ln 2}\right)$。在大多数实践行业中学习率的范围为 $0.7 \leqslant \Phi \leqslant 0.95$,因此学习因子的取值范围为 $-0.5 \leqslant l \leqslant -0.074$。

本章所考虑的问题基于以下假设条件。

假设 3.1 最初周期与最终周期零售商的库存量为零,交货时间为零且不允许缺货。

假设 3.2 当产品发生变质时,变质部分不会被修缮或补充,一旦变质立即离开库存系统。

假设 3.3 由于现实中一些产品的直销价格和零售价格比较接近甚至相同,且为了避免两种渠道之间发生冲突,假定两种渠道下的销售价格相等。

假设 3.4 在线销售渠道与传统销售渠道下的需求率被分别表示为:$D_1(p)=a_1-b_1 p$,$D_2(p,I(t))=a_2-b_2 p+\alpha I(t)$,这里 a_1,a_2 分别为在线渠道与传统渠道下的潜在市场需求率;b_1 及 b_2 则为销售价格影响两种渠道下市场需求率的弹性系数;α 为实体店当前库存水平对传统销售渠道下需求率的影响因子,且 a_1,a_2,b_1,b_2 及 α 均为大于零的正数。另外为保证模型的可行性,这里假设 $a_1-b_1 p>0$,$a_2-b_2 p>0$。

3.3 模型的建立与分析

3.3.1 模型的建立

基于以上问题描述,零售商在整个计划期内的库存变化曲线如图 3-1 所示。

根据在线销售的特点可以知道零售商在第 i 周期通过网上商店销售的产品主

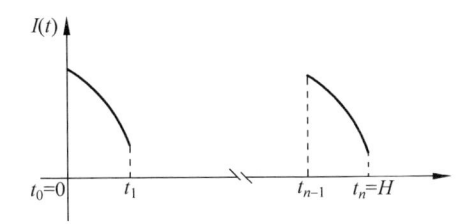

图 3-1 零售商的库存变化曲线图

要用来满足从 t_{i-1} 到 t_i 时刻累积的在线订单需求,可以用如下微分方程表示这一变化过程。

$$\frac{\mathrm{d}S_1(t)}{\mathrm{d}t} = D_1(p) = a_1 - b_1 p, \quad t_{i-1} \leqslant t \leqslant t_i \tag{3-1}$$

由于第 i 周期从 t_{i-1} 时刻累积的在线订单在 t_i 才被交付给顾客,这表明在线销售渠道下第 i 周期初还没有售出产品,从而应有 $S_1(t_{i-1}) = 0$。利用此初始条件可以求解方程(3-1),得 $S_1(t) = (t - t_{i-1})D_1(p)$。因此第 i 周期的在线销售总量为 $S_1(t_i) = (t - t_{i-1})D_1(p)$。第 i 周期顾客的需求及产品变质引起了零售商库存量的减少,因此第 i 周期内零售商的库存变化方程为

$$\frac{\mathrm{d}I(t)}{\mathrm{d}t} = -D_2(p, I(t)) - \theta I(t) = -a_2 - b_2 p - (\alpha + \theta)I(t), \quad t_{i-1} \leqslant t \leqslant t_i$$

$$\tag{3-2}$$

由于在线渠道属于远期市场需求,因此在 t_i 时刻零售商的库存量应该等于第 i 周期内接受的在线订单需求量,即 $I(t_i) = S_1(t_i) = (t_i - t_{i-1})D_1(p)$。根据这一初始条件求解方程(3-2)得

$$I(t) = (t_i - t_{i-1})D_1(p)\mathrm{e}^{(\alpha+\theta)(t_i-t)} + \frac{(a_2 - b_2 p)}{\alpha + \theta}[\mathrm{e}^{(\alpha+\theta)(t_i-t)} - 1] \tag{3-3}$$

因此零售商在第 i 周期的订购量为

$$Q_i = I(t_{i-1}) = (t_i - t_{i-1})D_1(p)\mathrm{e}^{(\alpha+\theta)(t_i-t_{i-1})} + \frac{(a_2 - b_2 p)}{\alpha + \theta}[\mathrm{e}^{(\alpha+\theta)(t_i-t_{i-1})} - 1]$$

$$\tag{3-4}$$

零售商在第 i 周期内的库存量则为

$$I_i = \int_{t_{i-1}}^{t_i} I(t)\mathrm{d}t = (t_i - t_{i-1})\frac{D_1(p)}{\alpha + \theta} + \frac{a_2 - b_2 p}{(\alpha + \theta)^2}[\mathrm{e}^{(\alpha+\theta)(t_i-t_{i-1})} - 1] - (t_i - t_{i-1})\frac{a_2 - b_2 p}{\alpha + \theta} \tag{3-5}$$

根据式(3-4)和式(3-5)可以计算得到整个计划期内零售商的碳排放总量为

$$J(Q) = e_1 \sum_{i=1}^{n} Q_i + e_2 \sum_{i=1}^{n} I_i \tag{3-6}$$

根据式(3-3)和式(3-5),零售商在第 i 周期内通过传统渠道销售产品的总量为

$$S_2(t_i) = \int_{t_{i-1}}^{t_i} D_2(p, I(t)) dt = \int_{t_{i-1}}^{t_i} [a_2 - b_2 p + \alpha I(t)] dt$$
$$= (t_i - t_{i-1})(a_2 - b_2 p) + \alpha I_i \tag{3-7}$$

基于以上分析,容易知道整个计划期内零售商的总利润由两种渠道下的销售收入、订购成本、库存成本、产品变质的损耗成本,以及由于碳排放所缴纳的碳税成本构成。结合式(3-1)~式(3-7)可以得到整个计划期内零售商的总利润函数为

$$TP(p, n, \{t_i\}) = p \sum_{i=1}^{n} S_1(t_i) + p \sum_{i=1}^{n} S_2(t_i) - \sum_{i=1}^{n} A_i - c_1 \sum_{i=1}^{n} Q_i - (c_2 + \theta c_3) \sum_{i=1}^{n} I_i -$$
$$c_t \left(e_1 \sum_{i=1}^{n} Q_i + e_2 \sum_{i=1}^{n} I_i \right) \tag{3-8}$$

3.3.2 模型的分析与求解

由 $TP(p, n, \{t_i\})$ 的表达式可以看出,零售商总利润是关于自变量 p, n, 以及 t_i 的多元函数。由于此类函数存在复杂性,本节借鉴文献(Dye, 2013)的分析方法证明了该问题的最优性。首先对于给定的 n 与 p, 求出使 $TP(p, n, \{t_i\})$ 达到最大的最优订购时间 t_i^*。因此给定 n 与 p, 要使 $TP(p, n, \{t_i\})$ 最大,对于 $i = 1, 2, \cdots, n$, 应有 $\dfrac{\partial TP(p, n, \{t_i\})}{\partial S_i} = 0$。另外,为后面书写方便,记 $\Delta p = \alpha p - (c_2 + c_t e_2 + \theta c_3) - (\alpha + \theta)(c_1 + c_t e_1)$,从而有

$$\frac{\partial TP(p, n, \{t_i\})}{\partial t_i} = \Delta p \left\{ \frac{[D_1(p) + a_2 - b_2 p]}{\alpha + \theta} [e^{(\alpha+\theta)(t_i - t_{i-1})} - e^{(\alpha+\theta)(t_{i+1} - t_i)}] + D_1(p)[(t_i - t_{i-1})e^{(\alpha+\theta)(t_i - t_{i-1})} - (t_{i+1} - t_i)e^{(\alpha+\theta)(t_{i+1} - t_i)}] \right\} = 0$$
$$\tag{3-9}$$

根据(3-9)可得如下结论。

引理 3.1 对于任意给定的 n 与 p, 当 $\Delta p \neq 0$ 时,所考虑问题若存在最优解,则在计划期 H 内零售商的订购周期长度相等。

引理 3.1 给出了 $TP(p, n, \{t_i\})$ 取得最优值的必要条件,接下来证明式(3-9)所确定的 t_i 是使 $TP(p, n, \{t_i\})$ 达到最大的充分条件。

引理 3.2 对于任意给定的 n 与 p, 当 $\Delta p < 0$ 时,由式(3-9)所确定的 t_i 使 $TP(p, n, \{t_i\})$ 达到最大。

结合引理 3.1 与引理 3.2 可得如下定理。

定理 3.1 对于任意给定的 n 与 p, 当 $\Delta p < 0$ 时,零售商的总利润函数 $TP(p, n, \{t_i\})$ 取得最大值当且仅当式(3-9)有解。

对经济批量问题中固定成本具有学习效应的行为,Cheng(1991)用函数表达

式描述了这一动态变化规律：$A_i = A_1 \cdot i^l (i=1,2,\cdots,n)$，同时他还给出了求和近似计算公式：$\sum_{i=1}^{n} A_i = \sum_{i=1}^{n} A_1 \cdot i^l \approx \int_0^n A_1 \cdot i^l \mathrm{d}i = \frac{A_1}{l+1} n^{l+1}$。结合该式以及引理 3.1，本节将零售商总利润 $TP(p,n,\{t_i\})$ 表示成 n 与 p 的函数，简记为 $TP(p,n)$。因此可以将式(3-1)~式(3-7)代入式(3-8)并化简得

$$TP(p,n) = p[D_1(p) + a_2 - b_2 p]H +$$
$$\Delta p \left\{ \frac{HD_1(p)}{\alpha + \theta} \mathrm{e}^{(\alpha+\theta)\frac{H}{n}} + \frac{n(a_2 - b_2 p)}{(\alpha + \theta)^2} [\mathrm{e}^{(\alpha+\theta)\frac{H}{n}} - 1] \right\} - \frac{A_1}{l+1} n^{l+1} -$$
$$(\alpha p - c_2 - c_t e_2 - \theta c_3) \frac{[D_1(p) + a_2 - b_2 p]H}{\alpha + \theta} \tag{3-10}$$

在以上分析的基础上，本节证明存在唯一的最优订购次数使零售商总利润 $TP(p,n)$ 取得最大，从而有如下结论。

定理 3.2 对于任意给定的 p，当 $\Delta p < 0$ 时，存在唯一的最优订购次数 n^* 以使 $TP(p,n)$ 达到最大。

另外根据上述定理，还可以得到如下结论。

推论 3.1 对于任意给定的 p，当 $\Delta p > 0$ 时，零售商的最优订购次数为 $n^* = 1$。

从定理 3.1 与推论 3.1 可以看出，当销售价格小于临界值 $\frac{(\alpha+\theta)(c_1 + c_t e_1) + c_2 + c_t e_2 + \theta c_3}{\alpha}$ 时，零售商应该进行多次订购，否则零售商只需订购一次即可使利润值最大。接下来，本节求解使零售商总利润达到最大的销售价格 p^*，有如下结论。

定理 3.3 对于给定的最优订购次数 n^*，存在唯一最优销售价格 p^* 使零售商的总利润 $TP(p,n^*)$ 达到最大。

根据以上理论分析，本节设计如下算法求解有限计划期内零售商的最优策略。

算法 3.1

步骤 1 令 $k=1, p^{(k)} = c_1$。

步骤 2 对于给定的 $p^{(k)}$，计算 $(\Delta p)^{(k)}$。

(1) 如果 $(\Delta p)^{(k)} \geqslant 0$，令 $n_1^{(k)} = 1$，将其他已知相关参数代入 $\lambda(p) = 0$。求出 $p_1^{(k)}$，令 $p^{(k+1)} = p_1^{(k)}$ 以及 $n^{(k+1)} = n_1^{(k)}$，转步骤 3。

(2) 如果 $(\Delta p)^{(k)} < 0$，将其他相关的参数代入 $TP(p^{(k)},n) \geqslant TP(p^{(k)},n+1)$，以及 $TP(p^{(k)},n) \geqslant TP(p^{(k)},n-1)$。求出 $n_2^{(k)}$；将计算得到的 $n_2^{(k)}$ 代入 $\lambda(p) = 0$，求出 $p_2^{(k)}$；令 $p^{(k+1)} = p_2^{(k)}$，以及 $n^{(k+1)} = n_2^{(k)}$，转步骤 3。

步骤 3 如果 $|p^{(k+1)} - p^{(k)}| \leqslant 10^{-4}$，则 $(p^{(k)}, n^{(k)})$ 即是所求最优解，计算相应的 $TP(p^{(k)}, n^{(k)})$；否则令 $k=k+1$，转步骤 2。

3.4 应用算例与灵敏度分析

本节以中百仓储旗下某零售连锁超市销售某易腐类水果为应用背景验证上节的理论研究结果,进一步分析相关系数对最优策略的影响并得出一些管理启示。

3.4.1 应用算例的计算结果

中百仓储是国内连锁百强企业,该公司在 2013 年 8 月 28 日开通了网上商店进行在线销售。为了鼓励顾客进行网上订购,该零售商与中国移动通信有限公司(简称"移动公司")实行预存话费赠电子券的优惠活动,据以往的数据统计,90% 以上参与优惠活动的网上客户都在一周之内购买了产品[①]。因此可以将基本算例的计划期长度确定为 6 天(即 $H=6$)。选取该超市销售的某种易腐类产品为例,该产品的主要供应商来自山东省某市,所采用运输方式为公路运输。产品订购固定成本主要包括柴油损耗及人工费用,大约为 $A_1=6000$ 元/次。通常产品订购以箱为单位,以 20 斤(1 斤=500 克)一箱为例,订购单价为 $c_1=90$ 元/箱,而在春季该产品的存储单价为 $c_2=1$ 元/箱·天,根据该零售商历史数据可以知道其他的相关参数分别为: $a_1=680$ 箱/天, $a_2=600$ 箱/天, $c_3=0.1$ 元/箱·天, $c_t=0.5$ 元/箱·天,以及 $e_1=20$, $e_2=1$, $b_1=3$, $b_2=2$, $\alpha=0.06$, $\theta=0.07$, $\phi=0.8$。该零售商对该易腐品的销售单价为 190 元/箱,即 9.5 元/斤。

将相关参数代入上述算法,使用 MATLAB 进行运算可得该零售商的最优订购次数为 $n^*=3$,最优销售价格为 $p^*=190.909$ 元/箱,相应的最优利润值为 $TP(p^*, n^*)=1.5003\times10^5$ 元。将算法得到的理论结果与实际情形进行比较,得到图 3-2 和图 3-3。

从图 3-2 和图 3-3 可以得到如下结论。

(1) 随着有限计划期长度 H 的增加,订购次数在增加。当有限计划期长度 H 比较小时,利用算法得到的最优订购次数与实际零售商的订购次数相等。比如,当 $H=8$ 时,零售商在理论计算与实际中的订购次数都为 4 次,即隔天订购,这也是现实生活中零售商所采取的策略。这样做的目的是保证网上配送的服务承诺,即当天订货最晚次日到达。随着有限计划期长度 H 的增加,算法得到的订购次数增加幅度会变大,其订购策略基本为当天订购,这样可以有效降低零售商的库存成本。比如,当 $H=16$ 时,最优订购次数为 17 次,即每隔 0.9 天订购一次。这表明了在实际运作中,当零售商制订长时间的订购计划时,原有的隔天订购策略还有继续改进的空间。

---

① 作者通过对中百仓储旗下光谷超市的销售现状进行考察和浏览该公司的在线销售网站汇总了相关数据 http://www.zon100.com/。

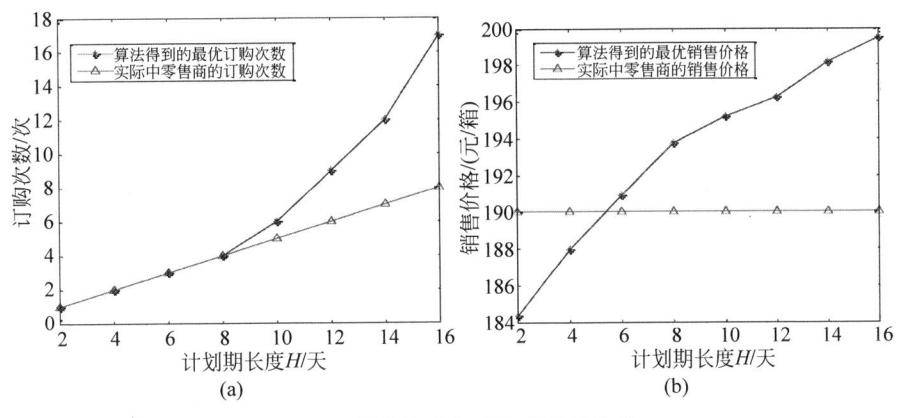

图 3-2 最优策略与实际情形的比较

(a) 最优订购次数与实际情形的比较；(b) 最优销售价格与实际情形的比较

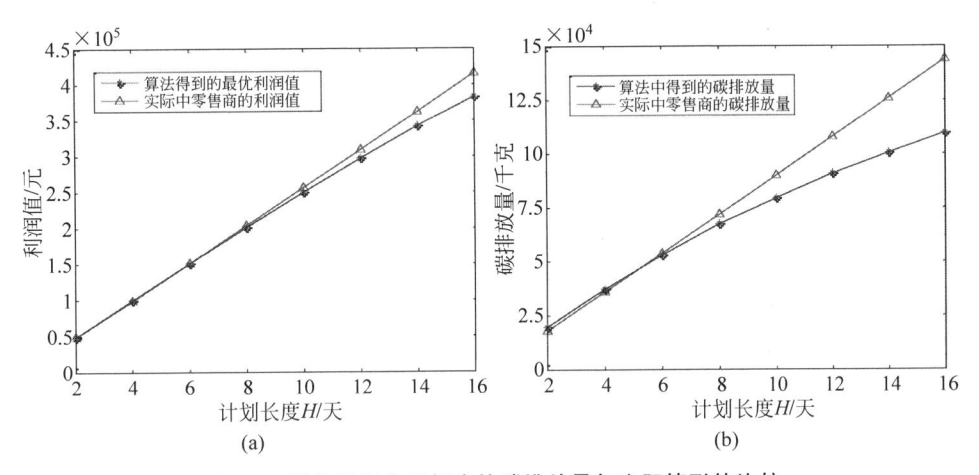

图 3-3 最优利润值及相应的碳排放量与实际情形的比较

(a) 最优利润值与实际情形的比较；(b) 碳排放量与实际情形的比较

(2) 随着有限计划期长度 H 的增加，算法得到的最优销售价格呈现增加的趋势。例如，当 H 的取值从 6 增加到 12 时，零售商的销售价格从 190.909 元增加到 196.2439 元，增加幅度为 2.8%。在碳税政策下，有限计划期长度的增加容易引起碳排放量增加，从而使零售商的碳税成本增加。在此情形下，零售商通常会增加销售价格来提高收入。此外，当 H 的取值较小时(如小于 8)，中百仓储制定的销售价格与算法运行的最优销售价格基本接近，这表明了中百仓储制定的短期销售政策具有一定的合理性，同时也说明了本节所构建模型的运算结果能够为其他公司提供一定的理论指导。

(3) 随着有限计划期长度 H 的增加，零售商利润值不断增加，并且理论计算和实际利润值之间的差值基本保持不变。这表明长周期的销售能够使零售商获得更多的利润。从图 3-3(b)则可以看出，随着有限计划期长度 H 的增加，零售商的碳排放量也在不断增加,并且实际的碳排放量大于算法得到碳排放量。这说明在制订长期订购计划时,本章所构建的模型基本能够实现高利润低排放的结果。

3.4.2 碳税政策对混合分销渠道策略的影响

结合上述调研数据,本节将进一步比较碳税单价对本章理论结果与实际情形的影响,得到图 3-4 与图 3-5。

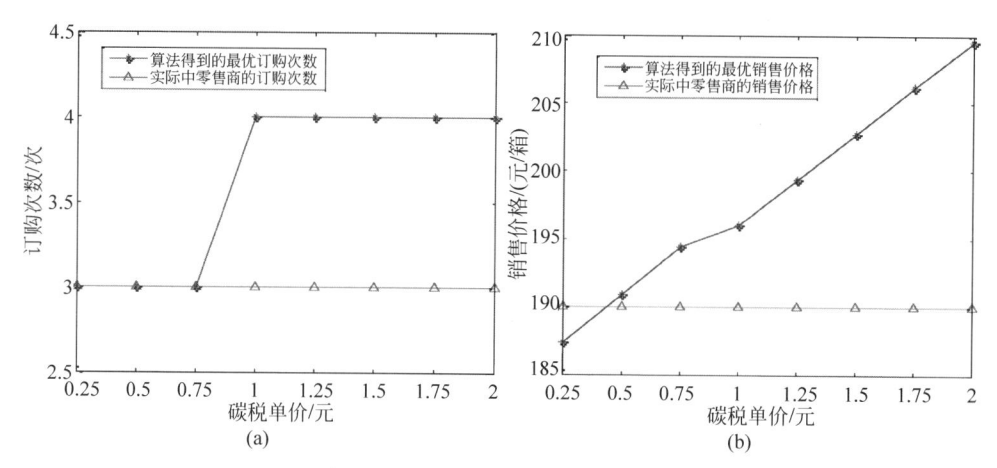

图 3-4 碳税单价变化时最优策略与实际情形的比较
(a) 最优订购次数与实际情形的比较;(b) 最优销售价格与实际情形的比较

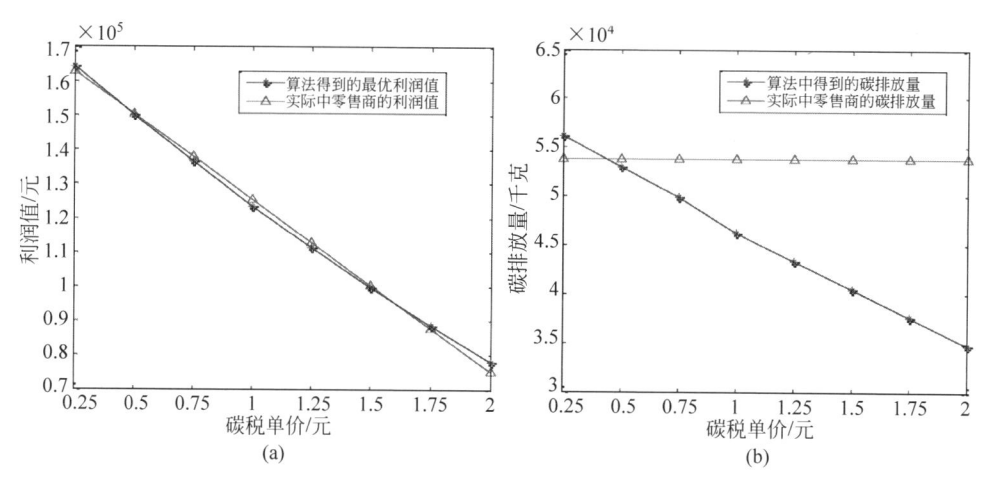

图 3-5 碳税单价变化时最优利润值及碳排放量与实际情形的比较
(a) 最优利润值与实际情形的比较;(b) 碳排放量与实际情形的比较

从图 3-4 和图 3-5 可以得到如下结论。

(1) 当碳税单价 c_t 增加时,零售商的最优订购次数和最优销售价格分别呈现增加的趋势,而实际情形中订购次数和销售价格则保持不变。在此情形下,碳税单价的变化对最优销售价格的影响要大于订购次数,这是因为最优销售价格几乎呈现线性增长的趋势,而且当碳税单价低于 0.5 元时,零售商最优销售价格会小于实际情形中的销售价格,否则零售商的销售价格会大于实际的情形,这表明了零售商应该通过提高销售价格来应对碳排放所造成的额外成本。

（2）当碳税单价 c_t 增加时,零售商的最优利润值与碳排放量呈现线性递减的趋势,此时实际情形中的利润值也呈现线性递减的趋势而对应的碳排放量则保持不变。另外,碳税单价越大,零售商的最优利润值越会明显大于实际情形的利润值,而此时对应的碳排放量明显地小于实际情形的碳排放量,这说明碳税政策对零售商的碳排放起到了约束作用,同时也表明在碳税政策下,零售商能够实现高利润、低排放的效果。

3.4.3 相关参数的灵敏度分析

在上节理论计算与实例分析的基础上,本节通过灵敏度分析来考察主要参数的变化对本章算法所求得最优策略的影响。灵敏度分析运算将模型各主要参数上下浮动取值 20% 与 40%,其他参数保持不变,具体的计算结果见表 3-1～表 3-4。

表 3-1　参数 A_1 和 ϕ 的变化对最优策略的影响

参数	参数取值（比例）	n^*/次	p^*/(元/箱)	$TP(p^*,n^*)$/元	$J(Q^*)$/千克
A_1/(元/次)	8400(+40%)	2	193.2732	142 890	55 904
	7200(+20%)	3	190.9090	146 300	52 977
	4800(−20%)	3	190.9090	153 760	52 977
	3600(−40%)	4	189.2720	158 250	51 946
ϕ	1.12(+40%)	2	193.2732	151 160	55 904
	0.96(+20%)	3	190.9090	150 740	52 977
	0.64(−20%)	4	189.2720	144 240	51 946
	0.48(−40%)	8	185.7110	267 130	51 267

表 3-2　参数 c_1 和 c_2 的变化对最优策略的影响

参数	参数取值（比例）	n^*/次	p^*/(元/箱)	$TP(p^*,n^*)$/元	$J(Q^*)$/千克
c_1/(元/箱)	126(+40%)	4	210.9305	70 003	33 523
	108(+20%)	3	202.0053	106 570	43 073
	72(−20%)	2	181.7904	201 210	67 206
	54(−40%)	1	172.9069	270 750	101 900
c_2	1.4(+40%)	3	191.5745	148 580	52 383
	1.2(+20%)	3	191.2418	149 300	52 680
	0.8(−20%)	3	190.5763	150 750	53 274
	0.6(−40%)	3	190.2435	151 480	53 571

从表 3-1 可以看出：当订购固定成本 A_1 增加时,最优销售价格与零售商的碳排放量分别增加而最优利润值与最优订购次数则在减少。显然,当其他参数保持

不变而订购固定成本增加时,零售商往往会通过减少订购次数和增加销售价格来应对订购固定成本的增加。订购次数的减少意味着订购量的增加,这会使零售商的碳排放量不断增加。在订购固定成本的变化量大于价格变化所带来的收入时,零售商获得利润也在减少。另外,当订购固定成本的学习率 ϕ 增加时,零售商的最优订购次数与最优利润值不断减少而其最优销售价格和此时的碳排放量分别增加。随着 ϕ 值的变大,各周期的固定成本的学习效应现象会逐渐减弱,直至具有遗忘效应,即固定成本随着订购次数的增加而增加,例如,当 ϕ 的值为 1.12 时,学习因子 $l=\dfrac{\ln\Phi}{\ln 2}=0.1635>0$。在此情形下固定成本之间不再具有学习效应而是会具有遗忘现象。因此,零售商通过减少订购次数(增加每次的订购量)提高销售价格的策略来降低订购成本的增加,然而增加的订购量引起了碳排放的增加,同时也增加了碳税成本,进一步降低了零售商的利润值。

从表 3-2 可以看出,当订购单价 c_1 增加时,零售商的最优订购次数与销售价格分别增加而最优利润值和相应的碳排放量则分别减少。对取值较大的订购单价 c_1,零售商通常会采取多次小批量订购的方式来降低对应的库存成本。这种策略降低了零售商的碳排放量但会使订购次数增加。多次订购又造成了订购固定成本增加,因此零售商增加销售价格来获得收入。当订购成本的增加量大于其他收入的增加量时,零售商的利润值在不断地减少。另外,当库存成本单价 c_2 增加时,零售商的销售价格增加,利润值与碳排放量分别减少而最优订购次数保持不变。在实际中,零售商通过提高销售价格来应对库存成本的增加。当销售价格的增加幅度小于库存单价的增加幅度时,零售商获得利润仍然会降低。因此零售商同时会通过降低碳排放来降低碳税成本。此外,订购单价 c_1 发生变化时对零售商的销售策略略、利润值及碳排放量的影响分别大于库存成本单价发生变化时的影响。例如,当 c_1 的取值增加 20%(从 108 元增加到 126 元)时,零售商最优订购次数从 3 次增加到 4 次,最优销售价格增加了 4.4%,最优利润值和相应的碳排放量则分别减少了 34.3% 和 22.2%。而当 c_2 取值增加 20%(从 1.2 元增加到 1.4 元)时,零售商的最优订购次数保持不变,最优销售价格增加了 1.7%,最优利润值和相应的碳排放量则分别减少了 22.1% 和 5.6%。这表明在实际运作过程中,相比较库存,管理者应该重点加强对订购过程的监督与管理。

表 3-3　在线渠道下需求率对应参数的变化对最优策略的影响

参数	参数取值(比例)	n^*/次	p^*/(元/箱)	$TP(p^*,n^*)$/元	$J(Q^*)$/千克
a_1	952(+40%)	3	219.6475	300 380	82 212
	816(+20%)	3	205.2783	218 740	67 595
	544(−20%)	3	176.5397	94 253	38 360
	408(−40%)	1	167.5868	55 113	25 248

续表

参数	参数取值(比例)	n^*/次	p^*/(元/箱)	$TP(p^*,n^*)$/元	$J(Q^*)$/千克
b_1	4.2(+40%)	3	165.9112	73 809	35 115
	3.6(+20%)	3	177.0038	106 240	43 958
	2.4(−20%)	3	208.8506	209 970	62 249
	1.8(−40%)	1	240.2224	298 520	100 810

表 3-4　传统渠道下需求率对应参数的变化对最优策略的影响

参数	参数取值(比例)	n^*/次	p^*/(元/箱)	$TP(p^*,n^*)$/元	$J(Q^*)$/千克
a_2	840(+40%)	2	214.8365	284 930	72 373
	720(+20%)	3	201.8909	212 720	60 407
	480(−20%)	3	179.9272	96 168	45 547
	360(−40%)	4	167.0367	51 197	37 905
b_2	2.8(+40%)	4	172.2485	90 011	47 505
	2.4(+20%)	3	181.8854	117 220	50 584
	1.6(−20%)	3	201.356	189 560	55 218
	1.2(−40%)	2	215.5651	238 920	61 047
α	0.084(+40%)	1	195.1551	159 260	78 902
	0.072(+20%)	2	192.7032	153 590	57 369
	0.048(−20%)	3	191.2489	146 850	52 398
	0.036(−40%)	4	189.6836	144 530	51 633

从表 3-3 与表 3-4 可以得到如下结论。

(1) 当在线销售渠道的潜在市场需求率 a_1 减小时,零售商的最优订购次数、最优销售价格、最优利润值,以及相应的碳排放量都在减小。这是因为当 a_1 取值变小时,零售商通常会降低销售价格来吸引更多顾客,因此零售商的最优销售价格在减小。在其他参数不变的情况下,a_1 取值变小会使零售商的订购量变小,这容易使零售商的碳排放量降低,此时零售商通过减少订购次数来避免过高的订购固定成本。又因为在线销售下的市场需求为远期市场需求,订购次数的减少又使订购周期变长,这容易造成库存成本增加,使零售商的最优利润值变小。

(2) 当传统销售渠道的潜在市场需求率 a_2 增加时,零售商的最优销售价格、最优利润值及相应的碳排放量分别增加而最优订购次数在减少。这是因为在实际销售中,潜在市场需求率越大,零售商往往越会采取更高的销售价格。由于传统销售模式下的市场需求为即期市场需求,其市场需求率与当前库存水平成正比,因此零售商通常会减少订购次数、增加订购量来增加实际市场需求。订购量的增加使零售商的碳排放量增加。而销售价格提高、订购固定成本减少,以及潜在市场需求率增加都使零售商的最优利润值增加。另外,传统销售渠道下潜在市场需求率的变化对最优销售策略的影响要小于在线销售渠道下潜在市场需求率的变化。

(3) 当销售价格影响下两种渠道的市场需求率的弹性系数 b_1 与 b_2 分别减少

时,零售商的最优销售价格、利润值,以及相应的碳排放量分别增加而其最优订购次数在减小。这主要是因为当 b_1 与 b_2 取值减小时,两种渠道下的市场需求率变大而且市场需求率对销售价格的依赖程度越来越小。此时零售商通过提高销售价格可以获得更多的利润,这会使零售商共享的利润值更大。为了降低一部分订购成本,当市场需求率变大时零售商会增加每次订购量来应对顾客需求,又增加了零售商的碳排放量。另外,b_1 的变化对零售商的影响要大于 b_2 的影响,例如,当 b_1 的取值增加 20%(从 3.6 增加到 4.2)时,零售商的销售价格、利润值与相应的碳排放量分别下降 6.3%、30.5% 与 20.1%。而当 b_2 取值增加 20%(从 2.4 增加到 2.8),零售商的销售价格、利润值与相应的碳排放量分别下降 5.3%、23.2% 与 6.1%。这表明零售商在利用传统渠道和在线渠道销售产品时,应该在考虑传统渠道下顾客偏好的基础上重点根据在线销售渠道下的顾客偏好制定合理的价格策略。

(4) 在传统销售渠道下,当 α 取值减少时,零售商的最优销售价格、最优利润值及相应的碳排放量分别减少而最优订购次数则在增加。这是因为 α 取值越小,对应的传统销售渠道下的需求率就越小,同时对当前库存水平的依赖程度就越低。市场需求率的减少一方面造成了零售商最优利润值的降低,另一方面则会使其碳排放量降低。而且由于传统销售渠道下的需求率为即时需求,零售商会通过增加订购次数以及时满足顾客需求,同时降低销售价格以避免顾客流失。

3.5 本章小结

控制二氧化碳等温室气体的排放已经成为当前社会面临的一个主要问题。作为碳排放的主体,零售企业的运营管理受到了碳排放约束的诸多挑战。另外,随着电子商务的快速发展,在线渠道开始普及到传统企业的分销系统中,这也使企业不得不考虑多分销渠道下的联合库存与定价决策。基于此背景,本章考虑了碳税政策下供应链中某结点企业利用多分销渠道销售某易腐品的联合定价与库存策略问题。

首先,对某易腐品,本章构建了碳税政策下在线与传统分销渠道并存的联合库存与定价优化模型。在所构建的模型中,本章还考虑了零售商由于多次订购而具有的学习效应,利用优化理论方法对模型进行了分析与求解,结果表明所构建的模型存在唯一的最优订购时间、订购次数与最优销售价格使零售商的总利润最大。其中,当零售商的销售价格小于临界值 $\dfrac{(\alpha+\theta)(c_1+c_t e_1)+c_2+c_t e_2+\theta c_3}{\alpha}$ 时零售商应该进行多次订购,否则零售商只需订购一次即可使其总利润最大。本章设计求得最优策略的相关算法则保证了模型的最优解,可以为供应链库存管理人员提供一定的借鉴和帮助。

其次,本章以中百仓储零售连锁超市销售某易腐类水果为基本算例验证了理论结果,并通过对关键参数的灵敏度分析进一步研究了碳系数对零售商订购策略的影响。研究结果表明,碳税是控制企业碳排放的一种有效政策;在电子商务环境下,具有多分销渠道的企业在碳税政策下能够实现高利润、低排放的局面。

最后,本章所构建的模型与总结的管理建议适用于确定性环境下多周期订购的易腐类产品,在本章结论的基础上,还可以进一步考虑时间变化对易腐品需求的影响,这是因为在现实生活中由于存在变质属性,在不同时期产品对顾客的吸引力会有所不同。

第4章

碳限额与交易政策下易腐品的多周期库存优化策略

4.1 问题背景

低碳经济是当前社会可持续发展的主题,有效地降低二氧化碳等温室气体的过度排放则是实现这一主题的有效途径。作为减少碳排放的重要手段之一,碳政策被各国政府和组织制定并实施,例如,为了帮助成员国履行减排承诺,欧盟(EU)于2005年启动了以碳限额与交易为核心的排放交易体系(ETS)。碳限额与交易指为纳入排放交易体系的企业分配一定数量的碳排放许可权,如果企业的实际排放量小于分配到的碳排放许可权,那么该企业就可以将剩余的排放权通过交易体系出售获取利润,否则企业就需要通过交易体系购买碳排放权。碳限额与交易政策可以通过政府管制和市场激励的双重手段进行有效减排,这也使该政策被广泛应用。作为制造业大国,我国长期致力于降低二氧化碳的排放,2013年就在北京、天津和深圳等7个省市启动了碳排放交易市场;目前我国已建成全球规模最大的碳市场,截至2023年11月30日,碳排放配额累计成交4.23亿吨、235.7亿元。作为二氧化碳排放的主体,企业在碳政策的实施过程中扮演着重要的角色,其经营决策与目标也在碳限额与交易政策下发生了根本改变。因此,在碳政策约束下如何有效地进行库存优化成为当前运作管理领域的一个研究热点。

与本章研究相关的文献是基于经典的EOQ模型分析供应链企业在不同碳政策下的库存策略。如Chen等(2013)基于EOQ模型考虑了企业在碳配额、碳税等排放政策下的库存策略;Toptal(2014)分别考虑了企业在碳限额与交易、碳配额和碳税政策下的联合订购与减排投资策略;He等(2015)建立了碳限额与交易政策和碳税政策下的库存优化模型;Zhou等(2020)对该领域的相关文献进行了详细综述。Feng等(2021)则在碳限额与交易政策下分析了零售商联合补货的利润分配策略。上述文献都是以非变质产品为研究对象分析了碳政策对企业运作决策的影响。然而，实际中很多的物品在存储过程中都具有变质的物理属性，目前运作管理领域的理论研究者从多个角度对易腐品的库存优化问题进行了研究，得到了大量杰出的理论成果，详细的文献综述见 Bakker 等（2012）、Janssen 等（2016）和 Goldberg 等（2021）。Dye 等（2015）首次考虑了碳限额与交易政策对易腐品库存优化模型的影响，假设产品销售价格固定且需求率依赖企业给顾客提供信贷周期的长度，他们以无限计划期内企业的平均总利润最大为目标求解了碳政策下的商业信用和库存策略。然而在当前基于时间竞争的市场环境下，产品的销售价格往往随时间动态变化。另外，产品变质的物理属性使该类产品在有限计划期内的多次订购对其库存策略具有明显的影响。在此情形下，一些理论研究者对有限计划期内的易腐品库存优化模型进行了研究。如 Gilding（2014）以有限计划期内的总成本最小为目标建立了时变需求环境下的库存优化模型，并对允许缺货和不允许缺货两种情形分别研究了通货膨胀对其最优订购策略的影响；Bai 等（2016）从供应链的视角研究了有限计划期内易腐品的协调策略；Xu 等（2017）分别构建了四种策略下的双货栈易腐品库存系统，并在有限计划期内求解和比较了易腐品的最优库存策略。上述文献在对有限计划期内的易腐品库存优化模型进行研究时都没有考虑碳政策对企业库存策略的影响。

本章分析了碳限额与交易政策对某零售商在有限计划期内库存策略的影响，当产品的销售价格随时间连续动态变化时，以有限计划期内总利润最大为目标建立了碳限额与交易政策下的库存优化模型。首先，本章证明了最优订购策略的唯一性并求解了最优订购次数。其次，与无碳约束情形和以碳排放量最小为目标的碳模型分别进行了比较，得出了零售商实现高利润和低排放的条件。最后，通过算例验证了理论结果。本章与当前研究文献的不同之处在于两点：首先，以有限计划期内零售商库存优化模型为研究主体，本章重点研究了碳政策对企业运营的影响。其次，在模型构建上，本章研究了易腐品在碳排放约束下的库存优化策略，并分析了此类产品实现高利润和低排放的条件。

4.2 问题描述与假设

若用 n 表示零售商在有限计划期 H 内的订购周期次数，则本章所考虑的问题可描述为：某零售商在第 $i(i=1,2,\cdots,n)$ 订购周期的开始时刻 $s_{i-1}(s_0=0,s_n=H)$ 向上游供应商订购某易腐烂产品，其中订购单位产品的可变成本为 c_1 且产品的变质率为 $\theta(0<\theta<1)$。不失一般性，参考库存优化模型的研究文献可以假设零售商的订购提前期为零且当产品发生变质时变质部分不会被修缮或补充，而是立即离开库存系统。因此，在 s_{i-1} 时刻，零售商的库存水平达到最大。该零售商同时将订购的产品以时变价格 $p(t)$ 销售给顾客，这里 $p(t)$ 为 $(0,H)$ 内大于零的连续可导函数。随着顾客的需求得到满足，零售商在第 i 订购周期的库存水平逐渐减

弱直至在 s_i 时刻减小为零。此时零售商向上游供应商发出订单，进入下一订购周期。该易腐品在订购和存储过程中会产生碳排放，用 A_e 和 c_1^e 分别表示零售商在每次订购产品时所产生的固定碳排放量和单位可变碳排放量，而 h_1^e 和 h_2^e 则表示零售商在库存阶段存储单位产品所产生的碳排放量及处理单位变质产品所产生的碳排放量。在碳限额与交易政策下，零售商应该如何确定最优订购策略以使有限计划期内的总利润获得最大。

表 4-1 给出了文中相关的符号定义。

表 4-1 符号定义

符号	具 体 定 义
H	有限计划期长度
n	订购周期次数
θ	产品变质率($0<\theta<1$)
s_{i-1}	第 i 订购周期开始订购的时刻($i=1,2,\cdots,n$，$s_0=0$，$s_n=H$)
D	市场需求率
A	每次订购的固定成本
$p(t)$	在 t 时刻产品的销售价格
$I(t)$	在 t 时刻产品的库存水平
I_i	第 i 订购周期的库存总量
Q_i	第 i 订购周期的订购量
c_1	订购单位产品的可变成本
h_1	存储单位产品的单位成本
h_2	处理单位变质产品的成本
A_e	每次订购时所产生的固定碳排放量
c_1^e	订购单位产品所产生的单位碳排放量
h_1^e	存储单位产品所产生的单位碳排放量
h_2^e	处理单位变质产品所产生的单位碳排放量
C	有限计划期内的碳配额(排放许可量)
X	有限计划期内碳排放权的转移数量
c_p	单位碳排放权的交易价格
$E(n,\{s_i\})$	有限计划期内，零售商在订购和存储产品过程所产生的碳排放量
$TP_1(n,\{s_i\},X)$	碳限额与交易政策下，零售商在有限计划期内获得的总利润
$TP_2(n,\{s_i\})$	不考虑碳排放的情况下，零售商在有限计划期内获得的总利润
h_2	处理单位变质产品的成本

此外，为了构建数学模型时书写方便，下文记 $c_2=h_1+\theta h_2$，$c_2^e=h_1^e+\theta h_2^e$，$c=c_1+\dfrac{c_2}{\theta}$，以及 $c_e=c_1^e+\dfrac{c_2^e}{\theta}$。

4.3 模型的建立和分析

4.3.1 数学模型的建立

根据问题描述可以知道,在第 i 订购周期初 s_{i-1} 时刻开始,产品的需求和变质现象使零售商的库存不断减少,直至在 s_i 时刻减少为零。用如下微分方程可以表示这一变化过程。

$$\frac{dI(t)}{dt} = -D - \theta I(t) \quad (s_{i-1} \leqslant t \leqslant s_i) \tag{4-1}$$

式(4-1)定量描述了零售商在第 i 订购周期的库存变化。为了方便分析零售商最优订购策略的性质,这里假设零售商在最初与最终时刻的库存为零,利用边界条件 $I(s_i)=0$ 求解上述方程(4-1)得

$$I(t) = \frac{D}{\theta}[e^{\theta(s_i-t)} - 1] \tag{4-2}$$

利用式(4-2)可以求得零售商在第 i 订购周期的库存总量 I_i 和订购量 Q_i 分别为

$$I_i = \int_{s_{i-1}}^{s_i} I(t)dt = \frac{D}{\theta^2}[e^{\theta(s_i-s_{i-1})} - 1] - \frac{D}{\theta}(s_i - s_{i-1}) \tag{4-3}$$

$$Q_i = I(s_{i-1}) = \frac{D}{\theta}[e^{\theta(s_i-s_{i-1})} - 1] \tag{4-4}$$

利用式(4-3)可得第 i 订购周期内零售商的库存成本与产品的变质成本之和为

$$c_2 I_i = c_2 \left\{ \frac{D}{\theta^2}[e^{\theta(s_i-s_{i-1})} - 1] - \frac{D}{\theta}(s_i - s_{i-1}) \right\} \tag{4-5}$$

利用式(4-4)可得第 i 订购周期内的订购成本为

$$A + c_1 Q_i = A + c_1 \frac{D}{\theta}[e^{\theta(s_i-s_{i-1})} - 1] \tag{4-6}$$

考虑到零售商销售产品的价格为时变函数 $p(t)$,可以求得第 i 订购周期零售商的销售收入为

$$\int_{s_{i-1}}^{s_i} Dp(t)dt = D\int_{s_{i-1}}^{s_i} p(t)dt \tag{4-7}$$

此外,由于产品在订购和存储过程中会产生碳排放,结合式(4-3)和式(4-4),可以求该类产品在整个计划期内的碳排放量为

$$E(n, \{s_i\}) = nA_e + c_1^e \sum_{i=1}^{n} Q_i + c_2^e \sum_{i=1}^{n} I_i \tag{4-8}$$

结合式(4-5)~式(4-8),可以得到碳限额与交易政策下零售商的总利润函数为

$$\mathrm{TP}_1(n,\{s_i\},X) = \sum_{i=1}^{n}\left[D\int_{s_{i-1}}^{s_i} p(t)\mathrm{d}t - A - c_1 Q_i - c_2 I_i\right] + c_p X \quad (4\text{-}9)$$

这里，$X = C - E(n,\{s_i\})$，其中，$X = 0$ 表示零售商的碳排放量刚好达到碳配额，$X > 0$ 表示零售商可以卖出一定的碳排放权，而 $X < 0$ 则表示了零售商需要购买一定的碳排放权。

4.3.2 数学模型的求解

由式(4-9)可以知道零售商在碳限额与交易政策下的总利润函数 $\mathrm{TP}_1(n,\{s_i\},X)$ 为整数变量 n 和连续变量 $\{s_i\}$ 的多元函数。因此，需要确定最优的 n 和 $\{s_i\}$ 以使 $\mathrm{TP}_1(n,\{s_i\},X)$ 达到最大。针对此类问题，可以利用两阶段优化的方法进行求解，即第一阶段对于给定的 n，求出使 $\mathrm{TP}_1(n,\{s_i\},X)$ 达到最大的 $\{s_i^*\}$；第二阶段则求出最优的 n^*。将式(4-5)~式(4-8)代入式(4-9)，对 $\mathrm{TP}_1(n,\{s_i\},X)$ 关于 s_i 求一阶偏导数并等于零得

$$\frac{\partial \mathrm{TP}_1(n,\{s_i\},X)}{\partial s_i} = -(c + c_p c_e)D[e^{\theta(s_i - s_{i-1})} - e^{\theta(s_{i+1} - s_i)}] = 0 \quad (4\text{-}10)$$

求解式(4-10)可得如下结论。

定理4.1 对给定的订购周期次数 n，零售商的利润函数 $\mathrm{TP}_1(n,\{s_i\},X)$ 取得最大值当且仅当由式(4-10)所唯一确定的 $\{s_i\}$ 满足 $s_i - s_{i-1} = \dfrac{H}{n}, i = 1,2,\cdots,n$。

利用定理4.1可将零售商在碳限额与交易政策下的总利润函数 $\mathrm{TP}_1(n,\{s_i\},X)$ 化简成自变量为 n 的一元函数，将其简记为 $\mathrm{TP}_1(n)$，则有

$$\mathrm{TP}_1(n) = D\int_0^H p(t)\mathrm{d}t - n(c + c_p c_e)\frac{D}{\theta}(e^{\frac{\theta H}{n}} - 1) + (c_2 + c_p c_2^e)\frac{DH}{\theta} - n(A + c_p A_e) + c_p C \quad (4\text{-}11)$$

定义函数 $f(x) = xe^x - e^x + 1$，这里 $0 \leqslant x \leqslant \theta H$。利用式(4-11)可以有如下结论。

定理4.2 对碳限额与交易政策下的库存优化问题，若 $(c + c_p c_e)Df(\theta H) > \theta(A + c_p A_e)$，则存在唯一的 n_1 使零售商的利润值取得最大；否则，零售商只需订购1次即可使其利润值最大。

从定理4.2的证明可以得出存在唯一的最优订购周期次数可以使零售商的利润值最大，因此，不妨用 n_1^* 表示碳限额与交易政策下零售商的最优订购周期次数。结合定理4.2可将 n_1^* 表示为

$$n_1^* = \begin{cases} 1, & 若(c + c_p c_e)Df(\theta H) \leqslant \theta(A + c_p A_e) \\ n_1, & 若(c + c_p c_e)Df(\theta H) > \theta(A + c_p A_e) \text{ 且 } n_1 \text{ 取整} \\ \lfloor n_1 \rfloor, & 若(c + c_p c_e)Df(\theta H) > \theta(A + c_p A_e) \text{ 且 } \mathrm{TP}_1(\lfloor n_1 \rfloor) \geqslant \mathrm{TP}_1(\lfloor n_1 \rfloor + 1) \\ \lfloor n_1 \rfloor + 1, & 若(c + c_p c_e)Df(\theta H) > \theta(A + c_p A_e) \text{ 且 } \mathrm{TP}_1(\lfloor n_1 \rfloor) < \mathrm{TP}_1(\lfloor n_1 \rfloor + 1) \end{cases}$$

$$(4\text{-}12)$$

这里，$\lfloor x \rfloor$ 表示不超过 x 的最大整数。

利用定理 4.2 可以有如下推论。

推论 4.1 在碳限额与交易政策下，当零售商获得最大利润值时，如下结论成立。

(1) $TP_1(n_1^*)$ 是关于碳配额 C 的线性递增函数。

(2) 当 $X_0 > 0$ 时，零售商在获得最大利润值时需要购买 X_0 单位的碳排放权；当 $X_0 < 0$ 时，零售商在获得最大利润值时售出了 $-X_0$ 单位的碳排放权；当 $X_0 = 0$ 时，零售商在获得最大利润值时既不需要购买也不需要售出碳排放权，这里，

$$X_0 = n_1^* A_e + n_1^* c_e \frac{D}{\theta}(e^{\frac{\theta H}{n_1^*}} - 1) - \frac{c_2^e DH}{\theta} - C。$$

推论 4.1(1) 表明碳配额的取值直接影响到零售商的利润值，并且碳配额取值越大越有利于零售商获得更多的利润；而推论 4.1(2) 则通过比较临界值 X_0 的非负性得到零售商在获得最大利润时购买碳排放权的条件。对政府给定的碳配额，零售商可以根据临界值 X_0 的大小调整订购策略，从而在获得最大利润的同时尽可能降低碳排放量。

4.3.3 模型的进一步分析

接下来将分析零售商释放最小碳排放量时对应的订购策略。类似碳限额与交易政策下零售商最优策略性质的分析，对给定的订购周期次数 n，零售商的碳排放总量 $E(n, \{s_i\})$ 简记为 $E(n)$，可表示如下。

$$E(n) = nA_e + nc_e \frac{D}{\theta}(e^{\frac{\theta H}{n}} - 1) - c_2^e \frac{DH}{\theta} \tag{4-13}$$

当 $c_e Df(\theta H) > \theta A_e$ 时，令 n_0 为 $\frac{\partial E(n)}{\partial n} = 0$ 的解。此外，令 n_0^* 为零售商释放最小碳排放量时的订购周期次数，则有

$$n_0^* = \begin{cases} 1, & \text{若 } c_e Df(\theta H) \leqslant \theta A_e \\ n_0, & \text{若 } c_e Df(\theta H) > \theta A_e \text{ 且 } n_0 \text{ 取整} \\ \lfloor n_0 \rfloor, & \text{若 } c_e Df(\theta H) > \theta A_e \text{ 且 } E(\lfloor n_0 \rfloor) \leqslant E(\lfloor n_0 \rfloor + 1) \\ \lfloor n_0 \rfloor + 1, & \text{若 } c_e Df(\theta H) > \theta A_e \text{ 且 } E(\lfloor n_0 \rfloor) > E(\lfloor n_0 \rfloor + 1) \end{cases}$$

$$\tag{4-14}$$

利用式(4-13)和式(4-14)可得如下结论。

推论 4.2 零售商在碳限额与交易政策下的利润值最大时释放的碳排放量 $E(n_1^*)$ 一定不高于 $E(n_0^*)$，即 $E(n_1^*) \geqslant E(n_0^*)$。

接下来进一步分析零售商在无碳约束下的最优订购策略，将零售商在无碳约束下的总利润 $TP_2(n, \{s_i\})$ 简记为 $TP_2(n)$，则其函数表达式为

$$TP_2(n) = D\int_0^H p(t)dt - nA - nc\frac{D}{\theta}(e^{\frac{\theta H}{n}} - 1) + c_2 \frac{DH}{\theta} \tag{4-15}$$

当 $cDf(\theta H) > \theta A$ 时，不妨设 n_2 为 $\dfrac{\partial \mathrm{TP}_2(n)}{\partial n}=0$ 的解。此外，令 n_2^* 为无碳约束下零售商的最优订购周期次数。类似上述两类模型的求解，这里将 n_2^* 表示为

$$n_2^* = \begin{cases} 1, & \text{若 } cDf(\theta H) \leqslant \theta A \\ n_2, & \text{若 } cDf(\theta H) > \theta A \text{ 且 } n_2 \text{ 取整} \\ \lfloor n_2 \rfloor, & \text{若 } cDf(\theta H) > \theta A \text{ 且 } \mathrm{TP}_2(\lfloor n_2 \rfloor) \geqslant \mathrm{TP}_2(\lfloor n_2 \rfloor + 1) \\ \lfloor n_2 \rfloor + 1, & \text{若 } cDf(\theta H) > \theta A \text{ 且 } \mathrm{TP}_2(\lfloor n_2 \rfloor) < \mathrm{TP}_2(\lfloor n_2 \rfloor + 1) \end{cases}$$

(4-16)

比较式(4-11)和式(4-15)并利用 n_1^* 和 n_2^* 的最优性质可得如下结论。

定理 4.3 若 $C \geqslant E(n_2^*)$，则 $\mathrm{TP}_1(n_1^*) \geqslant \mathrm{TP}_2(n_2^*)$；若 $C \leqslant E(n_1^*)$，则 $\mathrm{TP}_1(n_1^*) \leqslant \mathrm{TP}_2(n_2^*)$。

定理 4.3 比较了零售商在碳限额与交易政策和无碳约束下的利润值大小。从定理 4.3 的证明可以看出，当零售商在碳限额与交易政策下的碳排放量大于碳配额时，零售商获得的最大利润值将不大于无碳约束条件下获得的利润值。这说明在碳限额与交易政策下释放过多的碳排放不利于零售商获取更多的利润值。

将式(4-12)、式(4-14)和式(4-16)分别进行比较，可得如下结论。

定理 4.4 对零售商在碳限额与交易政策下的最优订购周期次数 n_1^*，释放最小碳排放量的订购周期次数 n_0^* 及无碳约束下的最优订购周期次数 n_2^*，有如下结论成立。

(1) 若 $Ac_e = A_e c$，则 $n_0^* = n_1^* = n_2^*$、$|n_1^* - n_0^*| = 1$ 或 $|n_1^* - n_2^*| = 1$。

(2) 若 $Ac_e > A_e c$，则 $n_2^* - 1 \leqslant n_1^* \leqslant n_0^* + 1$，$1 = n_2^* \leqslant n_1^* \leqslant n_0^* + 1$，$1 = n_2^* = n_1^* \leqslant n_0^*$ 或 $n_0^* = n_1^* = n_2^* = 1$。

(3) 若 $Ac_e < A_e c$，则 $n_0^* - 1 \leqslant n_1^* \leqslant n_2^* + 1$，$1 = n_0^* \leqslant n_1^* \leqslant n_2^*$、$1 = n_0^* = n_1^* \leqslant n_2^*$ 或 $n_0^* = n_1^* = n_2^* = 1$。

定理 4.4 比较了零售商在碳限额与交易政策、无碳约束和释放最小碳排放量时订购周期次数的大小。从对定理 4.4 的证明可以看出若零售商在碳限额与交易政策下的最优订购周期次数等于释放最小碳排放时对应的订购周期次数，则零售商能够实现高利润和低碳排放的结果。

4.4 数值算例

本节通过应用算例验证了上述理论结果，并结合灵敏度分析探讨相关参数对零售商最优策略和碳排放量的影响，进而得出相应的管理启示。定义参数 λ 为时变价格系数，它反映了时间变化对销售价格的影响。当 $\lambda = -0.08$ 时，时变销售价格表示为 $p(t) = 50\mathrm{e}^{\lambda t}$。算例中其他相关参数分别为：$H=6$ 期，$D=600$ 单位货物，$A=300$ 元/次，$c_1=10$ 元/单位货物，$h_1=4$ 元/单位货物，$h_2=1.5$ 元/单位货

物，$\theta=0.08$，$A_e=100$ 吨/次，$c_1^e=4$ 吨/单位货物，$h_1^e=2$ 吨/单位货物，$h_2^e=1.5$，$c_p=2$ 元/吨和 $C=20\,000$ 吨。

利用以上参数值可以计算得出零售商在碳限额与交易政策下的最优订购周期次数、订购量和最优利润值分别为 15 次、243.88 单位货物和 103 520 元，此时的碳排放量为 17 676 吨。在无碳约束条件下零售商的最优订购周期次数、订购量和最优利润值分别为 13 次、282.10 单位货物和 98 918 元。由于碳排放量小于碳配额，此时零售商在碳限额与交易政策下可以售出一部分碳排放权，使利润值比无碳约束情形下的利润值高出了 4602 元。这同时表明了碳政策使零售商获得了更多的利润。另外，当零售商的碳排放量达到最小时对应的最优订购周期次数、订购量和碳排放量分别为 16 次、228.41 单位货物和 17 664 元，此时零售商的碳排放量比最小碳排放量多出了 12 个单位，这表明在本算例中零售商尽管能够获得更多的利润，但不能实现最小碳排放。

利用基本算例中的参数值可分析 H，θ 和 c_p 对零售商在碳限额与交易政策下的最优订购策略的影响，相应的趋势变化曲线见图 4-1～图 4-3。

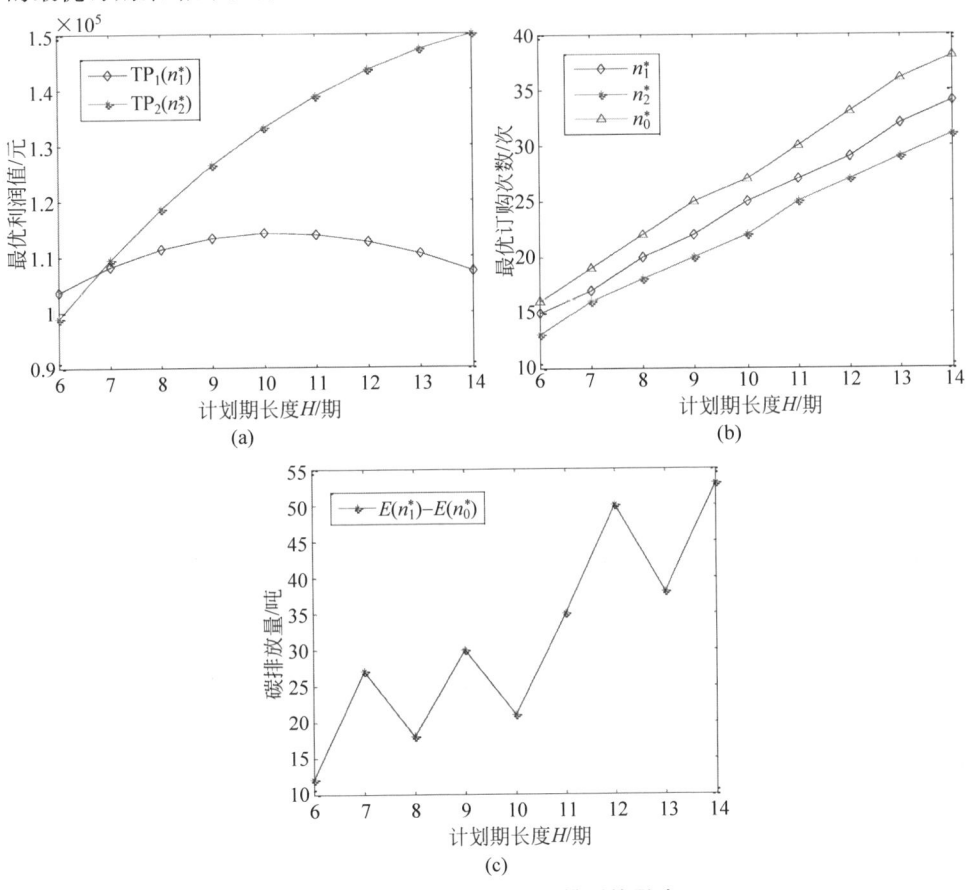

图 4-1　计划期长度 H 对模型的影响

（a）H 对利润值的影响；（b）H 对订购策略的影响；（c）H 对碳排放的影响

图 4-2 产品变质率 θ 对模型的影响

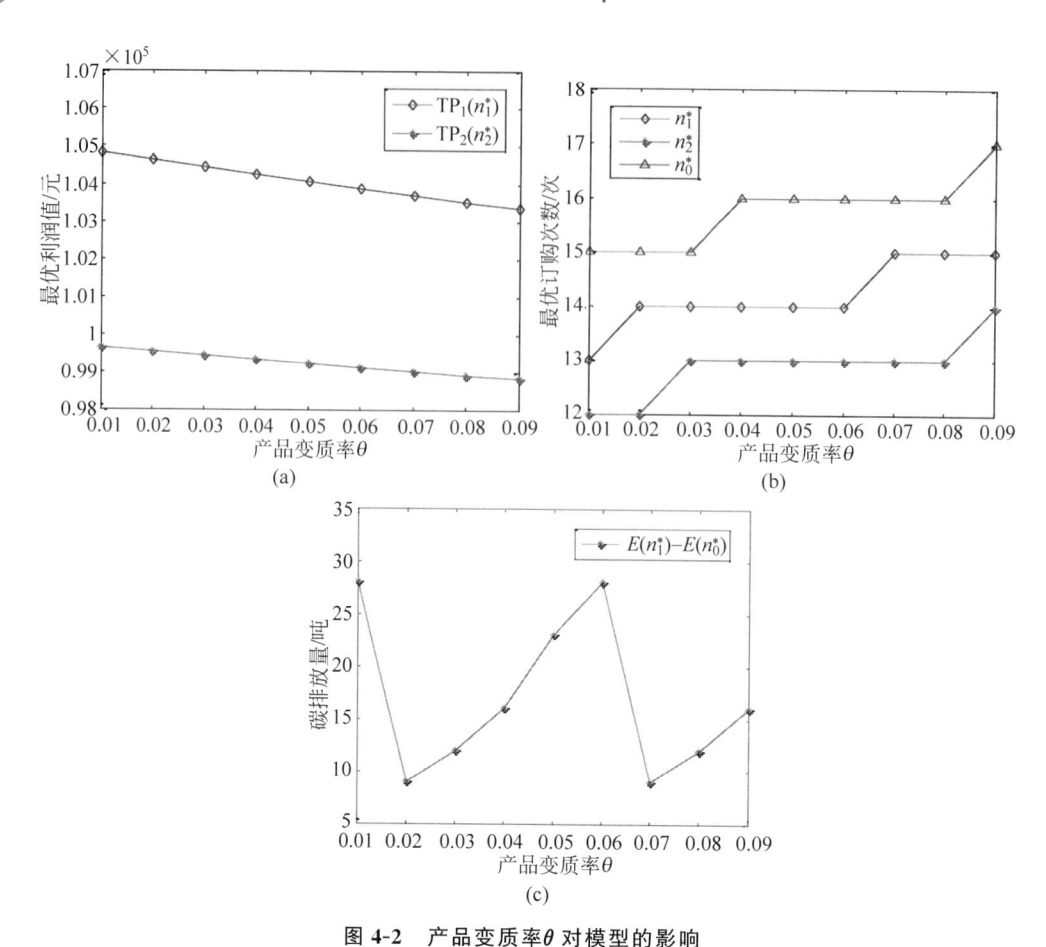

(a) θ 对利润值的影响;(b) θ 对订购策略的影响;(c) θ 对碳排放的影响

从图 4-1 可以看出,随着计划期长度 H 的增加,零售商在碳限额与交易政策下的利润值呈现先增加后减少的趋势,而在无碳约束条件下的利润值却一直在增加。当 $H<7$ 期时,零售商在碳限额与交易政策下的利润值高于无碳约束下的利润值,而当 $H\geqslant 7$ 期时,零售商在碳限额与交易政策下的利润值一直小于无碳约束下的利润值,并且二者之间的差值随着 H 的增加而变大。这是因为当 $H<7$ 期时,零售商的碳排放一直小于碳配额,此时零售商可以通过售出额外的碳排放权获得一定收入,使利润值大于无碳约束下的利润值;随着 H 的增加,零售商的碳排放量超过了碳配额,在此情形下,零售商只能购买碳排放权,造成了收入的减少同时使利润值小于无碳约束条件下的利润值。购买碳排放权成本的增加使零售商在碳政策和无碳约束条件下的利润差值变大。随着 H 的增加,零售商在碳限额与交易政策、无碳约束,以及释放最小碳排放量时对应的订购周期次数分别增加。另外,随着 H 的增加,零售商的碳排放量和最小碳排放量之间的差值呈现波动性增长,这说明了计划期长度 H 越大越不利于零售商实现高利润和低排放的结果。

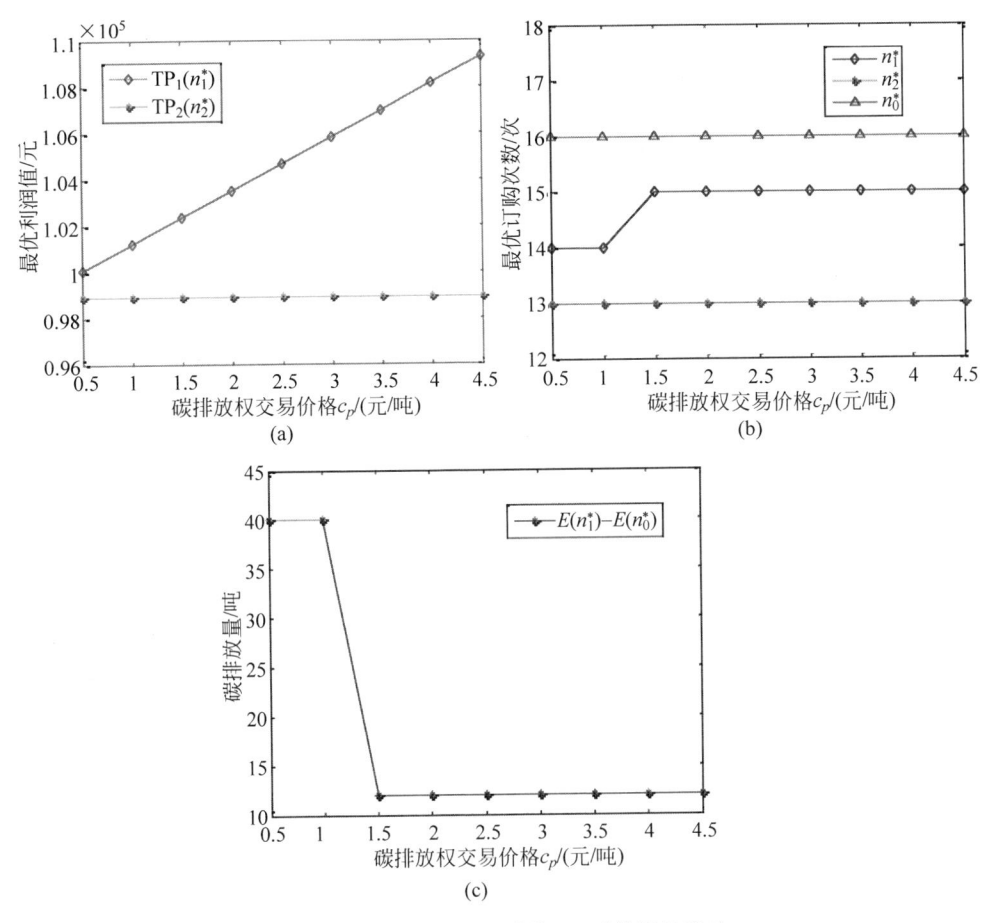

图 4-3 碳排放权交易价格 c_p 对模型的影响

(a) c_p 对利润值的影响；(b) c_p 对订购策略的影响；(c) c_p 对碳排放的影响

从图 4-2 可以看出，随着产品变质率 θ 的增加，零售商在碳限额与交易政策和无碳约束条件下的利润值分别减少。零售商在碳限额与交易政策下的利润值一直大于无碳约束条件下的利润值，这主要是因为当零售商的碳排放量小于碳配额时，其在碳政策下可以售出一部分碳排放权获得额外的收入。当 θ 增加时，零售商会采取多次订购、少量库存的方式来降低产品变质的风险，在此情形下，结合本算例的数据可以看出零售商在碳限额与交易政策和无碳约束条件下的订购次数呈现梯形增加的趋势。此外，零售商释放最小碳排放量时的最优订购周期次数随着变质率 θ 的增加呈现梯形增加的趋势，并且一直大于碳限额与交易政策和无碳约束条件下的订购周期次数。另外，随着变质率 θ 的增加，零售商的碳排放量和最小碳排放量的差值呈现波动性变化的趋势。在产品变质率 θ 分别为 0.02 和 0.07 时，零售商的碳排放量和最小碳排放量之间的差值最小，而当 θ 等于 0.01 和 0.06 时，零售商的碳排放量和最小碳排放量之间的差值最大。

从图 4-3 可以看出，随着碳排放权交易价格 c_p 的增加，零售商在碳政策下的利润值增加，而在无碳约束条件下的利润值则保持不变，并且前者一直大于后者。这是因为当零售商的碳排放量小于碳配额时，增加碳排放权交易价格能够使其有能力出售更多的碳排放权而获得额外收入，此时零售商会采取增加订购次数和减少每次订购数量的策略来降低碳排放，因此，随着碳排放权交易价格 c_p 的增加，零售商在碳政策下的最优订购次数呈现增加的趋势，而在无碳约束及释放最小碳排放量时对应的订购次数则分别保持不变。这一方面说明，碳排放权交易价格的变化改变了零售商在碳政策下的库存策略；另一方面也说明，当碳排放量小于碳配额时，提高碳排放权交易价格有利于激励零售商在降低碳排放的同时还能使其获取更高的利润。例如，从图 4-3(c) 可以看出，当 c_p 的取值大于 1.5 元/吨时，零售商的碳排放量和最小碳排放量之间的差值降低为 12 个单位。

4.5 本章小结

本章针对产品在订购和存储过程中会产生碳排放且其销售价格随时间连续动态变化的情形，研究了有限计划期内易腐品的库存策略问题。首先，构建了碳限额与交易政策下的库存优化模型，分析并求解了零售商在有限计划期内的最优订购策略。其次，将零售商在碳限额与交易政策下的最优订购策略分别与无碳约束和零售商释放最小碳排放量时对应的最优订购策略进行比较，得出零售商在碳政策下实现高利润和低排放的条件。最后，结合数值实验对理论结果进行了验证并分析了相关系数对零售商最优订购策略的影响。本章得到如下主要结论：首先，在碳限额与交易政策下，存在唯一的最优订购时间和订购周期次数使得零售商在有限计划期内的总利润获得最大。其次，当碳政策约束条件下的最优订购周期次数等于释放最小碳排放所对应的订购周期次数时，零售商在碳限额与交易政策下能够实现高利润和低排放的双赢结果。最后，有限计划期长度取值越大越不利于零售商实现高利润和低排放，而当碳排放量小于碳配额时，提高碳排放权交易的价格有利于零售商实现高利润和低排放。

第5章

碳限额与交易政策下生鲜品的鲁棒订购策略

5.1 问题背景

随着现代商业零售模式的快速发展和人民生活水平的不断提高,生鲜品市场增长迅速且在日常销售中所占的比重不断增加。然而,作为一种易腐品,生鲜品很容易受到外界物理条件(如温度、时间等因素)的影响从而使得自身的质量和价值发生损耗和贬值,这也增加了生鲜品运营管理的难度。中国生鲜电商市场数据监测报告显示,2021年我国生鲜品电商交易规模为4658.1亿元,同比2020年增长27.92%。但是,该类产品在原产地、仓储运输和"最后一千米配送"等环节的损耗率达到20%~30%。另外,由于生鲜品在生产、存储和物流配送等环节需要严格的低温控制和较好的保鲜措施,会消耗更多能源,从而产生更多碳排放。因此,碳政策的实施给生鲜品的运营管理带来了新的机遇和挑战,如何实现低碳减排约束条件下生鲜品的运营优化受到理论研究者和实践工作者的广泛关注。

与本章研究相关的文献主要是利用报童模型研究低碳减排约束条件下生鲜品企业的运营决策。如 Cai 等(2014)考虑了生产某类生鲜品的企业在面对国际和国内市场需求时的运作决策问题;Wu 等(2015)对一个生鲜品分销商将物流业务外包给 TPL 服务提供商时的协调策略进行了研究;Chen 等(2018b)基于产品质量和数量变化提出了一个随机需求环境下的易逝品运输整合模型;郑琪等(2018)基于委托代理理论研究了信息不对称环境下生鲜农产品的协调机制设计;郑宇婷等(2019)考虑了加法需求函数形式下由单个生产商和单个分销商组成的生鲜品供应链。上述文献对生鲜品运营决策进行研究时都假设随机需求分布信息完全已知且产品在运营过程中不会产生碳排放。

然而,在实际中,市场竞争的激烈及响应速度的滞后使市场需求的全部信息很难被精确获取。特别是生鲜品的保鲜要求、易损耗和时效性等特殊物理属性实际给企业在市场信息缺失条件下的低碳运营管理带来了一系列问题。因此,在碳减排政策的规制下,生鲜品企业面对需求信息部分已知时如何实现高利润和低排放成为当前实践工作者和理论研究者关注的焦点。基于这一现实背景,本章考虑了碳限额与交易政策下生鲜品零售商在需求信息部分已知情形下的订购策略:零售商在固定的时间内将订购的产品运到销售市场,产品的运输和存储阶段会产生碳排放。当市场需求随机因子的概率分布信息未知而仅知道其数学期望和方差时,本章构建了碳限额与交易政策下生鲜品的分布式鲁棒优化模型并将该模型与无碳政策规制的情形进行了比较,还结合数值算例比较了最坏分布情形下与需求服从正态分布时的订购策略,并进一步检验了相关参数对碳限额与交易政策下生鲜品分布式鲁棒优化模型的影响。

5.2 问题描述与符号假设

考虑受碳限额与交易政策规制的生鲜品企业在部分需求信息已知时的订购策略问题,在销售初期,零售商将订购量为 q 的某类生鲜品在固定的运输时间内运送到市场并以单位价格 p 销售给顾客,其中产品的单位订购成本、运输成本和运输时间分别为 c_1、c_2 和 T。不失一般性,将运输时间 T 归一化为 1。考虑到生鲜品具有时变损耗的属性,可以用 δ 表示该类生鲜品在运输期间的存活水平($0<\delta\leqslant 1$)。参考 Cai 等(2014)可知,该类生鲜品的不确定性需求函数表示为

$$D(p,\theta,\varepsilon)=ap^{-b}\theta\varepsilon \tag{5-1}$$

式(5-1)中,a 和 b 分别为该类产品的潜在市场规模参数和需求价格弹性系数;θ 为该类产品的新鲜度因子($0\leqslant\theta\leqslant 1$ 且当 $\theta=1$ 时产品为"完全新鲜");ε 为需求函数的随机因子,这里假设该随机因子的分布信息未知而仅能获取其均值 μ 和方差 σ^2。

当零售商将产品运输到销售市场时,如果生鲜品的存货量大于需求,则零售商会出现库存,否则出现缺货现象。产品的运输和存储是生鲜品运营过程中产生碳排放的主要环节。用 e_1 和 e_2 分别表示单位生鲜品在运输和存储阶段产生的碳排放,则零售商在运营过程中释放的期望碳排放量 $J(q)$ 为

$$J(q)=e_1 q+e_2 E_\varepsilon[(q\delta-D(p,\theta,\varepsilon))^+] \tag{5-2}$$

在碳限额与交易政策下,政府部门会分配给零售商一定的碳配额 K,当零售商的碳排放小于碳配额 K 时,其可以在碳交易市场以单位价格 c_s 出售额外的碳排放权;否则,其需要以单位价格 c_b 购买一定的碳排放权。

用 $\Pi(q)$ 表示零售商在碳限额与交易政策下的期望利润,则其表达式为

$$\Pi(q)=\begin{cases} \Pi_s(q)=\Pi(q)+c_s[K-J(q)], & J(q)\leqslant K \\ \Pi_b(q)=\Pi(q)+c_b[K-J(q)], & J(q)\geqslant K \end{cases} \tag{5-3}$$

这里,

$$\pi(q) = pE_\varepsilon[\min(D(p,\theta,\varepsilon),q\delta)] + vE_\varepsilon[(q\delta - D(p,\theta,\varepsilon))^+] - (c_1+c_2)q - sE_\varepsilon[(D(p,\theta,\varepsilon) - q\delta)^+] \tag{5-4}$$

式(5-3)中，v 和 s 分别表示生鲜品的单位残值价格和单位缺货成本。表 5-1 总结了本书所用到的相关参数及其含义。

表 5-1　参数及其含义

内容	符号	含义
参数	p	单位生鲜品的销售价格
	s	单位生鲜品的缺货成本
	v	单位生鲜品的残值价格
	T	生鲜品运输到销售市场的时间长度，将其归化为 $T=1$
	δ	生鲜品再运输间的存活水平，$0<\delta\leqslant 1$
	$c_1(c_2)$	单位生鲜品的订购（运输）成本
	$e_1(e_2)$	单位生鲜品运输（存储）期间产生的碳排放
	$c_s(c_b)$	碳限额与交易机制下单位碳排放权的售出（购买）价格
	K	零售商分配到的碳排放配额
	θ	生鲜品的新鲜度因子，$0<\theta\leqslant 1$
	a	生鲜品的潜在市场规模参数
	b	生鲜品的需求价格弹性系数
	ε	生鲜品需求的随机因子，这里仅获取该随机因子的期望和方差，即 $E(\varepsilon)=\mu$ 和 $\mathrm{Var}(\varepsilon)=\sigma^2$
	G	需求随机因子对应的分布函数，其具体形式未知
	γ	期望和方差分别为 μ 和 σ^2 的分布函数集合
	$D(p,\theta,\varepsilon)$	生鲜品的随机需求函数
决策变量	q	生鲜品的订购量
	z	生鲜品的库存因子，这里，$z=q/\tau_0$ 和 $\tau_0=a\theta p^{-b}/\delta$
目标函数	$\Pi(q)$ 或 $\Pi(z)$	零售商在碳限额与交易机制下的期望利润
	$\pi(q)$ 或 $\pi(z)$	零售商不受碳政策规制时的期望利润
	$J(q)$ 或 $J(z)$	零售商的期望碳排放

5.3　碳限额与交易机制下生鲜品的分布式鲁棒优化模型

本节将在需求随机因子的数学期望和方差已知时求解使零售商期望利润最大的订购策略。不妨令 $\tau_0 = a\theta p^{-b}/\delta$，则该类生鲜品的库存因子 z 可以被表示为 $z=q/\tau_0$。利用 $\min(D(p,\theta,\varepsilon),q\delta) = D(p,\theta,\varepsilon) - (D(p,\theta,\varepsilon)-q\delta)^+$ 和 $(q\delta - D(p,\theta,\varepsilon))^+ = q\delta - D(p,\theta,\varepsilon) + (D(p,\theta,\varepsilon)-q\delta)^+$，由式(5-2)、式(5-3)和式(5-4)将零售商期望利润和碳排放化简为

$$J(z) = (e_1+e_2\delta)\tau_0 z - e_2\delta\tau_0\mu + e_2\delta\tau_0 E_\varepsilon(\varepsilon-z)^+ \tag{5-5}$$

和

$$\Pi(z) = \begin{cases} \Pi_s(z), & J(z) \leqslant K \\ \Pi_b(z), & J(z) \geqslant K \end{cases} \tag{5-6}$$

这里,

$$\Pi_s(z) = (p - v + c_s e_2)\delta\tau_0\mu - [c_1 + c_2 - v\delta + c_s(e_1 + e_2\delta)]\tau_0 z + c_s K - \\ (p + s - v + c_s e_2)\delta\tau_0 E_\varepsilon(\varepsilon - z)^+ \tag{5-7}$$

$$\Pi_b(z) = (p - v + c_b e_2)\delta\tau_0\mu - [c_1 + c_2 - v\delta + c_b(e_1 + e_2\delta)]\tau_0 z + c_b K - \\ (p + s - v + c_b e_2)\delta\tau_0 E_\varepsilon(\varepsilon - z)^+ \tag{5-8}$$

由式(5-5)、式(5-7)和式(5-8)可知,零售商的利润和碳排放同时受到随机因子的影响。考虑到需求随机因子的全部分布信息未知而仅能获取数学期望 μ 和方差 σ^2,这里可以利用分布式鲁棒优化方法求解零售商在碳限额与交易政策下的订购策略。在此方法下,首先建立零售商在最坏分布情形下的支付目标函数,然后求解能使该支付目标函数最大的订购量。

对于需求随机因子 ε,这里可以有如下结论。

引理 5.1 $E_\varepsilon(\varepsilon - z)^+ \leqslant \dfrac{\sqrt{\sigma^2 + (z-\mu)^2} - (z-\mu)}{2}$, $\mu = E(\varepsilon)$, $\sigma = \sqrt{\mathrm{Var}(\varepsilon)}$。

引理 5.1 给出了需求随机因子 ε 在仅获取数学期望和方差时的相关性质。Gallego 等(1993)利用柯西不等式证明了上述不等式,并且他们还得出存在一个可行的两点分布能使该不等式中的等号成立。

利用引理 5.1,由式(5-5)、式(5-7)和式(5-8)可以看出对给定的库存因子 z,存在可行的两点分布使得 $\Pi_s(z)$ 或 $\Pi_b(z)$ 取得最小的同时 $J(z)$ 取得最大。不妨令 $J^G(z) = \max\limits_{G \in \gamma} J(z)$。由引理 5.1 和式(5-5)可得如下结论。

引理 5.2 对于任意的 z,存在唯一的根 z_1 使得 $J^G(z) = K$ 成立,这里,

$$z_1 \dfrac{(2e_1 + e_2\delta)K_0 - (e_2\delta)^2\mu - e_2\delta\Delta_0}{4e_1(e_1 + e_2\delta)} \tag{5-9}$$

$K_0 = \dfrac{2K}{\tau_0} + e_2\delta\mu$,以及 $\Delta_0 = \sqrt{[K_0 - (2e_1 + e_2\delta)\mu]^2 + 4e_1(e_1 + e_2\delta)\sigma^2}$。

利用引理 5.2 可以有如下结论。

引理 5.3 当 $K > \dfrac{e_2\delta\tau_0(\sqrt{\mu^2 + \sigma^2} - \mu)}{2}$ 时,$z_1 > 0$;否则,即当 $0 \leqslant K \leqslant \dfrac{e_2\delta\tau_0(\sqrt{\mu^2 + \sigma^2} - \mu)}{2}$ 时,$z_1 \leqslant 0$。

不妨令 $\Pi_s^G(z) = \min\limits_{G \in \gamma}\Pi_s(z)$ 和 $\Pi_b^G(z) = \min\limits_{G \in \gamma}\Pi_b(z)$。用 z_s^* 表示零售商在最坏分布情形下的碳排放不高于碳配额时的最优库存因子。利用引理 5.2 和引理 5.3 分析碳限额与交易政策下生鲜品零售商的运营策略,可得如下结论。

定理 5.1 当 $J^G(z) \leqslant K$ 时,有如下结论成立。

(1) 当 $K > \dfrac{e_2 \delta \tau_0 (\sqrt{\mu^2 + \sigma^2} - \mu)}{2}$ 时,如果 $z_s > 0$,则存在唯一的最优库存因子 $z_s^* = \min\{z_1, z_s\}$ 使得零售商利润最大;否则,最优库存因子的取值为零,这里

$$z_s = \mu + \dfrac{\delta}{2}\left[\sqrt{\dfrac{\delta(p + s + v - c_s e_2) - (c_1 + c_2 + c_s e_1)}{c_1 + c_2 + c_s e_1}} - \sqrt{\dfrac{c_1 + c_2 + c_s e_1}{\delta(p + s + v - c_s e_2) - (c_1 + c_2 + c_s e_1)}}\right] \tag{5-10}$$

(2) 当 $0 \leqslant K \leqslant \dfrac{e_2 \delta \tau_0 (\sqrt{\mu^2 + \sigma^2} - \mu)}{2}$ 时,库存因子取值的可行域为空集。

定理 5.1 给出了零售商在最坏情形下的碳排放量不高于碳配额时其最优库存策略的表达式。从定理 5.1(1) 和定理 5.1(2) 可以看出,当零售商产生的碳排放量不高于碳配额 K 时,存在一个阈值 $\dfrac{e_2 \delta \tau_0 (\sqrt{\mu^2 + \sigma^2} - \mu)}{2}$ 使得若分配给零售商的碳配额高于该阈值,则一定存在最优的库存策略使得最坏分布情形下的利润最大。否则,即碳配额小于或等于该阈值时,不存在可行的库存策略。

用 z_b^* 表示零售商在最坏分布情形下的碳排放量不低于碳配额时的最优库存因子(类似定理 5.1 的分析)可以有如下结论。

定理 5.2 当 $J^G(z) \geqslant K$ 时,有如下结论成立。

(1) 当 $K > \dfrac{e_2 \delta \tau_0 (\sqrt{\mu^2 + \sigma^2} - \mu)}{2}$ 时,如果 $z_b > 0$,则存在唯一的最优库存因子 $z_b^* = \min\{z_1, z_b\}$ 使得零售商利润最大;否则,最优库存因子的取值为 z_1,这里

$$z_b = \mu + \dfrac{\delta}{2}\left[\sqrt{\dfrac{\delta(p + s + v - c_b e_2) - (c_1 + c_2 + c_b e_1)}{c_1 + c_2 + c_b e_1}} - \sqrt{\dfrac{c_1 + c_2 + c_b e_1}{\delta(p + s + v - c_b e_2) - (c_1 + c_2 + c_b e_1)}}\right] \tag{5-11}$$

(2) 当 $0 \leqslant K \leqslant \dfrac{e_2 \delta \tau_0 (\sqrt{\mu^2 + \sigma^2} - \mu)}{2}$ 时,存在唯一的最优库存因子 $z_b^* = \max\{z_b, 0\}$ 使得零售商利润最大。

定理 5.2 给出了零售商在最坏情形下的碳排放量不低于碳配额时其最优库存策略的表达式。从定理 5.2(1) 和定理 5.2(2) 可以看出,当零售商产生的碳排放量不低于碳配额 K 时,一定存在唯一的最优库存策略使得零售商在最坏分布情形下的利润最大。而当碳配额 K 较小时,如 $0 \leqslant K \leqslant \dfrac{e_2 \delta \tau_0 (\sqrt{\mu^2 + \sigma^2} - \mu)}{2}$,零售商在

$z_b<0$ 的情形下会通过零订购量的运营策略来优化其利润和碳排放量。

用 z^* 表示零售商在碳限额与交易政策下的最优库存因子,由定理 5.1 和定理 5.2 可以得出如下结论。

定理 5.3 在碳限额与交易政策下,有如下结论成立。

(1) 存在最优库存因子 $z^* = \arg\max\limits_{z}\{\Pi_b^G(z_s^*), \Pi_b^G(z_b^*)\}$ 使得零售商的利润最大。

(2) 当最优库存因子 z^* 取值为 z_1 时,其碳排放量等于碳配额 K;当最优库存因子 z^* 取值为 z_s^* 时,其碳排放量小于碳配额;而当最优库存因子 z^* 取值为 z_b^* 时,其碳排放量大于碳配额。

定理 5.3 中的(1)给出了零售商在碳限额与交易政策规制下利润最大时生鲜品库存策略的表达式,定理 5.3(2)则分析了零售商采取不同运营策略时的碳排放量。

进一步分析零售商不受碳政策规制时的运营策略并将其和碳限额与交易政策下的情形进行比较。令 $\pi^G(z) = \min\limits_{G \in \gamma} \pi(z)$,以及用 z_0^* 表示零售商不受碳政策规制时的最优库存因子。利用引理 5.1、式(5-4)和式(5-15),类似碳限额与交易政策情形的分析,可以求解零售商在不受碳政策规制时的运营策略并得出如下结论。

定理 5.4 对零售商不受碳政策规制,以及在碳限额与交易政策下的分布式鲁棒优化模型,有如下结论成立。

(1) 存在最优库存因子 $z_0^* = \max\{z_0, 0\}$ 使得零售商在不受碳政策规制时的利润 $\pi(z)$ 最大,这里

$$z_0 = \mu + \frac{\delta}{2}\left[\sqrt{\frac{\delta(p+s+v)-(c_1+c_2)}{c_1+c_2}} - \sqrt{\frac{c_1+c_2}{\delta(p+s+v)-(c_1+c_2)}}\right]$$
(5-12)

(2) 若 $K \geqslant J^G(z_0^*)$,则有 $\Pi^G(z^*) \geqslant \pi^G(z_0^*)$;若 $z^* = z_s$ 或 z_b 而 $z_0^* = z_0$,则有 $J^G(z_0^*) > J^G(z^*)$。

定理 5.4 比较了零售商在碳限额与交易政策,以及不受碳政策规制情形下生鲜品的分布式鲁棒优化模型。定理 5.4(1)表明存在唯一的最优库存策略使得零售商在不受碳政策规制时其利润最大;定理 5.4(2)则表明与不受碳政策规制的情形相比,零售商在碳限额与交易政策规制下能够实现高利润和低排放。

5.4 算例分析

本节将通过数值算例验证理论结果,同时分析主要参数对碳限额与交易政策下生鲜品运营策略的影响。该算例中的参数值设置如下:$p=100$ 元/单位货物,$c_1=30$ 元/单位货物,$c_2=20$ 元/单位货物,$s=35$ 元/单位货物,$v=50$ 元/单位货物,$e_1=12$ 千克/单位货物,$e_2=3.5$ 千克/单位货物,$K=1000$ 千克,$c_s=5$ 元/千

克,$c_b=6.5$ 元/千克,$a=800$ 单位货物,$b=2$,$\delta=0.92$,$\theta=0.9$,$\mu=900$ 单位货物,以及 $\sigma=122$ 单位货物。

将上述参数分别代入碳限额与交易政策下生鲜品的分布式鲁棒优化模型,以及不受碳政策规制的情形,可以求得零售商在生鲜品最坏分布情形下的最优运营策略、利润和碳排放量,相应的计算结果见表 5-2。此外,表 5-2 还汇总了该算例中需求随机因子服从正态分布 $N(900,122^2)$ 的相关计算结果。

表 5-2 零售商的最优运营决策、利润和碳排放量

模 型	政 策	库存因子	订购量/单位货物	利润/元	碳排放量/千克
最坏分布	碳限额与交易政策	842.28	65.92	3382.99	800.75
	不受碳政策规制	955.24	74.76	2700.19	920.93
正态分布	碳限额与交易政策	797.97	62.45	3517.32	752.86
$N(900,122^2)$	不受碳政策规制	1099.33	86.03	2879.85	1083.30

从表 5-2 可得如下结论。

在最坏分布情形下,当零售商受碳限额与交易政策规制时,最优库存因子、订购量、利润和碳排放量分别为 $z^*=842.28$ 单,$q^*=65.92$ 单,$\Pi^G(z^*)=3382.99$ 元以及 $J^G(z^*)=800.75$ 千克,而不受碳政策规制时则分别为 $z_0^*=955.24$,$q_0^*=74.76$,$\pi^G(z_0^*)=2700.19$ 元,以及 $J^G(z_0^*)=920.93$ 千克。此时,与不受碳政策规制的情形相比,零售商在碳限额与交易政策下的订购量和碳排放量分别减少 11.83% 和 13.05%,而利润增加 25.28%。这一结果表明,在需求信息部分已知的情形下,碳限额与交易政策能够使零售商通过减少订购量来降低碳排放,同时还能够有效地提高利润。

在需求随机因子服从正态分布的情形下,当零售商受碳限额与交易政策规制时,最优库存因子、订购量、利润和碳排放量分别为 $z^N=797.97$ 单位货物,$q^N=62.45$ 单位货物,$\Pi(z^N)=3517.32$ 元,以及 $J(z^N)=752.86$ 千克,而不受碳政策规制时则分别为 $z_0^N=1099.33$ 单位货物,$q_0^N=86.03$ 单位货物,$\Pi(z_0^N)=2879.85$ 元,以及 $J(z_0^N)=1083.30$ 千克。

此时,与不受碳政策规制的情形相比,在碳限额与交易政策下,零售商的订购量和碳排放量分别减少 27.41% 和 30.50%,而利润增加 22.14%。这一变化规律与需求信息部分已知情形下的结果类似,然而,与最坏分布情形相反,碳政策对正态分布下最优订购量和碳排放量的影响大于对利润的影响。

基于表 5-2 中计算的结果,可以用 Gallego 等(1993)提出的额外信息期望(expected value of additional information,EVAI)来检验分布式鲁棒优化方法下生鲜品利润值的有效性。首先,将最坏分布情形下的最优库存因子 $z^*=842.28$ 单位货物和 $z_0^*=955.24$ 单位货物分别代入需求随机因子服从正态分布 $N(900,122^2)$ 情形下受碳限额与交易政策规制和不受碳政策规制的利润函数,利用式(5-3)

和式(5-4)得 $\Pi(z^*)=3482.35$ 元和 $\Pi(z_0^*)=2782.11$ 元。然后，利用 EVAI 的定义可得 $\text{EVAI}_c=\Pi(z^N)-\Pi(z^*)=34.97$ 元和 $\text{EVAI}_0=\Pi(z_0^N)-\Pi(z_0^*)=97.74$ 元。这表明由于需求信息缺失，零售商在碳限额与交易政策规制下的期望利润减少了 34.97 元，而不受碳政策规制下期望利润则减少了 97.74 元。此外，比较 EVAI_c 和 EVAI_0 可以看出，需求信息缺失对零售商在碳限额与交易政策规制下期望利润的影响小于不受碳政策规制下期望利润的影响。

利用基本算例中的参数值可以进一步分析标准差系数 $\left(\text{C.V}=\dfrac{\sigma}{\mu}\right)$、碳配额 K 和单位碳排放权的售出价格 c_s 对碳限额与交易政策规制下生鲜品分布式鲁棒优化模型的影响，相应的变化趋势汇总在图 5-1～图 5-3 中。

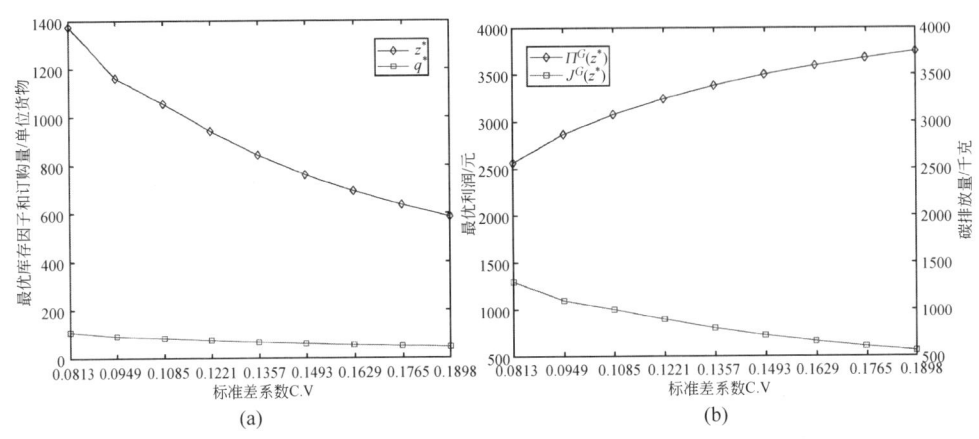

图 5-1　标准差系数 C.V 对生鲜品分布式鲁棒优化模型的影响

(a) C.V 对库存因子和订购量的影响；(b) C.V 对利润和碳排放的影响

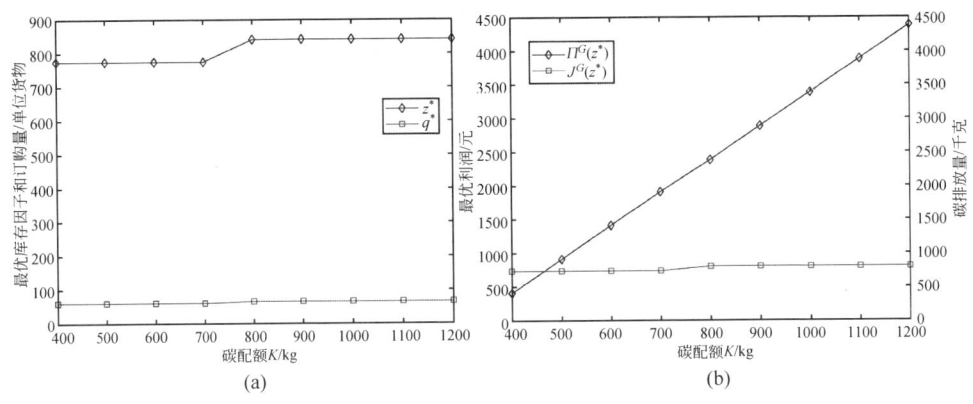

图 5-2　碳配额 K 对生鲜品分布式鲁棒优化模型的影响

(a) K 对库存因子和订购量的影响；(b) K 对利润和碳排放的影响

从图 5-1、图 5-2 和图 5-3 可得如下结论。

(1) 在碳限额与交易政策规制下，随着标准差系数 C.V 的增加，最坏分布情形

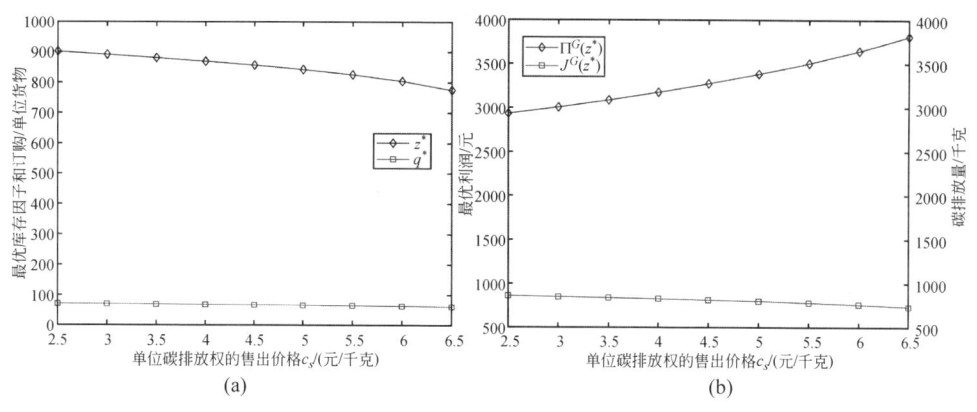

图 5-3　单位碳排放权的售出价格 c_s 对生鲜品分布式鲁棒优化模型的影响

(a) c_s 对库存因子和订购量的影响；(b) c_s 对利润和碳排放的影响

下的最优库存因子、订购量和碳排放分别减少，而利润则不断增加。由于标准差系数越大，市场需求的波动性越强，因此，当标准差系数不断增加时，零售商在需求信息部分已知的情形下会采取降低订购量的保守运营策略。订购量的降低会引起库存因子的降低同时也使得零售商产生更少的碳排放量。而碳排放量的减少使得零售商可以在碳排放量小于碳配额的情形下售出更多的碳排放权，这在一定程度上又引起了利润的增加。在此情形下，与最坏分布下的最优期望利润相比，零售商产生的碳排放量对标准差系数变化的敏感程度更大。例如，当 C.V 的值从 0.122 增加到 0.1356 时，零售商的利润和碳排放量分别增加 4.35% 和降低 10.50%。

(2) 在碳限额与交易政策规制下，随着碳配额 K 的增加，最坏分布情形下的最优库存因子和订购量分别在 775.23 单位货物和 60.67 单位货物保持不变，然后增加到 842.28 单位货物和 65.92 单位货物并保持不变；碳排放量在 734.30 单位货物保持不变，然后增加到 800.75 单位货物并保持不变；利润则不断增加。当政府部门分配给零售商较小的碳配额时，尽管购买碳排放权需要付出一定的成本，但是零售商仍然会通过保持一定的订购量来保持自身利润，此时零售商的碳排放量高于碳配额。随着碳配额增加到 800 千克，零售商会增加订购量来使得碳配额得到充分利用同时增加利润，而当碳配额增加到一定值时(如大于或等于 900 千克)，零售商将保持一定的订购量以通过售出过多的碳排放权来获取一定的收入，这同时提升了零售商的利润，在此情形下，零售商的碳排放量会低于碳配额。与最坏分布下的期望碳排放相比，零售商的最优期望利润对碳配额的变化高度敏感，例如，当碳配额的值从 700 千克增加到 800 千克时，零售商的利润和碳排放分别增加 24.80% 和 8.95%。

(3) 在碳限额与交易政策规制下，随着单位碳排放权的售出价格 c_s 的增加，最坏分布情形下的最优库存因子、订购量和碳排放量分别减少，而利润则不断增加。当碳排放量不高于碳配额时，较高的单位碳排放权的售出价格使得零售商降低订购量以减少碳排放,此时库存因子随之降低。碳排放量的降低会导致零售商售出碳排放权的收入增加,进一步提升零售商的利润。在此情形下,单位碳排放权的售出价格对最优利润的影响高于其对碳排放量的影响,例如,当单位碳排放权的售出价格从3.5元/千克增加到4元/千克时,零售商的利润将增加2.89%而碳排放量则降低1.42%。

5.5 本章小结

低碳减排和需求信息缺失给生鲜品的运营管理带来了一系列问题,而生鲜品企业如何实现高利润和低碳排放则已成为当前实践工作者和理论研究者关注的一个热点问题。在此背景下,本章首先构建了碳限额与交易政策下生鲜品的分布式鲁棒优化模型。当需求随机因子的分布期望和方差已知且单位碳排放权的售出和购买价格不相等时,本章求得生鲜品在最坏分布下的最优订购量。然后,本章又将碳限额与交易政策规制下生鲜品的分布式鲁棒优化模型和不受碳政策规制情形进行比较,得出零售商在碳限额与交易政策规制下能够实现高利润和低排放的结论。最后,本章还通过数值算例验证了理论结果,同时将生鲜品的分布式鲁棒优化模型与需求服从正态分布情形进行比较,得出需求信息缺失对零售商在碳限额与交易政策规制下期望利润的影响小于不受碳政策规制下期望利润的影响。此外,本章也检验了主要参数对碳限额与交易政策分布式鲁棒优化模型的影响。

第6章

碳补偿政策下生鲜品的联合鲁棒订购和减排策略

6.1 问题背景

随着全球市场竞争的加剧和顾客需求的多样化发展,现代零售企业的运营面临着许多新的问题。与常规性产品不同,生鲜品在运营过程中具有保鲜要求高、易损耗和时效性等特殊物理属性,这导致了产品的需求波动性大、运营风险高。而且,在生鲜品销售期内,实际的企业很难利用现有的部分数据预测出全部的产品需求信息,更多的则是通过预测的部分需求信息做出相应的运营决策。现有的理论研究表明,对于小样本数据集,利用概率论统计和贝叶斯方法能够精准地估计出对应随机变量的数学期望和方差值(Berk et al.,2007;Kevork,2010)。经营生鲜品的企业如何在仅能获取部分需求信息情形下保证运营绩效和效益的同时尽可能降低运营过程中产生的碳排放成为企业决策者不得不面临的主要问题。该问题目前也成为当前生鲜品运营管理领域的热点,受到了众多理论研究者的广泛关注。

与本章研究相关的文献主要是利用分布式鲁棒优化方法分析在部分需求信息已知时企业的运作策略。Scarf(1953)最早利用极大极小准则构建需求数学期望和方差已知情形下的分布式鲁棒报童模型,并给出了最优订购量具体解析式;Gallego 等(1993)则对该分布式鲁棒报童模型给出了更简洁的求解方法;Yue 等(2006)对极大极小和极小极大两种情形进行了分析,分别求解最坏和最好情形下的鲁棒优化解;Liao 等(2011)基于分布式鲁棒报童模型研究了滞存商品具有惩罚效应时企业的最优订购策略;柏庆国等(2016)构建了三种不同碳政策下分布式鲁棒报童模型,得出了企业在信息缺失下的低碳运营策略;Nagare 等(2021)则通过构建分布式鲁棒报童模型研究了双向需求变化和不同需求变异性情形下的最优权重和订购量;Bai 等(2022a)利用赫维兹决策准则降低了分布式鲁棒报童模型解的保守程度,在此基础上比较了企业在碳税和碳限额政策下的运营策略。

以上文献都是以一般性产品为研究对象系统研究了企业在需求信息部分已知的情形下的运营决策。然而,随着生鲜品在日常销售中所占比例不断地增加,经营该类产品的企业面临着许多新的问题。基于此,本章考虑在碳补偿政策规制下生鲜品零售商的运营决策。当市场需求随机因子的数学期望和方差已知时,本章首先构建了碳补偿政策下生鲜品的分布式鲁棒优化模型,通过分析该模型最优解的相关性质,利用KKT条件求得了生鲜品的联合订购和减排技术投资策略;然后,将其与碳补偿政策下不进行减排投资的情形进行了比较;最后,通过数值算例检验了理论结果并分析了关键参数对生鲜品运营策略的影响。本章与当前研究文献的创新之处在于两点。首先,通过构建碳补偿政策下生鲜品的分布式鲁棒优化模型分析了生鲜品零售商在信息缺失下的联合订购和减排技术投资策略;其次,当市场需求随机因子的数学期望和方差已知时,还研究了生鲜品零售商在碳补偿政策下投资减排技术对其利润和碳排放的影响。

6.2 问题描述与符号假设

考虑生鲜品企业在需求部分信息缺失和固定运输时间下的最优联合订购和减排技术投资策略问题。在销售阶段,零售商将订购量为 q 的某类生鲜品运输到市场以单位价格 p 销售给顾客,其中单位产品的订购和运输成本分别为 c_1 和 c_2。由于生鲜类产品具有时变损耗的特征,根据文献,假设该类生鲜品的运输时间 T 标准化为1。用 τ 表示生鲜品的存活指标,它描述了生鲜品在运输期间的存活水平,这里 $0<\tau \leqslant 1$。产品的销售价格为 p。在不确定性需求环境下,参考 Cai 等(2010) 和 Cai 等(2013),这里将生鲜品的需求函数定量描述为

$$D(v,p,\varepsilon) = y_0 v p^{-k_0} \varepsilon \tag{6-1}$$

式(6-1)中,y_0 为该类生鲜品的潜在市场规模;k_0 为产品的需求价格弹性系数;v 为生鲜品的新鲜度因子,它描述了生鲜品在销售前夕的新鲜水平,这里,$0<v \leqslant 1$,当 $v=1$ 时表示产品"完全新鲜"。此外,在式(6-1)中,ε 为市场需求随机因子,它描述了生鲜品市场需求的随机性。本章假设市场需求分布函数的完全信息未知而仅能获取需求随机因子 ε 的数学期望 μ 和方差 σ^2。

当零售商将生鲜品运输到销售市场时,如果产品的存货量小于市场需求则会出现缺货现象(这里用 s 表示产品的单位缺货成本),否则,零售商会出现库存。由于生鲜类产品存在时变损耗属性,这里不再考虑销售阶段剩余产品的残存价值。在此情形下,零售商的期望利润表示为

$$\Pi_0(q) = pE_\varepsilon[\min(D(v,p,\varepsilon),qT)] - (c_1+c_2)q - sE_\varepsilon[(D(v,p,\varepsilon)-qT)^+] \tag{6-2}$$

式(6-2)中,第一项表示产品的期望销售收入,第二项表示产品的订购和运输成本,第三项表示产品的缺货期望成本。

由于运输是产品运营过程中产生碳排放的主要环节,零售商会通过投资减排技术来降低这一过程中产生的碳排放。参考 Toptal 等(2014)可知,当零售商的减排技术投资成本为 R 时,运输过程中产生的碳排放会降低 $aR-bR^2$,其中 $a(>0)$ 和 $b(>0)$ 分别表示减排投资影响碳排放的弹性参数。此外,在碳排放规模效应影响下,当投资成本 R 满足 $0 \leqslant R \leqslant \dfrac{a}{2b}$ 时碳排放的有效降低会通过较少的技术投资来实现。设 e 为单位产品在运输过程中产生的碳排放量,则零售商在运输产品的过程中产生的碳排放量为

$$Y(q,R) = eq - aR + bR^2 \tag{6-3}$$

考虑实际情形,即使零售商投资了减排技术,运输过程中产生的碳排放量也不能被完全降低为 0,因此,式(6-3)中的碳排放量表达式应满足 $Y(q,R)>0$。此外,以上问题描述中的相关符号概念请参考表 6-1。

表 6-1 符号概念

符号	描述
q	零售商的订购量(决策变量)
c_1	生鲜产品的单位订购成本
c_2	生鲜产品的单位运输成本
s	生鲜品的单位缺货成本
p	生鲜品的单位销售价格
T	生鲜品的运输时间,不失一般性,假设 $T=1$
τ	生鲜品在运输阶段的存活水平
v	生鲜品在销售前夕的新鲜水平
ε	生鲜品市场需求的随机因子,该随机因子的完全分布信息未知,而仅知其数学期望和方差,即 $E(\varepsilon)=\mu$ 和 $\mathrm{Var}(\varepsilon)=\sigma^2$
$D(v,p,\varepsilon)$	生鲜品的随机市场需求,该需求为销售价格 p、新鲜水平 v 和随机因子 ε 的连续函数
y_0	生鲜品的潜在市场规模
k_0	生鲜品的需求价格弹性系数
R	零售商的碳减排技术投资成本(决策变量)
e	单位产品在运输过程中产生的碳排放
K	在碳排放补偿配额政策规制下零售商分配到的碳配额
c_3	在碳补偿政策规制下,当零售商的碳排放量大于碳配额时,单位碳排放量所缴纳的碳税成本
$Y(q,R)$	产品在运输过程中产生的总碳排放量
$\Pi_0(q)$	当无碳排放政策规制时,零售商的期望利润函数
$\Pi(q,R)$	在碳补偿政策规制下零售商的期望利润函数

6.3 低碳减排约束下的生鲜品鲁棒优化模型

本节首先构建碳补偿政策下生鲜品的鲁棒优化模型,并分析该模型的运营绩效。

6.3.1 碳补偿政策下的鲁棒优化模型

碳补偿政策指政府分配给零售商一定指标的碳排放配额 K,当零售商在运营过程中释放出高于该配额的碳排放量时,他们就需要为高出配额值的碳排放量缴纳碳税,其中单位碳排放量的碳税成本为 c_3;否则,零售商就不需要缴纳碳税。考虑到企业仅能获取需求随机因子 Ψ 的数学期望 μ 和方差 σ^2,这里用 Ψ 表示随机变量的数学期望和方差分别为 μ 和 σ^2 的分布集合,用 G 表示随机因子 e 的分布函数。利用式(6-2)和式(6-3)可以建立生鲜品运营企业在碳补偿政策下的分布式鲁棒优化模型为

$$(M_1) \max_{q,R} \min_{G \in \Psi} \Pi_1(q,R) = \Pi_0(q) - R - c_3(Y(q,R) - K)^+$$
$$\text{s.t.} \quad q \geqslant 0, \quad R \geqslant 0 \tag{6-4}$$

这里,$x^+ = \max\{x, 0\}$。根据式(6-4)的利润函数特点可以很容易地知道求解模型 (M_1) 等价于求解如下两个子问题 (M_{11}) 和 (M_{12})。

$$(M_{11}) \max_{q,R} \min_{G \in \Psi} \Pi_{11}(q,R) = \Pi_0(q) - R - c_3(Y(q,R) - K) \tag{6-5}$$

$$\text{s.t.} \begin{cases} Y(q,R) \geqslant K \\ q \geqslant 0, \quad R \geqslant 0 \end{cases} \tag{6-6}$$

以及

$$(M_{12}) \max_{q,R} \min_{G \in \Psi} \Pi_{12}(q,R) = \Pi_0(q) - R \tag{6-7}$$

$$\text{s.t.} \begin{cases} Y(q,R) < K \\ q \geqslant 0, \quad R \geqslant 0 \end{cases} \tag{6-8}$$

利用两阶段优化的方法求解分布式鲁棒优化模型 (M_{11}) 和 (M_{12}),即首先对给定的运营策略集 (q,R),从随机因子所有可能需求分布中求得零售商在最坏情形下的利润支付函数,然后求解使此支付函数取得最大的最优联合订购和减排投资策略。

首先给出关于随机因子 ε 分布函数相关性质的引理。

引理 6.1 若随机变量 ε 满足 $E(\varepsilon) = \mu$ 和 $\text{Var}(\varepsilon) = \sigma^2$,则有 $E(\varepsilon - z)^+ \leqslant \dfrac{\sqrt{\sigma^2 + (z-\mu)^2} - (z-\mu)}{2}$ 成立,并且存在一个服从两点分布的分布函数 $G^* \in \Psi$ 使得等号成立。

为后面模型求解方便,令 $A_0 = \dfrac{y_0 v p^{-k_0}}{\tau}$。此时上述问题模型对应的库存因子表示为 $z = \dfrac{q}{A_0}$。先求解模型 (M_{11})。结合引理 6.1 知,存在一个服从两点分布的

分布函数 $G^* \in \Psi$ 使得 $\Pi_{11}(q,R)$ 取得最小值,进一步利用库存因子将其化简为

$$\min_{G \in \Psi} \Pi_{11}(q,R) = A_0 \left\{ \frac{\tau(p+s)\left[(z+\mu) - \sqrt{\sigma^2 + (z-\mu)^2}\right]}{2} - s\mu\tau - (c_1 + c_2 + c_3 e)z \right\} - R(1 - ac_3 + bc_3 R) + c_3 K \quad (6\text{-}9)$$

为了保证问题解的可行性,需要假设 $P > \left(c_1 + c_2 + c_3 e + \dfrac{e}{a}\right) \cdot \dfrac{1}{\tau}$。在实际中,零售商为了盈利,制定的销售价格通常会大于某一值。

定义参数

$$z_\alpha = \mu + \frac{\sigma}{2}\left[\sqrt{\frac{(p+s)\tau - (c_1+c_2+c_3 e)}{c_1+c_2+c_3 e}} - \sqrt{\frac{c_1+c_2+c_3 e}{(p+s)\tau - (c_1+c_2+c_3 e)}}\right]$$
(6-10)

和

$$z_\beta = \mu + \frac{\sigma}{2}\left[\sqrt{\frac{a(p+s)\tau - (ac_1+ac_2+e)}{ac_1+ac_2+e}} - \sqrt{\frac{ac_1+ac_2+e}{a(p+s)\tau - (ac_1+ac_2+e)}}\right]$$
(6-11)

利用式(6-6)、式(6-9)和式(6-10),求解模型(M_{11}),可得如下定理。

定理 6.1 对于模型(M_{11}),存在唯一的最优库存因子 z_{11}^* 和减排技术投资 R_{11}^*,使得企业利润最大,相应的最优库存因子和减排技术投资为

$$(z_{11}^*, R_{11}^*) = \begin{cases} \left(\dfrac{K}{eA_0}, 0\right), & K > ez_\alpha A_0 \text{ 且 } 0 < c_3 < \dfrac{1}{a} \\ & \text{或 } K > ez_\beta A_0 \text{ 且 } c_3 \geq \dfrac{1}{a} \\ (z_\alpha, 0), & 0 < K \leq ez_\alpha A_0 \text{ 且 } 0 < c_3 < \dfrac{1}{a} \\ \left(z_\alpha, \dfrac{ac_3-1}{2bc_3}\right), & 0 < K \leq ez_\alpha A_0 - \dfrac{a^2}{4b} \text{ 且 } c_3 \geq \dfrac{1}{a} \\ \arg\max\left\{\Pi_{11}^G\left(z_\alpha, \dfrac{ac_3-1}{2bc_3}\right), \Pi_{11}^G(z_{11}, R_{11})\right\}, & ez_\alpha A_0 - \dfrac{a^2}{4b} < K \leq ez_\alpha A_0 - \dfrac{a^2}{4b} + \dfrac{1}{4bc_3^2} \\ & \text{且 } c_3 \geq \dfrac{1}{a} \\ (z_{11}, R_{11}), & ez_\alpha A_0 - \dfrac{a^2}{4b} + \dfrac{1}{4bc_3^2} < K \leq ez_\beta A_0 \\ & \text{且 } c_3 \geq \dfrac{1}{a} \end{cases}$$

(6-12)

这里，

$$z_{11}=\mu+\frac{\sigma}{2}\left\{\sqrt{\frac{(a-2bR_{11})(p+s)\tau-[(a-2bR_{11})(c_1+c_2)+e]}{(a-2bR_{11})(c_1+c_2)+e}}-\sqrt{\frac{(a-2bR_{11})(c_1+c_2)+e}{(a-2bR_{11})(p+s)\tau-[(a-2bR_{11})(c_1+c_2)+e]}}\right\}$$

和

$$R_{11}=\frac{a-\sqrt{a^2-4b(ez_{11}A_0-K)}}{2b}$$

定理6.1给出了模型(M_{11})最优运营策略的解析表达式。从定理6.1可以看出，当生鲜品在运输阶段产生的碳排放量大于或等于碳配额时，存在唯一的最优库存因子和减排技术投资能使需求信息部分已知情形下的生鲜品企业的总利润最大。

从定理6.1的证明过程还可得出如下推论。

推论6.1 对分布式鲁棒优化模型(M_{11})，有如下结论成立。

（1）当$K>ez_\alpha A_0$且$0<c_3<\frac{1}{a}$，或$K>ez_\beta A_0$且$c_3\geqslant\frac{1}{a}$，或$0<K\leqslant ez_\alpha A_0$且$0<c_3<\frac{1}{a}$时，生鲜品企业不会投资减排技术，即$R_{11}^*=0$。

（2）当$K>ez_\alpha A_0$且$0<c_3<\frac{1}{a}$，或$K>ez_\beta A_0$且$c_3\geqslant\frac{1}{a}$，或$ez_\alpha A_0-\frac{a^2}{4b}+\frac{1}{4bc_3^2}<K\leqslant ez_\beta A_0$且$c_3\geqslant\frac{1}{a}$时，生鲜品企业在运输阶段产生的碳排放量将等于碳配额，即$Y(q_{11}^*(z_{11}^*),R_{11}^*)=K$。

（3）当$ez_\alpha A_0-\frac{a^2}{4b}<K\leqslant ez_\alpha A_0-\frac{a^2}{4b}+\frac{1}{4bc_3^2}$且$c_3\geqslant\frac{1}{a}$时，若$\Pi_{11}^G\left(z_\alpha,\frac{ac_3-1}{2bc_3}\right)<\Pi_{11}^G(z_{11},R_{11})$，则生鲜品企业在运输阶段产生的碳排放量将等于碳配额，即$Y(q_{11}^*(z_{11}^*),R_{11}^*)=K$；否则，其碳排放量将大于碳配额。

接下来求解分布式鲁棒优化模型(M_{12})。类似对模型(M_{11})的分析，利用引理6.1和式(6-7)可得最坏分布下生鲜品企业的利润函数为

$$\min_{G^*\in\Psi}\Pi_{12}(q,R)=A_0\left\{\frac{\tau(p+s)[(z+\mu)-\sqrt{\sigma^2+(z-\mu)^2}]}{2}-s\mu\tau-(c_1+c_2)z\right\}-R \tag{6-13}$$

定义参数

$$z_0=\mu+\frac{\sigma}{2}\left[\sqrt{\frac{(p+s)\tau-(c_1+c_2)}{c_1+c_2}}-\sqrt{\frac{c_1+c_2}{(p+s)\tau-(c_1+c_2)}}\right] \tag{6-14}$$

利用式(6-7)和式(6-13),求解分布式鲁棒优化模型(M_{12})则有如下结论。

定理 6.2 对模型(M_{12}),当$K > ez_\beta A_0 - \dfrac{a^2}{4b}$时,存在唯一的最优库存因子$z_{12}^*$和减排技术投资$R_{12}^*$能使企业利润最大,相应的最优库存因子和减排技术投资为

$$(z_{12}^*, R_{12}^*) = \begin{cases} (z_0, 0), & K > ez_\alpha A_0 \\ \left(\dfrac{K}{eA_0}, 0\right), & ez_\beta A_0 < K \leqslant ez_0 A_0 \\ (z_{11}, R_{11}), & ez_\beta A_0 - \dfrac{a^2}{4b} < K \leqslant ez_\beta A_0 \end{cases} \quad (6-15)$$

否则,不存在可行的库存因子和减排技术投资能使企业利润最大。

利用定理 6.2 可得如下推论。

推论 6.2 对分布式鲁棒优化模型(M_{12}),有如下结论成立。

(1) 当$K > ez_\beta A_0$时,生鲜品企业不会投资减排技术,即$R_{12}^* = 0$。

(2) 当$ez_\beta A_0 - \dfrac{a^2}{4b} < K < ez_\beta A_0$时,生鲜品企业在运输阶段产生的碳排放量等于碳配额,即$Y(q_{12}^*(z_{12}^*), R_{12}^*) = K$。

综合定理 6.1 和定理 6.2 可以有如下结论。

定理 6.3 对分布式鲁棒优化模型(M_1),存在唯一的最优库存因子和减排技术投资能使企业利润最大,相应的最优库存因子和减排技术投资为$z_1^*, R_1^* = \underset{z,R}{\arg\max} \{\Pi_{11}^G(z_{11}^*, R_{11}^*), \Pi_{12}^G(z_{12}^*, R_{12}^*)\}$。

定理 6.3 表明若市场需求分布信息部分已知,碳排放补偿配额政策规制下的生鲜品企业能够做出使自身利润最大的联合订购和减排技术投资策略。

6.3.2 碳排放补偿配额政策下鲁棒优化模型的性能分析

本节将构建碳排放补偿配额政策下生鲜品企业不投资减排技术时的分布式鲁棒优化模型(M_2),将其与模型(M_1)进行比较,进而研究碳排放补偿配额政策下生鲜品企业投资减排技术对自身运营指标的影响。

类似模型(M_1),生鲜品企业不投资减排技术时的分布式鲁棒优化模型可表达如下所示。

$$(M_2) \max_q \min_{G \in \Psi} \Pi_2(q) = \Pi_0(q) - c_3(Y(q, 0) - K)^+$$

$$\text{s.t.} \quad q \geqslant 0 \quad (6-16)$$

分别用模型(M_{21})和(M_{22})表示生鲜品企业在不投资减排技术时产生的碳排放大于和小于碳配额所对应的分布式鲁棒优化模型,类似定理 6.1 和定理 6.2 的证明,利用式(6-16)求解模型(M_{21})和(M_{22})可得如下定理。

定理 6.4 在碳排放补偿配额政策规制下当生鲜品企业不投资减排技术时有如下结论成立。

(1) 对模型(M_{21}),存在唯一的最优库存因子$z_{21}^* = \max\left\{z_\alpha, \dfrac{K}{eA_0}\right\}$能使自身利润值$\Pi_{21}^G(z)$最大。

(2) 对模型(M_{22}),存在唯一的最优库存因子$z_{22}^* = \max\left\{z_0, \dfrac{K}{eA_0}\right\}$能使自身利润值$\Pi_{22}^G(z)$最大。

(3) 对模型(M_2),存在唯一的最优库存因子$z_2^* = \arg\max\limits_z \{\Pi_{21}^G(z_{21}^*), \Pi_{22}^G(z_{22}^*)\}$能使生鲜品企业利润最大。

定理 6.4 给出了分布式鲁棒优化模型(M_{21}),(M_{22})和(M_2)最优解的解析表达式,表明了生鲜品企业在碳排放补偿配额政策规制下不投资减排技术时最优订购策略的存在性和唯一性。利用定理 6.3 和定理 6.4,比较模型(M_1)和(M_2)可得如下定理。

定理 6.5 对分布式鲁棒优化模型(M_1)和(M_2),有如下结论成立。

(1) $\Pi_1^G(z_1^*, R_1^*) > \Pi_2^G(z_2^*)$和$Y(z_{12}^*, R_{12}^*) = Y(z_{22}^*, 0) \leqslant K$。

(2) 当$(z_{11}^*, R_{11}^*) = \left(\dfrac{K}{eA_0}, 0\right)$或$(z_{11}, R_{11})$时,$K = Y(z_{11}^*, R_{11}^*) \leqslant Y(z_{21}^*, 0)$;当$(z_{11}^*, R_{11}^*) = \left(z_\alpha, \dfrac{ac_3 - 1}{2bc_3}\right)$而$z_{21}^* = z_\alpha$时,$K \leqslant Y(z_{11}^*, R_{11}^*) \leqslant Y(z_{21}^*, 0)$;当$(z_{11}^*, R_{11}^*) = (z_\alpha, 0)$而$z_{21}^* = z_\alpha$时,$K \leqslant Y(z_{11}^*, R_{11}^*) = Y(z_{21}^*, 0)$。

定理 6.5 比较了分布式鲁棒优化模型(M_1)和(M_2)下生鲜品企业的利润和碳排放。从定理 6.5 可以看出,与不投资减排技术情形相比,生鲜品企业在碳排放补偿配额政策规制下投资减排技术会获得更多的利润,而在碳排放约束一致的条件下,生鲜品企业投资减排技术时运营过程产生的碳排放量总是小于或等于不投资减排的情形。例如,当碳排放量受到碳配额的约束时,生鲜品企业在碳排放补偿配额政策规制下投资减排技术所产生的碳排放总是等于不投资减排技术的情形;而在碳排放量大于或等于碳配额的约束下,生鲜品企业投资减排技术时运营过程产生的碳排放量小于或等于不投资的情形。这也说明生鲜品企业在碳排放补偿配额政策规制下投资减排技术对改进利润和降低碳排放量具有积极的作用。

6.4 应用算例

本节将通过数值算例检验理论成果并分析各参数对该碳政策下的联合订购与减排投资策略的影响,基本参数值为:$c_1 = 5$ 元/单位货物,$c_2 = 2$ 元/单位货物,

$p=15$ 元/单位货物,$y_0=600$ 单位货物,$k_0=2.32$,$s=2$ 元/千克,$e=6$ 千克/单位货物,$a=5$,$b=0.01$,$\tau=0.8639$,$v=0.8930$,$c_3=0.34$ 元/千克,$K=3800$ 千克,$\mu=600$ 单位货物和 $\sigma=100$ 单位货物。

基于以上参数值可以求得碳排放补偿配额政策下零售商的联合订购与减排投资策略的利润值和碳排放值,相应的计算结果见表 6-2。

表 6-2 碳排放补偿配额政策下两种情形的最优决策

情 形	订购量/单位货物	减排技术投资成本/元	利润/元	碳排放量/千克
投资减排技术(M_1)	675.82	57.62	3215.68	3800
不投资减排技术(M_2)	667.76	0	3188.56	4006.54

从表 6-2 可得结论:①在碳排放补偿配额政策规制下,当零售商投资减排技术时,最优订购量和减排技术投资成本分别为 675.82 单位货物和 57.62 单位货物,对应的最优利润和碳排放量为 3215.68 千克和 3800 千克。此时,零售商的碳排放量将等于碳配额,这也显示了在碳排放补偿配额政策规制下,碳配额对零售商的碳排放起到了限制作用。另外,当零售商不投资减排技术时,最优订购量为 667.76 单位货物,而其最优利润和碳排放量则分别为 3188.56 元和 4006.54 千克。此时,零售商的碳排放量将大于碳配额。②在碳排放补偿配额政策规制下,与不进行减排技术投资情形相比,当零售商投资减排技术时其最优订购量和利润将分别增加 1.2% 和 0.8%,而碳排放量则降低了 8.2%。这表明在碳排放补偿配额政策下,投资减排技术能够使零售商获得更高的利润和更低的碳排放。

利用以上基本算例的参数值可以进一步分析碳参数(包括碳配额与碳税成本)对零售商运营策略的影响,相应的变化规律如图 6-1 和图 6-2 所示。

从图 6-1 和图 6-2 可得如下结论。

(1) 在碳排放补偿配额政策规制下,当零售商投资减排技术时,随着碳配额 K 的增加,最优订购量和碳排放量先保持不变,然后递增,最后保持不变,减排技术投资则先保持不变,然后递减,最后保持不变,而利润值则先递增,然后保持不变。当零售商不投资减排技术时,随着碳配额 K 的增加,最优订购量、碳排放量和利润的变化规律与零售商投资减排技术情形的类似。特别地,零售商在投资减排技术的情形下最优订购量一直大于或等于不投资减排技术情形下的最优订购量。当碳配额小于或等于 4000 千克时,零售商在投资减排技术的情形下利润严格大于不投资减排技术情形下的利润,而当碳配额大于 4000 千克时,零售商在两种情形下的利润相等。当碳配额小于或等于 4000 千克时,零售商在投资减排技术的情形下碳排放严格小于不投资减排情形下的碳排放,而当碳配额大于 4000 千克时,零售商在两种情形下的碳排放相等。这些变化规律表明当碳配额的取值较小时(如小于或

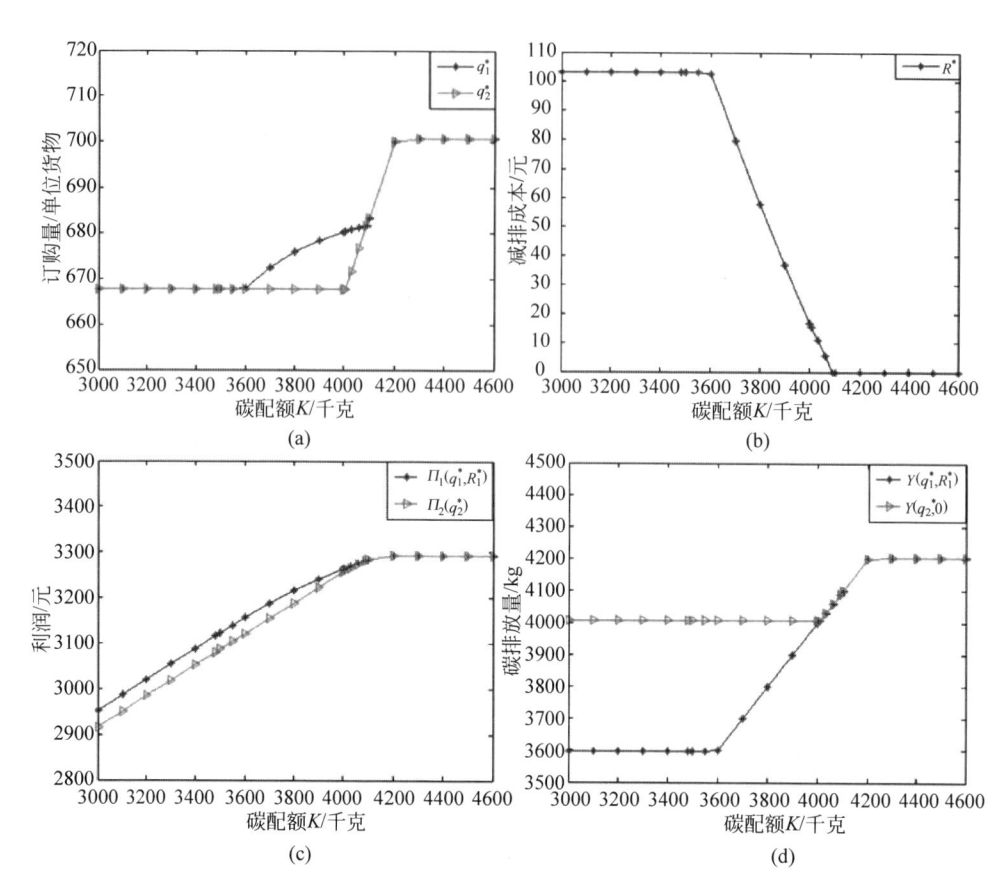

图 6-1 碳配额 K 对零售商决策的影响

(a) K 对订购量的影响;(b) K 对减排成本的影响;(c) K 对零售商利润的影响;
(d) K 对零售商碳排放量的影响

等于 4000 千克),在碳排放补偿配额政策规制下,与不投资减排技术情形相比,零售商投资减排技术能够获得更多利润的同时产生更少的碳排放。

(2) 在碳排放补偿配额政策规制下,当零售商投资减排技术时,随着单位碳税 c_3 的增加,最优订购量、利润和碳排放分别先递减然后保持不变,而减排技术投资则先保持不变,然后递增,最后保持不变。特别地,当单位碳税小于或等于 0.2 元/千克时,零售商不会投资减排技术。当零售商不投资减排技术时,随着单位碳税 c_3 的增加,最优订购量、利润和碳排放的变化规律与零售商投资减排技术的情形类似,此时,前者情形下的最优订购量和利润分别小于或等于后者情形下的,而碳排放量却大于或等于后者。特别地,当单位碳税 c_3 大于 0.2 元/千克时,零售商投资减排技术时的最优订购量和利润分别大于不投资减排技术的情形。当单位碳税 c_3 大于 0.2 元/千克同时小于 0.65 元/千克时,零售商投资减排技术时产生的碳排放将大于不投资减排技术情形下的碳排放。这些变化规律表明当单位碳税的取值适中(如大于 0.2 元/千克同时小于 0.65 元/千克),在柔性碳限额政策规制下,与不

图 6-2 单位碳税成本 c_3 对零售商决策的影响

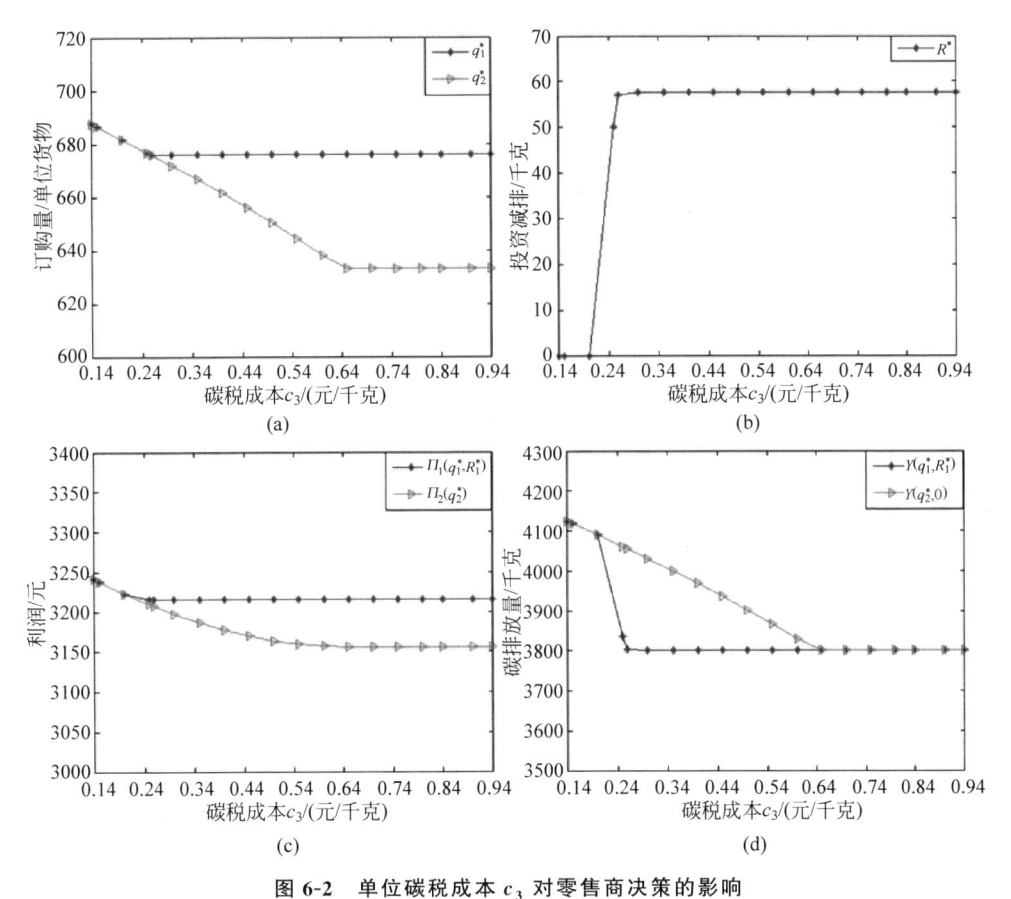

(a) c_3 对订购量的影响；(b) c_3 对减排成本的影响；(c) c_3 对零售商利润的影响；
(d) c_3 对零售商碳排放量的影响

投资减排技术的情形相比,零售商投资减排技术能够获得更多利润的同时将产生更少的碳排放。

6.5 本章小结

低碳减排给生鲜品运营决策带来了新的机遇和挑战。在此背景下,本章考虑了碳补偿政策下生鲜品零售商面对需求信息缺失时的运营决策问题。首先,当市场需求随机因子的数学期望和方差已知时,本章基于报童模型构建了碳补偿政策下生鲜品的分布式鲁棒优化模型,通过分析最坏分布情形下模型最优解的性质,利用KKT条件求解了生鲜品的联合订购和减排投资策略。然后,本章进一步考虑碳补偿政策下生鲜品零售商不进行减排技术投资的情形,分析了减排技术投资对生鲜品零售商运营决策的影响。最后,本章通过数值算例检验了理论结果,并进一步分析了相关参数对碳补偿政策下生鲜品分布式鲁棒模型的影响。

本章主要从单个生鲜品零售商的角度研究了碳排放补偿配额政策下的最优决策,在当今世界经济共同体背景下,从单个零售商扩展到整条生鲜品供应链的视角继续进行深入研究。而且本章只是重点研究了企业在碳补偿政策下的决策行为,研究其他碳政策对生鲜品供应链的影响也是有意义的,比如,碳限额政策、碳税政策、碳限额交易政策等,分析在不同的碳政策下企业的运营管理问题,这些问题还需进一步详细研究,这也是今后作者主要的研究内容。

第 7 章

不同碳减排政策下易腐品供应链的联合订购策略

7.1 问题背景

面对日益严峻的能源和环境约束,碳限额与交易政策和碳税政策被许多国家和地区用来控制二氧化碳等温室气体的过度排放。作为二氧化碳等温室气体排放的主要载体,供应链的运营决策受到了各种碳排放政策的影响,其运作管理面临着许多新的挑战,比如,碳减排的要求改变了供应链的运营目标与决策环境;执行碳排放政策能否保证供应链获得高额利润的同时有效降低碳排放? 在此背景下,本章研究了二级易腐品供应链在碳限额与交易政策和碳税政策下的库存决策问题,并比较了两种碳排放政策。

与本章研究相关的文献是关于两仓库(货栈)易腐品的库存优化策略分析。在实际生活中,仓库的容量通常有限制而且存在着许多因素,诸如产品销售价格的不断变化、产品变质的损耗,这些因素会引起存储量的波动从而使实际管理者去存放多于自己仓库容量的物品。在此情形下,多仓库的易腐品库存优化模型被发展用来满足实践库存管理者的决策需求。如 Agrawal 等(2013)研究了斜坡需求函数下两仓库易腐品的存优化模型;徐春明等(2014)对产品需求受当前库存水平的影响构建了线性和幂函数两种需求函数,并分析了两货栈库存优化决策;徐健腾等(2015)研究了具有时变销售价格的易腐品的两货栈库存优化策略;Chakraborty 等(2018)针对产品变质率服从三参数韦布尔分布且产品需求为斜坡函数形式的两货栈库存策略进行了优化分析;Jonas(2019)考虑了由一个供应商和一个具有两货栈分销商组成的易腐品供应链库存优化系统;Ghiami 等(2020)针对易腐品的两货栈供应链问题分析了连续补货策略;Manna 等(2021)提出了一种混合的差分算法以求解具有时变需求的易腐品两货栈库存优化问题;Pal 等(2024)将信贷政策和货币通胀影响考虑进非立即腐烂产品的两货栈库存优化模型,并给出了最优库存策略的求解方法。

以上文献在对两仓库易腐品的库存优化模型进行分析时都没有考虑碳排放政策对有仓库容量限制的供应链运作策略的影响,然而由于易腐品具有容易变质的物理属性,在生产与存储过程中会消耗更多的资源,从而使环境对企业运作策略的影响不同于一般性产品。因此,本章将单个企业的情形拓展到二级供应链系统,分别构建了碳限额与交易政策和碳税政策下零售商仓库容量有限制的二级易腐品供应链库存优化模型。在考虑上游制造商生产过程中产生碳排放且零售商的销售价格随时间连续变化的情形,分析了不同碳排放政策对供应链订购策略的影响,通过理论分析与数值实验比较了供应链在两种碳排放政策下的总利润。

7.2 问题描述与假设

考虑由一个制造商与一个零售商组成的二级易腐品供应链。制造商为碳排放主体,其生产单位产品的碳排放量可以用 e_1 表示。用 E 与 c_p 分别表示碳限额与交易政策下制造商的碳排放配额与碳排放权的单位交易价格,用 c_t 表示碳税政策下制造商碳排放量的单位碳税价格。面对下游零售商在有限计划期 H 内发出的订单需求,制造商采取逐批(Lot for lot)生产的方式将产品批发给零售商。其中,产品的单位生产成本为 c_m,制造商批发给零售商的单位价格则为 w。下游零售商为销售的主体,假定有限计划期内的市场需求率 D,零售商在 t 时刻以销售价格 $p(t)$ 售出产品,这里 $p(t)$ 表示单位销售价格随时间连续变化的特性,又被称为时变价格。用 $I(t)$ 表示零售商在 t 时刻的库存水平,结合实际情形,假定零售商自身仓库的容量有大小限制,当零售商订购的产品数量超过自身仓库的容量 W 时,零售商将超过仓库容量的那部分存储在租借的仓库里。用 α 与 β 分别表示产品存储在自身仓库与租借仓库里的变质率,$0<\alpha,\beta<1$。c_{21} 与 c_{22} 分别表示产品存储在自身仓库与租借仓库里的单位成本,c_3 则表示处理变质产品的单位成本。用 n 表示有限计划期内零售商的订货周期次数,$s_i(i=1,2,\cdots,n)$ 表示第 i 周期零售商订购产品的时刻,这里 $s_1=0,s_{n+1}=H$。$t_i(i=1,2,\cdots,n)$ 表示存储在自身仓库的产品在第 i 周期开始用来满足顾客需求的时刻。用 A_m 与 A_r 分别表示制造商与零售商在每个订购周期内的固定成本,不妨令 $A=A_m+A_r$,则 A 表示了二级供应链系统中每次订购所产生的固定成本。在碳限额与交易政策以及碳税政策下,制造商与零售商需要联合确定最优订购时间与订购次数使得供应链的总利润获得最大。

另外,本章的研究基于以下假设。

假设 7.1 零售商在计划期最初与最终时刻的库存为零且制造商交付给零售商的交货时间为零。

假设 7.2 零售商自身仓库的容量 W 小于整个计划期的需求,即 $W<DH$。

假设 7.3 在实际仓储业中,产品存储在租借仓库的单位成本与产品变质率一般都不低于存储在自身仓库的,因此本章假设 $c_{22}>c_{21}$,$\beta\geqslant\alpha$。

7.3 碳排放政策下模型的建立与求解

7.3.1 二级供应链系统的基本模型

基于以上问题描述与假设可知 $s_i(i=1,2,\cdots,n)$ 为第 i 周期零售商订购产品的时刻,也是两仓库的库存量同时达到最大的时刻。因此,零售商在第 i 周期的库存变化可描述如下:s_i 时刻零售商将订购的产品存储在自身仓库,而超过仓库容量的那部分则存储在租借仓库。存储在租借仓库的产品先被用来即时满足 s_i 到 t_i 这段时间内顾客的需求。存储在自身仓库的产品在这段时间内发生了损耗,且从 t_i 时刻起开始满足顾客的需求,直至 s_{i+1} 时刻的库存量变为零。在整个计划期内零售商的库存变化可用图 7-1 表示。

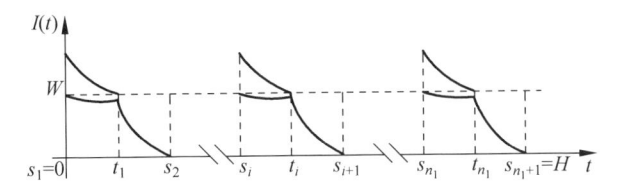

图 7-1 零售商的库存变化曲线图

结合图 7-1 可知租借仓库中的库存在第 i 周期内减少的原因有两个:一是对产品的需求;二是产品的变质。因此,产品在第 i 周期内任意一段时间的库存变化可以用如下的微分方程来描述。

$$\frac{dI(t)}{dt}=-D-\beta I(t),\quad s_i \leqslant t \leqslant t_i \tag{7-1}$$

利用边界条件 $I(t_i)=0$,解方程得 $I(t)=\frac{D}{\beta}[e^{\beta(t_i-t)}-1]$。用 I_i^r 与 Q_i 分别表示零售商在第 i 周期的订购量与存储在租借仓库的库存总量,则

$$Q_i=W+I(s_i)=W+\frac{D}{\beta}[e^{\beta(t_i-s_i)}-1] \tag{7-2}$$

$$I_i^r=\int_{s_i}^{t_i} I(t)dt=\frac{D}{\beta^2}[e^{\beta(t_i-s_i)}-1]-\frac{D}{\beta}(t_i-s_i) \tag{7-3}$$

在 $[s_i,t_i]$ 这段时间内存储在自身仓库的产品尽管不用满足顾客的需求,但在存储过程中会发生损耗。用方程表示为

$$\frac{dI(t)}{dt}=-\alpha I(t),\quad s_i \leqslant t \leqslant t_i \tag{7-4}$$

利用边界条件 $I(s_i)=W$，解式(7-4)得 $I(t)=W\mathrm{e}^{\alpha(s_i-t)}$。用 I_{i1}^o 表示这段时间内自身仓库的库存总量，则有

$$I_{i1}^o=\int_{s_i}^{t_i}I(t)\mathrm{d}t=\frac{W}{\alpha}[1-\mathrm{e}^{\alpha(s_i-t_i)}] \tag{7-5}$$

在 $[t_i,s_{i+1}]$ 这段时间内零售商自身仓库中库存的减少是由于满足顾客的需求及产品的变质，因此用方程表示将为

$$\frac{\mathrm{d}I(t)}{\mathrm{d}t}=-D-\alpha I(t),\quad t_i\leqslant t\leqslant s_{i+1} \tag{7-6}$$

利用边界条件 $I(s_{i+1})=0$ 解式(7-6)得 $I(t)=\dfrac{D}{\alpha}[\mathrm{e}^{\alpha(s_{i+1}-t)}-1]$。结合式(7-4)得

$$I(t_i)=W\mathrm{e}^{\alpha(s_i-t_i)}=\frac{D}{\alpha}[\mathrm{e}^{\alpha(s_{i+1}-t_i)}-1] \tag{7-7}$$

用 I_{i2}^o 表示 $[t_i,s_{i+1}]$ 这段时间内自身仓库的库存总量，则有

$$I_{i2}^o=\int_{t_i}^{s_{i+1}}I(t)\mathrm{d}t=\frac{D}{\alpha^2}[\mathrm{e}^{\alpha(s_{i+1}-t_i)}-1]-\frac{D}{\alpha}(s_{i+1}-t_i) \tag{7-8}$$

另外，在整个计划期内零售商的销售收入为

$$\sum_{i=1}^{n}\int_{s_i}^{s_{i+1}}Dp(t)\mathrm{d}t=D\int_{0}^{H}p(t)\mathrm{d}t \tag{7-9}$$

基于以上计算可以知道整个计划期内零售商的总利润主要由如下要素构成：销售收入、订购成本、存储在自身仓库和租借仓库的库存成本，以及处理变质产品的成本。用 $\mathrm{TP}_r(n,\{s_i\},\{t_i\})$ 表示零售商在整个计划期的总利润，简记为 $\mathrm{TP}_r(n)$。结合式(7-2)、式(7-3)、式(7-5)、式(7-8)与式(7-9)，将 $\mathrm{TP}_r(n)$ 表示为

$$\mathrm{TP}_r(n)=D\int_0^H p(t)\mathrm{d}t-\left(nA_r+w\sum_{i=1}^{n}Q_i\right)-$$

$$(c_{21}+\alpha c_3)\sum_{i=1}^{n}(I_{i1}^0+I_{i2}^0)-(c_{22}+\beta c_3)\sum_{i=1}^{n}I_i^R \tag{7-10}$$

由于制造商采取按需生产的方式应对下游零售商的订单需求，因此制造商在整个计划期内的销售收入为

$$(w-c_m)\sum_{i=1}^{n}Q_i \tag{7-11}$$

另外，考虑到制造商为碳排放的主体，在整个计划期内其碳排放总量为 $J(Q)=e_1\sum_{i=1}^{n}Q_i$。因此在碳限额与交易政策下，制造商的总利润用 $\mathrm{TP}_{m_c}(n)$ 表示为

$$\mathrm{TP}_{m_c}(n)=(w-c_m)\sum_{i=1}^{n}Q_i+c_p\left(E-e_1\sum_{i=1}^{n}Q_i\right)-nA_m \tag{7-12}$$

在碳税政策下，制造商的总利润用 $\mathrm{TP}_{m_t}(n)$ 表示为

$$\mathrm{TP}_{m_t}(n) = (w - c_m)\sum_{i=1}^{n} Q_i + c_t \sum_{i=1}^{n} e_1 Q_i - nA_m \tag{7-13}$$

7.3.2 碳限额与交易政策下的二级易腐品供应链模型

碳限额与交易政策指政府机构分配给企业一定的碳排放配额,如果企业的碳排放量超过碳排放配额,则需要到碳交易市场购买一定的碳排放权;否则企业的总利润遵守式(7-12),本节构建了如下二级易腐品供应链库存优化模型。

$$(P_1) \quad \max_{n,\{s_i\},\{t_i\}} \mathrm{TP}_c(n) = \mathrm{TP}_r(n) + \mathrm{TP}_{m_c}(n) \tag{7-14}$$

$$\text{s.t.} \quad W \mathrm{e}^{\alpha(s_i - t_i)} = \frac{D}{\alpha}[\mathrm{e}^{\alpha(s_{i+1} - t_i)} - 1] \tag{7-15}$$

$$s_1 = 0, \quad s_{n+1} = H \tag{7-16}$$

这里,$\mathrm{TP}_c(n)$ 为碳限额与交易政策下二级供应链的总利润。显然,在问题 P_1 中目标函数 $\mathrm{TP}_c(n)$ 是关于离散型变量 n 以及连续型变量 $\{s_i\}$ 与 $\{t_i\}$ 的一个 $2n+1$ 元函数。不妨用 n_1^*,s_i^* 与 t_i^* 分别表示问题 P_1 对应的最优订购次数、最优订购时刻以及自身仓库开始满足需求的最优时刻。接下来,本节通过两阶段优化方法求解此问题。第一阶段是对于给定的 n,求出使得目标函数达到最大的 s_i^* 与 t_i^*;第二阶段寻求使得 $\mathrm{TP}_c(n)$ 达到最大的 n_1^*。考虑到问题 P_1 是约束优化问题,忽略式(7-16),结合式(7-15)构造其拉格朗日函数 $L(n, \{s_i\}, \{t_i\})$,简记为 L,则 L 可将之表示为 $\mathrm{TP}_c(n) - \sum_{i=1}^{n} \lambda_i \left\{ W \mathrm{e}^{\alpha(s_i - t_i)} - \frac{D}{\alpha}[\mathrm{e}^{\alpha(s_{i+1} - t_i)} - 1] \right\}$,这里 λ_i ($i=1, 2, \cdots, n$)分别为式(7-15)对应的拉格朗日乘子。因此对于给定的 n,应有

$$\frac{\partial L}{\partial \lambda_i} = W \mathrm{e}^{\alpha(s_i - t_i)} - \frac{D}{\alpha}[\mathrm{e}^{\alpha(s_{i+1} - t_i)} - 1] \tag{7-17}$$

$$\frac{\partial L}{\partial s_i} = (c_m + c_p e_1) D \mathrm{e}^{\beta(t_i - s_i)} - (c_{21} + \alpha c_3)\left\{-W \mathrm{e}^{\alpha(s_i - t_i)} + \frac{D}{\alpha}[\mathrm{e}^{\alpha(s_i - t_{i-1})} - 1]\right\} - (c_{22} + \beta c_3)\frac{D}{\beta}[1 - \mathrm{e}^{\beta(t_i - s_i)}] - \lambda_i W \alpha \mathrm{e}^{\alpha(s_i - t_i)} + \lambda_{i-1} D \mathrm{e}^{\alpha(s_i - t_{i-1})} \tag{7-18}$$

$$\frac{\partial L}{\partial t_i} = -(c_m + c_p e_1) D \mathrm{e}^{\beta(t_i - s_i)} - (c_{21} + \alpha c_3)\left\{W \mathrm{e}^{\alpha(s_i - t_i)} + \frac{D}{\alpha}[1 - \mathrm{e}^{\alpha(s_{i+1} - t_i)}]\right\} - (c_{22} + \beta c_3)\frac{D}{\beta}[\mathrm{e}^{\beta(t_i - s_i)} - 1] - \lambda_i \left[\frac{D}{\alpha}\mathrm{e}^{\alpha(s_{i+1} - t_i)} - \alpha W \mathrm{e}^{\alpha(s_i - t_i)}\right] \tag{7-19}$$

将 $\frac{\partial L}{\partial \lambda_i} = 0$ 与 $\frac{\partial L}{\partial t_i} = 0$ 代入 $\frac{\partial L}{\partial s_i} = 0$,并化简得

$$\left(\frac{c_{21}}{\alpha} + c_3\right) D [\mathrm{e}^{\alpha(s_i - t_{i-1})} - \mathrm{e}^{\alpha(s_{i+1} - t_i)}] +$$

$$\left(c_1 + \frac{c_{22}}{\beta} + c_3\right) D [\mathrm{e}^{\beta(t_{i-1} - s_{i-1})} \mathrm{e}^{\alpha(s_i - t_{i-1})} - \mathrm{e}^{\beta(t_i - s_i)} \mathrm{e}^{\alpha(s_{i+1} - t_i)}] -$$

$$\left(\frac{c_{22}}{\beta}+c_3\right)D[\mathrm{e}^{a(s_i-t_{i-1})}-\mathrm{e}^{a(s_{i+1}-t_i)}]=0 \tag{7-20}$$

利用式(7-20)可得如下引理。

引理 7.1 若(x_1,y_1)与(x_2,y_2)分别为二元方程$f(x,y)=0$的两个根,这里$f(x,y)=\left(\frac{c_{21}}{\alpha}+c_3\right)\mathrm{e}^{ay}+\left(c_m+c_pe_1+\frac{c_{22}}{\beta}+c_3\right)\mathrm{e}^{(\beta x+ay)}-\left(\frac{c_{22}}{\beta}+c_3\right)\mathrm{e}^{ay}$,则有$x_1=x_2,y_1=y_2$。

由引理7.1与式(7-9)可以得到如下结论。

引理 7.2 对任意给定的订购次数n,问题P_1若存在最优解,则计划期H内存在唯一的s_i和t_i可以使$t_i-s_i=t_{i-1}-s_{i-1}$及$s_{i+1}-t_i=s_i-t_{i-1}$,$i=1,2,\cdots,n$。

由引理7.2可知,对给定的订购次数n,应有$s_{i+1}-s_i=\dfrac{H}{n}$,这是因为$s_{i+1}-s_i=(s_{i+1}-t_i)+(t_i-s_{i-1})$。另外,还可得到如下结论。

引理 7.3 对任意给定的订购次数n,满足$t_i-s_i=t_{i-1}-s_{i-1}$及$s_{i+1}-t_i=s_i-t_{i-1}$成立的s_i和t_i,$i=1,2,\cdots,n$可以使$\mathrm{TP}_c(n)$最大。

在以上分析的基础上可以得到如下定理。

定理 7.1 对任意给定的订购次数n,$\mathrm{TP}_c(n)$取得最优值的充分必要条件是存在唯一的s_i和t_i可以使$t_i-s_i=t_{i-1}-s_{i-1}$及$s_{i+1}-t_i=s_i-t_{i-1}$,$i=1,2,\cdots,n$。

接下来,求解可以使$\mathrm{TP}_c(n)$最大的订购次数n_1^*。结合定理7.1可知$\mathrm{TP}_c(n)$是关于n与x的二元函数,而根据$\dfrac{\partial L}{\partial \lambda_i}=0$有$W\mathrm{e}^{-ax}=\dfrac{D}{\alpha}[\mathrm{e}^{\alpha\left(\frac{H}{n}-x\right)}-1]$,即$W=\dfrac{D}{\alpha}[\mathrm{e}^{\frac{aH}{n}}-\mathrm{e}^{ax}]$。因此可以知道$\mathrm{TP}_c(n)$其实是关于$n$的一元函数。利用$\dfrac{\partial x}{\partial n}=-\dfrac{H}{n^2}\mathrm{e}^{\alpha\left(\frac{H}{n}-x\right)}$与$\dfrac{\partial^2 x}{\partial n^2}=-\dfrac{H}{(1+\alpha)n^3}\left(\dfrac{\alpha H}{n}+2\right)\mathrm{e}^{\alpha\left(\frac{H}{n}-x\right)}$,可以证明如下结论。

定理 7.2 对于问题P_1的目标函数$\mathrm{TP}_c(n)$,存在唯一的n能使其取得最大。

定理7.2表明存在唯一的订购次数可以使问题P_1的目标函数$\mathrm{TP}_c(n)$取得最大,故不妨用n_1表示定理7.2所确定的订购次数。根据$\mathrm{TP}_c(n,x(n))\geqslant\mathrm{TP}_c(n+1,x(n+1))$及$\mathrm{TP}_c(n,x(n))\geqslant\mathrm{TP}_c(n-1,x(n-1))$可以求得$n_1$。另外,由于问题$P_1$为约束优化问题,结合式(7-15)有$\mathrm{e}^{ax}=\mathrm{e}^{\frac{aH}{n}}-\dfrac{\alpha W}{D}$,利用$\mathrm{e}^{ax}\geqslant 1$可知$n\leqslant\dfrac{\alpha H}{\ln(D+\alpha W)-\ln(D)}$。显然,若$n_1$满足这一约束则求得了问题$P_1$的最优订购次数;否则$\left\lfloor\dfrac{\alpha H}{\ln(D+\alpha W)-\ln(D)}\right\rfloor$即为所求。此外,利用假设7.2可以知道

零售商的订购次数一定大于1.0,因此本节设计了如下算法以求得问题 P_1 的最优订购次数 n_1^*。

算法 7.1

(1) 输入参数值 $D, c_m, c_p, E, e_1, c_{21}, c_{22}, c_3, A, \alpha, \beta$ 及 $p(t)$ 对应的参数值。

(2) 令 $n=1$。利用 $e^{\alpha x} = e^{\frac{\alpha H}{n}} - \frac{\alpha W}{D}$ 求出 $x(1)$ 并代入式(7-21),计算出 $TP_c(1, x(1))$。

(3) $n=k$。若 $TP_c(k, x(k)) \geqslant TP_c(k+1, x(k+1))$ 与 $TP_c(k, x(k)) \geqslant TP_c(k-1, x(k-1))$ 成立,则可以令 $n_1 = k$,转(4);否则转(5)。

(4) 若 $n_1 \leqslant \dfrac{\alpha H}{\ln(D+\alpha W) - \ln(D)}$,则可以令 $n_1^* = n_1$;否则令 $n_1^* = \left\lfloor \dfrac{\alpha H}{\ln(D+\alpha W) - \ln(D)} \right\rfloor$。

(5) $n = k+1$,转(3)。

利用附录式(E-1)还可得到如下结论。

推论 7.1 对碳限额与交易政策下易腐品的二级供应链,有如下结论成立。

(1) $TP_c(n_1^*)$ 会随着碳排放配额 E 的增加而线性增加。

(2) 存在一个阈值 E_t,这里 $E_t = n_1^* e_1 \left[W + \dfrac{D}{\beta}(e^{\beta x(n_1^*)} - 1) \right]$,使得:当 $E > E_t$ 时,$TP_c(n_1^*)$ 会随着碳排放权交易价格 c_p 的增加而线性增加;当 $E < E_t$ 时,$TP_c(n_1^*)$ 会随着碳排放权交易价格 c_p 的增加而线性减少;而当 $E = E_t$ 时,$TP_c(n_1^*)$ 不会受到碳排放权交易价格 c_p 的变化影响。

从推论7.1(1)可以看出,碳排放配额的取值越大就越有利于供应链获得更多的总利润,而推论7.1(2)则表明当碳排放配额的取值大于阈值 E_t 时,供应链的总利润会随着碳排放权交易价格的增加而增加。这是因为此时供应链系统的碳排放量小于碳排放配额,因此供应链决策者可以出售剩余的排放权获得额外收入,并且碳排放权的交易价格越高,供应链获得的收入越多。另外,当碳排放配额的取值小于阈值 E_t 时,供应链的碳排放量将大于碳排放配额,此时供应链决策者只能购买额外的碳排放权。较高的碳排放权交易价格将使供应链的利润降低,当碳排放配额的取值等于阈值 E_t 时,供应链的碳排放量将正好等于碳排放配额,故此时供应链既不需要购买也不需要出售碳排放权。因此,碳排放权交易价格发生变化时供应链的利润值将保持不变。

从式(7-14)可以知道,当 $c_p = 0$ 时,问题 P_1 的数学模型即为无碳约束下的供应链库存优化模型。用 n_0^* 与 $TP(n_0^*)$ 表示无碳约束下二级易腐品供应链的最优订购次数与最优利润值,则此时有

$$\mathrm{TP}(n_0^*) = \mathrm{TP}(n_0^*, x(n_0^*))$$
$$= D\int_0^H p(t)\mathrm{d}t - n_0^* c_m \left[W + \frac{D}{\beta}(\mathrm{e}^{\beta x(n_0^*)} - 1)\right] -$$
$$n_0^* \left(\frac{c_{21}}{\alpha} + c_3\right)\left[W - D\left(\frac{H}{n_2^*} - x(n_0^*)\right)\right] -$$
$$n_0^* \left(\frac{c_{22}}{\beta} + c_3\right)\left[\frac{D}{\beta}(\mathrm{e}^{\beta x(n_0^*)} - 1) - Dx(n_0^*)\right] - n_0^* A \quad (7\text{-}21)$$

比较碳限额与交易政策和无碳约束情形下的供应链总利润,可以得到如下结论。

定理 7.3 对碳限额与交易政策和无碳约束下的二级易腐品供应链系统,若 $E \geqslant n_0^* e_1\left[W + \frac{D}{\beta}(\mathrm{e}^{\beta x(n_0^*)} - 1)\right]$,则 $\mathrm{TP}_c(n_1^*) \geqslant \mathrm{TP}(n_0^*)$;若 $E \leqslant n_1^* e_1\left[W + \frac{D}{\beta}(\mathrm{e}^{\beta x(n_1^*)} - 1)\right]$,则 $\mathrm{TP}_c(n_1^*) \leqslant \mathrm{TP}(n_0^*)$。

定理 7.3 表明当碳排放配额较大时,如大于或等于 $n_0^* e_1\left[W + \frac{D}{\beta}(\mathrm{e}^{\beta x(n_0^*)} - 1)\right]$,碳限额与交易政策能够使供应链获得更多的利润,而当碳排放配额较小时,如小于或等于 $n_0^* e_1\left[W + \frac{D}{\beta}(\mathrm{e}^{\beta x(n_0^*)} - 1)\right]$,在碳限额与交易政策下供应链获得的利润小于或等于无碳约束的情形。因此,合适的碳配额取值决定了供应链管理者是否愿意接受碳排放政策,上述结论能够为政府机构给企业分配碳排放配额提供一定的理论参考。另外,通过与无碳约束下的利润值比较及碳排放权的自由交易表明了碳限额与交易政策是一种兼具政府强制推动和市场引导的管理政策。

7.3.3 碳税政策下的二级易腐品供应链模型

碳税政策指政府机构针对企业的碳排放所征收的税。用 $\mathrm{TP}_t(n)$ 表示碳税政策下二级易腐品供应链的总利润,结合式(7-7)、式(7-10)与式(7-13),本节构建了如下约束优化模型。

$$(P_2) \max_{n,\{s_i\},\{t_i\}} \mathrm{TP}_t(n) = \mathrm{TP}_r(n) + \mathrm{TP}_{m_t}(n) \quad (7\text{-}22)$$

$$\mathrm{s.t.} \quad W\mathrm{e}^{\alpha(s_i - t_i)} = \frac{D}{\alpha}[\mathrm{e}^{\alpha(s_{i+1} - t_i)} - 1] \quad (7\text{-}23)$$

$$s_1 = 0, \quad s_{n+1} = H \quad (7\text{-}24)$$

用 n_2^* 表示问题 P_2 的最优订购次数,类似碳限额与交易政策下易腐品供应链最优策略性质的分析,供应链在碳税政策下的最优利润值可表示为

$$\mathrm{TP}_t(n_2^*) = \mathrm{TP}_t(n_2^*, x(n_2^*))$$
$$= D\int_0^H p(t)\mathrm{d}t - n_2^*(c_m + c_t e_1)\left[W + \frac{D}{\beta}(\mathrm{e}^{\beta x(n_2^*)} - 1)\right] -$$

$$n_2^* \left(\frac{c_{21}}{\alpha} + c_3\right) \left[W - D\left(\frac{H}{n_2^*} - x(n_2^*)\right)\right] -$$

$$n_2^* \left(\frac{c_{22}}{\beta} + c_3\right) \left[\frac{D}{\beta}(e^{\beta x(n_2^*)} - 1) - Dx(n_2^*)\right] - n_2^* A \tag{7-25}$$

利用式(7-25)容易得到如下结论。

推论 7.2 在碳税政策下,供应链获得的最优利润值 $\mathrm{TP}_c(n_2^*)$ 会随着碳税单价 c_t 的增加而线性减少。

推论 7.2 表明较高的碳税单价会使供应链的利润值降低,这显然符合实际情形。另外,本节比较了碳税政策与无碳约束情形下的供应链的利润值,故有如下结论。

定理 7.4 对碳税政策与无碳约束下的二级易腐品供应链有 $\mathrm{TP}_t(n_2^*) < \mathrm{TP}(n_0^*)$。

定理 7.4 表明碳税政策下易腐品供应链获得的总利润严格小于无碳约束时的情形。注重经济效益的企业有可能会逃避这种政策,因此碳税政策通常被政府机构通过强制性手段实施,这也说明碳税是一种以经济惩罚为主要手段的管理政策。

接下来,比较碳限额与交易政策下及碳税政策下供应链的总利润大小,结合定理 7.3 与定理 7.4,可得到如下结论。

推论 7.3 对碳限额与交易政策及碳税政策,当 $E \geqslant n_0^* e_1 \left[W + \dfrac{D}{\beta}(e^{\beta x(n_0^*)} - 1)\right]$ 时,$\mathrm{TP}_c(n_1^*) < \mathrm{TP}_t(n_2^*)$。

推论 7.3 给出了碳限额与交易政策下供应链获得的利润值大于碳税政策时的条件。容易看出,碳排放配额取值的大小对比较两种策略下的利润值起到了重要的作用。由于碳限额与交易政策下供应链管理者可以通过售出额外的碳排放权获得一部分收入,因此与碳税政策相比较,碳限额与交易政策更容易被企业所接受。

7.4 算例分析

7.4.1 基本算例的计算结果

某供应链决策者拟对某易腐类产品制订未来计划期 $H = 6$ 期的订购计划。根据历史销售数据已知该产品的市场需求率 $D = 500$ 单位货物/单位时间,下游零售商的仓库容量 $W = 300$ 单位货物,存储在自身仓库的单位成本 $c_{21} = 4$ 元/单位货物,此时产品的变质率 $\alpha = 0.06$,若零售商订购的产品数量超过自身仓库容量则需要租借仓库,产品存储在租借仓库的单位成本 $c_{22} = 5$ 元/单位货物且此时存储产品的变质率 $\beta = 0.07$,处理变质产品的单位成本 $c_3 = 1$。零售商销售产品的价格 $p(t) = 30 e^{\lambda t}$,这里 λ 为价格系数,其值 $\lambda = -0.08$,订购固定成本 $A_r = 300$ 元/次。

制造商生产产品的单位成本 $c_m=8$ 元/单位货物,销售给零售商的单位批发价格 $w=16$ 元/单位货物,生产固定成本 $A_m=200$ 千克,生产单位产品所产生的碳排放量 $e_1=3$ 千克/单位货物。在碳限额与交易政策下碳配额 $E=8000$ 千克,碳排放权交易价格 $c_p=1.5$ 元/千克,在碳税政策下碳排放的单位税收价格 $c_t=0.8$ 元/千克。

根据 7.3 节的理论结果可以计算出二级供应链在无碳约束、碳限额与交易政策和碳税政策下的最优订购策略,相应的计算结果见表 7-1。

从表 7-1 可以看出,二级供应链在无碳约束下的利润值为 38 361.23 元,比碳限额与交易政策下的利润高出 1764.87 元,比碳税政策下的利润值高出 7346.28 元。与此对应的是零售商在碳限额与交易政策下的利润值为 15 905.06 元,此时零售商在无碳约束和碳税政策下的利润值相等且都为 15 673.61 元。另外,制造商在无碳约束下的利润值为 22 687.62 元,分别比碳限额与交易政策和碳税政策下的利润值高出 1996.32 元和 7346.29 元。供应链在无碳约束和碳税政策下的最优订购次数相等,与之对应的订购量都等于 340.11 单位货物,而在碳限额与交易政策下的订购量为 305.47 单位货物,也即零售商每次订购的产品只需在租借仓库里存储 5.47 单位即可。供应链在碳限额与交易政策下的碳排放量为 9164.10 千克,比碳税政策下的碳排放量少 18.87 千克。根据表 7-1 可以看出,碳限额与交易政策能够使供应链实现高利润和低排放。

表 7-1 算例的计算结果

内容	系统利润值/元	零售商利润值/元	制造商利润值/元	订购次数/次	订购量/单位货物	碳排放量/千克
无碳约束	38 361.23	15 673.61	22 687.62	9	340.11	
碳限额与交易政策	36 596.36	15 905.06	20 691.30	10	305.47	9164.10
碳税政策	31 014.95	15 673.61	15 341.33	9	340.11	9182.97

7.4.2 仓库容量对供应链整体决策的影响

用 $J(Q_c)$ 与 $J(Q_t)$ 分别表示供应链在碳限额与交易和碳税政策下取得最大利润值时对应的碳排放量,则本节在上述例子的基础上进一步考察了自身仓库容量 W 的变化对供应链在无碳约束、碳限额与交易和碳税政策下最优策略的影响。相关的计算结果见表 7-2~表 7-4。

表 7-2 无碳约束下 W 的变化对供应链最优策略的影响

W/单位货物	$TP(n_0^*)$/元	$TP_r(n_0^*)$/元	$TP_m(n_0^*)$/元	n_0^*/次	$x(n_0^*)$	$Q_i^*(i=1,2,\cdots,n_0^*)$/单位货物
150	38 081.04	15 624.57	22 456.47	10	0.31	305.71
200	38 221.98	15 775.88	22 446.10	10	0.21	305.58

续表

W/单位货物	$TP(n_0^*)$/元	$TP_r(n_0^*)$/元	$TP_m(n_0^*)$/元	n_0^*/次	$x(n_0^*)$	$Q_i^*(i=1,2,\cdots,n_0^*)$/单位货物
250	38 309.19	15 869.50	22 439.69	10	0.11	305.5
300	38 361.23	15 673.61	22 687.62	9	0.08	340.11
350	38 376.01	15 689.47	22 686.54	9	—	340.09
400	38 341.66	15 652.61	22 689.05	9	—	340.13

表 7-3　碳限额与交易政策下 W 的变化对供应链最优策略的影响

W/单位货物	$TP_c(n_1^*)$/元	$TP_r(n_1^*)$/元	$TP_{m_c}(n_1^*)$/元	n_1^*/次	$x(n_1^*)$	$Q_i^*(i=1,2,\cdots,n_1^*)$/单位货物	$J(Q_c)$/千克
150	36 324.27	15 624.57	20 699.70	10	0.31	305.71	9171.30
200	36 471.05	15 775.88	20 695.17	10	0.21	305.58	9167.40
250	36 561.86	15 869.50	20 692.36	10	0.11	305.50	9165.00
300	36 596.36	15 905.06	20 691.30	10	0.01	305.47	9164.10
350	36 602.33	15 689.47	20 912.86	9	—	340.09	9182.43
400	36 566.57	15 652.61	20 913.96	9	—	340.13	9183.51

表 7-4　碳税政策下 W 的变化对供应链最优策略的影响

W/单位货物	$TP_t(n_2^*)$/元	$TP_r(n_2^*)$/元	$TP_{m_t}(n_2^*)$/元	n_2^*/次	$x(n_2^*)$	$Q_i^*(i=1,2,\cdots,n_2^*)$/单位货物	$J(Q_t)$/千克
150	30 744.10	15 624.57	15 119.53	10	0.31	305.71	9171.30
200	30 888.15	15 775.88	15 112.27	10	0.21	305.58	9167.40
250	30 977.28	15 869.50	15 107.78	10	0.11	305.50	9165.00
300	31 014.95	15 673.61	15 341.33	9	0.08	340.11	9182.97
350	31 030.05	15 689.47	15 340.57	9	—	340.09	9182.43
400	30 994.95	15 652.62	15 342.34	9	—	340.13	9183.51

从表 7-2～表 7-4 的计算结果可以得到如下结论。

（1）随着自身仓库容量 W 的增加，二级供应链在无碳约束、碳限额与交易政策及碳税政策下的利润值 $TP(n_0^*)$、$TP_c(n_1^*)$ 和 $TP_t(n_2^*)$ 分别呈现先增大后减小的趋势，这是因为当 W 取值变大时，供应链在每个周期内存储在租借仓库的产品数量越来越小，这降低了租借成本。而随着 W 的进一步增大（特别是超过订购量时），比如，在碳限额与交易政策下 $W=350$ 单位货物，大于订购量 340.09 单位货物，此时供应链就不用租借仓库而只是使用自身仓库即可满足计划期内的需求。节约的租借库存成本使得供应链的利润增加。另外，当 W 增加到不用再租借仓库时，供应链会增加订购量并将产品存储在自身仓库，这增加了订购成本和存储成本并造成了供应链利润值的减少。从上述表中还可看出：在本算例中，对给定的 W 取值，供应链的碳排放量均高于碳排放配额，此时供应链在无碳约束下的利润值大于两种碳排放政策下的利润值,这表明碳排放政策对约束企业的碳排放具有一定的经济惩罚作用,而供应链在碳限额与交易政策下的利润值大于碳税政策下的利润值则在一定程度上解释了碳限额与交易政策被企业管理者广为应用的原因。

(2) 对任意给定的 W 取值,当二级供应链在无碳约束、碳限额与交易政策和碳税政策下的订购次数相等时,零售商在这三种模型下的利润值相等。例如,当 $W=200$ 单位货物时有 $n_0^*=n_1^*=n_2^*$,此时零售商在无碳约束、碳限额与交易和碳税政策下的利润值均为 15 775.88 元。而当供应链在这三种模型下的订购次数不相等时,对应零售商的利润值不相等而且此时零售商在碳限额与交易政策下的利润值最大。比如,$W=300$ 单位货物时,供应链在无碳约束和碳税政策下的订购次数都为 9 次,而在碳限额与交易政策下的订购次数为 10 次,此时零售商的利润值 $\mathrm{TP}_r(n_1^*)=15\,905.06$ 元大于 $\mathrm{TP}_r(n_0^*)=\mathrm{TP}_r(n_2^*)=15\,673.61$ 元,这表明在考虑供应链的整体运作策略时,即使零售商不是碳排放的主体但其仍然能够在碳限额与交易政策下获得更多的利润。

(3) 作为碳排放的主体,制造商的碳排放量高于碳排放配额时,对不同 W 的取值,制造商在无碳约束、碳限额与交易政策和碳税政策下利润值的大小为 $\mathrm{TP}_m(n_0^*)>\mathrm{TP}_{m_c}(n_1^*)>\mathrm{TP}_{m_t}(n_2^*)$。而且在碳限额与交易政策下,当供应链不再租借仓库时制造商的利润值高于租借仓库时的利润值,但是此时制造商的碳排放量则与之相反,这表明在碳限额与交易政策下 W 的取值越大,越有利于制造商获得更多的利润,但会产生更多碳排放。

7.4.3 两类碳政策对供应链整体决策的影响

结合上述算例,本节利用碳系数 E,c_p 与 c_t 的变化进一步分析两类碳政策对供应链最优决策的影响,相关的计算结果见图 7-2~图 7-4。

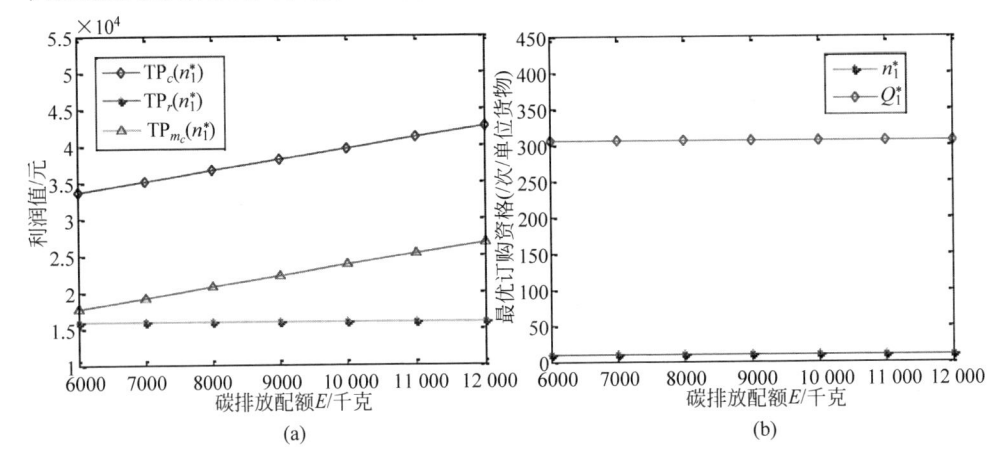

图 7-2 碳配额 E 对最优策略的影响
(a) E 对利润值的影响;(b) E 对订购策略的影响;(c) E 对碳排放的影响

(c)

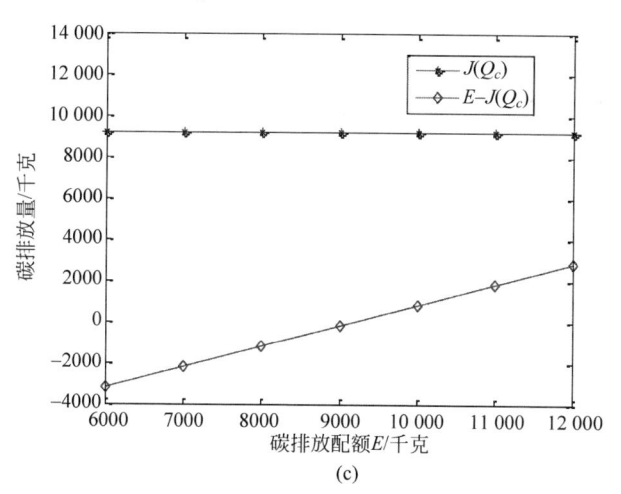

图 7-2 （续）

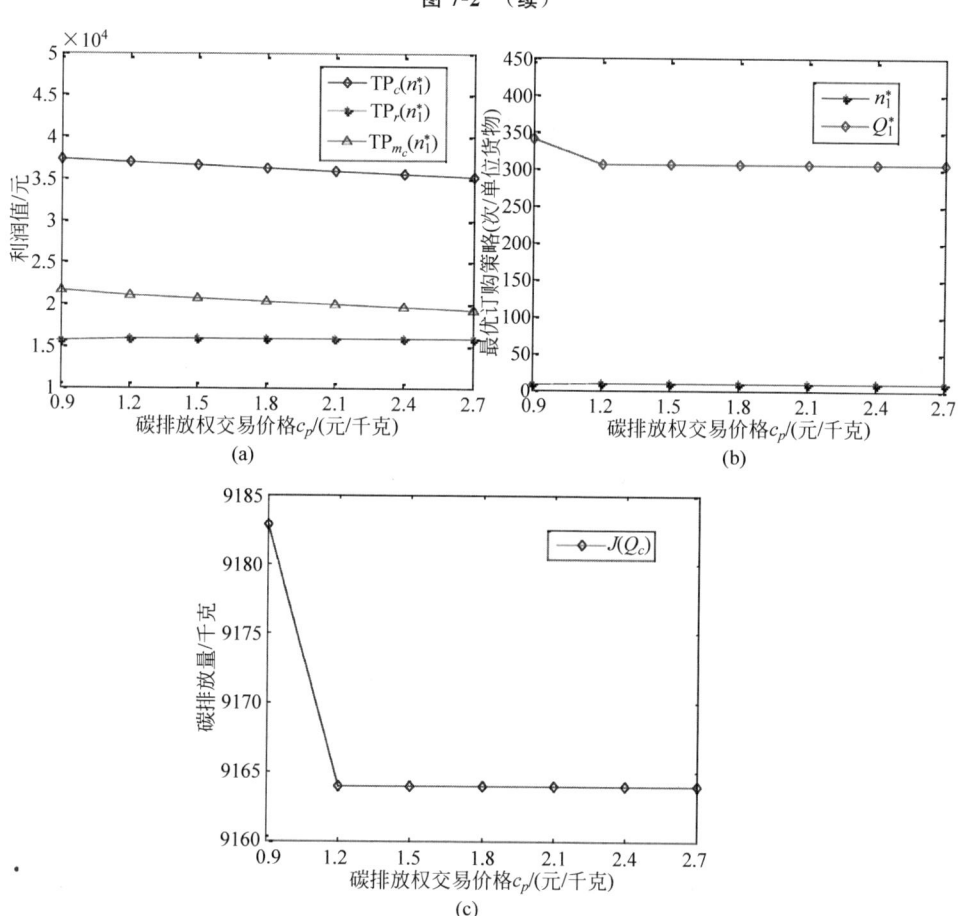

(a)

(b)

(c)

图 7-3　碳排放权交易价格 c_p 对最优策略的影响

（a）c_p 对利润值的影响；（b）c_p 对订购策略的影响；（c）c_p 对碳排放的影响

图 7-4 碳税价格 c_t 对最优策略的影响

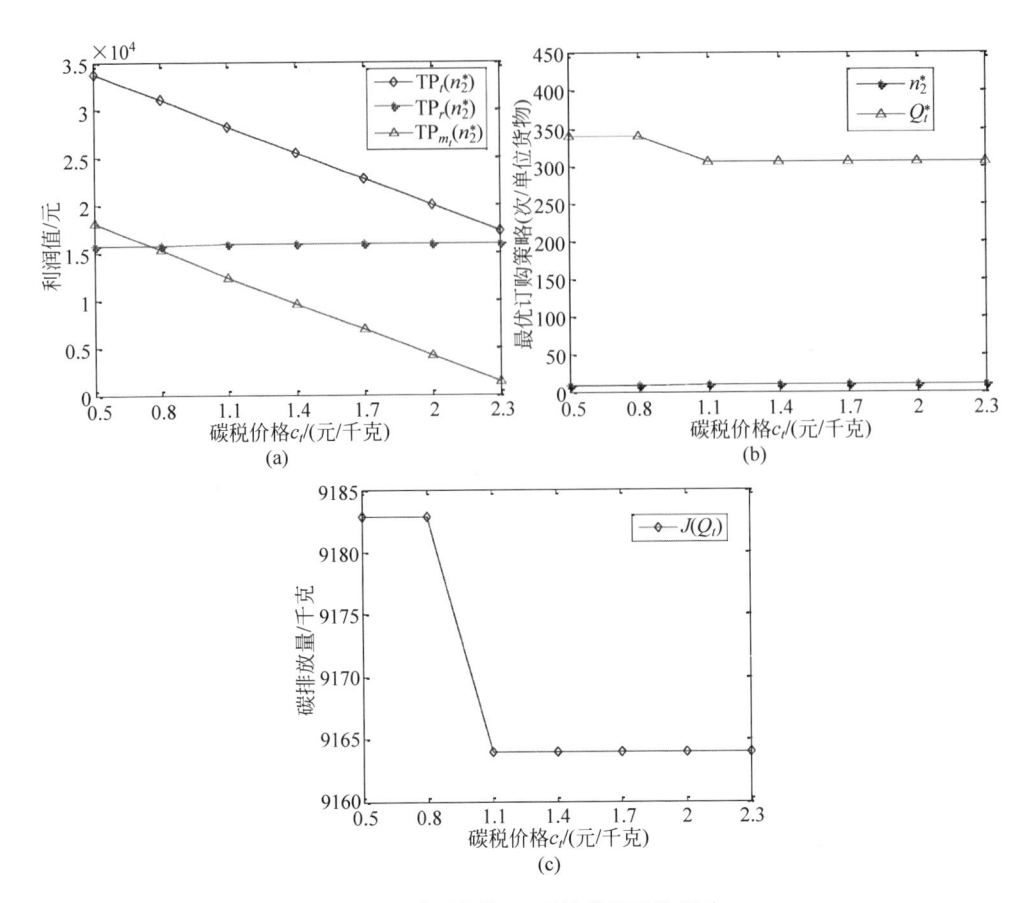

(a) c_t 对利润值的影响；(b) c_t 对订购策略的影响；(c) c_t 对碳排放的影响

从图 7-2 可以得到如下结论。

(1) 在碳限额与交易政策下,随着碳排放配额 E 的增加,二级供应链的利润值 $TP_c(n_1^*)$ 和制造商的利润值 $TP_{m_c}(n_1^*)$ 分别线性增加,而零售商的利润值 $TP_r(n_1^*)$ 则保持不变。这是因为当碳排放配额 E 增加直至超过制造商的碳排放量时,制造商会售出碳排放权以获得一部分收入从而使其利润增加。由于零售商不是碳排放的主体并且碳排放配额的大小对零售商的订购数量和订购次数没有影响,所以其利润值不受碳排放配额的变化影响。考虑到供应链是由零售商和制造商组成的,可以知道供应链的利润值会随碳排放配额的增加而线性增加。

(2) 当碳排放配额 E 大于或等于 6000 千克时,制造商的利润值将大于零售商的利润值。随着碳排放配额 E 的增加,制造商可以售出碳排放权以获得一定的收入,这会使制造商和零售商利润值之间的差距越来越明显。

(3) 随着碳排放配额 E 的增加,供应链的碳排放量 $J(Q_c)$ 将保持不变,这会使碳排放配额与碳排放量之间的差值规律呈现线性增加变化。

从图 7-3 可以得到如下结论。

（1）在碳限额与交易政策下，随着碳排放权交易价格 c_p 的增加，制造商的利润值呈现变小的趋势而且零售商的利润值几乎保持不变，此时供应链的利润也将呈现出下降的变化规律。这主要是因为在本算例中碳排放配额的取值 $E=8000$ 千克一直小于制造商的碳排放量 $J(Q_c)$。因此，当供应链成员联合决策时，制造商需要购买一定数量的碳排放权。随着碳排放权交易价格的增加，制造商购买碳排放权的成本变大会使制造商的利润下降；另外，碳排放权交易价格的变化对零售商的利润值影响很小，这会使供应链的利润值随碳排放权交易价格的增加而变小。

（2）当碳排放权交易价格 c_p 增加时，供应链的订购次数略有增加但是变化不明显，而此时的订购量先减少然后趋于平稳。这是因为在制造商的碳排放量高于碳排放配额时，供应链需要承担购买碳排放权的成本。碳排放权交易价格越大，承担购买碳排放权的成本越高。此时供应链会通过减少订购量的策略来控制碳排放，这降低了购买碳排放权的成本。另外，碳排放权交易价格 c_p 的变化对供应链的碳排放影响很小，例如，当碳排放权交易价格从 0.9 元/千克增加到 2.7 元/千克时，供应链的碳排放量减少了不到 20 单位。

从图 7-4 可以发现如下规律：在碳税政策下，随着碳税价格 c_t 的增加，制造商的利润值变小而零售商的利润值略有变小的趋势但是变化不大，这也使供应链的利润值呈现变小的规律，而且在碳税单价 c_t 接近于 0.8 时制造商和零售商的利润值相等。为了应对碳税增加而引起的成本增加，供应链只能通过减少订购量、多次订购来降低碳排放，因此零售商的订购量会随着碳税价格的增加而变小，而零售商的订购次数略有增加但是变化不明显。尽管供应链采取了减少订购量、增加订购次数的策略，但是在本算例中当碳税价格增加时，制造商的碳排放减少幅度不明显，比如，当碳税价格从 0.5 元/千克增加到 2.3 元/千克时，其碳排放量减少了不到 20 千克。

7.5　本章小结

本章针对零售商的仓库容量有限制、制造商在生产过程中会产生碳排放的情形，构建了一个二级供应链整合环境下的库存优化系统，分别建立了碳限额与交易政策和碳税政策下的低碳供应链模型；结合零售商销售价格随时间连续变化的特点分析了两类模型在有限计划内最优订购策略的相关性质并求解了供应链的最优总利润；结合数值实验进一步分析了相关碳系数对供应链最优订购策略的影响。本章得到的相关结论如下：首先，在碳限额与交易政策和碳税政策下，存在唯一的最优订购时间点与最优订购次数可以使供应链的总利润最大；其次，与无碳约束情形相比,碳税政策下供应链获得的总利润更小而在碳限额与交易政策下供应链获得的总利润则存在大于无碳约束的情形;再次,在碳限额与交易政策下,碳排放配额取值越大则供应链获得的总利润越大而碳排放总量保持不变;接着,碳排放权交易价格供对供应链总利润的影响与碳排放配额取值相关;然后,碳税政策下,供应链的总利润与碳排放量分别随着碳税单价的增加而呈现减少的趋势;最后,与碳税政策相比,碳限额与交易政策能够使供应链实现高利润和低排放。

第 8 章

碳税政策下易腐品供应链的协调优化策略

8.1 问题背景

随着新型商业零售模式的持续发展和现代物流技术的提高,易腐品在日常销售中所占的比重不断增加。Ferguson 等(2007)指出在美国零售店每年获得的 400 亿美元销售收入中,易腐品的销售收入大约占 50%。由于具有变质的物理属性,此类产品在生产、存储及销售过程中本身的质量和价值容易损耗。为了有效避免产品的过多损失,易腐类产品在运作管理过程中对环境提出了更高的要求,如此类产品在生产和存储时需要被严格控制温度来保持生鲜度,这一过程会释放出更多的二氧化碳等温室气体。面对社会公众环保意识的增强,如何经营管理带有碳足迹的易腐品供应链系统就成为当前研究的热点。

与本章研究相关的一类文献是基于契约机制的易腐品供应链协调问题。一些学者考虑了供应链成员之间的个体行为,通过设计不同的契约机制协调易腐类产品的供应链系统,如 Xiao 等(2013)、Zhang 等(2015),这些文献在对易腐品的供应链进行研究时都没有分析碳排放约束对系统协调的影响;与本章研究相关的另一类文献则是碳排放政策下的供应链协调问题,如 Xu 等(2015)、Toptal 等(2017),然而这些文献的特点是没有考虑变质的物理属性对供应链系统协调的影响。在现实生活中,当经营带有碳足迹的易腐品供应链时,管理者需要面对的问题是:① 如何设计能协调碳排放政策下易腐品供应链的有效契约机制? ② 是否存在能使此类供应链实现高利润、低排放的有效契约机制?

基于以上现实背景,本章考虑了碳税政策下由单个制造商和单个零售商组成的二级易腐品供应链,此系统的运营方式为制造商生产推动(Push)市场需求(其中制造商的生产能力有限且生产准备时间为固定常数)。制造商处的生产和存储过程是产生碳排放的两个主要来源,当时变需求依赖零售商的销售价格和促销努力水平时,本章首先建立了分散式和集中式决策下的供应链模型,通过比较两种模型的最优利润值发现制造商和零售商合作能够使供应链的利润值至少增加三分之一;然后证明收益共享契约和两部收费契约都能使供应链系统实现协调,进一步得出了当两种契约实现双赢结果时契约因子满足的条件;接着还分别比较了两种契约下供应链的利润值和集中决策下的利润值的大小;最后利用数值算例验证了理论结果并分析了相关系数对供应链协调和碳排放的影响。

8.2 问题描述与假设

针对制造商生产能力有限的情形,本章基于供应链推动(Push)的运营模式考虑了由一个制造商与一个零售商组成的二级易腐品供应链。用 n 表示有限计划期 H 内制造商的生产周期次数和零售商的订购周期次数,则 T 表示零售商的订购周期长度,这里 $H=nT$。为了应对下游零售商第 $i(i=1,2,\cdots,n)$ 订购周期的订单,制造商在 $(i-2)T+t_m$ 时刻(即制造商库存量为零时)以生产速率 P_i 生产某易腐类产品,这里 $t_m(0<t_m<T)$ 为制造商的生产准备时间。由于制造商生产能力的限制,生产过程中累积的产品首先存储在仓库中,其单位库存成本为 h_m。作为碳排放的主体,制造商在生产和存储过程中会产生碳排放,用 e_1 与 e_2 分别表示单位产品在生产和存储过程中的碳排放量。当其库存量在 $(i-1)T$ 达到最大时,制造商将第 $i(i=1,2,\cdots,n)$ 生产周期累积的库存瞬时交付给下游零售商,其销售批发价格为 w。因此,制造商需要确定最优的批发价格与生产次数以使自身获得的利润 $\Pi_m(n,w)$ 最大。

在此系统中,零售商是销售的主体。零售商的第 $i(i=1,2,\cdots,n)$ 次订单在 $(i-1)T$ 时刻被制造商瞬时交付,此时,零售商会将交付的产品存储在仓库同时用来满足市场的即时需求。这里,单位产品的库存成本为 h_r。当库存量在 iT 时刻被减少为零时,零售商将向上游制造商发出订单需求并进入第 $i+1$ 订购周期。结合第7章的讨论,假设该系统中的市场需求函数为时变函数且受到销售价格与零售商促销努力的影响,即 $f(t,s,p)=(D_0+\alpha s-\beta p)e^{\lambda t}$,这里 $D_0(>0)$ 为基本市场需求参数,α,β 与 λ 分别为零售商的促销水平、销售价格及时变因素影响市场需求的弹性系数且均大于零。此时零售商需要确定最优的销售价格与促销努力以使自身获得的利润 $\Pi_r(s,p)$ 最大。

本章相关的其他符号定义:$I_m(t)$,制造商在 t 时刻的库存水平;I_m^i,制造商在第 $i(i=1,2,\cdots,n)$ 生产周期的库存总量;J_m^i,制造商在第 $i(i=1,2,\cdots,n)$ 生产周期的碳排放量;A_m,制造商每次启动生产的固定成本;c_m,制造商生产单位产品的成本;$I_r(t)$,零售商在 t 时刻的库存水平;I_r^i,零售商在第 $i(i=1,2,\cdots,n)$ 订购周期的库存总量;Q_i,零售商第 $i(i=1,2,\cdots,n)$ 次订购的订购量;A_r,零售商每次订购的固定成本;θ,产品的变质率,$0<\theta<1$;h_d,产品变质部分的单位处理

成本；$\Pi_c(n,s,p)$，制造商和零售商在联合决策下供应链的总利润值。

本章的研究还基于以下假设。

假设 8.1 制造商和零售商在计划期最初与最终时刻的库存均为零。

假设 8.2 零售商的库存量能够及时满足市场的需求，即在零售商处不存在缺货。

假设 8.3 为了保证所建立模型的可行性，须假设相关参数满足 $D_0+\alpha s-\beta p \geqslant 0$ 且 $\lambda+\theta \neq 0$。

8.3 碳税政策下二级易腐品的供应链模型

8.3.1 基本模型的建立

基于以上问题描述，零售商在整个计划期内的库存变化曲线可用图 8-1 表示。

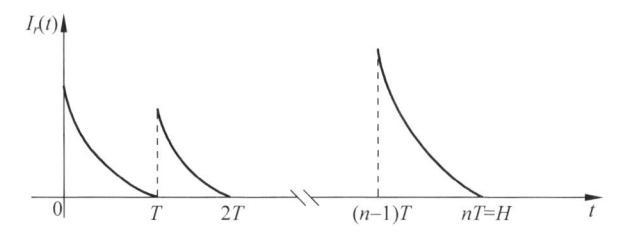

图 8-1 零售商的库存变化曲线图

在第 i 订货周期期初 $(i-1)T$ 时刻，零售商向制造商订购产品且制造商将第 i 生产周期内生产的产品交付给零售商，此时刻零售商的库存量达到最大。由于市场需求与产品的变质风险，零售商的库存量不断减少且将在 iT 时刻减少为零。因此，零售商在第 i 订货周期内任意一段时间的库存变化可用如下微分方程表示。

$$\frac{dI_r(t)}{dt}=-f(t,s,p)-\theta I(t)$$
$$=-(D_0+\alpha s-\beta p)e^{\lambda t}-\theta I_r(t), \quad (i-1)T \leqslant t \leqslant iT \quad (8\text{-}1)$$

不妨令 $\gamma=\lambda+\theta$，利用边界条件 $I_r(iT)=0$ 求解上述方程得

$$I_r(t)=\frac{D_0+\alpha s-\beta p}{\gamma}(e^{\gamma iT}-e^{\gamma t})e^{-\theta t} \quad (8\text{-}2)$$

因此，在第 i 订货周期内零售商的订购量与库存量分别为

$$Q_i=I_r((i-1)T)=\frac{D_0+\alpha s-\beta p}{\gamma}(e^{\gamma T}-1)e^{\lambda(i-1)T} \quad (8\text{-}3)$$

$$I_r^i=\int_{(i-1)T}^{iT} I_r(t)dt=\frac{D_0+\alpha s-\beta p}{\theta\gamma\lambda}[\lambda e^{\theta T}(e^{\theta T}-1)-\theta(e^{\lambda T}-1)]e^{\lambda(i-1)T}$$

$$(8\text{-}4)$$

由于产品的变质率为 θ，因此在第 i 订货周期内变质的产品总量为 θI_r^i。结合式(8-3)与式(8-4)，进一步可得零售商在第 i 订货周期内的销售量为

$$Q_i - \theta I_i \tag{8-5}$$

制造商每次生产的准备时间为 t_m，所以其在第 i 生产周期 $(i-2)T+t_m$ 时刻开始生产，而库存变化曲线则可用图 8-2 表示。

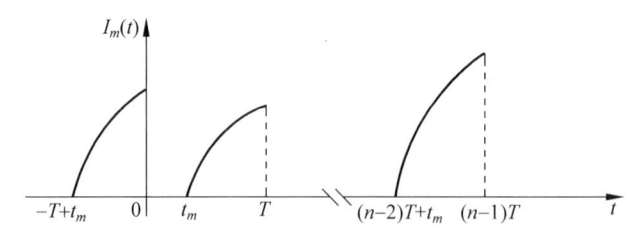

图 8-2 制造商的库存变化曲线图

第 i 生产周期，制造商在 $(i-2)T+t_m$ 时刻的库存量为零，此时开始启动生产。由于产品在生产过程中也可能发生变质，制造商的库存量将在 $(i-2)T+t_m$ 时刻累积达到最大，因此制造商在第 i 生产周期内任意一段时间的库存变化可用如下方程表示。

$$\frac{dI_m(t)}{dt} = P_i - \theta I_m(t), \quad (i-2)T+t_m \leqslant t \leqslant (i-1)T \tag{8-6}$$

利用边界条件 $I_m((i-2)T+t_m)=0$ 求解上述方程得

$$I_m(t) = \frac{P_i}{\theta}\left\{1 - e^{\theta[(i-2)T+t_m-t]}\right\} \tag{8-7}$$

由于制造商的生产能够及时满足零售商的订单需求，因此在第 i 生产周期的最大库存量应该等于零售商在第 i 订购周期的订购量，即

$$I_m((i-1)T) = \frac{P_i}{\theta}\left[1 - e^{-\theta(T-t_m)}\right] = Q_i \tag{8-8}$$

和

$$P_i = \frac{\theta Q_i}{1 - e^{-\theta(T-t_m)}} \tag{8-9}$$

利用式(8-7)可以计算出制造商在第 i 生产周期的库存总量为

$$I_m^i = \int_{(i-2)T+t_m}^{(i-1)T} I_m(t)dt = \frac{P_i}{\theta}(T-t_m) - \frac{P_i}{\theta^2}\left[1 - e^{-\theta(T-t_m)}\right] \tag{8-10}$$

而制造商在第 i 生产周期的生产量则为

$$P_i(T-t_m) \tag{8-11}$$

作为碳排放的主体，制造商在生产和存储过程中也会产生碳排放，结合式(8-10)与式(8-11)可以计算得到制造商在第 i 生产周期的碳排放量为

$$J_m^i = e_1 P_i(T-t_m) + e_2\left\{\frac{P_i}{\theta}(T-t_m) - \frac{P_i}{\theta^2}\left[1 - e^{-\theta(T-t_m)}\right]\right\} \tag{8-12}$$

另外，为了后面书写方便，本章定义了如下符号。

$$\Phi_1(n) = \frac{e^{\lambda H} - 1}{\gamma(e^{\lambda T} - 1)} (e^{\gamma T} - 1) \tag{8-13}$$

$$\Phi_2(n) = \frac{e^{\lambda H} - 1}{\theta \lambda \gamma} \left(\lambda \frac{e^{\gamma T} - 1}{e^{\lambda T} - 1} - \gamma \right) \tag{8-14}$$

$$\Phi_3(n) = \frac{\theta(T - t_m)}{1 - e^{-\theta(T - t_m)}} \tag{8-15}$$

$$\Phi_4(n) = \frac{e^{\lambda H} - 1}{\lambda} \tag{8-16}$$

利用式(8-13)～式(8-16)容易验证 $\Phi_4(n) = \Phi_1(n) - \theta \Phi_2(n)$ 以及 $\Phi_j(n) > 0$，$j = 1, 2, 3, 4$。

8.3.2 分散式决策模型

在此决策系统中，制造商和零售商属于不同的公司，以独立做出使自身利润获得最大的决策。考虑到制造商和零售商之间的博弈行为，本章构建了以制造商为主导者的 Stackelberg 博弈模型。首先，制造商确定最优生产次数与批发价格，面对制造商给出的生产次数与批发价格，零售商随之确定最优的批发价格与促销努力水平；然后，制造商根据零售商的最优反应，从中选择能使自身利润最大的最优决策。根据博弈决策的先后顺序，本章利用逆向递推的方式求解此模型。首先根据式(8-3)～式(8-5)可得零售商的利润函数为

$$\Pi_r(s, p) = \sum_{i=1}^{n} \left[p(Q_i - \theta I_r^i) - w Q_i - (h_r + \theta h_d) I_r^i - A_r - \frac{1}{2} \eta s^2 \right] \tag{8-17}$$

式(8-17)中的 $\frac{1}{2}\eta s^2$ 为零售商在第 i 订购周期内的促销成本，其中 $\eta(\eta > 0)$ 为促销水平成本系数。

根据式(8-17)可以得出如下结论。

定理 8.1 对于给定的 n 与 w，如果 $2\beta n \eta - \alpha^2 \Phi_4(n) > 0$，则零售商的利润函数 $\Pi_r(s, p)$ 是关于促销水平 s 与销售价格 p 的联合凹函数。

利用附录 F 中的式(F-1)和式(F-2)求解 $\frac{\partial \Pi_r(s, p)}{\partial s} = 0$ 和 $\frac{\partial \Pi_r(s, p)}{\partial p} = 0$ 得

$$s = \frac{\alpha [D_0 \Phi_4(n) - \beta w \Phi_1(n) - \beta(h_r + \theta h_d) \Phi_2(n)]}{2\beta n \eta - \alpha^2 \Phi_4(n)} \tag{8-18}$$

$$p = \frac{[w \Phi_1(n) + (h_r + \theta h_d) \Phi_2(n)][\beta n \eta - \alpha^2 \Phi_4(n)] + D_0 n \eta \Phi_4(n)}{\Phi_4(n)[2\beta n \eta - \alpha^2 \Phi_4(n)]} \tag{8-19}$$

根据问题描述，碳税政策下制造商的利润函数可以表示为

$$\varPi_m(n,w) = \sum_{i=1}^{n}[wQ_i - c_m P_i(T-t_m) - (h_m+\theta h_d)I_m^i - A_m] - \sum_{i=1}^{n} c_t J_m^i$$
(8-20)

令 $\widetilde{h_m} = \dfrac{h_m + c_t e_2}{\theta}$。利用式(8-8)~式(8-11),求解式(8-20),可得如下结论。

定理 8.2 对于给定的 n,如果 $2\beta n\eta - \alpha^2 \varPhi_4(n) > 0$,则制造商的利润函数 $\varPi_m(n,w)$ 是关于 w 的凹函数。

求解 $\dfrac{\partial \varPi_m(n,w)}{\partial w} = 0$ 得

$$w = (D_0 + \alpha s_r - \beta p)\frac{\varPhi_4(n)[2\beta n\eta - \alpha^2 \varPhi_4(n)]}{\beta^2 n\eta \varPhi_1(n)} + (c_m + c_t e_1)\varPhi_3(n) +$$
$$(\widetilde{h_m} + h_d)[\varPhi_3(n) - 1] \tag{8-21}$$

显然,根据式(8-18)、式(8-19)和式(8-21)可以将制造商的利润函数 $\varPi_m(n,w)$ 转化成关于 n 的一元函数。由于 $t_m < \dfrac{H}{n}$ (即 $n \leqslant \left\lfloor \dfrac{H}{t_m} \right\rfloor$),故可以利用一维搜索方法求出以使 $\varPi_m(n,w)$ 达到最大的生产周期次数。用 n_d 表示对应的最优生产周期次数,则此时将式(8-21)代入式(8-18)和式(8-19),求得分散式决策系统下零售商的最优促销水平和销售价格为

$$s_d = \alpha\{D_0\varPhi_4(n_d) - \beta(c_m+c_t e_1)\varPhi_1(n_d)\varPhi_3(n_d) - \beta(h_r+\theta h_d)\varPhi_2(n_d) -$$
$$\beta(\widetilde{h_m}+h_d)\varPhi_1(n_d)[\varPhi_3(n_d)-1]\}/2[2\beta n_d \eta - \alpha^2 \varPhi_4(n_d)] \tag{8-22}$$

$$p_d = \frac{1}{2[2\beta n_d \eta - \alpha^2 \varPhi_4(n_d)]}\left\{\frac{D_0[3\beta n_d \eta - \alpha^2 \varPhi_4(n_d)]}{\beta} + \frac{[\beta n_d \eta - \alpha^2 \varPhi_4(n_d)]}{\varPhi_4(n_d)}\cdot\right.$$
$$[(c_m+c_t e_1)\varPhi_1(n_d)\varPhi_3(n_d) + (h_r+\theta h_d)\varPhi_2(n_d) +$$
$$\left.(\widetilde{h_m}+h_d)\varPhi_1(n_d)[\varPhi_3(n_d)-1]]\right\} \tag{8-23}$$

联立式(8-22)和式(8-23)得

$$D_0 - \beta p_d = \frac{[\beta n_d \eta - \alpha^2 \varPhi_4(n_d)]}{2\varPhi_4(n_d)[2\beta n_d \eta - \alpha^2 \varPhi_4(n_d)]}\{D_0\varPhi_4(n_d) -$$
$$\beta(c_m+c_t e_1)\varPhi_1(n_d)\varPhi_3(n_d) - \beta(h_r+\theta h_d)\varPhi_2(n_d) -$$
$$\beta(\widetilde{h_m}+h_d)\varPhi_1(n_d)[\varPhi_3(n_d)-1]\} = \frac{[\beta n_d \eta - \alpha^2 \varPhi_4(n_d)]}{\alpha\varPhi_4(n_d)}s_d$$
(8-24)

将式(8-24)代入式(8-21),可以求得分散式决策系统下制造商的最优批发价格为

$$w_d = \frac{s_d[2\beta n_d\eta - \alpha^2\Phi_4(n_d)]}{\alpha\beta\Phi_1(n_d)} + (c_m + c_t e_1)\Phi_3(n_d) + (\widetilde{h_m} + h_d)[\Phi_3(n_d) - 1]$$
(8-25)

将式(8-22)、式(8-23)和式(8-25)代入附录 F 中的式(F-1)和式(F-4),则有如下推论。

推论 8.1 在分散式决策系统下零售商和制造商的最优利润值分别为

$$\Pi_r(s_d, p_d) = (D_0 + \alpha s_d - \beta p_d)\frac{n_d\eta s_d}{\alpha} - n_d A_r - \frac{1}{2}n_d\eta s_d^2 \quad (8\text{-}26)$$

和

$$\Pi_m(n_d, w_d) = (D_0 + \alpha s_d - \beta p_d)\frac{s_d}{\alpha\beta}[2\beta n_d\eta - \alpha^2\Phi_4(n_d)] - n_d A_m \quad (8\text{-}27)$$

8.3.3 集中式决策模型

在此系统中,制造商和零售商联合确定最优的促销水平、销售价格及生产周期次数以使供应链的总利润最大。利用式(8-3)~式(8-5)及式(8-8)~式(8-12),集中式决策模型下供应链的利润函数为

$$\Pi_c(n,s,p) = \sum_{i=1}^{n}[p(Q_i - \theta I_r^i) - (h_r + \theta h_d)I_r^i - c_m P_i(T - t_m) - (h_m + \theta h_d)I_m^i - \frac{1}{2}\eta s^2 - A_r - A_m - c_t J_m^i]$$
(8-28)

求解式(8-28)可得如下结论。

定理 8.3 对于给定的 n,如果 $2\beta n\eta - \alpha^2\Phi_4(n) > 0$,供应链的利润函数 $\Pi_c(n, s, p)$ 是关于 s 和 p 的联合凹函数。

类似分散式决策模型的求解,利用一维搜索方法可以求得集中式决策模型下的最优订购次数,不妨设为 n_c,将其代入式(8-34)和式(8-35),求解 $\frac{\partial\Pi_c(n_c,s,p)}{\partial s} = 0$ 与 $\frac{\partial\Pi_c(n_c,s,p)}{\partial p} = 0$ 得集中式决策下的最优促销水平和销售价格为

$$s_c = \alpha\{D_0\Phi_4(n_c) - \beta(c_m + c_t e_1)\Phi_1(n_c)\Phi_3(n_c) - \beta(h_r + \theta h_d)\Phi_2(n_c) - \beta(\widetilde{h_m} + h_d)[\Phi_3(n_c) - 1]\Phi_1(n_c)\}/[2\beta n_c\eta - \alpha^2\Phi_4(n_c)]$$
(8-29)

$$p_c = \frac{1}{2\beta n_c\eta - \alpha^2\Phi_4(n_c)}\Big\{n_c\eta D_0 + \frac{[\beta n_c\eta - \alpha^2\Phi_4(n_c)]}{\Phi_4(n_c)}[(c_m + c_t e_1)\Phi_1(n_c)\Phi_3(n_c) + (h_r + \theta h_d)\Phi_2(n_c) + (\widetilde{h_m} + h_d)\Phi_1(n_c)[\Phi_3(n_c) - 1]]\Big\}$$
(8-30)

联合式(8-29)和式(8-30)得

$$D_0 - \beta p_c = \frac{[\beta n_c\eta - \alpha^2\Phi_4(n_c)]}{\Phi_4(n_c)[2\beta n_c\eta - \alpha^2\Phi_4(n_c)]}\{D_0\Phi_4(n_c) - \beta(c_m + c_m e_1)\Phi_1(n_c)\Phi_3(n_c) -$$

$$\beta(h_r+\theta h_d)\Phi_2(n_c)-\beta(\widetilde{h_m}+h_d)\Phi_1(n_c)[\Phi_3(n_c)-1]\}$$
$$=\frac{[\beta n_c\eta-\alpha^2\Phi_4(n_c)]}{\alpha\Phi_4(n_c)}s_c \tag{8-31}$$

利用式(8-29)~式(8-31)有如下结论。

推论 8.2 在集中式决策下供应链的最优利润值为

$$\Pi_c(n_c,s_c,p_c)=(D_0+\alpha s_c-\beta p_c)\frac{n_c\eta}{\alpha}s_c-\frac{1}{2}n_c\eta s_c^2-n_cA_r-n_cA_m \tag{8-32}$$

比较式(8-22)、式(8-23)与式(8-29)、式(8-30)可得如下结论。

推论 8.3 对于分散式决策和集中式决策模型,当 $n_c=n_d$ 时,有 $s_c=2s_d$ 和 $2p_d=p_c+\dfrac{D_0}{\beta}$ 成立。

通过比较分散式决策和集中式决策下供应链的利润值大小,则有如下结论成立。

定理 8.4 与分散式决策模型相比,集中式决策能够使供应链系统的利润值至少增加三分之一。

定理 8.4 表明制造商和零售商合作能够使供应链的利润至少增加三分之一。用 Q_c 和 Q_d 分别表示集中式决策和分散式决策下零售商的总订购量,则由式(8-3)计算可得 $Q_c=(D_0+\alpha s_c-\beta p_c)\Phi_1(n_c)$ 和 $Q_d=(D_0+\alpha s_d-\beta p_d)\Phi_1(n_d)$。结合引理 8.3 可以知道当 $n_c=n_d$ 时,$Q_c=2Q_d$,而且如果 $p_d<\dfrac{D_0}{\beta}$,则有 $p_c<p_d$。这表明在集中式决策下,零售商需要增加订购量和提高促销水平及降低销售价格来使供应链获取利润。然而在此情形下,零售商通常没有动力去和制造商合作,这是因为:①订购量的增加会引起订购和库存成本的增加,从而会降低零售商的收入;②促销水平的提高能使零售商的促销成本增加,这又降低了零售商的收入;③尽管降低销售价格和提高促销水平能够使需求增加,但是这些不足以使零售商的利润增加。因此,作为决策主导者,制造商需要提供一些激励措施以使零售商愿意合作,而这些激励措施包括设计有效的契约机制等。8.4 节将通过设计收益共享契约和两部收费契约机制协调本章所建立的供应链系统。

8.4 碳税政策下基于契约机制的供应链协调

8.4.1 收益共享契约下的供应链协调

当收益共享契约被用来协调易腐品的供应链系统时,制造商通常会先给予一个优惠的批发价格 w_{rs} 来激励零售商接受合作。作为交换,零售商则会将其收入

的 $1-\rho(0<\rho<1)$ 补偿给制造商。制造商和零售商需要确定最优的 w_{rs} 和 ρ 以使供应链实现协调。因此,在收益共享契约机制下,零售商和制造商的利润函数可以分别被表示为

$$\Pi_{r/rs}(s,p) = \sum_{i=1}^{n}\left[\rho p(Q_i - \theta I_r^i) - wQ_i - (h_r + \theta h_d)I_r^i - A_r - \frac{1}{2}\eta s^2\right] \quad (8\text{-}33)$$

$$\Pi_{m/rs}(n,w) = \sum_{i=1}^{n}\left[wQ_i - c_m P_i(T - t_m) - (h_m + \theta h_d)I_m^i - A_m\right] - \sum_{i=1}^{n}c_t J_m^i -$$

$$\sum_{i=1}^{n}(1-\rho)p(Q_i - \theta I_r^i) \quad (8\text{-}34)$$

因此,不妨用 n_{rs},w_{rs},s_{rs} 与 p_{rs} 分别表示收益共享契约机制下的最优生产次数、批发价格、促销水平和销售价格。显然,为实现供应链的协调,在收益共享契约机制下,制造商和零售商的决策应该与集中式系统下的决策相对应,通过分析契约协调条件可得如下结论。

定理 8.5 当 $n_{rs} = n_c$ 和 $p_{rs} = p_c$ 时,收益共享契约能够使供应链系统实现协调,此时的促销水平和批发价格将分别为

$$s_{rs} = \frac{\rho[\beta n_c \eta - \alpha^2 \Phi_4(n_c)]}{\beta n_c \eta - \rho \alpha^2 \Phi_4(n_c)}s_c \quad (8\text{-}35)$$

$$w_{rs} = \frac{\rho p_c \Phi_4(n_c)[2\beta n_c \eta - \alpha^2 \Phi_4(n_c)]}{[\beta n_c \eta - \alpha^2 \Phi_4(n_c)]\Phi_1(n_c)} - (h_r + \theta h_d)\frac{\Phi_2(n_c)}{\Phi_1(n_c)} -$$

$$\frac{\rho n_c \eta D_0 \Phi_4(n_c)}{[\beta n_c \eta - \rho \alpha^2 \Phi_4(n_c)]\Phi_1(n_c)} \quad (8\text{-}36)$$

根据定理 8.5 可以有如下结论。

推论 8.4 在收益共享契约机制下,零售商和制造商获得的最优利润值分别为

$$\Pi_{r/rs}(s_{rs},p_{rs}) = \frac{n_c \eta}{\alpha}(D_0 - \beta p_c)s_{rs} + \frac{1}{2}n_c \eta s_{rs}^2 - n_c A_r \quad (8\text{-}37)$$

$$\Pi_{m/rs}(n_{rs},w_{rs}) = (D_0 + \alpha s_c - \beta p_c)\frac{n_c \eta}{\alpha}(s_c - s_{rs}) - n_c \eta(s_c - s_{rs})^2 - n_c A_m \quad (8\text{-}38)$$

进一步分析制造商和零售商都接受收益共享契约时供应链利润分配的条件,可以得到如下定理。

定理 8.6 当收益共享契约机制能使供应链实现双赢时,收益共享因子 ρ 满足如下结论。

(1) 如果 $\beta n_c \eta > \alpha^2 \Phi_4(n_c)$,则 $\dfrac{\Omega \beta n_c \eta}{\beta n_c \eta + (\Omega - 1)\alpha^2 \Phi_4(n_c)} < \rho < \dfrac{\beta n_c \eta}{2\beta n_c \eta - \alpha^2 \Phi_4(n_c)}$。

(2) 如果 $\frac{1}{2}\alpha^2\Phi_4(n_c) < \beta n_c \eta < \rho\alpha^2\Phi_4(n_c)$，则 $\frac{\beta n_c \eta [3\alpha^2\Phi_4(n_c) - 2\beta n_c \eta]}{\alpha^2\Phi_4(n_c)} <$

$\rho < \frac{\Omega \beta n_c \eta}{\beta n_c \eta + (\Omega-1)\alpha^2\Phi_4(n_c)}$，

这里，$\Omega = \frac{\alpha^2\Phi_4(n_c) - \beta n_c \eta + \sqrt{[\beta n_c \eta - \alpha^2\Phi_4(n_c)]^2 + \frac{1}{4}\alpha^2\Phi_4(n_c)[2\beta n_c \eta - \alpha^2\Phi_4(n_c)]}}{\alpha^2\Phi_4(n_c)}$。

定理 8.6 给出了制造商和零售商都接受收益共享契约时收益共享因子得到满足的条件，这也给出了收益共享契约机制能使碳税政策下的易腐品供应链实现双赢的条件。进一步比较供应链的总利润和集中式决策下的系统总利润，可以得到如下结论。

定理 8.7 当供应链在收益共享契约机制下实现双赢时，系统的总利润值将小于集中制决策下的利润值，即：$\Pi_{r/rs}(s_{rs}, p_{rs}) + \Pi_{m/rs}(n_{rs}, w_{rs}) < \Pi_c(n_c, s_c, p_c)$。

结合定理 8.6 和定理 8.7 可以知道当制造商和零售商同时接受收益共享契约时，可行的收益共享因子取值空间将是存在的，然而，此时供应链的总利润值却严格小于集中式决策下的利润值，这表明在收益共享契约机制下，供应链不能够得到完美协调，因此有必要利用新的契约机制协调本章建立的供应链系统。

8.4.2 两部收费契约下的供应链协调

两部收费契约是运作管理中一类经典的协调机制。在此契约机制下，制造商给定一个优惠的批发价格 w_{tpt} 来激励零售商接受合作，同时，制造商还需收取一定量的固定费用 F 来保证自身的利润。因此，在此契约机制下，零售商和制造商的利润函数可以分别表示为

$$\Pi_{r/\text{tpt}}(s,p) = \sum_{i=1}^{n}\left[p(Q_i - \theta I_r^i) - wQ_i - (h_r + \theta h_d)I_r^i - A_r - \frac{1}{2}\eta s^2\right] - F$$
(8-39)

$$\Pi_{m/\text{tpt}}(s,p) = \sum_{i=1}^{n}[wQ_i - c_m P_i(T-t_m) - (h_m + \theta h_d)I_m^i - A_m] - \sum_{i=1}^{n} c_t J_m^i + F$$
(8-40)

所以，不妨用 $n_{\text{tpt}}, w_{\text{tpt}}, s_{\text{tpt}}$ 与 p_{tpt} 分别表示两部收费契约机制下的最优生产次数、批发价格、促销水平和销售价格。显然，为实现供应链的协调，在此契约机制下制造商和零售商的决策应该与集中式系统下的决策相对应。因此，分析契约协调条件可得如下结论。

定理 8.8 当 $n_{\text{tpt}} = n_c$ 和 $p_{\text{tpt}} = p_c$ 时，两部收费契约能够使供应链实现协调，此时的促销水平和批发价格分别为

$$s_{\text{tpt}} = \alpha\{D_0 \Phi_4(n_c) - \beta(c_m + c_t e_1)\Phi_1(n_c)\Phi_3(n_c) - \beta(h_r + \theta h_d)\Phi_2(n_c) - \beta(\widetilde{h_m} + h_d)[\Phi_3(n_c) - 1]\Phi_1(n_c)\}/[2\beta n_c \eta - \alpha^2 \Phi_4(n_c)] \tag{8-41}$$

$$w_{\text{tpt}} = (c_m + c_t e_1)\Phi_3(n_c) + (\widetilde{h_m} + h_d)[\Phi_3(n_c) - 1] \tag{8-42}$$

由定理 8.8 可得如下结论。

推论 8.5 在两部收费契约机制下,零售商和制造商获得的最优利润值分别为

$$\Pi_{r/\text{tpt}}(s_{\text{tpt}}, p_{\text{tpt}}) = \frac{n_c \eta [2\beta n_c \eta - \alpha^2 \Phi_4(n_c)] s_c^2}{2\alpha^2 \Phi_4(n_c)} n_c A_r - F \tag{8-43}$$

$$\Pi_{m/\text{tpt}}(n_{\text{tpt}}, w_{\text{tpt}}) = F - n_c A_m \tag{8-44}$$

当两部收费契约机制能够使供应链系统实现双赢时,应有 $\Pi_{r/\text{tpt}}(s_{\text{tpt}}, p_{\text{tpt}}) \geqslant \Pi_r(s_d, p_d)$ 和 $\Pi_{m/\text{tpt}}(n_{\text{tpt}}, w_{\text{tpt}}) \geqslant \Pi_m(n_d, w_d)$ 成立。将分散式决策模型的最优解 (n_d, w_d, s_d, p_d) 和可行解 $\left(n_c, w_c, \frac{1}{2}s_c, \frac{1}{2}p_c + \frac{D_0}{2\beta}\right)$ 代入利润函数则有:$\Pi_r(s_d, p_d) \geqslant \Pi_r\left(\frac{1}{2}s_c, \frac{1}{2}p_c + \frac{D_0}{2\beta}\right)$ 及 $\Pi_m(n_d, w_d) \geqslant \Pi_r(n_c, w_c)$。分别比较附录 F 中的式(F-16)、式(F-17)和式(F-30),以及式(8-43),则有如下结论。

定理 8.9 当两部收费契约机制能使供应链实现双赢时,固定费用 F 满足

$$\frac{n_c \eta [2\beta n_c \eta - \alpha^2 \Phi_4(n_c)] s_c^2}{4\alpha^2 \Phi_4(n_c)} \leqslant F \leqslant \frac{3n_c \eta [2\beta n_c \eta - \alpha^2 \Phi_4(n_c)] s_c^2}{8\alpha^2 \Phi_4(n_c)} \tag{8-45}$$

定理 8.9 给出了制造商和零售商同时接受两部收费契约机制时固定费用所满足的条件。接下来,本节将进一步分析此契约机制是否能够使供应链实现完美协调。比较式(8-32)和式(8-43)、式(8-74),则有如下结论。

定理 8.10 当供应链在两部收费契约机制实现双赢时,系统总利润值等于集中制决策下的利润值,即:$\Pi_{r/\text{tpt}}(s_{\text{tpt}}, p_{\text{tpt}}) + \Pi_{m/\text{tpt}}(n_{\text{tpt}}, w_{\text{tpt}}) = \Pi_c(n_c, s_c, p_c)$。

定理 8.10 表明在两部收费享契约机制下,供应链获得的利润值与集中式决策下的利润值相等,此时供应链实现了完美协调。因此,与收益共享契约机制相比,两部收费契约机制更容易被制造商和零售商所接受。

8.5 算例分析

8.5.1 基本算例的计算结果

本节通过应用算例验证了上文中的理论结果,其中各参数取值分别为 $H = 12$ 期,$D_0 = 1000$ 单位货物,$\alpha = 6, \beta = 4, c_m = 5$ 元/单位货物,$h_r = 6$ 元/单位货物,$h_m = 4$ 元/单位货物,$h_d = 0.5$ 元/单位货物,$\theta = 0.08, t_m = 0.15, \eta = 20, \lambda = -1.96$,

$A_r=50$ 元/次，$A_m=100$ 元/次，$c_t=2$ 元/千克，$e_1=9$ 千克/单位货物，$e_2=5$ 千克/单位货物。

利用上述参数值可以计算出碳税政策下易腐品供应链在集中式、分散式、收益共享，以及两部收费契约机制下的最优决策及对应的碳排放量，具体的计算结果见表 8-1。

表 8-1　算例对应的计算结果

模　型	w/(元/单位货物)	s	p/(元/单位货物)	n/次	零售商利润值/元	制造商利润值/元	系统利润值/元	系统碳排放量/千克
分散式	142.5888	0.8115	195.3792	11	6023.4	12 047	18 070.4	1118.8
集中式		1.3812	139.7574	13			24 690	2221.4
收益共享								
$\rho=0.25$	8.6645	0.3405	139.7574	13	5871.4	18 678	24 549.4	2190.5
$\rho=0.35$	11.5413	0.4776	139.7574	13	8505.4	16 079	24 584.4	2194.6
$\rho=0.5$	15.7772	0.6841	139.7574	13	12 484	12 143	24 627	2200.7
两部收费								
$F=13\,000$	29.2015	1.3812	139.7574	13	12 990	11 700	24 690	2221.4
$F=15\,000$	29.2015	1.3812	139.7574	13	10 990	13 700	24 690	2221.4
$F=19\,000$	29.2015	1.3812	139.7574	13	6990	17 700	24 690	2221.4

从表 8-1 可以看出，二级易腐品供应链在集中式决策下的最优利润值和相应碳排放量分别为 24 690 元、2221.4 千克，而在分散式决策下的最优利润值和相应碳排放量分别为 18 070.4 元、1118.8 千克。不难看出，与分散式决策相比，集中式决策下系统的总利润提高了 36.63% 且其碳排放量也相应提高了 98.55%。这表明制造商和零售商的合作具有高利润、高排放的结果。另外，比较集中式和分散式系统下的供应链最优决策可以看出，集中式模型下的最优促销努力和生产次数分别大于分散式模型，而前者模型下的销售价格则小于后一个模型的销售价格，这表明当制造商和零售商合作时，零售商需要增加促销努力水平，同时需要降低销售价格来使供应链获得更多的利润。显然，这增加了零售商的促销成本同时降低了收入。在此情形下，零售商通常会拒绝合作。因此作为系统主导者，制造商需要采取一些激励措施来吸引零售商接受合作。

从表 8-1 还可以看出，在收益共享契约机制下，随着收益共享因子 ρ 取值的增加，制造商的利润值不断减少而零售商的利润值则不断增加。当 ρ 的取值大于 0.25 时，零售商利润值开始大于分散式模型下的利润值，而当 ρ 的取值大于 0.5 时，制造商的利润值开始低于分散式模型下的利润值，这表明当 ρ 的取值介于 0.25 和 0.5 时，供应链能够实现双赢，即制造商和零售商的利润值分别大于分散式模型下的利润值。利用算例中的相关参数值可以计算得出供应链在收益共享契约机制下实现双赢时对应 ρ 的确切取值范围为 [0.2558, 0.5036]。类似计算，此系统在两部收费契约机制下实现双赢时，固定费用 F 的取值范围为 [13 347, 19 967]。

此外，结合表 8-1 可知，当供应链实现双赢时，在收益共享契约机制下获得的利润值小于两部收费契约下的利润值，而其碳排放量则相反，这在一定程度上说明了多排放是供应链企业获得高利润的手段之一，因此政府监管机构应该采用强制政策（如碳税）来限制企业过度排放，而且在两部收费契约下供应链的利润值和碳排放量分别与集中式决策下的相等，这也说明了两部收费契约能够使供应链实现完美协调。

8.5.2 碳政策对集中式和分散决策模型的影响

利用上述基本算例的相关数据，本节通过碳税单价的变化揭示了碳税政策对集中式和分散式决策下供应链系统利润值及碳排放的影响。当 c_t 变化时，相应的趋势变化见图 8-3 和图 8-4。

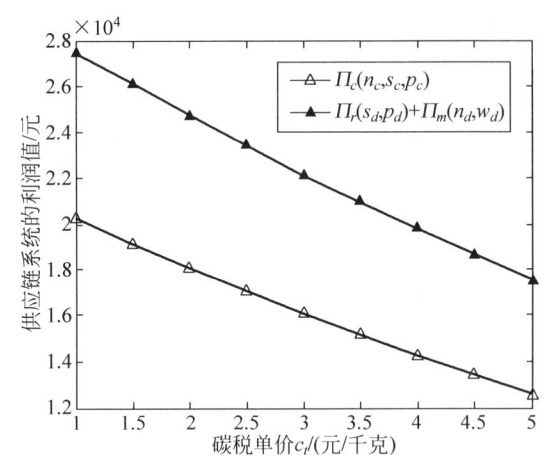

图 8-3 c_t 对集中式和分散式模型利润值的影响

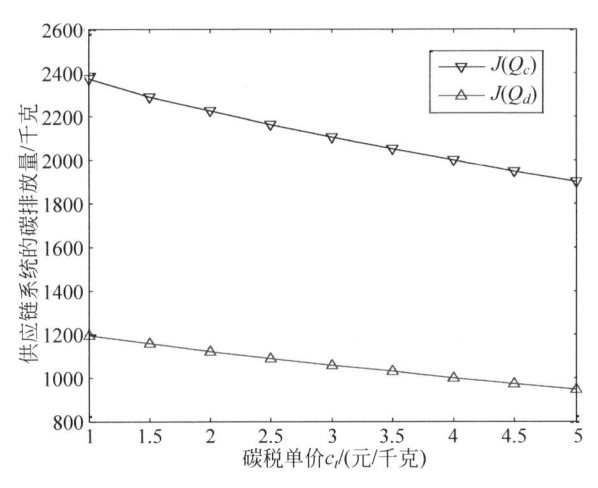

图 8-4 c_t 对集中式和分散式模型碳排放的影响

从图 8-3 和图 8-4 可以看出,随着碳税单价 c_t 不断增加,供应链在集中式决策和分散式决策下的利润值分别减少,同时其相应的碳排放量也在不断降低,而且当碳税单价取值增大时,集中式决策和分散式决策下利润值之间的差距呈现缩小的趋势,相应的碳排放也具有类似的规律,这表明碳税政策对控制碳排放起到了积极的作用。由于碳税政策会使供应链企业的利润减少,因此政策执行者应该加大监管力度以保证政策的有效实施。

8.5.3 两类契约机制下主要参数的灵敏度分析

利用基本算例中的相关数据,本节分析了时变参数 λ、产品变质率 θ、零售商处的库存单位成本 h_r,以及制造商处的库存单位成本 h_m 对两种契约下供应链决策的影响。将上述参数的取值各上下浮动 15% 与 30%,其他参数保持不变,则具体的计算结果见表 8-2 和表 8-3。另外,在收益共享契约和两部收费契约机制下的收益共享因子和固定费用的取值分别为 $\rho=0.35$ 和 $F=15\,000$ 元。

表 8-2 收益共享契约机制下相关参数的灵敏度分析计算结果

参数	浮动比例	w_{rs}/(元/单位货物)	s_{rs}	p_{rs}/(元/单位货物)	n_{rs}/次	$TP_{r/rs}(s_{rs},p_{rs})$/元	$TP_{m/rs}(s_{rs},p_{rs})$/元	$J(Q_{rs})$/千克
λ	+30%	12.2694	0.5745	138.1828	16	12 958	24 622	3145.8
	+15%	11.8256	0.5291	139.1873	14	10 284	19 496	2586.6
	−15%	11.4366	0.4448	140.2918	12	7232.3	13 646	1906.7
	−30%	11.472	0.4252	140.8279	11	6277.5	11 831	1686.5
θ	+30%	11.68	0.4844	139.7719	13	8635	16 330	2243.4
	+15%	11.6102	0.4809	139.7657	13	8569.1	16 202	2218.8
	−15%	11.4733	0.4743	139.7472	13	8443.7	15 959	2170.6
	−30%	11.4061	0.4712	139.7351	13	8383.9	15 843	2146.8
h_r/(元/单位货物)	+30%	11.7919	0.4784	139.5702	13	8536.5	16 138	2198.3
	+15%	11.6666	0.478	139.6638	13	8521	16 108	2196.4
	−15%	11.4159	0.4772	139.851	13	8489.9	16 049	2192.7
	−30%	11.2906	0.4768	139.9446	13	8474.3	16 020	2190.8
h_m/(元/单位货物)	+30%	11.7043	0.4766	139.9857	13	8467.5	16 007	2190
	+15%	11.6228	0.4771	139.8715	13	8486.5	16 043	2192.3
	−15%	11.4598	0.4781	139.6433	13	8524.4	16 115	2196.8
	−30%	11.5502	0.5167	139.9675	12	8528	16 158	2204.8

表 8-3 两部收费契约机制下相关参数的灵敏度分析计算结果

参数	浮动比例	w_{rs}/(元/单位货物)	s_{rs}	p_{rs}/(元/单位货物)	n_{rs}次	$TP_{r/rs}(s_{rs},p_{rs})$/元	$TP_{m/rs}(s_{rs},p_{rs})$/元	$J(Q)$/千克
λ	+30%	27.8021	1.6654	138.1828	16	24 370	13 400	3191.5
	+15%	28.6677	1.5321	139.1873	14	16 321	13 600	2621.5
	−15%	29.8255	1.2855	140.2918	12	7163.2	13 800	1928.5
	−30%	30.5645	1.2281	140.8279	11	4279.4	13 900	1705
θ	+30%	29.4414	1.4011	139.7719	13	11 374	13 700	2271.2
	+15%	29.3213	1.391	139.7657	13	11 179	13 700	2246.1
	−15%	29.0820	1.3716	139.7472	13	10 807	13 700	2196.9
	−30%	28.9629	1.3624	139.7351	13	10 630	13 700	2172.7
h_r/(元/单位货物)	+30%	29.2015	1.3835	139.5702	13	11 081	13 700	2225.1
	+15%	29.2015	1.3823	139.6638	13	11 035	13 700	2223.3
	−15%	29.2015	1.38	139.8510	13	10 945	13 700	2219.5
	−30%	29.2015	1.3788	139.9446	13	10 900	13 700	2217.6
h_m/(元/单位货物)	+30%	29.6701	1.3783	139.9857	13	10 880	13 700	2216.8
	+15%	29.4358	1.3797	139.8715	13	10 935	13 700	2219.1
	−15%	28.9672	1.3826	139.6433	13	11 045	13 700	2223.7
	−30%	29.3097	1.4957	139.9675	12	11 001	13 800	2234

从表 8-2 可以得到如下结论。

(1) 当参数 λ,θ 或 h_r 分别增加时,制造商和零售商的利润值及供应链的碳排放量分别增加,而当参数 h_m 增加时,制造商和零售商的利润值及供应链的碳排放量分别减少。λ,θ,h_r 和 h_m 对制造商和零售商及碳排放的影响程度为 $\lambda>\theta>h_m>h_r$。例如,当这 4 个参数取值分别增加 15% 时,零售商利润值分别至少减少或增加 15.2%,7.7%,1.8% 和 2.2%。当参数 λ 取值增加,特别当 $\lambda\to 0$ 时,市场需求对时间变化的依赖程度越来越小,此时收益共享契约机制下制造商和零售商及碳排放量会增加,这表示了供应链管理者应该加强管理时变环境下的产品需求以避免利润的损失。当产品变质率 θ 增加时,此类产品在生产和存储过程中需要更高温度条件,从而会产生更多的碳排放。另外,在制造商和零售商处的库存成本单价发生变化时,供应链成员的利润及碳排放会相应地发生变化,则表明了库存是影响易腐类产品供应链协调的一个重要因素。

(2) 参数 λ,θ,h_r 或 h_m 的变化对制造商生产次数的影响分别大于对批发价格的影响。比如,当 θ 取值增加 15%(从 0.092 增加到 0.104)时,制造商的生产周期次数保持不变而批发价格则至少增加 13%,这也表明了制造商的生产决策是受到下游零售商订单的驱动而其批发价格的制定则受到产品变质属性、库存成本等因素的影响。

(3) 零售商的促销努力水平随着参数 λ,θ 或 h_r 的增加而增加并且随着 h_m 增加而减少。另外,当参数 θ 增加时,零售商的销售价格增加而当参数 λ 或 h_r 分别增加时,销售价格减少。值得关注的是,当参数 h_m 增加时,零售商的销售价格呈现先减少后增加的趋势,这对实际管理者来讲,及时掌握制造商处的库存成本单价浮动规律从而保证供应链协调的稳定性是必要的。

从表 8-3 可以得到如下规律。

(1) 参数 λ,θ 或 h_m 的变化对批发价格的影响要高于对生产周期次数的影响,而当 h_r 发生变化时,制造商的批发价格和生产周期次数都保持不变。当两部收费契约机制使易腐品供应链实现协调时,生产周期次数直接影响着制造商的利润值,这也使 h_r 的变化无法再影响制造商的利润值。

(2) 当参数 λ,θ 或 h_r 增加时,零售商的利润值和供应链的碳排放量分别增加,而当参数 λ 增加时,制造商的利润值减少。此外,参数 θ 和 h_r 的变化对制造商的利润值没有影响,这表明易腐品供应链在两部收费契约机制下实现协调时,上述参数的变化对零售商利润值的影响要大于对制造商利润值的影响。例如,当 θ 的取值增加 15%(从 0.092 增加到 0.104)时,零售商的利润值增加了 1.7%,而制造商的利润值则保持不变,此时供应链的碳排放量也相应增加了 1.1%。另外,当参数 h_m 增加时,制造商的利润值增加而零售商的利润值则呈现先增加后减少的趋势。h_m 增加时,制造商不愿过多存储产品,从而降低了存储过程中的碳排放量,因此供应链的碳排放量会随着 h_m 的增加而减少。

(3) 在两部收费契约机制下,参数 λ,θ,h_r 和 h_m 对零售商决策的影响规律和在收益共享契约机制下的影响规律一致。比如,在两部契约机制下,零售商的促销努力水平会分别随着参数 λ,θ 或 h_r 的增加而增加,这也说明在供应链实现协调时,作为随从者,零售商的决策具有一定的规律性。

8.6 本章小结

本章研究了碳税政策下二级易腐品供应链在有限计划期内的协调问题,在此系统中,制造商是碳排放的主体,其生产和存储过程是产生碳排放的两个主要来源。当制造商的生产能力有限且时变市场需求依赖零售商的销售价格和促销努力水平时,本章分别构建了分散式和集中式决策模型并比较了两类模型的利润值大小;利用收益共享契约和两部收费契约协调供应链,并通过数值试验验证了相关系数对供应链的利润和碳排放的影响。本章的研究结果表明:与分散式决策模型相比,集中式决策下供应链的利润值至少增加三分之一;收益共享契约和两部收费契约都能协调供应链并且能求出该系统在每一契约机制下实现双赢的必要条件;当供应链在两部收费契约下实现双赢时,该系统同时实现了完美协调,而供应链在收益共享契约下实现双赢时,则该系统不能实现完美协调;与分散式决策模型相比,供应链在两部契约协调后产生了更多的碳排放,并且两部收费契约机制下的碳排放大于收益共享契约下的碳排放;碳税政策能够有效地控制供应链的碳排放。

第 9 章

碳限额与交易政策下基于收益共享契约的易腐品供应链协调优化策略

9.1 问题背景

作为经典的契约机制,收益共享被广泛用来协调各类供应链系统。Cachon 等(2005)详细地介绍了收益共享契约在协调非变质类产品的供应链系统时所具有的优点与缺陷,例如,指出该契约在协调促销努力是内生变量的供应链时具有一定的局限性。第 8 章利用收益共享契约协调了碳税政策下有限计划期内的二级易腐品供应链系统。在供应链推动运营模式下,当时变市场需求依赖销售价格和促销努力水平时,第 6 章证明了收益共享契约能够协调此系统并求解了该契约使系统实现双赢的必要条件。在实际运作管理中,供应链拉动运营模式是与推动模式相对应的另外一种运营模式(Davis et al.,2014)。碳排放政策对易腐品的供应链在拉动运营模式下的协调策略有何影响?利用收益共享契约协调易腐品供应链时,是否存在能使系统实现双赢的充分必要条件?基于这些现实背景,本章研究了碳限额与交易政策下运行在无限计划期内的二级易腐品的供应链协调问题。

与本章研究相关的一类文献是收益共享契约机制下的供应链协调问题。如Gerchak 等(2004)基于报童模型考虑了由多个零件供应商和一个成品组装商构成的二级装配系统,他们利用收益共享契约和批发价格契约协调了该系统,研究表明与批发价格契约相比,收益共享契约能够很好地协调该系统并使各成员的利润增加;Yao 等(2008)利用收益共享契约协调了由一个供应商和两个零售商组成的二级供应链,针对随机需求依赖销售价格的情形,他们发现收益共享契约能够协调该系统;Becker-Peth 等(2016)基于行为的视角分析了供应链决策者选择使用收益共享契约的动机,利用实证分析的方法给出了关于契约设计者选择收益参数的相关建议;Zhang Y H 等(2016)研究了由一个风险厌恶的供应商和一个零售商组成二级供应链(其中随机性需求概率分布已知),利用收益共享契约和回购契约协调了供应链并进行了比较,研究表明收益共享契约更适合他们考虑的供应链系统。

与当前研究文献不同,本章利用收益共享契约协调碳政策下的易腐品供应链。具体地讲,本章考虑了碳限额与交易政策下由单个制造商和单个零售商组成的二级易腐品供应链。与第8章研究的系统不同,本章考虑了制造商生产能力无限、市场需求拉动生产并且制造商和零售商共同承担促销成本,当时变需求同时依赖销售价格、促销水平和零售商的当前库存水平时,首先建立了分散式和集中式决策下的供应链模型。通过比较两种模型,笔者发现制造商和零售商在碳限额与交易政策下的合作尽管能增加利润值但是其利润值至多增加$(\Psi-1)\times 100\%\left(\frac{4}{3}<\Psi<2\right)$。然后,笔者利用收益共享契约协调此模型求得了供应链实现双赢的充分必要条件,最后利用数值算例分析了碳系数对供应链协调及系统碳排放的影响。

9.2 问题描述与假设

针对制造商生产能力无限的情形,本章基于供应链拉动运营模式考虑了由一个制造商和零售商组成的二级易腐品供应链。面对下游零售商在订货周期 T 内的订单需求,制造商以批发价格 w 将某类易腐品销售给零售商,其中制造商生产此类产品的单位价格为 c_m。假设制造商处没有库存,则其生产过程就是产生碳排放的主要来源,故可用 e_1 表示单位产品在生产过程中的碳排放量。在碳限额与交易政策下,可以用 c_p 与 E 分别表示单位碳排放权的交易价格与制造商的碳排放配额。另外,假设制造商补货给零售商的准备时间为零,此时制造商需要确定最优的批发价格以使自身获得的利润 $\Pi_m(w)$ 最大。

在此运营方式下,市场的需求是拉动生产的主要驱动力,而零售商则是销售的主体。在订购周期期初(不妨设为 0 时刻)零售商向制造商发出的订单需求被瞬时交付,此时零售商的库存量达到最大。将订购的产品存储在自身仓库同时用来满足市场需求,用 h_r 和 h_d 分别表示产品的单位存储成本和处理变质产品的单位成本,P 则表示零售商销售产品的单位价格。零售商的库存量在 T 时刻将减少为零。这里假设零售商的订购周期长度 T 预先给定,在选择商品过程中,顾客通常会根据上游制造商提供的售后服务和零售商的广告等促销活动来决定是否购买该产品。为了方便计算模型,这里用 s 表示制造商和零售商所提供的促销努力水平并且此促销水平由零售商决定,而与之对应的促销成本则为促销努力水平的二次函数$\left(即\frac{1}{2}\eta s^2\right)$,这里 $\eta(\eta>0)$ 为促销努力水平弹性系数。时间 $t(0<t<T)$、零售商的促销努力水平、销售价格及当前的库存水平 $I(t)$ 都是影响市场需求的主要因素。因此假设时变需求函数为 $f(t,s,p,I(t))=(D_0+\alpha s-\beta p)f(t)+\gamma I(t)$,这里 $D_0(D_0>0)$ 为基本市场需求参数,α,β 与 γ 分别为零售商的促销水平、销售价格及当前库存水平影响市场需求的弹性系数且分别大于零,而 $f(t)$ 则是衡量时间对需求影响的函数,这里不妨假设 $f(t)$ 大于零且在区间 $[0,T]$ 上连续可微。另外,为了保证模型解的可行性,这里假设 $D_0+\alpha s-\beta p \geqslant 0$。此时零售商需要确定最优的销售价格与促销努力以使自身获得的利润 $\Pi_r(s,p)$ 最大。

本章相关的其他符号定义如下:θ,产品的变质率($0<\theta<1$);I,零售商在订货周期内的库存总量;Q,零售商在订货周期内的订购量;$J(Q)$,制造商在生产过程中产生的碳排放量;$\Pi_c(s,p)$,制造商和零售商在联合决策下供应链的总利润。

本章的研究还基于以下假设。

假设 9.1 零售商处不允许缺货。

假设 9.2 在销售活动中,制造商和零售商将联合促销产品,因此双方平摊促销成本。

假设 9.3 随着电子商务技术的快速发展,许多企业采用邮件或电话订购产品,其订购固定成本通常可以忽略不计,故这里假设制造商和零售商的生产和订购固定成本分别为零。

9.3 碳限额与交易政策下基于收益共享契约的供应链协调

9.3.1 基本模型的建立

基于以上问题描述可知,零售商库存量的不断减少是因为市场的需求与产品的变质,并且在 0 时刻零售商的库存量最大而在 T 时刻库存量减少为零。因此零售商在订购周期内任意一段时间的库存变化可用如下微分方程表示。

$$\begin{aligned}\frac{\mathrm{d}I_r(t)}{\mathrm{d}t}&=-f(t,s,p,I(t))-\theta I(t)\\&=-(D_0+\alpha s-\beta p)f(t)-(\gamma+\theta)I(t),\quad 0\leqslant t\leqslant T\end{aligned} \quad (9-1)$$

利用边界条件 $I(T)=0$,求解上述方程得

$$I(t)=(D_0+\alpha_1 s-\beta p)\mathrm{e}^{-(\gamma+\theta)t}\int_t^T f(s)\mathrm{e}^{(\gamma+\theta)s}\mathrm{d}s,\quad 0\leqslant t\leqslant T \quad (9-2)$$

因此,在订货周期内零售商的库存量与产品变质损耗量分别为

$$I=\int_0^T I(t)\mathrm{d}t=\frac{(D_0+\alpha s-\beta p)}{\gamma+\theta}\int_0^T f(t)[\mathrm{e}^{(\gamma+\theta)t}-1]\mathrm{d}t \quad (9-3)$$

$$\theta I=\theta\int_0^T I(t)\mathrm{d}t=\frac{\theta(D_0+\alpha s-\beta p)}{\gamma+\theta}\int_0^T f(t)[\mathrm{e}^{(\gamma+\theta)t}-1]\mathrm{d}t \quad (9-4)$$

由式(9-2)还可得到零售商在订购周期内的订购量为

$$Q=I(0)=(D_0+\alpha_1 s-\beta p)\int_0^T f(t)\mathrm{e}^{(\gamma+\theta)t}\mathrm{d}t \quad (9-5)$$

结合式(9-3)与式(9-5)可得零售商在订货周期内的销售量为

$$Q - \theta I = (D_0 + \alpha s - \beta p) \left[\frac{\gamma}{\gamma + \theta} \int_0^T f(t) e^{(\gamma + \theta)t} dt + \frac{\theta}{\gamma + \theta} \int_0^T f(t) dt \right] \tag{9-6}$$

作为碳排放的主体，制造商在订购周期内的碳排放量为

$$J(Q) = e_1 (D_0 + \alpha s - \beta p) \int_0^T f(t) e^{(\gamma + \theta)t} dt \tag{9-7}$$

为了后面书写方便，本章定义如下符号

$$\Lambda_1 = \int_0^T f(t) e^{(\gamma + \theta)t} dt \tag{9-8}$$

$$\Lambda_2 = \frac{1}{\gamma + \theta} \int_0^T f(t) [e^{(\gamma + \theta)t} - 1] dt \tag{9-9}$$

$$\Lambda_3 = \frac{\gamma}{\gamma + \theta} \int_0^T f(t) e^{(\gamma + \theta)t} dt + \frac{\theta}{\gamma + \theta} \int_0^T f(t) dt \tag{9-10}$$

利用式(9-8)~式(9-10)，容易验证 $\Lambda_3 = \Lambda_1 - \theta \Lambda_2 > 0$。另外为了保证所构建模型的可行性，本章还假设了相关参数满足 $\beta \eta - \alpha^2 \Lambda_3 > 0$。

9.3.2 分散式决策模型

类似第 8 章的分散式决策模型，本章考虑了制造商和零售商之间的博弈行为，将其构建为制造商主导的 Stackelberg 博弈模型。在此博弈过程中，制造商首先确定最优的批发价格。面对制造商给出的批发价格，零售商随之确定最优的批发价格与促销努力水平，然后，制造商根据零售商的最优反应从中选择能使自身获得的利润最大的最优决策。结合假设 9.2 与式(9-3)~式(9-7)可将零售商和制造商的利润函数分别表示为

$$\Pi_r(s, p) = p(Q - \theta I) - wQ - (h_r + \theta h_d) I - \frac{1}{4} \eta s^2 \tag{9-11}$$

$$\Pi_m(w) = (w - c_m) Q - \frac{1}{4} \eta s^2 + c_p [E - J(Q)] \tag{9-12}$$

用 s_d, p_d, w_d 和 Q_d 分别表示分散式决策下的最优促销努力、销售价格、批发价格和订购量，求解式(9-11)和式(9-12)可以得到如下结论。

定理 9.1 对分散式决策模型，如下结论成立。

(1) 零售商的利润函数 $\Pi_r(s, p)$ 是关于促销水平 s 与销售价格 p 的联合凹函数，此时最优的促销水平、销售价格和订购量分别为

$$s_d = \frac{\alpha [D_0 \Lambda_3 - \beta (c_m + c_p e_1) \Lambda_1 - \beta (h_r + \theta h_d) \Lambda_2]}{2\beta \eta - \alpha^2 \Lambda_3} \tag{9-13}$$

$$p_d = \frac{3\eta D_0 \Lambda_3 + (\beta \eta - 2\alpha^2 \Lambda_3)[(c_m + c_p e_1) \Lambda_1 + (h_r + \theta h_d) \Lambda_2]}{2(2\beta \eta - \alpha^2 \Lambda_3)} \tag{9-14}$$

$$Q_d = \frac{\beta \eta \Lambda_1}{2\alpha \Lambda_3} s_d \tag{9-15}$$

(2) 制造商的利润函数 $\Pi_m(w)$ 是关于 w 的凹函数,并且最优的批发价格为

$$w_d = c_m + c_p e_1 + \frac{2(D_0 + \alpha s_d - \beta p_d)\Lambda_3(\beta\eta - 2\alpha^2\Lambda_3)}{\beta^2 \eta \Lambda_1} + \frac{\alpha\Lambda_3}{\beta\Lambda_1}s_d \quad (9\text{-}16)$$

将式(9-13)~式(9-16)分别代入附录 G 中的式(G-1)和式(G-4)可以求得分散式决策下零售商和制造商的最优利润值。利用定理 9.1 可以得出如下结论。

推论 9.1 在分散式决策下,零售商和制造商的最优利润值分别为

$$\Pi_r(s_d, p_d) = \frac{\eta(\beta\eta - \alpha^2\Lambda_3)s_d^2}{4\alpha^2\Lambda_3} \frac{\mathrm{d}I_r(t)}{\mathrm{d}t} = -f(t,s,p,I(t)) - \theta I(t)$$

$$= -(D_0 + \alpha s - \beta p)f(t) - (\gamma + \theta)I(t), \quad 0 \leqslant t \leqslant T \quad (9\text{-}17)$$

以及

$$\Pi_m(w_d) = \frac{\eta(2\beta\eta - \alpha^2\Lambda_3)s_d^2}{4\alpha^2\Lambda_3} + c_p E \quad (9\text{-}18)$$

9.3.3 集中式决策模型

在此系统中,制造商和零售商将联合确定最优的促销水平和销售价格以使供应链的总利润最大,此时供应链的利润函数可表示如下。

$$\Pi_c(s,p) = p(Q - \theta I) - c_m Q - (h_r + \theta h_d)I - \frac{1}{2}\eta s^2 + c_p J(Q) \quad (9\text{-}19)$$

用 s_c、p_c 和 Q_c 分别表示集中式决策下的最优促销水平、销售价格和订购量,则求解式(9-19)将有如下结论。

定理 9.2 集中式决策下供应链的利润函数 $\Pi_c(n,s,p)$ 是关于 s 和 p 的联合凹函数,此时最优的促销努力水平、销售价格和订购量分别为

$$s_c = \frac{\alpha[D_0\Lambda_3 - \beta(c_m + c_p e_1)\Lambda_1 - \beta(h_r + \theta h_d)\Lambda_2]}{2\beta\eta - \alpha^2\Lambda_3} \quad (9\text{-}20)$$

$$p_d = \frac{\eta D_0 \Lambda_3 + (\beta\eta - \alpha^2\Lambda_3)[(c_m + c_p e_1)\Lambda_1 + (h_r + \theta h_d)\Lambda_2]}{(2\beta\eta - \alpha^2\Lambda_3)\Lambda_3} \quad (9\text{-}21)$$

$$Q_c = \frac{\beta\eta\Lambda_1}{\alpha\Lambda_3}s_c \quad (9\text{-}22)$$

将式(9-20)和式(9-21)代入附录 G 中的式(G-5)可以得到如下结论。

推论 9.2 供应链在集中式决策下的最优利润值为

$$\Pi_c(s_c, p_c) = \frac{\eta(2\beta\eta - \alpha^2\Lambda_3)s_c^2}{2\alpha^2\Lambda_3} + c_p E \quad (9\text{-}23)$$

利用式(9-18)、式(9-19)和式(9-24),有如下结论成立。

定理 9.3 对于集中式和分散式决策下的供应链系统,有

$$1 < \frac{\Pi_c(s_c, p_c)}{\Pi_r(s_c, p_c) + \Pi_m(w_d)} < \frac{4\beta\eta - 2\alpha^2\Lambda_3}{3\beta\eta - 2\alpha^2\Lambda_3} = \Psi \quad (9\text{-}24)$$

定理 9.3 表明制造商和零售商的合作能够使供应链的利润值增加,但是由于碳排放配额的约束,集中式决策下的利润值比分散式决策下的利润值至多高出 $\Psi-1$,容易验证 $\frac{4}{3}<\Psi<2$,这表明了碳限额与交易政策对制造商和零售商的合作起到了一定的限制作用。分别比较式(9-13)~式(9-15)和式(9-21)~式(9-23)可以得出 $s_c=s_d,p_c<p_d$ 与 $Q_c>Q_d$,这表明在集中式决策下,零售商需要增加订购量,同时降低销售价格以使供应链获得更多利润。显然,零售商会拒绝和制造商合作,因此作为决策主导者,制造商需要提供有效的契约机制以使零售商愿意合作。下一节将验证收益共享契约机制下能使供应链实现双赢的充分必要条件,进而补充第 6 章的研究内容。

9.3.4 收益共享契约下的供应链协调

将收益共享契约用来协调本章提出的供应链系统,则此时零售商和制造商的利润函数可以分别表示为

$$\Pi_{r/rs}(s,p) = \rho p(Q-\theta I) - wQ - (h_r+\theta h_d)I - \frac{1}{4}\eta s^2 \tag{9-25}$$

$$\Pi_m(w) = (w-c_m)Q - \frac{1}{4}\eta s^2 + c_p[E-J(Q)] + (1-\rho)p(Q-\theta I) \tag{9-26}$$

用 w_{rs},s_{rs},p_{rs} 与 Q_{rs} 分别表示收益共享契约机制下的最优批发价格、促销水平和销售价格,则通过分析收益共享契约协调条件可以得到如下结论。

定理 9.4 当 $p_{rs}=p_c$ 时,收益共享契约能够使供应链实现协调,此时的促销水平、批发价格和订购量分别为

$$s_{rs} = \frac{2\rho(\beta\eta-\alpha^2\Lambda_3)}{\beta\eta-2\rho\alpha^2\Lambda_3}s_c \tag{9-27}$$

$$w_{rs} = \frac{2\rho p_c \Lambda_3(\beta\eta-\rho\alpha^2\Lambda_3)}{\Lambda_1(\beta\eta-2\rho\alpha^2\Lambda_3)} - (h_r+\theta h_d)\frac{\Lambda_2}{\Lambda_1} - \frac{\rho\eta D_0 \Lambda_3}{\Lambda_1(\beta\eta-2\rho\alpha^2\Lambda_3)} \tag{9-28}$$

$$Q_{rs} = \frac{\beta\eta\Lambda_1(\beta\eta-\alpha^2\Lambda_3)}{\alpha\Lambda_3(\beta\eta-2\rho\alpha^2\Lambda_3)}s_c \tag{9-29}$$

根据定理 9.4 可以得出如下结论。

推论 9.3 在收益共享契约机制下,零售商和制造商获得的最优利润值分别为

$$\Pi_{r/rs}(s_{rs},p_{rs}) = \frac{\rho\beta\eta^2(\beta\eta-\alpha^2\Lambda_3)^2 s_c^2}{\alpha^2\Lambda_3(\beta\eta-2\rho\alpha^2\Lambda_3)} - \frac{1}{4}\eta s_{rs}^2 \tag{9-30}$$

$$\Pi_{m/rs}(w_{rs}) = \frac{\beta\eta(\beta\eta-\alpha^2\Lambda_3)s_c^2}{\alpha\Lambda_3(\beta\eta-2\rho\alpha^2\Lambda_3)}\left\{\frac{[2\rho\alpha^2\Lambda_3-\beta\eta(1+\rho)(\beta\eta-\alpha^2\Lambda_3)]}{\alpha\beta(\beta\eta-2\rho\alpha^2\Lambda_3)} + \frac{(2\beta\eta-\alpha^2\Lambda_3)}{\alpha\beta}\right\} - \frac{1}{4}\eta s_{rs}^2 + c_p E \tag{9-31}$$

接下来将证明收益共享契约使供应链实现双赢的充分必要条件,有如下定理。

定理 9.5 收益共享契约机制能使供应链系统实现双赢,当且仅当收益共享因子 ρ 满足 $\max\left\{\dfrac{\beta\eta-\sqrt{\beta\eta(\beta\eta-\alpha^2\Lambda_3)}}{2\alpha^2\Lambda_3},\dfrac{3\alpha^2\Lambda_3-2\beta\eta}{2\alpha^2\Lambda_3}\right\}<\rho<\dfrac{1}{2}$。

定理 9.5 给出了制造商和零售商都接受收益共享契约的充分必要条件,这一结论表明了收益共享契约不但能够协调碳政策下的易腐品供应链,还能够使此系统实现双赢。接下来,本节将比较收益共享契约下供应链的总利润和集中式决策下的系统总利润,有如下结论。

定理 9.6 当供应链在收益共享契约机制实现双赢的结果时,系统的总利润值严格小于集中制决策下的利润值,即:$\Pi_{r/rs}(s_{rs},p_{rs})+\Pi_{m/rs}(w_{rs})<\Pi_c(s_c,p_c)$。

定理 9.6 表明,尽管收益共享契约机制能够使供应链实现双赢,但是在碳政策下当市场需求受促销努力水平影响时,供应链获得的利润值会严格小于集中式决策下的利润值。

9.4 算例分析

9.4.1 基本算例的计算结果

本节通过应用算例验证了上文中的理论结果,并利用 Skouri 等(2009)提出的斜坡需求函数来验证时间对需求的影响,其斜坡需求函数如下所示。

$$f(t)=\begin{cases}3\mathrm{e}^{4.5t}, & 0<t\leqslant u\\ 3\mathrm{e}^{4.5u}, & u<t\leqslant T\end{cases}$$

这里 $u=0.12,T=1$。其他的相关参数:$D_0=500$ 单位货物,$\alpha=0.3,\beta=0.8$,$\gamma=0.1,\theta=0.03,h_r=3$ 元/单位货物,$h_d=5$ 元/单位货物,$c_m=10$ 元/单位货物,$\eta=100,e_1=12$ 千克/单位货物,$c_p=6$ 元/千克,$E=10\,000$ 千克。

利用上述参数值可以计算出碳限额与交易政策下易腐品供应链在集中式、分散式和收益共享契约机制下的最优决策及对应的碳排放量,具体的计算结果见表 9-1。

表 9-1 算例对应的计算结果

模型	w/(元/单位货物)	s	p/(元/单位货物)	零售商利润值($\times 10^5$)/元	制造商利润值($\times 10^5$)/元	系统利润值($\times 10^5$)/元	碳排放量($\times 10^4$)/千克
分散式	348.8062	4.2874	491.1692	0.7696	2.1439	2.9135	0.6965
集中式		4.2874	355.7305			3.6878	1.3929
收益共享							
$\rho=0.25$	19.5150	2.1373	355.7305	0.7685	2.9079	3.6764	1.3888
$\rho=0.35$	27.8412	2.9958	355.7305	1.0778	2.5965	3.6743	1.3904
$\rho=0.45$	36.1037	3.8564	355.7305	1.3882	2.2831	3.6713	1.3921
$\rho=5$	40.2110	4.2874	355.7305	1.5439	2.1257	3.6696	1.3928

从表 9-1 可以看出，供应链在集中式和分散式决策下的最优促销努力水平相等，而分散式决策下的最优销售价格则比集中式决策下的销售价格高出 38.1%，这表示了当制造商和零售商合作时，零售商需要接受降低销售价格的决策。另外，供应链在集中式决策下的利润值和相应碳排放量分别为 3.6878×10^5 元、1.3929×10^4 千克，而在分散式决策下的最优利润值和相应碳排放量分别为 2.9135×10^5 元、0.6965×10^5 千克，这表明了制造商和零售商完全合作会使供应链获得高额利润的同时也付出了高碳排放的代价。结合表 9-1 和图 9-1 可以看出，在收益共享契约机制下供应链实现双赢时收益共享因子的区间为 $[0.2504,0.4943]$。

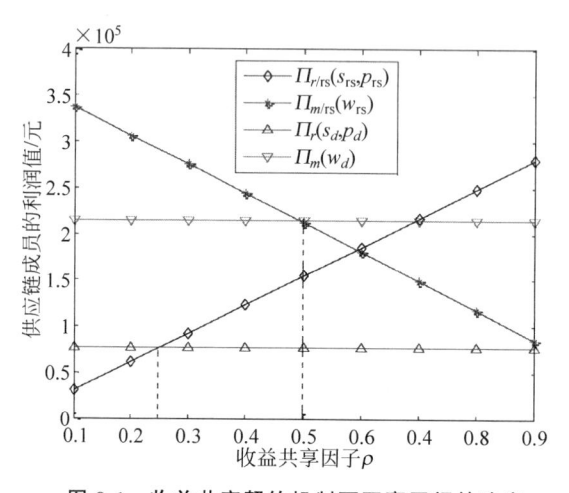

图 9-1 收益共享契约机制下双赢区间的确定

从表 9-1 还可以看出，当供应链实现双赢时，在收益共享契约机制下获得的利润值小于集中式决策下的利润值，而其碳排放则相反，这表明与集中式决策相比，供应链在收益共享契约下可以实现低碳排放，这或许解释了尽管收益共享契约能使系统总利润低于集中式决策但仍然能够被制造商和零售商所接受的原因。

9.4.2 碳排放政策对集中式和分散决策模型的影响

在 9.4.1 节算例的基础上，本节进一步分析了碳系数 c_p 和 E 对所建模型最优利润值和碳排放的影响。用 $\mathrm{RP}_1=\dfrac{\Pi_c(s_c,p_c)}{\Pi_r(s_d,p_d)+\Pi_m(w_d)}$ 和 $\mathrm{RP}_2=\dfrac{\Pi_c(s_c,p_c)}{\Pi_{r/rs}(s_{rs},p_{rs})+\Pi_{m/rs}(w_{rs})}$ 分别表示供应链在集中式决策下获得的利润值与分散式决策和收益共享契约机制下利润值的比率，则当 c_p 变化时，相应的趋势变化见图 9-2。

从图 9-2(a) 可以看出，随着碳排放权交易价格 c_p 的增加，供应链在集中式决策的利润值、零售商在分散式决策和收益共享契约下的利润值分别减少，而制造商

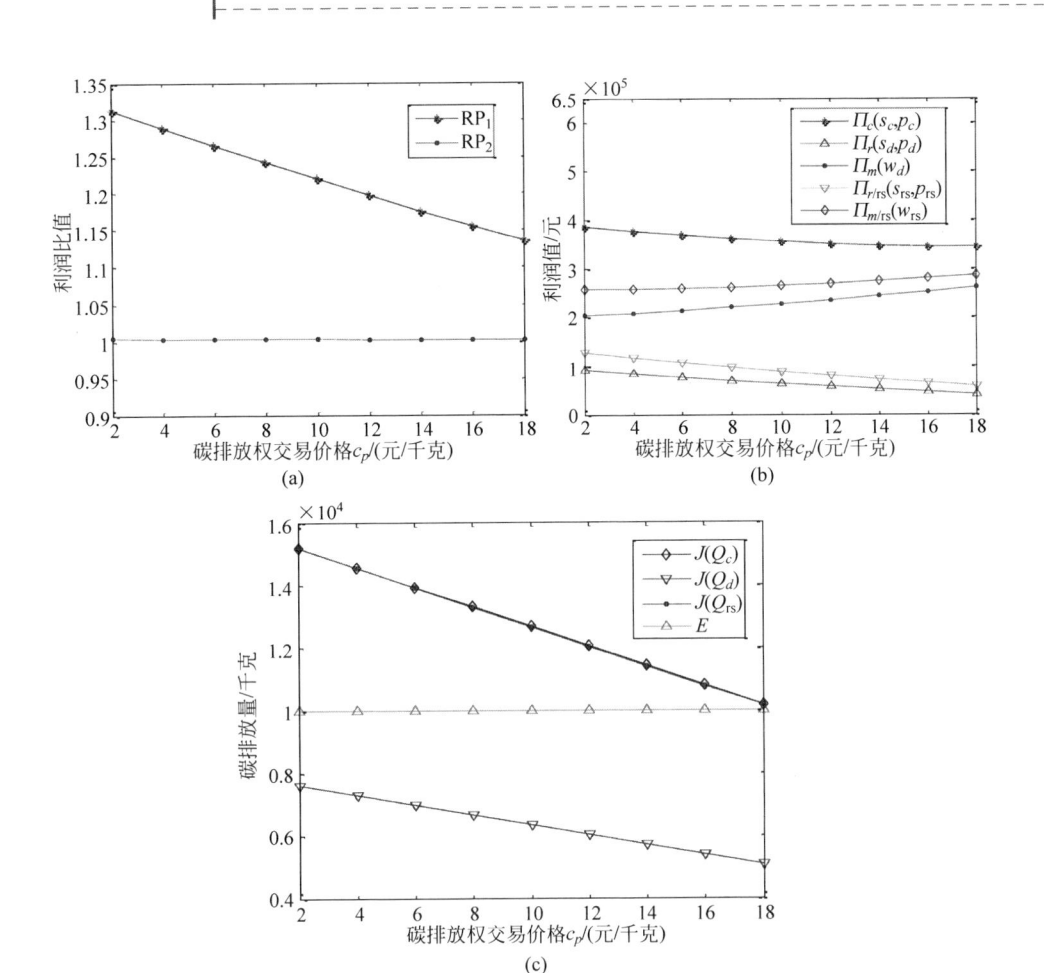

图 9-2 c_p 对供应链系统利润值和碳排放的影响

(a) c_p 对利润值的影响；(b) c_p 对利润比率的影响；(c) c_p 对碳排放的影响

在分散式决策和收益共享契约下的利润值则分别增加，而图 9-2(b) 则显示随着碳排放权价格 c_p 的增加，RP_1 和 RP_2 的值分别减少，且 RP_1 变化的程度明显大于 RP_2，这显示了碳排放权交易价格的增加将使集中式决策和分散式决策、收益共享契约下的利润值的差距变小。从图 9-2(c) 可以看出，随着碳排放权交易价格 c_p 的增加，供应链在集中式决策、分散式决策及收益共享契约下的碳排放量分别减少。其中，收益共享契约下的碳排放量小于但接近集中式决策下的碳排放量而且都高于碳排放配额，而分散式决策下供应链的碳排放量则小于碳排放配额。结合图 9-2(b) 和图 9-2(c) 可以得出：在收益共享契约机制下，碳排放权交易价格的增加有利于供应链获得高利润和低碳排放。

当 E 变化时，供应链系统的利润值、碳排放量，以及 RP_1 和 RP_2 的趋势变化见图 9-3。

图 9-3　E 对供应链系统利润值和碳排放的影响

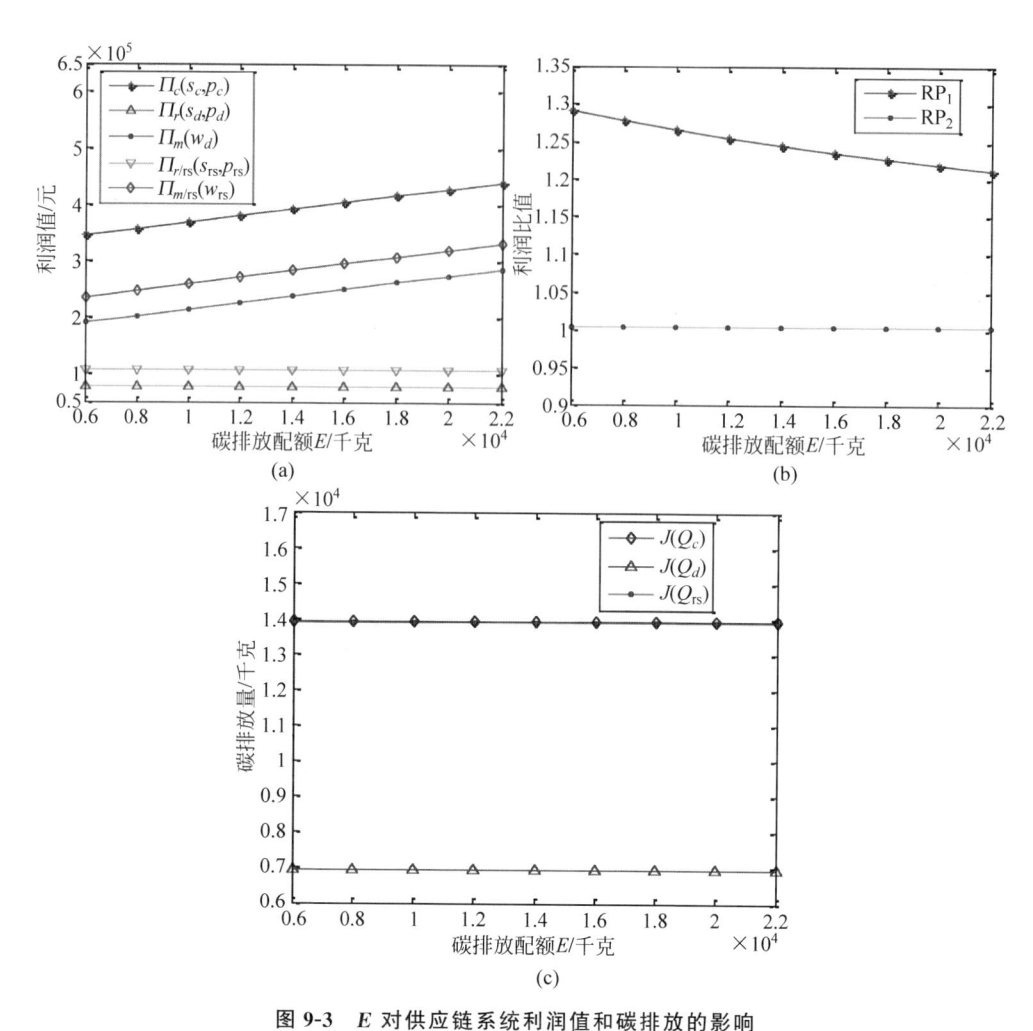

(a) E 对利润值的影响；(b) E 对利润比率的影响；(c) E 对碳排放的影响

从图 9-3(a) 可以看出，随着碳排放配额 E 的增加，供应链在集中式决策的利润值、制造商在分散式决策和收益共享契约下的利润值分别增加，而零售商在分散式决策和收益共享契约下的利润值则保持不变。图 9-3(b) 显示当碳排放配额 E 增加时 RP_1 的值在减少而 RP_2 有减少的趋势但是不明显。从图 9-3(c) 可以看出，随着碳排放配额 E 的增加，供应链在集中式、分散式和收益共享契约下的碳排放量保持不变，而相应的碳排放量大小关系为：集中式模型＞收益共享模型＞分散式决策，其中收益共享契约下的碳排放量接近于集中式决策下的碳排放量。结合图 9-3(b) 和图 9-3(c) 可以得出：在收益共享契约机制下，碳排放配额取值的变化对供应链的总利润与碳排放的影响不明显。

9.5　本章小结

本章利用收益共享契约协调碳限额与交易政策下单周期的二级易腐品供应链系统。与第 8 章研究的系统不同,本章考虑了制造商生产能力无限的前提,认为市场需求是拉动生产的主要驱动力且制造商和零售商平摊促销成本等特点的供应链系统。当时变市场需求受销售价格、促销努力与零售商当前库存水平的影响时,本章分别构建了分散式和集中式决策模型并比较了两类模型的利润值大小,然后利用收益共享契约协调了此系统,最后分析了碳系数对供应链协调的影响。本章得到的主要结论如下:集中式和分散式决策利润比值的上界为 $\Psi\left(\dfrac{4}{3}<\Psi<2\right)$,这表示碳限额与交易政策下制造商和零售商合作并不能使系统的利润无限增加;收益共享契约能够有效地协调易腐品的供应链且可以求得该契约使系统实现双赢的充分必要条件;在收益共享契约下,碳排放权交易价格的增加会使供应链获得高利润、低排放的结果,而碳排放配额取值的变化则对供应链的利润和碳排放量影响不明显。

第10章

碳限额与交易政策下基于不同契约的易腐品供应链协调策略与比较

10.1 问题背景

易腐品供应链协调是供应链管理中的一个重要问题。近年来,该问题受到理论界和实践界的广泛关注。一般来讲,易腐类产品的质量或数量会随着时间增长而发生损耗或减少,从而导致价值降低。在实际中,许多产品如蔬菜、牛奶和水果在存储阶段会发生变质,而这类产品在日常超市中占有很大比例(Li et al.,2012)。此外,易腐类产品在运输和存储阶段会对环境造成破坏,例如,仓库设备的恒温功能会排放更多的二氧化碳。因此,应当从低碳减排的视角考虑易腐品供应链的运营管理,以实现该类系统的可持续性。

降低和控制碳排放已经成为可持续运营管理的一个重要问题。碳限额与交易政策作为以市场引导为主的减排政策而被许多国家和地区用来降低碳排放。然而,碳限额与交易政策的实施给供应链协调优化带来了许多新的挑战,正如《中国日报》在2015年的报道中指出的那样,国内最大果汁生产商——汇源果汁面对环保政策的压力不得不采取诸多减排措施来实现企业运营的可持续性,这些措施包括投资碳减排技术、购买海外农田,以及要求国内供应商提供产品的绿色标签。这些环保措施增加了汇源果汁集团的生产成本,同时减少了市场占有额,在2015年,该公司损失高达2.29亿人民币(约350万美元)。因此,在低碳减排政策的约束下,供应链需要进行有效协调来改进系统运营指标和性能。

与本章研究相关的文献主要是基于不同契约机制下的易腐品供应链协调优化问题的研究。Giri等(2012)提出利用收益共享契约来协调由一个制造商和一个零售商组成的二级易腐品供应链,假设市场需求依赖当前库存水平和销售价格,他们得出收益共享契约能够有效协调系统并利用数值算例求出能使供应链双赢的条件;Xiao 等(2013)考虑了零售商管理用户库存策略下在由一个供应商和一个零售商组成的二级易腐品供应链,利用推广的收益共享契约协调了该系统;Zhang 等(2015)针对二级易腐品供应链中成员会通过联合投资技术来降低产品变质这一现象,提出了收益共享和联合投资契约协调该供应链,并得到了系统成员双赢的条件;Bai 等(2016)利用拓展的收益共享契约协调了多周期易腐品供应链,并给出了相应的完美协调条件;张云丰等(2020)考虑了产品需求受销售价格和变质时间影响的二级易腐品供应链,并利用数量折扣契约协调了该供应链;Huang 等(2021)利用数值折扣契约协调了零售商处允许缺货情形下的二级易腐品供应链。

然而,以上文献都没有考虑碳排放对易腐品供应链协调优化的影响,在此基础上,本章考虑了碳限额与交易政策下由一个制造商和一个零售商组成的二级易腐品供应链。在此供应链中,产品的需求具有时变属性且同时受到零售商促销水平、产品销售价格和制造商可持续技术水平的多重影响。在建立和比较了集中式和分散式供应链决策模型的基础上,本章利用收益与促销努力共享和两部收费契约协调该供应链,通过分析所有供应链成员都接受契约的条件,从理论和数值分析的角度比较了这两个契约协调供应链的效果。与当前研究文献相比,本章的创新之处在于如下三点:首先,将当前研究中所考虑的供应链系统推广到了碳减排政策下易腐类产品的情形,重点分析了易腐品供应链在碳减排政策和可持续技术投资双重驱动下如何有效地降低碳排放;其次,提出利用传统的收益共享与成本分摊契约和两部收费契约协调碳排放政策下的供应链,从理论分析的角度进一步得出该类供应链实现高利润和低排放的条件;最后,结合数值分析,针对可持续供应链运营管理提出了提高其运营指标和降低碳排放的相关管理启示。

10.2 问题描述与符号假设

考虑固定计划期内由一个制造商和一个零售商组成的二级易腐品供应链,在此供应链中,制造商需要根据零售商的订单要求生产某一类易腐类产品。由于在生产过程中会释放大量碳排放,制造商需要在碳限额与交易政策下投资可持续技术来降低碳排放,并确定最优的批发价格和可持续技术水平以使自身利润最大化。作为销售的主体,零售商通过提供促销服务来销售产品,当库存水平降为零时其需要向制造商发出订单需求。参考 Giri 等(2012)及 Zhang 等(2015),这里假设订货提前期为零并且零售商处不允许缺货,由于市场需求同时受到时间变化、销售价格、促销努力水平和可持续技术水平的多重影响,零售商需要确定最优的销售价格和促销努力水平以使自身利润最大化。

本书建立模型所用的主要参数和概念见表 10-1,其他相关的假设如下。

假设 10.1 市场需求为促销努力水平、可持续技术水平、销售价格和时间的多元连续函数,其表述式为 $f(s_1,s_2,p,t)=(D_0+\alpha_1 s_1+\alpha_2 s_2-\beta p)g(t)$,这里假设 $D_0+\alpha_1 s_1+\alpha_2 s_2-\beta p>0$。

假设 10.2 促销成本和可持续投资分别为促销努力水平和可持续技术水平的二次函数,这类函数在当前的研究文献被广泛应用(如 Liu et al.,2014;Swami et al.,2013)。

假设 10.3 制造商生产 x 单位的产品将会产生 $(a-bs_2)x$ 单位的碳排放。而且,因为即使投资减排技术也不可能完全降低碳排放,因此可以假设 $0 \leqslant s_2 < a/b$。

假设 10.4 在供应链系统中,假设固定订购成本为零的主要原因是零售商可以通过网络通信订购而不产生任何费用。

表 10-1 本书用到的主要参数和符号

类别	参数	定义
零售商	T	补货期的长度
	$I(t)$	零售商在 t 时刻的库存水平
	I_r	零售商的库存总量
	Q	零售商的订购量
	s_1	零售商的促销努力(如广告、服务)来增加市场需求(决策变量)
	p	单位销售价格(决策变量)
	α_1	促销努力引起市场需求增加的系数($\alpha_1>0$)
	η_1	促销成本系数($\eta_1>0$)
	β	价格影响需求的弹性系数($\beta>0$)
	D_0	市场需求的基本需求量($D_0>0$)
	$g(t)$	衡量时间变化对需求影响的函数(假设该函数在 $[0,T]$ 内连续且大于零)
	θ	产品变质率($0<\theta<1$)
	$f(s_1,s_2,p,t)$	市场需求函数(该函数同时受到时间、销售价格、促销努力水平和可持续水平的影响)
	h_r	零售商处单位存储成本
	h_d	零售商处产品的单位变质成本
	$\Pi_r(s_1,p)$	分散式决策模型下零售商的利润值
	$\Pi_{r/\text{rps}}(s_1,p)$	收益共享与成本分摊契约下零售商的利润值
	$\Pi_{r/\text{tpt}}(s_1,p)$	两部收费契约下零售商的利润值
制造商	E	碳排放配额
	s_2	可持续技术水平(决策变量)
	a	可持续技术水平为零时的单位碳排放量
	b	可持续技术水平影响碳排放的弹性系数($b>0$)
	c_p	单位碳排放权的交易价格
	η_2	可持续技术成本系数($\eta_2>0$)
	c_m	制造商的单位生产成本

续表

类别	参 数	定 义
制造商	w	批发价格(决策变量)
	α_2	可持续技术水平影响需求的弹性系数($\alpha_2>0$)
	$J(Q)$	制造商的碳排放总量
	$\Pi_m(w,s_2)$	分散式决策系统下制造商的利润值
	$\Pi_{m/\text{rps}}(w,s_2)$	收益共享与成本分摊契约下制造商的利润值
	$\Pi_{m/\text{tpt}}(w,s_2)$	两部收费契约下制造商的利润值
供应链	r	收益与促销成本分享契约下零售商承担的收益比例系数($0<r<1$ 决策变量)
	F	两部收费契约下制造商分得的成本(决策变量)
	$\Pi_c(s_1,s_2,p)$	集中式决策下供应链的利润值

10.3 模型构建与分析

根据以上问题描述和假设,可描述零售商处的库存变化如下:在每个补货周期期初(如时刻 $t=0$),零售商从制造商处订购并接收 Q 单位的某易腐类产品。由于市场需求变化和产品的变质,零售商的库存水平会随时间的变化慢慢减少直至在 T 时刻减少为零。因此,零售商在 t 时刻的库存水平可用如下方程描述。

$$\begin{aligned}\frac{\mathrm{d}I(t)}{\mathrm{d}t}&=-f(s_1,s_2,p,t)-\theta I(t)\\&=-(D_0+\alpha_1 s_1+\alpha_2 s_2-\beta p)g(t)-\theta I(t),\quad 0\leqslant t\leqslant T\end{aligned} \quad (10\text{-}1)$$

以及

$$I(t)=0$$

求解式(10-1)得

$$I(t)=(D_0+\alpha_1 s_1+\alpha_2 s_2-\beta p)\mathrm{e}^{-\theta t}\int_0^T \mathrm{e}^{\theta s}g(s)\mathrm{d}s \quad (10\text{-}2)$$

因此,零售商的订购量以及累积库存量分别为

$$Q=I(0)=(D_0+\alpha_1 s_1+\alpha_2 s_2-\beta p)\int_0^T \mathrm{e}^{\theta t}g(t)\mathrm{d}t \quad (10\text{-}3)$$

和

$$I_r=\int_0^T I(t)\mathrm{d}t=\frac{(D_0+\alpha_1 s_1+\alpha_2 s_2-\beta p)}{\theta}\int_0^T (\mathrm{e}^{\theta t}-1)g(t)\mathrm{d}t \quad (10\text{-}4)$$

利用式(10-3)和式(10-4)可得零售商的销售量为

$$Q-\theta I_r=(D_0+\alpha_1 s_1+\alpha_2 s_2-\beta p)\int_0^T g(t)\mathrm{d}t \quad (10\text{-}5)$$

利用假设 10.3 可得制造商的碳排放总量为

$$J(Q) = (a - bs_2)Q = (a - bs_2)\left(D_0 + \alpha_1 s_1 + \alpha_2 s_2 - \beta p\right) \int_0^T e^{\theta t} g(t) dt$$

(10-6)

为了计算方便,不失一般性,这里假设补货周期长度为 1.0,并令 $\Phi_1 = \int_0^1 e^{\theta t} g(t) dt, \Phi_2 = \frac{1}{\theta} \int_0^1 (e^{\theta t} - 1) g(t) dt$,以及 $\Phi_3 = \int_0^1 g(t) dt$。容易验证 $\Phi_1 > 0$,$\Phi_2 > 0, \Phi_3 > 0$,以及 $\Phi_3 = \Phi_1 - \theta \Phi_2$。

10.3.1 集中式决策模型

在集中式供应链中,制造商和零售商属于同一个企业,此时,供应链的目标就是确定最优销售价格、促销努力水平和可持续技术水平以使系统利润最大化。在碳限额与交易政策下,供应链的总利润可以表示为

$$\Pi_c(s_1, s_2, p) = p(Q - \theta I_r) - (h_r + \theta h_d) I_r - c_m Q - \frac{1}{2} \eta_1 s_1^2 - \frac{1}{2} \eta_2 s_2^2 + c_p [E - (a - bs_2)Q]$$

(10-7)

在式(10-7)中,第一项为供应链的销售收益,第二项为库存存储成本和变质成本,第三项为购买成本,第四项为促销成本,第五项为可持续投资成本,最后一项为碳排放权的交易成本。

令 p^c, s_1^c 和 s_2^c 分别为最优销售价格、促销努力水平和可持续技术水平,求解式(10-7)可得如下结论。

定理 10.1 集中式供应链的利润函数 $\Pi_c(s_1, s_2, p)$ 为 s_1, s_2 和 p 的联合凹函数,而且,最优的销售价格、促销努力水平和可持续技术水平分别为

$$p^c = \frac{(D_0 + \alpha_2 s_2^c) \eta_1 \Phi_3 + (\beta \eta_1 - \alpha_1^2 \Phi_3) \{(h_r + \theta h_d) \Phi_2 + [c_m + c_p(a - bs_2^c)] \Phi_1\}}{(2\beta \eta_1 - \alpha_1^2 \Phi_3) \Phi_3}$$

(10-8)

$$s_1^c = \frac{\alpha_1 \{(D_0 + \alpha_2 s_2^c) \Phi_3 - \beta (h_r + \theta h_d) \Phi_2 - \beta [c_m + c_p(a - bs_2^c)] \Phi_1\}}{2\beta \eta_1 - \alpha_1^2 \Phi_3}$$

(10-9)

以及

$$s_2^c = \frac{\eta_1 (\alpha_2 \Phi_3 + b\beta c_p \Phi_1)[D_0 \Phi_3 - \beta(h_r + \theta h_d) \Phi_2 - \beta(c_m + ac_p) \Phi_1]}{\eta_2 \Phi_2 (2\beta \eta_1 - \alpha_1^2 \Phi_3) - \eta_1 (\alpha_2 \Phi_3 + b\beta c_p \Phi_1)^2}$$

(10-10)

从定理 10.1 可以知道,当 $\eta_2 \Phi_2 (2\beta \eta_1 - \alpha_1^2 \Phi_3) > \eta_1 (\alpha_2 \Phi_3 + b\beta c_p \Phi_1)^2$ 时,供应链的利润函数是关于决策变量的凹函数。因此,当相关参数满足这一条件时就能够有效地求出系统最优解。在后面的模型分析中,笔者总是假设这一条件成立。此外,基于假设 10.3,还需要假设相关参数满足 $s_2^c < \dfrac{a}{b}$。

将 s_1^c, s_2^c 和 p^c 代入式(10-7),我们将集中式供应链的利润化简为

$$\Pi_c(s_1^c, s_2^c, p^c) = \frac{\eta_1 \eta_2 [D_0 \Phi_3 - \beta(h_r + \theta h_d)\Phi_2 - \beta(c_m + ac_p)\Phi_1]^2}{2[\eta_2 \Phi_3 (2\beta\eta_1 - \alpha_1^2 \Phi_3) - \eta_1 (\alpha_2 \Phi_3 + b\beta c_p \Phi_1)^2]} + c_p E$$

(10-11)

10.3.2 分散式决策模型

在分散式供应链中,制造商和零售商需要独立做出决策以使自身获得的利润最大。这里利用施塔克尔贝格博弈方法定量描述这一决策过程。首先以制造商作为主导者确定批发价格和可持续技术水平,然后,由零售商根据制造商做出的决策来确定促销努力水平和销售价格。接下来,本节利用逆推分析方法求解相应的最优反应函数。对给定的批发价格 w 和可持续技术水平 s_2,零售商的利润函数可以被表示为

$$\Pi_r(s_1, p) = p(Q - \theta I_r) - (h_r + \theta h_d)I_r - wQ - \frac{1}{2}\eta_1 s_1^2 \quad (10\text{-}12)$$

式(10-12)中第一项为零售商的销售收入,第二项为零售商的库存成本和产品的变质成本,第三项为零售商的订购成本,最后一项为零售商的促销成本。

由于产品制造阶段会产生碳排放,在碳限额与交易政策下制造商的利润函数可以被表示为

$$\Pi_m(w, s_2) = wQ - c_m Q - \frac{1}{2}\eta_2 s_2^2 + c_p[E - (a - bs_2)Q] \quad (10\text{-}13)$$

式(10-13)中第一项为制造商的销售收入,第二项为生产成本,第三项为可持续投资,最后一项为碳排放权的交易成本。

用 p^d, s_1^d, s_2^d 和 w^d 分别表示零售商的最优销售价格、促销努力水平、制造商的可持续技术水平和批发价格,利用式(10-12)和式(10-13)可得如下结论。

定理 10.2 对分散式决策系统,如下结论成立。

(1) 零售商的利润函数 $\Pi_r(s_1, p)$ 是 s_1 和 p 的联合凹函数,而且最优的销售价格和促销努力水平分别为

$$p^d = \frac{(D_0 + \alpha_2 s_2^d)\Phi_3(3\beta\eta_1 - \alpha_1^2 \Phi_3) + \beta(\beta\eta_1 - \alpha_1^2 \Phi_3)\{[c_m + c_p(a - bs_2^d)]\Phi_1 + (h_r + \theta h_d)\Phi_2\}}{2\beta(2\beta\eta_1 - \alpha_1^2 \Phi_3)\Phi_3}$$

(10-14)

和

$$s_1^d = \frac{\alpha_1 \{(D_0 + \alpha_2 s_2^d)\Phi_3 - \beta(h_r + \theta h_d)\Phi_2 - \beta[c_m + c_p(a - bs_2^d)]\Phi_1\}}{2(2\beta\eta_1 - \alpha_1^2 \Phi_3)}$$

(10-15)

(2) 制造商的利润函数 $\Pi_m(w, s_2)$ 是 w 和 s_2 的联合凹函数,而且最优的批发价格和可持续技术水平分别为

$$w^d = \frac{\beta\Phi_1[c_m + c_p(a - bs_2^d)] + (D_0 + \alpha_2 s_2^d)\Phi_3 - \beta(h_r + \theta h_d)\Phi_2}{2\beta\Phi_1}$$

(10-16)

和

$$s_2^d = \frac{\eta_1(\alpha_2\Phi_3 + b\beta c_p\Phi_1)[D_0\Phi_3 - \beta(h_r + \theta h_d)\Phi_2 - \beta(c_m + ac_p)\Phi_1]}{2\eta_2\Phi_3(2\beta\eta_1 - \alpha_1^2\Phi_3) - \eta_1(\alpha_2\Phi_3 + b\beta c_p\Phi_1)^2}$$

(10-17)

不妨令 $\Delta = \dfrac{2\eta_2\Phi_3(2\beta\eta_1 - \alpha_1^2\Phi_3) - \eta_1(\alpha_2\Phi_3 + b\beta c_p\Phi_1)^2}{\eta_2\Phi_3(2\beta\eta_1 - \alpha_1^2\Phi_3) - \eta_1(\alpha_2\Phi_3 + b\beta c_p\Phi_1)^2}$，容易验证 $\Delta > 2$。比较定理10.1和定理10.2可得如下结论。

定理10.3 对集中式和分散式决策供应链，有

(1) $s_1^c = \Delta s_1^d$ 和 $s_2^c = \Delta s_2^d$。

(2) $p^c = p^d + \dfrac{(\Delta - 1)\Delta_1}{\beta\eta_1(\alpha_2\Phi_3 + b\beta c_p\Phi_1)} s_2^d$，这里 $\Delta_1 = \alpha_2\eta_1(\alpha_2\Phi_3 + b\beta c_p\Phi_1) - \eta_2(\beta\eta_1 - \alpha_1^2\Phi_3)$。

(3) $Q^c = \Delta Q^d$，这里 Q^c 和 Q^d 分别为集中式和分散式供应链下的最优订购量。

定理10.3中的(1)和(3)表明当制造商和零售商合作时，制造商将会耗费更多的成本投资减排技术，此时零售商应该增加订购量并且提高他的促销服务。定理10.3(2)意味着集中式和分散式供应链下的销售价格可以进行比较，而 Δ_1 的取值则对这个比较起到了重要的作用。

利用式(10-14)~式(10-17)可以将分散式供应链下零售商和制造商的利润值分别化简为

$$\Pi_r(s_1^d, p^d) = \frac{\eta_1\eta_2^2\Phi_3(2\beta\eta_1 - \alpha_1^2\Phi_3)[D_0\Phi_3 - \beta(h_r + \theta h_d)\Phi_2 - \beta(c_m + ac_p)\Phi_1]^2}{2[2\eta_2\Phi_3(2\beta\eta_1 - \alpha_1^2\Phi_3) - \eta_1(\alpha_2\Phi_3 + b\beta c_p\Phi_1)^2]}$$

(10-18)

和

$$\Pi_m(w^d, s_2^d) = \frac{\eta_1\eta_2[D_0\Phi_3 - \beta(h_r + \theta h_d)\Phi_2 - \beta(c_m + ac_p)\Phi_1]^2}{2[2\eta_2\Phi_3(2\beta\eta_1 - \alpha_1^2\Phi_3) - \eta_1(\alpha_2\Phi_3 + b\beta c_p\Phi_1)^2]} + c_p E$$

(10-19)

进一步比较集中式和分散式供应链可以得出如下结论。

定理10.4 对集中式和分散式供应链系统，有

(1) 如果 $s_2^c < \Delta_2$，那么 $J(Q^c) > J(Q^d)$；否则，$J(Q^c) \leqslant J(Q^d)$，这里 $\Delta_2 = \dfrac{\Delta a}{(\Delta + 1)b}$。

(2) $1 < \dfrac{\varPi_c(s_1^c,s_2^c,p^c)}{\varPi_r(s_1^d,p^d)+\varPi_m(w^d,s_2^d)} \leqslant \varOmega$，这里，$\varOmega = \{[2\eta_2\varPhi_3(2\beta\eta_1-\alpha_1^2\varPhi_3)-\eta_1(\alpha_2\varPhi_3+b\beta c_p\varPhi_1)^2]^2\}/[\eta_2\varPhi_3(2\beta\eta_1-\alpha_1^2\varPhi_3)-\eta_1(\alpha_2\varPhi_3+b\beta c_p\varPhi_1)^2][3\eta_2\varPhi_3(2\beta\eta_1-\alpha_1^2\varPhi_3)-\eta_1(\alpha_2\varPhi_3+b\beta c_p\varPhi_1)^2]$。

定理 10.4 给出了当制造商和零售商合作时供应链能够获得更多利润和产生较少碳排放的具体条件。定理 10.4(1) 比较了集中式和分散式供应链下的碳排放，在集中式供应链中，如果可持续技术水平小于临界值 Δ_2，那么供应链将会产生比分散式系统更多的碳排放，否则将会产生更少的碳排放；定理 10.4(2) 表明制造商和零售商合作能够产生更多的利润，特别地，由于碳配额的限制，供应链的利润值至多增加 $(\varOmega-1)\times100\%$，容易证明 $\varOmega > 4/3$，在这种情形下，作为主导者，制造商非常希望能和零售商合作。然而，零售商会因为可能获得更少的利润而拒绝合作，例如，从定理 10.3 可以看出，当零售商和制造商合作时，订购量和促销努力水平将会增加，而销售价格可能会减少。这也导致一些现象：首先，订购量的增加引起了更多的库存成本和订购成本；其次，促销努力水平的增加会消耗更多的促销成本；再次，销售价格的减少将导致更少的收入；最后，尽管销售价格的减少和促销努力的增加能够引发更多的市场需求，但是这不足以使零售商的利润增长。作为追随者，零售商只会在制造商能够提供更多激励措施的条件下才能保持合作意愿(这些激励措施主要是契约机制)。因此，对制造商来讲，最为关键的是在碳排放政策的约束下设计一些有效的契约机制来协调供应链。下一节将提出两种契约来协调碳限额与交易政策下的供应链。

10.4 两种契约机制下的供应链协调

10.4.1 收益共享与成本分摊契约下的供应链协调

收益共享与成本分摊契约可以被描述为：为了激励零售商的合作意愿，制造商首先需要降低批发价格 w，此时，当制造商愿意承担一定比例 $1-r$ 的促销成本且保持与集中式供应链一致的可持续技术投资决策时，零售商将需要保持一定比例 r 的销售收入。在此情形下，零售商和制造商的利润函数分别为

$$\varPi_{r/\text{rps}}(s_1,p) = rp(Q-\theta I_r) - (h_r+\theta h_d)I_r - wQ - \dfrac{1}{2}r\eta_1 s_1^2 \quad (10\text{-}20)$$

和

$$\varPi_{m/\text{rps}}(w,s_2) = (w-c_m)Q + c_p[E-(a-bs_2)Q] + (1-r)p(Q-\theta I_r) - \dfrac{1}{2}(1-r)\eta_1 s_1^2 - \dfrac{1}{2}\eta_2 s_2^2 \quad (10\text{-}21)$$

求解式(10-20)并利用契约协调条件可得如下结论。

定理 10.5 当 $p^{rps}=p^c$ 和 $s_2^c=s_2^{rps}$ 时，收益共享与成本分摊契约能够使碳限额与交易政策下的分散式供应链实现协调。而且，此时相应的批发价格和促销努力水平将分别为

$$w^{rps}=r[c_m+c_p(a-bs_2^c)]+(r-1)(h_r+\theta h_d)\frac{\Phi_2}{\Phi_1} \quad (10\text{-}22)$$

和

$$s_1^{rps}=\frac{\alpha_1\{(D_0+\alpha_2 s_2^c)\Phi_3-\beta(h_r+\theta h_d)\Phi_2-\beta[c_m+c_p(a-bs_2^c)]\Phi_1\}}{2\beta\eta_1-\alpha_1^2\Phi_3}$$

$$(10\text{-}23)$$

比较式（10-9）和式（10-23）可得收益与促销成本分享契约下的最优促销努力水平等于集中式决策下的情形，即 $s_1^{rps}=s_1^c$。定理 10.5 还表明制造商和零售商的最优决策与集中式下的决策一致，此时供应链就实现了完美协调。此外还可得到如下结论。

定理 10.6 当且仅当收益比例系数 r 满足 $\frac{1}{\Delta^2}\leqslant r\leqslant\frac{1}{\Delta}$ 时，收益与促销成本契约被供应链成员接受，这里 $\Delta=\frac{2\eta_2\Phi_3(2\beta\eta_1-\alpha_1^2\Phi_3)-\eta_1(\alpha_2\Phi_3+bc_p\Phi_1)^2}{\eta_2\Phi_3(2\beta\eta_1-\alpha_1^2\Phi_3)-\eta_1(\alpha_2\Phi_3+bc_p\Phi_1)^2}$。

定理 10.6 给出了当制造商和零售商达成一致时收益比例参数 r 的取值范围（即双赢区间），此时，零售商至多分享收益和促销成本的 $1/\Delta(\Delta>2)$。利用定理 10.2 可得如下结论。

推论 10.1 当供应链成员接受收益共享与成本分摊契约时，如下结论成立。

(1) $\dfrac{\eta_2^2\Phi_3(2\beta\eta_1-\alpha_1^2\Phi_3)(s_2^c)^2}{2\Delta^2\eta_1(\alpha_2\Phi_3+bc_p\Phi_1)^2}\leqslant\Pi_{r/rps}(s_1^{rps},p^{rps})\leqslant\dfrac{\eta_2^2\Phi_3(2\beta\eta_1-\alpha_1^2\Phi_3)(s_2^c)^2}{2\Delta\eta_1(\alpha_2\Phi_3+bc_p\Phi_1)^2}$。

(2) $\dfrac{[\eta_2^2\Phi_3(2\beta\eta_1-\alpha_1^2\Phi_3)-\eta_1(\alpha_2\Phi_3+bc_p\Phi_1)^2]\eta_2(s_2^c)^2}{2\Delta\eta_1(\alpha_2\Phi_3+bc_p\Phi_1)^2}+c_pE\leqslant\Pi_{\frac{m}{rps}}(w^{rps},s_2^{rps})\leqslant\dfrac{[(2\Delta-1)\eta_2\Phi_3(2\beta\eta_1-\alpha_1^2\Phi_3)-\Delta\eta_1(\alpha_2\Phi_3+b\beta c_p\Phi_1)^2]\eta_2(s_2^c)^2}{2\Delta^2\eta_1(\alpha_2\Phi_3+bc_p\Phi_1)^2}$。

推论 10.1 的结论是相对直观的。当制造商和零售商达成一致时，推论 10.1 得出了制造商和零售商利润的上界和下界。对零售商来讲，利润的上界至少是下界的 Δ 倍。对制造商来讲，利润的上界和下界之间相差 $\dfrac{(\Delta-1)[\eta_2\Phi_3(2\beta\eta_1-\alpha_1^2\Phi_3)-\Delta\eta_1(\alpha_2\Phi_3+b\beta c_p\Phi_1)^2]\eta_2(s_2^c)^2}{2\Delta^2\eta_1(\alpha_2\Phi_3+bc_p\Phi_1)^2}$。需要说明的是这里忽略掉批发价格 w^{rps} 大于零这一条件得出了定理 10.2。然而，当 $w^{rps}>0$ 时，从式（10-22）可求得 $r>\dfrac{(h_r+\theta h_d)\Phi_2}{[c_m+c_p(a-bs_2^c)]\Phi_1+(h_r+\theta h_d)\Phi_2}$。当 $s_2^c>$

$\dfrac{c_m+ac_p\Phi_1+(h_r+\theta h_d)\Phi_2}{bc_p\Phi_1}$ 时,进一步可得 $r>\dfrac{1}{\Delta}$。在这种情形下,可知收益共享与成本分摊契约下制造商的利润值将小于分散式情形。这个结果表明,当供应链在收益共享与成本分摊契约下能实现协调时,投资更高水平的可持续技术会降低制造商的利润,而且当可持续技术水平高于 $\dfrac{(c_m+ac_p)\Phi_1-(\Delta-1)(h_r+\theta h_d)\Phi_2}{bc_p\Phi_1}$ 时,制造商会拒绝接受收益共享与成本分摊契约,此时,供应链在该契约下不能实现协调。因此,有必要设计具有鲁棒性的契约来协调碳排放政策下的供应链。

10.4.2 两部收费契约下的供应链协调

在两部收费契约下,制造商需要降低批发价格 w 来激励零售商采取与集中式系统保持一致的销售价格决策。同时,制造商又可以采取与集中式系统一致的可持续技术投资决策以获得零售商与其分享的固定成本 F。此时,零售商和制造商的利润函数分别为

$$\Pi_{r/\text{tpt}}(s_1,p) = p(Q-\theta I_r)-(h_r+\theta h_d)I_r-wQ-\dfrac{1}{2}r\eta_1 s_1^2-F \tag{10-24}$$

和

$$\Pi_{m/\text{tpt}}(w,s_2) = (w-c_m)Q+c_p[E-(a-bs_2)Q]+ \\ (1-r)p(Q-\theta I_r)-\dfrac{1}{2}\eta_2 s_2^2+F \tag{10-25}$$

求解式(10-24)并根据契约协调条件可得如下结论。

定理 10.7 当 $p^{\text{tpt}}=p^c$ 和 $s_2^{\text{tpt}}=s_2^c$ 时,两部收费契约能够使碳限额与交易政策下的分散式供应链实现协调。此时,相应的批发价格和促销努力水平将分别为

$$w^{\text{tpt}}=c_m+c_p(a-bs_2^c) \tag{10-26}$$

和

$$s_1^{\text{tpt}}=\dfrac{\alpha_1\{(D_0+\alpha_2 s_2^c)\Phi_3-\beta(h_r+\theta h_d)\Phi_2-\beta[c_m+c_p(a-bs_2^c)]\Phi_1\}}{2\beta\eta_1-\alpha_1^2\Phi_3} \tag{10-27}$$

从定理 10.5 和定理 10.7 可以知道,供应链在两部收费契约下的最优运营策略与集中式决策情形下保持一致。因此,供应链在两部收费契约下能够实现完美协调。进一步分析供应链成员接受两部收费契约的条件可以有如下结论。

定理 10.8 两部收费契约被供应链成员接受,当且仅当成本系数 F 满足 $\dfrac{\eta_2[\eta_2\Phi_3(2\beta\eta_1-\alpha_1^2\Phi_3)]^2(s_2^c)^2}{2\eta_1(\alpha_2\Phi_3+b\beta c_p\Phi_1)^2[2\eta_2\Phi_3(2\beta\eta_1-\alpha_1^2\Phi_3)-\eta_1(\alpha_2\Phi_3+b\beta c_p\Phi_1)^2]^2} \leqslant F \leqslant$
$\dfrac{\eta_2[\eta_2\Phi_3(2\beta\eta_1-\alpha_1^2\Phi_3)]^2[3\eta_2\Phi_3(2\beta\eta_1-\alpha_1^2\Phi_3)-2\eta_1(\alpha_2\Phi_3+b\beta c_p\Phi_1)^2](s_2^c)^2}{2\eta_1(\alpha_2\Phi_3+b\beta c_p\Phi_1)^2[2\eta_2\Phi_3(2\beta\eta_1-\alpha_1^2\Phi_3)-\eta_1(\alpha_2\Phi_3+b\beta c_p\Phi_1)^2]}$。

定理 10.8 提供了制造商和零售商达成一致时固定成本满足的条件,此时供应链将实现双赢。进一步可以有如下结论。

推论 10.2 当供应链成员都接受来两部收费契约时,如下结论成立。

(1) $\dfrac{\eta_2^2 \Phi_3 (2\beta\eta_1 - \alpha_1^2 \Phi_3)(s_2^c)^2}{2\Delta^2 \eta_1 (\alpha_2 \Phi_3 + bc_p \Phi_1)^2} \leqslant \Pi_{r/\text{tpt}}(s_1^{\text{tpt}}, p^{\text{tpt}}) \leqslant \dfrac{\eta_2^2 \Phi_3 (2\beta\eta_1 - \alpha_1^2 \Phi_3)(s_2^c)^2}{2\Delta \eta_1 (\alpha_2 \Phi_3 + bc_p \Phi_1)^2}$。

(2) $\dfrac{[\eta_2^2 \Phi_3 (2\beta\eta_1 - \alpha_1^2 \Phi_3) - \eta_1(\alpha_2 \Phi_3 + b\beta c_p \Phi_1)^2]\eta_2 (s_2^c)^2}{2\Delta \eta_1 (\alpha_2 \Phi_3 + b\beta c_p \Phi_1)^2} + c_p E \leqslant \Pi_{m/\text{tpt}}(w^{\text{tpt}},$

$s_2^{\text{tpt}}) \leqslant \dfrac{[(2\Delta - 1)\eta_2 \Phi_3 (2\beta\eta_1 - \alpha_1^2 \Phi_3) - \Delta \eta_1 (\alpha_2 \Phi_3 + b\beta c_p \Phi_1)^2]\eta_2 (s_2^c)^2}{2\Delta^2 \eta_1 (\alpha_2 \Phi_3 + b\beta c_p \Phi_1)^2} + c_p E$。

推论 10.2 给出了当供应链成员都接受两部收费契约时制造商和零售商利润值的上下界。从推论 10.1 和推论 10.2 可知,零售商和制造商在两部收费契约下利润的上下界等于收益共享与成本分摊契约下的上下界。这说明,两种契约具有相同的协调效果。此外,式(10-26)表明当两部收费契约被供应链成员所接受时,批发价格恒大于零。因此,本节得出与收益共享与成本分摊契约相比,两部收费契约在协调供应链时更具有鲁棒性。

10.5 算例分析

本节通过一个数值例子及相应的灵敏度分析来验证理论结果并获得一些管理启示。

10.5.1 数值算例

在算例中,零售商的相关参数取值:$D_0 = 900$ 单位货物,$\alpha_1 = 0.5, \beta = 2, \eta_1 = 3, \theta = 0.06, h_r = 5$ 元/单位货物,$h_d = 1.5$ 元/单位货物,$f(t) = e^{-0.98t}$。制造商的相关参数取值:$a = 150$ 千克/单位货物,$b = 1.2, c_p = 1.5$ 元/千克,$c_m = 5$ 元/单位货物,$\eta_2 = 10, \alpha_2 = 1, E = 10\,000$ 千克。根据这些数据求解供应链模型并将得到的结果汇总见表 10-2。从表 10-2 可以得到以下结论。

表 10-2 算例最优解

模 型	p/(元/单位货物)	s_1	s_2	w/(元/单位货物)	零售商利润/元	制造商利润/元	总利润/元	碳排放/千克
集中式	312.6996	17.7048	49.8459	—	—	—	37 513	19 652
分散式	396.1952	6.9381	19.5334	320.495 22	5365	23 822	29 187	10 807
RPS 契约								
$r = 0.15$	312.6996	17.7048	49.8459	19.2388	5241	32 272	37 513	19 652
$r = 0.25$	312.6996	17.7048	49.8459	33.4786	8734	28 779	37 513	19 652
$r = 0.35$	312.6996	17.7048	49.8459	47.7184	12 228	25 285	37 513	19 652
$r = 0.4$	312.6996	17.7048	49.8459	54.8384	13 974	23 538	37 513	19 652

续表

模　型	p/(元/单位货物)	s_1	s_2	w/(元/单位货物)	零售商利润/元	制造商利润/元	总利润/元	碳排放/千克
TPT 契约								
$F=21\,000$	312.6996	17.7048	49.8459	140.2775	13936	23 577	37 513	19 652
$F=24\,000$	312.6996	17.7048	49.8459	140.2775	10 936	26 577	37 513	19 652
$F=27\,000$	312.6996	17.7048	49.8459	140.2775	7936	29 577	37 513	19 652
$F=30\,000$	312.6996	17.7048	49.8459	140.2775	4936	32 577	37 513	19 652

(1) 集中式供应链的利润和碳排放量分别为 37 513 元和 19 652 千克,分散式供应链的利润和碳排放量则分别为 29 187 元和 10 807 千克。因此,当制造商与零售商合作时,系统利润会增加 28.5%,而碳排放量则增加 81.9%。集中式供应链系统产生更多碳排放的主要原因是制造商降低了可持续技术投入,造成了当前可持续技术水平 48.8459 单位小于所设定的阈值 89.8068 单位。因此,在本例中,当制造商和零售商合作时,系统的利润和碳排放量都会增加。

(2) 分散式供应链下产品销售价格会高于集中式下的销售价格,而分散式供应链下的促销努力和可持续水平则将比集中式供应链的低。零售商在分散式供应链下的利润将会减少,这样会导致零售商不愿意合作,除非制造商能够提供一定的激励机制。

(3) 在收益共享与成本分摊契约下,当 $r>0.15$ 时,零售商的利润比分散式供应链下的高。然而,当 r 接近 0.4 时,制造商的利润比分散式供应链下的低。当 $r\in[0.1536,0.3919]$ 时,收益共享与成本分摊契约将使制造商和零售商实现双赢。此外,当 $F\in[21\,245,29\,571]$ 时,两部收费契约也能使供应链实现双赢。

(4) 供应链在收益共享与成本分摊契约或两部收费契约下系统的利润和碳排放量都会高于分散式供应链下的利润和碳排放量,然而却与集中供应链的利润和碳排放量相同。

(5) 当供应链达到双赢效果时,最优销售价格、促销努力和可持续水平等于集中系统下的数值,批发价格将低于分散系统的。然而,在收益共享与成本分摊契约下,批发价格随着 r 的增加而增加。在两部收费契约下,它不随 F 的变化而变化,这说明两部收费契约比收益共享与成本分摊契约更具有鲁棒性。而且,收益共享与成本分摊契约下的批发价格低于两部收费契约下的,这也表明,制造商在前一个契约下提供了更高的激励措施。

定理 10.4 表明由于碳排放配额,制造商与零售商合作将使供应链的利润最多增加 $(\Omega-1)\times 100\%$。基于这个算例可以进一步探讨 E 对供应链利润和相应碳排放量的影响。令 $\mathrm{R.P}=\dfrac{\Pi_c(s_1^c,s_2^c,p^c)}{\Pi_r(s_1^d,p^d)+\Pi_m(w^d,s_2^d)}$ 表示制造商和零售商合作时供应链利润与分散式供应链利润的比值。本例选取碳排放配额 E 的取值分别从

$10\,000 \sim 30\,000$ 千克，进一步可得图 10-1。

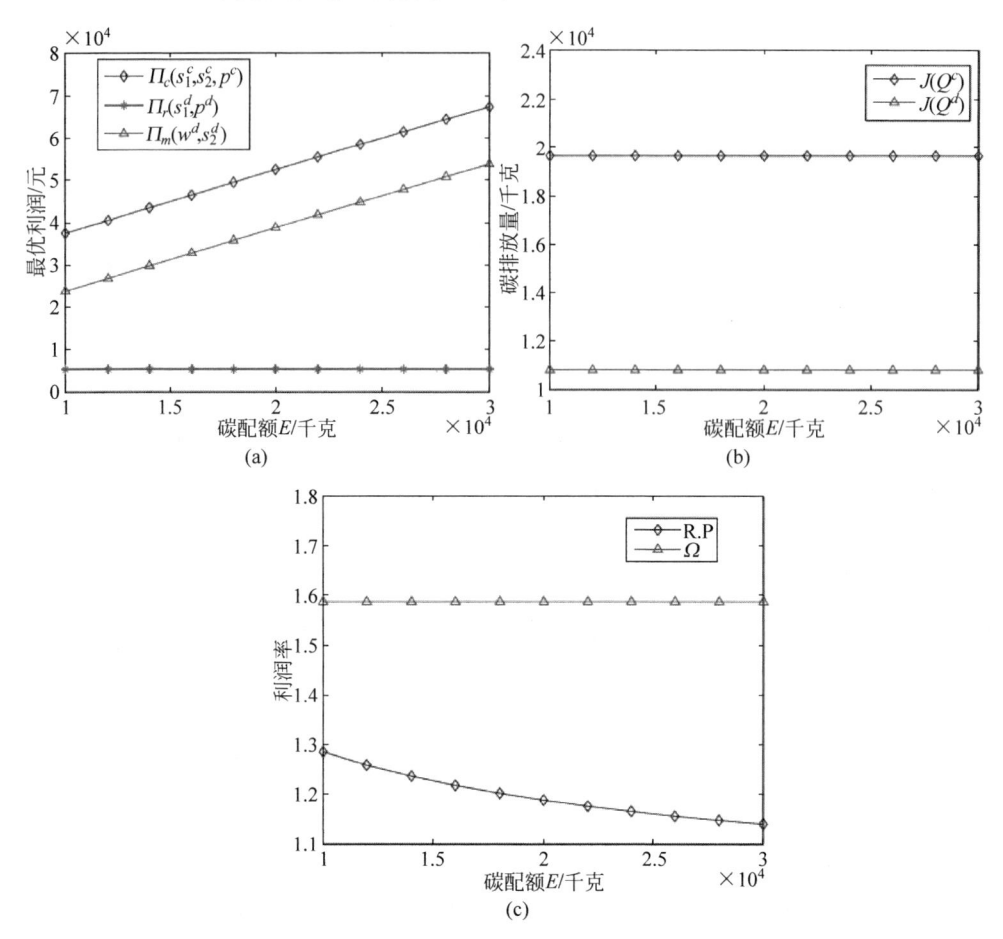

图 10-1 碳配额 E 对利润和碳排放的影响

(a) 碳配额对利润的影响；(b) 碳配额对碳排放的影响；(c) 碳配额对 R.P 的影响

从图 10-1 可以得出以下结论。

（1）分散式供应链下制造商的利润和集中式供应链下系统利润分别是碳配额 E 的线性增函数，这意味着分配更小的碳配额 E 会减少制造商和供应链的利润。然而，碳配额 E 对分散式供应链下零售商的利润没有影响。

（2）随着碳配额 E 的增加，集中式供应链和分散式供应链下的碳排放量没有变化，且集中式情形下的碳排放量总是高于分散式供应链下的，这也说明碳配额的取值大小对供应链产生的碳排放量没有影响。

（3）集中式供应链与分散式供应链下系统利润的比值总是小于 Ω，随着碳配额 E 的增加，这个比值将接近 1。发生这一现象的原因是制造商在分散式供应链下的碳排放量较少，这会使供应链能交易剩余的碳排放权从而获利。在此情形下，随着碳配额 E 的增加，制造商与零售商合作的意愿会越来越小。

进一步研究产品变质率 θ 对供应链利润和碳排放量的影响可知,相应计算结果见图 10-2。从图 10-2 可得如下结论。

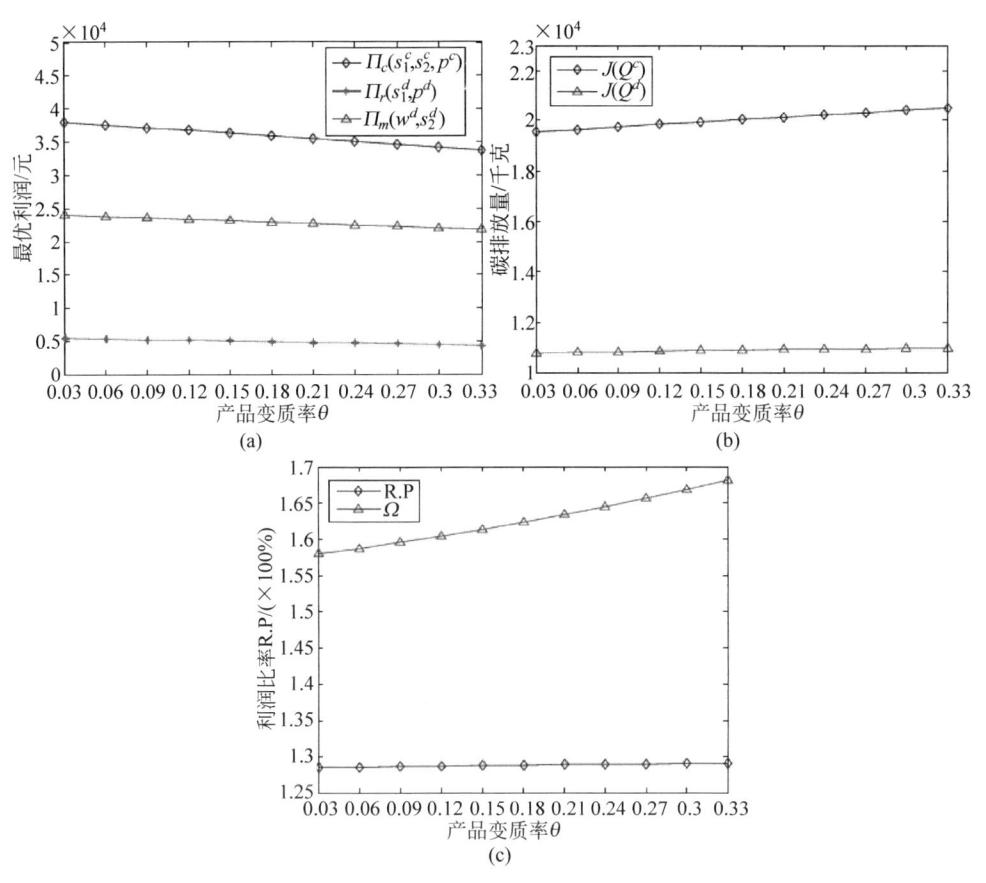

图 10-2 产品变质率 θ 对利润和碳排放的影响

(a) 变质率对利润的影响;(b) 变质率对碳排放的影响;(c) 变质率对 R.P 的影响

(1) 随着 θ 的增加,分散式供应链中每个成员的利润和集中式供应链中系统利润均减少。而且,θ 的增加对分散式供应链中零售商利润的影响要大于它对制造商利润和集中式供应链系统利润的影响。例如,当 θ 的取值从 0.15 增加到 0.18,分散式供应链中零售商和制造商的利润及集中式供应链中系统的利润将分别减少 2.24%、0.95% 和 1.14%,这也意味着在供应链运营管理中考虑库存成本时,存储变质率较高的产品对供应链的利润具有消极的作用。

(2) 随着 θ 的增加,集中式和分散式供应链下的碳排放也分别随之增加,而且集中式供应链下的碳排放量高于分散式供应链下的碳排放量,这意味着具有较高变质率的产品对环境的影响更大。

(3) 随着 θ 的增加,集中式与分散式供应链下系统的利润率分别稍有增加,而且,较大的产品变质率会使利润率与最小上界 Ω 的差距变大。在此情形下,有必要设计有效的契约来改进易腐品供应链的利润,从而消除产品变质的负面效应。

10.5.2 灵敏度分析

本节利用上节中的基本算例进一步分析主要参数 h_r, θ, c_p 和 E 对易腐品供应链协调的影响,在进行灵敏度分析计算时将某一个参数取值分别增加 40%、20% 和减少 20%、40%,而其他参数的取值则保持不变。灵敏度分析的计算结果汇总见表 10-3 和表 10-4。

表 10-3 在收益共享与成本分摊(RPS)契约下,当 $r = 0.25$ 时参数的灵敏度分析

参数	值(百分比)	p^{rps}/(元/单位货物)	s_1^{rps}	s_2^{rps}	w^{rps}/(元/单位货物)	$\Pi_{r/\text{rps}}$/元	$\Pi_{m/\text{rps}}$/元	$J(Q^{\text{rps}})$/千克	$r_{\max}$	$r_{\min}$
h_r	7(+40%)	313.2434	17.6334	49.6448	32.9440	8663.6	28 668	19 625	0.3919	0.1536
	6(+20%)	312.9765	17.6691	49.7453	33.2113	8698.7	28 723	19 638	0.3919	0.1536
	4(−20%)	312.4227	17.7405	49.9464	33.7459	87 692	28 834	19 665	0.3919	0.1536
	3(−40%)	312.1458	17.7762	50.0469	34.0132	88 045	28 890	19 678	0.3919	0.1536
θ	0.084(+40%)	313.2638	17.6579	50.1153	33.3506	8687.7	28 506	19 730	0.3897	0.1519
	0.072(+20%)	312.9812	17.6814	49.9802	33.4148	8710.9	28 642	19 691	0.3908	0.1527
	0.048(−20%)	312.4189	17.7281	49.7123	33.5421	8757	28 914	19 613	0.3929	0.1544
	0.036(−40%)	312.1392	17.7514	49.5795	33.6053	8780	29 049	19 573	0.394	0.1552
c_p/(元/单位货物)	2.1(+40%)	327.8008	16.7124	61.8615	39.4365	7782.2	25 212	15 584	0.2781	0.0774
	0.072(+20%)	321.6157	17.0419	55.5305	37.1728	8092.2	26 858	17 485	0.3437	0.1181
	0.048(−20%)	301.7454	18.5864	44.0926	28.7859	9625.4	31 155	22 210	0.4278	0.183
	0.036(−40%)	288.8151	19.6613	37.9313	23.1678	10 771	34 119	25 283	0.4545	0.2065
E/千克	14 000(+40%)	312.6996	17.7048	49.8459	33.4786	8733.9	34 779	19 652	0.3919	0.1536
	12 000(+20%)	312.6996	17.7048	49.8459	33.4786	8733.9	31 779	19 652	0.3919	0.1536
	8000(−20%)	312.6996	17.7048	49.8459	33.4786	8733.9	25 779	19 652	0.3919	0.1536
	6000(−40%)	312.6996	17.7048	49.8459	33.4786	8733.9	22 779	19 652	0.3919	0.1536

表 10-4　在两部收费（TPT）契约下，当 $F=24\,000$ 时的灵敏度分析

参数	值（百分比）	p^{rps}/(元/单位货物)	s_1^{rps}	s_2^{rps}	w^{rps}/(元/单位货物)	$\Pi_{r/\text{rps}}$/元	$\Pi_{m/\text{rps}}$/元	$J(Q^{\text{rps}})$/千克	$r_{\max}$	$r_{\min}$
h_r	7（+40%）	313.2534	17.6334	49.6448	140.6398	10 654	26 677	19 625	29 333	21 074
	6（+20%）	312.9765	17.6691	49.7453	140.4584	10 795	26 627	19 638	29 452	21 160
	4（−20%）	312.4227	17.7405	49.9464	140.0965	11 077	26 527	19 665	29 690	21 331
	3（−40%）	312.1458	17.7762	50.0469	139.9156	11 218	26 477	19 678	29 810	21 417
θ	0.084（+40%）	313.2638	17.6579	50.1153	139.7925	10 751	26 442	19 730	29 472	21 207
	0.072（+20%）	312.9812	17.6814	49.9802	140.0357	10 843	26 510	19 691	29 522	21 226
	0.048（−20%）	312.4189	17.7281	49.7123	140.5179	11 028	26 643	19 613	29 620	21 265
	0.036（−40%）	312.1392	17.7514	49.5795	140.7569	11 120	26 709	19 573	29 669	21 284
c_p/(元/单位货物)	2.1（+40%）	327.8008	16.7124	61.8615	164.109	7128.9	25 866	15 584	28 721	22 471
	0.072（+20%）	321.6157	17.0419	55.5305	155.0542	8368.6	26 582	17 485	28 545	21 244
	0.048（−20%）	301.7454	18.5864	44.0926	121.5066	14 501	26 279	22 210	31 456	22 032
	0.036（−40%）	288.8151	19.6613	37.9313	99.0342	19 084	25 806	25 283	34 186	23 504
E/千克	14 000（+40%）	312.6996	17.7048	49.8459	140.2775	10 936	32 577	19 652	29 571	21 245
	12 000（+20%）	312.6996	17.7048	49.8459	140.2775	10 936	29 577	19 652	29 571	21 245
	8000（−20%）	312.6996	17.7048	49.8459	140.2775	10 936	23 577	19 652	29 571	21 245
	6000（−40%）	312.6996	17.7048	49.8459	140.2775	10 936	20 577	19 652	29 571	21 245

从表 10-3 可以得出以下结论。

（1）在收益共享与成本分摊契约下，当单位存储成本 h_r 增加时，促销努力、可持续水平、批发价格、零售商和制造商利润，以及碳排放量分别会减少，而销售价格则会增加。较大取值的单位存储成本 h_r 将促使零售商增加销售价格来提高收益和减少存储成本，因为销售价格对 h_r 的敏感性较低，这在一定程度上造成了销售价格的增加对利润变化具有较小的影响。h_r 的增加还将促使零售商降低促销成本的投入。销售价格的增加和促销努力的减少造成了市场需求的下降：一方面，当单位存储成本较高时，零售商倾向于通过减少订购量来减少库存，尽管销售价格的增加会带来更高的收益，减少促销努力会降低促销成本，然而由于存储成本的增

加和销售收入的减少,零售商的利润可能仍处于较低水平,在此情形下,零售商的利润会随 h_r 的增加而减少;另一方面,降低订购量也造成了制造商利润的减少,此时,制造商不得不通过降低批发价格和可持续水平来激励零售商提高订购数量,以使制造商的利润和相应碳排放量随着 h_r 的增加而减少。

(2) 在收益共享与成本分摊契约下,当变质率 θ 增加,销售价格、可持续水平和碳排放量分别增加,而促销水平、批发价格、零售商和制造商利润则分别减少。当变质率相对较大时,产品变质会使存储成本降低,这会使零售商提高销售价格并减少促销努力来获得更多的收益和更少的促销成本,此时,制造商可能会通过提升可持续发展水平来刺激需求或降低批发价格来获得较大的订购量。然而,θ 的增加造成可持续水平的提升量小于销售价格和促销努力的变化程度将使产品需求减少。尽管如此,制造商的激励措施将使零售商订购更多的产品,进一步产生更多的碳排放。这也表明,较高的产品变质率会使系统排放更多的碳。

(3) 在收益共享与成本分摊契约下,当碳排放权交易价格 c_p 增加时,销售价格、可持续水平和批发价格分别增加,而促销努力、零售商和制造商利润及碳排放量则分别减少。在该算例中,系统碳排放量高于碳排放配额,因此相对较大的 c_p 会使制造商通过增加可持续水平来减少碳排放量。在此情形下,制造商需要投入更多的可持续成本,这也使其不得不同时提高产品的批发价格来保持较高的收益。另外,产品批发价格的增加迫使零售商提高产品销售价格同时降低促销投入来保持收益增加,此时,零售商还会通过减少订购量来应对批发价格的增加。因此,c_p 的增加引起产品批发价格的增加和订购量减少,最终并导致零售商利润减少。而且,可持续水平的增加和产品订购量的减少使制造商在生产过程中产生更少的碳排放。

(4) 在收益共享与成本分摊契约下,当碳排放限额 E 增加时,制造商利润增加,而销售价格、促销努力、可持续水平、零售商利润和碳排放量则保持不变。这一变化趋势说明零售商和制造商的最优决策不会受到 E 的影响。具体来讲,作为碳排放主体,当 E 增加时,制造商的利润增加而碳排放量则保持不变。因此,制造商会从较高的碳配额中获利,这也验证了碳限额与交易是一种通过经济激励手段来控制碳排放的减排政策。

从表 10-4,我们有如下发现:

(1) 在两部收费契约下,当单位存储成本 h_r 增加时,促销努力、可持续水平、零售商利润和碳排放量分别减少,而销售价格、批发价格和制造商利润则分别增加。除了批发价格和制造商利润在两部收费契约下是随单位存储成本的增加而增加外,h_r 的增加对收益共享与成本分摊契约和两部收费契约下的供应链决策有着相似的影响,这一结论表明制造商在两部收费契约下可以获得高利润、低排放的效果,在此情形下,作为供应链的主导者和排放者,制造商更愿意采用两部收费契约来协调供应链。

(2) 在两部收费契约下,当变质率 θ 增加时,销售价格、可持续水平和碳排放量分别增加,而促销努力、批发价格、零售商和制造商利润则分别减少,这一结论表明产品变质率对收益共享与成本分摊契约和两部收费契约下的供应链协调有着相同的影响效果。

(3) 在两部收费契约下,当碳排放权交易价格 c_p 增加,销售价格、可持续水平和批发价格分别增加,促销努力、零售商利润和排放量分别减少,而制造商利润则先增加后减少。与收益共享与成本分摊契约下的供应链相比,制造商在两部收费契约下的利润值对 c_p 的灵敏程度更低。比如,当 c_p 的取值从 1.8 增加到 2.1 时,制造商在两部收费契约和收益共享与成本分摊契约下的利润将分别减少 2.69% 和 6.13%。

(4) 在两部收费契约下,当碳排放限额 E 增加,制造商利润增加,而销售价格、促销努力、可持续水平、零售商利润和排放量则保持不变,这一结论表明碳排放限额对收益共享与成本分摊契约和两部收费契约下的供应链协调有着相同的影响效果。

10.6 本章小结

供应链系统的决策者在可持续运营管理中面临很多新的问题。供应链运营活动(如制造、运输和产品存储环节)是产生碳排放的主要来源,这也使管理者通过构建不同的供应链结构来降低运营过程中产生的碳排放。目前,碳限额与交易政策和投入可持续技术是现实生活中两种行之有效的减排措施。基于这些现实问题,笔者研究了碳限额与交易政策下易腐品二级供应链的可持续运营管理。在本研究的供应链中,系统由一个制造商和一个零售商组成,而产品需求则具有时变属性且同时受到多个内生变量的影响。针对这样的供应链系统,本章首先建立了集中式和分散式决策模型并进行了比较;其次,利用收益共享与成本分摊契约和两部收费契约协调了供应链;最后,利用数值算例和对主要参数进行了灵敏度分析,检验了理论结果。相关的研究结果表明:①当制造商与零售商合作时,能够定量得出供应链实现高利润和低排放的条件,而且成员相互合作给供应链带来的收益存在一个有限的上界值;②收益共享与成本分摊契约和两部收费契约分别使低碳减排下的二级易腐品供应链实现了完美协调,而且在每一个契约协调下,供应链成员能够实现双赢;③与收益共享和成本分摊契约协调下的供应链相比,低碳减排下的二级易腐品供应链在两部收费契约协调下的运营策略更具有鲁棒性。

第11章

碳限额与交易政策下易腐品供应链的供应商管理库存协调优化策略

11.1 问题背景

作为一种有效的库存管理策略,VMI被用于改善易腐品供应链的运营绩效。在VMI系统下,供应商(或制造商)管理自己和下游零售商的库存。意大利的百味来公司(Barilla Group)和美国的卡夫食品公司(Kraft Foods)是世界知名食品制造企业,他们在供应链运营中都实施了VMI策略,从而为其零售商和客户提供尽可能新鲜的食品(Yu et al.,2012)。VMI的实施降低了零售商的库存成本,使制造商可以采用灵活的配送策略,因此供应链中的所有成员都能从该策略中受益。然而,随着产品质量和数量不断下降和损耗,易腐品供应链的管理也面临一些新的问题。德国连锁超市莱克兰(Lekkerland)采用VMI策略经营销售糖果、饮料、冰淇淋、冷冻食品、新鲜烘焙产品和热饮料等易腐类产品。在对这些产品进行运输配送时,该公司使用多温多室的特殊物流设施,这造成了该类产品的运营过程比标准的仓储和物流系统产生更多的碳排放。

碳限额与交易是一种利用市场手段来控制碳排放量的减排机制。在该机制下,政府机构将预先确定的碳排放量(碳配额)分配给企业,企业可以在如欧盟碳排放交易体系(EU ETS)的碳交易市场出售或购买其剩余或额外的碳排放量,而且,随着环保意识的提高,越来越多的消费者拥有购买环保产品的强烈动机(Agatz et al.,2012;Stiglic et al.,2015)。在政府和顾客压力下,许多负责任的企业投资更清洁的技术以减少碳限额与交易政策下的碳排放量。在此情况下,当碳限额与交易政策被纳入VMI体系下二级易腐品供应链时,决策者不得不面对两个主要问题:易腐品供应链在碳减排约束下是否能够实现有效协调?VMI能否使易腐品供应链实现高利润和低排放?

与本章研究相关的文献是关于VMI模式下易腐品供应链运营与优化的研究。

当前众多学者针对一般性产品研究了 VMI 模式下的供应链运营策略(Ru et al.,
2018；Sainathan et al.,2019；De Giovanni,2021；冯颖等,2023)。还有一些学者
研究了易腐品供应链在 VMI 模式下的运营策略。Tat 等(2015)研究了由一个供
应商和一个零售商组成的一类非瞬时变质产品供应链在 VMI 模式下的运营优化；
Chen(2018)系统地研究了由一个分销商和多个零售商组成的易腐品供应链在
VMI 模式下的联合库存和定价策略；Lin 等(2019)将联合经济批量问题推广到贸
易信贷下的易腐品供应链库存模型；Amiri 等(2020)通过算法设计并求解了由一
个供应商和一个零售商在 VMI 模式下的最优销售量；Salas-Navarro 等(2023)通
过考虑产品缺陷率构建了 VMI 模式下的三级易腐品供应链模型。

以上文献在对 VMI 模式下的易腐品供应链运营优化进行分析时,都没有考虑
碳排放政策对供应链运作策略的影响。基于这一现实问题,本章研究了由一个制
造商和两个竞争零售商组成的易腐品供应链,在 VMI 模式下,制造商的生产和库
存阶段是该供应链运营过程产生碳排放的主要来源。此时,制造商会受到碳限额
与交易政策规制,同时还需要投资绿色技术来降低碳排放。每个零售商的市场需
求都会受到制造商绿色技术和产品销售价格的影响。针对该供应链系统,本章建
立了集中式和分散式决策模型,并对这两种模型的运营决策、利润和碳排放进行比
较。然后,利用收益共享契约协调该易腐品供应链,并通过田口实验对协调策略进
行了鲁棒性检验。与当前的研究文献相比,本章的主要创新点在于三个方面：首
先,将碳限额与交易政策和碳减排技术引入 VMI 模式下的易腐品供应链；其次,
定量分析得出供应链成员独立进行决策所造成的利润损失上限值,并且证实了易
腐品供应链的集中式决策模型所产生的碳排放会小于分散式情形；最后,证明了
当零售商的市场需求依赖制造商的绿色技术和双方零售商的销售价格时,收益共
享契约能够实现完美协调。本章还分析了这三个供应链成员接受收益共享契约的
条件。

11.2 问题描述和符号定义

本节考虑由一个制造商和两个同质竞争型零售商组成的供应链,该供应链结
构如图 11-1 所示。假设制造商生产某一类易腐物品,其机器生产设置时间为 t_m,
生产速度为 P。设 c_m 为制造商的单位生产成本,制造商销售给零售商 $i(i=1,2)$
的单位批发价格为 w_i。制造商采用逐批订购的策略将每个生产周期的成品交付
给零售商。零售商 i 在每个补货周期销售产品以满足顾客需求,其单位销售价格
为 $p_i(i=1,2)$。若 T 为生产周期长度,在两个零售商同质性的情况下,假设每个
零售商的补货周期与制造商的生产周期长度相等(Xiao et al.,2013；Zhang et al.,
2015)。系统考虑供应商管理库存,也就是说,制造商同时管理制造商和零售商的
库存。设 $\theta(0<\theta<1)$ 为成品变质率。产品在生产和库存中会出现变质,这也会导

致这两个阶段的碳排放增加。制造商可以通过投资绿色技术来抑制碳排放,当制造商根据已有文献提供绿色技术水平 s 时,每个生产周期的技术成本为 $\frac{1}{2}\eta s^2$(Xu et al.,2016)。制造商受到碳限额与交易政策的规制,此时制造商的目标是确定最优的批发价格和绿色技术水平使其单位时间利润最大。

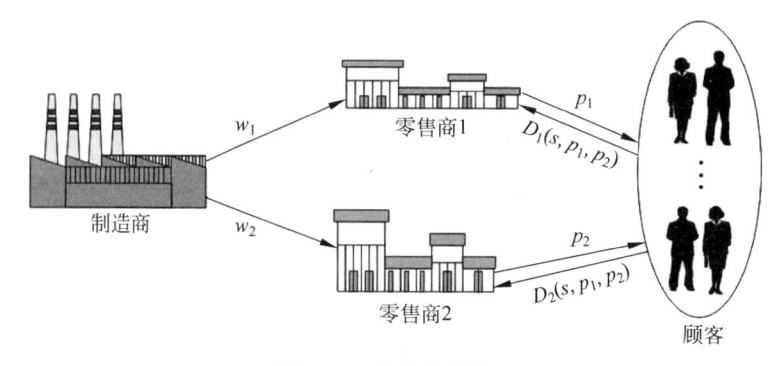

图 11-1 供应链结构图

当上游制造商试图投资绿色技术以增加其产品的市场份额时,下游零售商通过提供有效的定价策略来增加市场需求,相互竞争来实现自身利润最大化。设 $D_i(s,p_1,p_2)$ 为零售商 $i(i=1,2)$ 的市场需求率。参考 Gurnani 等(2008)及 Wang 等(2016)现有文献,本节将两种同质零售商的需求率函数定量表示为以下线性结构。

$$D_1(s,p_1,p_2)=a+\alpha s-\beta p_1+\gamma p_2 \tag{11-1}$$

$$D_2(s,p_1,p_2)=a+\alpha s-\beta p_2+\gamma p_1 \tag{11-2}$$

其中,$a(a>0)$ 是基本需求,$\alpha(\alpha>0)$ 和 $\beta(\beta>0)$ 是衡量绿色技术水平和销售价格的需求弹性,$\gamma(\gamma>0)$ 衡量竞争对手销售价格对需求的影响。实际上零售商需求对自己的销售价格比对竞争对手的销售价格更敏感,因此可以假设 $\beta>\gamma$。此外,假设需求信息对各方公开,每个零售商的目标是确定最优的销售价格以使其单位时间利润最大。表 11-1 对数学模型中使用的符号进行了总结。

当投入绿色技术水平 s 时,单位产品在生产和库存持有阶段的碳排放量分别为 e_1-b_1s 和 e_2-b_2s。为了保证碳排放量的非负性,这里假设 $0 \leqslant s \leqslant \min\left\{\dfrac{e_1}{b_1},\dfrac{e_2}{b_2}\right\}$。另外,所有定理的证明过程都将在附录中展示。

表 11-1 本章主要参数和符号表示

参数	定义
θ	产品变质率($0<\theta<1$)
h_r	每个零售商的单位持有成本
h_m	制造商的单位持有成本

续表

参　　数	定　　义
h_d	产品单位变质成本
T	制造商生产周期长度
t_m	生产的机器设置时间(即制造商开始生产的时间,$0 \leqslant t_m \leqslant T$)
P	制造商生产率
$I_m(t)$	制造商在 t 时刻的库存水平
$I_{ri}(t)$	零售商 i 在 t 时刻的库存水平
c_p	碳排放单位交易价格
e_1	绿色技术水平为零时,生产阶段单位碳排放量
e_2	当绿色技术水平为零时,库存持有阶段单位碳排放量
b_1	绿色技术水平对减少生产阶段碳排放的影响参数
b_2	绿色技术水平对减少库存持有阶段碳排放的影响参数
C	碳配额
$E_m(s)$	供应链碳排放量
η	制造商绿色技术投资成本系数($\eta > 0$)
$D_i(s,p_1,p_2)$	零售商 i 的市场需求率($i=1,2$)
a	市场规模参数
α	需求的绿色技术弹性参数
β	需求的价格弹性参数
γ	需求的交叉价格弹性参数
决策变量	
p_i	零售商 i 的单位销售价格($i=1,2$)
w_i	制造商给零售商 i 的单位批发价格($i=1,2$)
ρ_i	收益共享契约中零售商 i 的收益比例($0<\rho_i<1, i=1,2$)
s	制造商的绿色技术水平
目标函数	
$\Pi_{ri}^d(p_i)$	分散供应链零售商 i 单位时间利润($i=1,2$)
$\Pi_{ri}^{rs}(p_i)$	收益共享契约下零售商 i 单位时间利润($i=1,2$)
$\Pi_m^d(s,w_1,w_2)$	分散供应链制造商单位时间利润($i=1,2$)
$\Pi_m^{rs}(s,w_1,w_2)$	收益共享契约下制造商单位时间利润($i=1,2$)
$\Pi_c(s,p_1,p_2)$	集中供应链系统单位时间利润

11.3　模型构建与分析

11.3.1　基本模型

基于以上问题描述和符号,本节将零售商库存水平变化规律汇总于图 11-2。

在第一个生产周期,制造商在 t_m 时刻开始零库存生产,在 T 时刻停止生产。由于生产和变质的共同作用,在 $[t_m, T]$ 这段时间里制造商的库存水平逐渐增加。

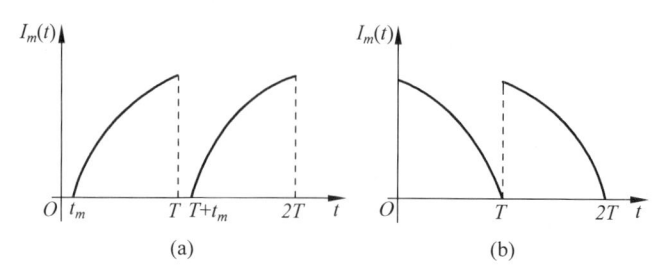

图 11-2　制造商和两个零售商的库存变化图

(a) 两个零售商的库存水平；(b) 制造商的库存水平

因此，描述生产周期 t 时刻库存水平的微分方程为

$$\frac{\mathrm{d}I_m(t)}{\mathrm{d}t} = P - \theta I_m(t), \quad t_m \leqslant t \leqslant T \tag{11-3}$$

利用边界条件 $I_m(t_m)=0$ 求解式(11-3)得

$$I_m(t) = \frac{P}{\theta}[1 - \mathrm{e}^{\theta(t_m-t)}], \quad t_m \leqslant t \leqslant T \tag{11-4}$$

在每个生产周期中，制造商的库存持有成本和变质成本之和为

$$(h_m + \theta h_d)\int_{t_m}^{T} I_m(t)\mathrm{d}t = (h_m + \theta h_d)\left\{\frac{P}{\theta}(T-t_m) - \frac{P}{\theta^2}[1-\mathrm{e}^{\theta(t_m-T)}]\right\} \tag{11-5}$$

另外，在每个生产周期中制造商的生产总量为

$$Q = P(T - t_m) \tag{11-6}$$

在时刻 T，零售商 i 在零交货期假设下从制造商处收到 $I_m(T)$ 个单位货物，由于需求和变质的综合影响，零售商 i 的库存水平会逐渐下降，且当零售商收到另一批货时，库存将在 $2T$ 时刻下降到零。因此，零售商 i 的库存水平由以下微分方程决定。

$$\frac{\mathrm{d}I_{ri}(t)}{\mathrm{d}t} = -D_i(s,p_1,p_2) - \theta I_{ri}(t), \quad T \leqslant t \leqslant 2T, i=1,2 \tag{11-7}$$

利用边界条件 $I_{ri}(2T)=0$，求解式(11-7)得

$$I_{ri}(t) = \frac{D_i(s,p_1,p_2)}{\theta}[\mathrm{e}^{\theta(2T-t)} - 1], \quad T \leqslant t \leqslant 2T, i=1,2 \tag{11-8}$$

在每个补货周期中，两个零售商的库存持有成本和变质成本之和为

$$\sum_{i=1}^{2}(h_r + \theta h_d)\int_{T}^{2T} I_{ri}(t)\mathrm{d}t = \frac{(h_r + \theta h_d)}{\theta^2}(\mathrm{e}^{\theta T} - \theta T - 1)\sum_{i=1}^{2}D_i(s,p_1,p_2) \tag{11-9}$$

另外，根据式(11-4)和式(11-8)，利用 $I_m(T) = I_{r1}(T) + I_{r2}(T)$ 可得

$$P[1 - \mathrm{e}^{\theta(t_m-T)}] = [D_1(s,p_1,p_2) + D_2(s,p_1,p_2)](\mathrm{e}^{\theta T} - 1) \tag{11-10}$$

由于制造商会投资绿色技术以控制生产和持有库存产生的碳排放，因此在每

个生产周期中系统的总排放量为

$$E_m(s) = (e_1 - b_1 s)Q + (e_2 - b_2 s)\left[\int_{t_m}^{T} I_m(t)\mathrm{d}t + \sum_{i=1}^{2}\int_{T}^{2T} I_{ri}(t)\mathrm{d}t\right] \quad (11\text{-}11)$$

为方便起见，这里将周期长度 T 标准化为 1 并且定义如下方程。

$$\phi_1 = \frac{(\mathrm{e}^{\theta} - 1)(1 - t_m)}{1 - \mathrm{e}^{\theta(t_m - 1)}} \quad (11\text{-}12)$$

$$\phi_2 = \frac{\mathrm{e}^{\theta} - \theta - 1}{\theta^2} \quad (11\text{-}13)$$

$$\phi_3 = \frac{(\mathrm{e}^{\theta} - 1)}{\theta}\left[\frac{1 - t_m}{1 - \mathrm{e}^{\theta(t_m - 1)}} - \frac{1}{\theta}\right] \quad (11\text{-}14)$$

$$A = (c_m + c_p e_1)\phi_1 + (h_r + \theta h_d + c_p e_2)\phi_2 + (h_m + \theta h_d + c_p e_2)\phi_3 \quad (11\text{-}15)$$

从式(11-12)~式(11-14)容易得到 $\phi_1 > 0, \phi_2 > 0$ 和 $\phi_3 > 0$。此外，假设 $\phi = \phi_1 + \phi_2 + \phi_3$，在现实中，更高的投资将导致更高的绿色技术水平，因此假设参数 η 足够高，使 $\eta > \dfrac{[\alpha + (\beta - \gamma)bc_p\phi]^2}{\beta - \gamma}$，其中 $b = b_1\dfrac{\phi_1}{\phi} + b_2\dfrac{(\phi_2 + \phi_3)}{\phi}$。

11.3.2　分散式和集中式决策模型

本节考虑制造商为 Stackelberg 领导者，两个竞争零售商为追随者时的分散供应链。博弈顺序如下：①制造商首先设定对零售商 i 的批发价格 $w_i(i=1,2)$ 并确定绿色技术水平 s，使其单位时间总利润最大化。②根据制造商的决策，零售商 1 和零售商 2 同时选择销售价格 p_1 和 p_2，以使自己单位时间总利润最大化。显然，在这种情况下，零售商为销售价格竞争。在 VMI 模式下，制造商拥有并管理自己和零售商的库存，因此，零售商 i 每单位时间的总利润为

$$\Pi_{ri}^{d}(p_i) = (p_i - w_i)D_i(s, p_1, p_2), \quad i = 1, 2 \quad (11\text{-}16)$$

由于制造商是碳排放主体，在碳限额与交易政策下，制造商每个生产周期的利润包括销售收入、生产成本、持有库存成本、变质物品的变质成本、出售(购买)额外碳排放许可的收益(成本)和绿色技术投资。因此，由式(11-5)、式(11-6)、式(11-9)、式(11-10)可以表示出制造商单位时间的总利润

$$\Pi_m^d(s, p_1, p_2) = \sum_{i=1}^{2} w_i D_i(s, p_1, p_2) - c_m Q - \sum_{i=1}^{2}(h_r + \theta h_d)\int_{T}^{2T} I_{ri}(t)\mathrm{d}t -$$

$$(h_m + \theta h_d)\int_{t_m}^{T} I_m(t)\mathrm{d}t - \frac{1}{2}\eta s^2 - c_p[E_m(s) - C] \quad (11\text{-}17)$$

注意，式(11-17)中的 $c_p C$ 是一个常数项，在优化中不起作用。利用逆向归纳法可以得出制造商和零售商的均衡策略。根据式(11-16)和式(11-17)可得以下结论。

定理 11.1　对于 VMI 下的分散供应链，有以下结论成立。

(1) 当两个同质零售商有价格竞争时，存在唯一的纳什均衡(p_1^{d*}, p_2^{d*})，这里

$$p_1^{d*} = p_2^{d*} = \frac{a(3\beta-2\gamma)+\beta(\beta-\gamma)A+[\alpha(3\beta-2\gamma)-b\beta c_p\phi(\beta-\gamma)]s_d^*}{2(\beta-\gamma)(2\beta-\gamma)}$$

(11-18)

(2) 在以制造商为领导者的 Stackelberg 博弈中，制造商对两个竞争零售商销售价格的最佳反应为$(w_1^{d*}, w_2^{d*}, s_d^*)$，其中

$$w_1^{d*} = w_2^{d*} = \frac{a+(\beta-\gamma)A+[\alpha-bc_p\phi(\beta-\gamma)]s_d^*}{2(\beta-\gamma)}$$

(11-19)

和

$$s_d^* = \frac{\beta[a-(\beta-\gamma)A][\alpha+bc_p\phi(\beta-\gamma)]}{(2\beta-\gamma)(\beta-\gamma)\eta-\beta[\alpha+bc_p\phi(\beta-\gamma)]^2}$$

(11-20)

定理 11.1 分别证明了两个竞争零售商之间的纳什均衡及制造商与两个零售商之间 Stackelberg 博弈均衡的唯一性。从定理 11.1 中可以观察到，在分散供应链中，当制造商向两个竞争零售商提供相同的批发价格时，他们会做出相同的定价决策。根据定理 11.1 可以有以下结论。

定理 11.2 对 VMI 模式下的分散供应链，制造商和零售商的最优单位时间利润分别为

$$\Pi_{r1}^d(p_1^{d*}) = \Pi_{r2}^d(p_2^{d*}) = \frac{(\beta-\gamma)^2\eta^2(s_d^*)^2}{4\beta[\alpha+bc_p\phi(\beta-\gamma)]^2}$$

(11-21)

$$\Pi_m^d(s_d^*, w_1^{d*}, w_2^{d*}) = \frac{\eta\{(2\beta-\gamma)(\beta-\gamma)\eta-\beta[\alpha+bc_p\phi(\beta-\gamma)]^2\}(s_d^*)^2}{2\beta[\alpha+bc_p\phi(\beta-\gamma)]^2} + c_pC$$

(11-22)

相应的碳排放总量为

$$E_m^d(s_d^*) - \frac{(\beta-\gamma)\eta(e_1\phi_1+e_2\phi_2-b\phi s_d^*)s_d^*}{\alpha+bc_p\phi(\beta-\gamma)}$$

(11-23)

从式(11-21)~式(11-23)可以得到以下推论。

推论 11.1 对 VMI 模式下的分散供应链，有以下结论成立。

(1) $\Pi_{r1}^d(p_1^{d*})$和$\Pi_{r2}^d(p_2^{d*})$不依赖参数C，而$\Pi_m^d(s_d^*, w_1^{d*}, w_2^{d*})$关于$C$线性增加。

(2) $E_m^d(s_d^*)$关于e_1或e_2线性增加。

从定理 11.2 和推论 11.1 可以看出，每个零售商单位时间的总利润不受碳限额C的影响，而制造商单位时间的总利润将随着C的增加而增加，而且，碳排放量随着e_1或e_2的增加而增加，但不受碳限额C的影响，这意味着增加碳限额会使供应链获得更多利润，但对控制碳排放没有影响。

在集中供应链的情况下，为使供应链单位时间总利润最大化，制造商和两个零

售商作为一个整体将共同决定最优销售价格和绿色技术水平。在碳限额与交易政策下,供应链每单位时间的总利润为

$$\Pi_c(s,p_1,p_2) = \sum_{i=1}^{2} p_i D_i(s,p_1,p_2) - c_m Q - \sum_{i=1}^{2}(h_r + \theta h_d)\int_{T}^{2T} I_{ri}(t)\mathrm{d}t -$$
$$(h_m + \theta h_d)\int_{t_m}^{T} I_m(t)\mathrm{d}t - \frac{1}{2}\eta s^2 - c_p[E_m(s) - C] \quad (11\text{-}24)$$

由式(11-24)可得以下定理。

定理 11.3 对 VMI 模式下的集中供应链,供应链每单位时间的总利润是关于 s, p_1 和 p_2 的联合凹函数,其最优解分别为

$$s_c^* = \frac{[a - (\beta - \gamma)A][\alpha + bc_p\phi(\beta - \gamma)]}{(\beta - \gamma)\eta - [\alpha + bc_p\phi(\beta - \gamma)]^2} \quad (11\text{-}25)$$

和

$$p_1^{c*} = p_2^{c*} = \frac{a + (\beta - \gamma)A + [\alpha - bc_p\phi(\beta - \gamma)]s_c^*}{2(\beta - \gamma)} \quad (11\text{-}26)$$

利用式(11-25)和式(11-26)可得到如下定理。

定理 11.4 对 VMI 模式下的集中供应链,其最优单位时间总利润和相应的供应链排放量为

$$\Pi_c(s_c^*, p_1^{c*}, p_2^{c*}) = \frac{\eta\{(\beta - \gamma)\eta - [\alpha + bc_p\phi(\beta - \gamma)]^2\}(s_c^*)^2}{2[\alpha + bc_p\phi(\beta - \gamma)]^2} + c_p C$$
$$(11\text{-}27)$$

和

$$E_m^c(s_c^*) = \frac{(\beta - \gamma)\eta(e_1\phi_1 + e_2(\phi_2 + \phi_3) - b\phi s_c^*)s_c^*}{\alpha + bc_p\phi(\beta - \gamma)} \quad (11\text{-}28)$$

从式(11-27)和式(11-28)得到如下推论。

推论 11.2 对 VMI 模式下的集中供应链,$\Pi_c(s_c^*, p_1^{c*}, p_2^{c*})$ 关于 C 线性增加,$E_m^c(s_c^*)$ 关于 e_1 或 e_2 线性增加。

定理 11.4 和推论 11.2 表明,碳参数 C, e_1 和 e_2 对分散供应链中制造商利润和碳排放量的影响与集中供应链中制造商利润和碳排放量的影响相似。

从定理 11.1 和定理 11.3 中可以得到以下结论。

推论 11.3 对分散供应链和集中供应链,以下结论成立。

(1) $\dfrac{s_c^*}{s_d^*} = \dfrac{(2\beta - \gamma)(\beta - \gamma)\eta - \beta[\alpha + bc_p\phi(\beta - \gamma)]^2}{\beta(\beta - \gamma)\eta - \beta[\alpha + bc_p\phi(\beta - \gamma)]^2}$。

(2) 对 $i = 1, 2, p_i^{c*} = p_i^{d*} - \dfrac{(\beta - \gamma)\eta\{(\beta - \gamma)\eta - 2\alpha[\alpha + bc_p\phi(\beta - \gamma)]\}(s_c^*)^2}{2\beta[\alpha + bc_p\phi(\beta - \gamma)]\{(\beta - \gamma)\eta - [\alpha + bc_p\phi(\beta - \gamma)]^2\}}$。

因为 $\beta > \gamma$,由推论 11.3(1)可知 $s_c^* > s_d^*$,这表明制造商在集中供应链中提供的

绿色技术水平要高于分散供应链。推论 11.3(2)表明当$(\beta-\gamma)\eta>2\alpha[\alpha+bc_p\phi(\beta-\gamma)]$时，$p_c^*<p_d^*$成立；当$(\beta-\gamma)\eta<2\alpha[\alpha+bc_p\phi(\beta-\gamma)]$时，$p_c^*>p_d^*$成立；当$(\beta-\gamma)\eta=2\alpha[\alpha+bc_p\phi(\beta-\gamma)]$时，$p_c^*=p_d^*$成立。这也说明了分散和集中供应链的最优销售价格可以通过$(\beta-\gamma)\eta$和$2\alpha[\alpha+bc_p\phi(\beta-\gamma)]$的值进行比较。

为了更好地比较集中和分散供应链可以得到以下结论。

定理 11.5 对分散和集中式供应链，以下结论成立。

(1) $1 < \dfrac{\Pi_c(s_c^*, p_1^{c*}, p_2^{c*})}{\sum_{i=1}^{2}\Pi_{ri}^d(p_i^{d*}) + \Pi_m^d(s_d^*, w_1^{d*}, w_2^{d*})} < \Psi$,

其中，$\Psi = \dfrac{\{(\beta-\gamma)(2\beta-\gamma)\eta - \beta[\alpha+bc_p\phi(\beta-\gamma)]^2\}^2}{\beta\{(\beta-\gamma)\eta - [\alpha+bc_p\phi(\beta-\gamma)]^2\}\{(\beta-\gamma)(3\beta-2\gamma)\eta - \beta[\alpha+bc_p\phi(\beta-\gamma)]^2\}}$。

(2) $\dfrac{E_m^c(s_c^*)}{E_m^d(s_d^*)} = \dfrac{[e_1\phi_1 + e_2(\phi_2+\phi_3) - b\phi s_c^*]s_c^*}{[e_1\phi_1 + e_2(\phi_2+\phi_3) - b\phi s_d^*]s_d^*}$。而且，当$s_c^* + s_d^* > \dfrac{e_1\phi_1 + e_2(\phi_2+\phi_3)}{b\phi}$时，$E_m^c(s_c^*) < E_m^d(s_d^*)$；否则$E_m^c(s_c^*) \geqslant E_m^d(s_d^*)$。

定理 11.5(1)提供了一个$\Pi_c(s_c^*, p_1^{c*}, p_2^{c*})$比$\sum_{i=1}^{2}\Pi_{ri}^d(p_i^{d*}) + \Pi_m^d(s_d^*, w_1^{d*}, w_2^{d*})$的上界。这意味着制造商与零售商合作时，供应链每单位时间总利润最多增加$(\Psi-1)\times 100\%$。然而，合作决策可能会导致零售商利润下降。例如，当$(\beta-\gamma)\eta>2\alpha[\alpha+bc_p\phi(\beta-\gamma)]$时，$p_c^*<p_d^*$，这意味着零售商接受合作决策时应该提供更低的销售价格。如果下降的销售价格大于增加的制造商收取的绿色技术水平费用，则零售商单位时间的总利润将下降。在这种情况下，作为追随者的零售商会拒绝与制造商合作。对制造商来说，选择一种能激励零售商的有效契约是很重要的。定理 11.5(2)表明集中供应链和分散供应链产生的碳排放可以进行比较。因此，一个具有挑战性的问题是，供应链能否通过契约协调在增加利润的同时减少碳排放。下一节将用收益共享契约来协调供应链。

11.3.3 基于收益共享契约的供应链协调优化问题

本节考虑的收益共享契约描述如下：制造商通过降低批发价格和提高绿色技术水平等措施激励零售商做出与供应链总体优化一致的决策。作为追随者，每个零售商都会提供一部分收入给制造商，制造商和零售商可以经过多次协商后确定相应的决策变量，表明供应链实现了协调。在收益共享契约中，供应链成员的单位时间利润分别为

$$\Pi_{ri}^{rs}(p_i) = (\rho_i p_i - w_i)D_i(s, p_1, p_2), \quad i=1,2 \qquad (11-29)$$

和

$$\Pi_m^{rs}(s,w_1,w_2) = \sum_{i=1}^{2} w_i D_i(s,p_1,p_2) - c_m Q - \sum_{i=1}^{2}(h_r+\theta h_d)I_{ri} - (h_m+\theta h_d)I_m -$$
$$\frac{1}{2}\eta s^2 - c_p[E_m(s)-C] + \sum_{i=1}^{2}(1-\rho_i)p_i D_i(s,p_1,p_2)$$

(11-30)

以下结果提供了使用收益共享契约协调本节所建立的供应链的条件。

定理 11.6 对本节所考虑的供应链,当 $p_1^{rs}=p_1^{c*}$, $p_2^{rs}=p_2^{c*}$ 和 $s_{rs}=s_c^*$ 时,通过收益共享契约可以使供应链得到协调,对应的批发价格分别为

$$w_1^{rs}\rho_2 = w_2^{rs}\rho_1 \qquad (11\text{-}31)$$

和

$$w_1^{rs} = \frac{\rho_1}{2\beta(\beta-\gamma)}\{\alpha\gamma + (\beta-\gamma)(2\beta-\gamma)A + [\alpha\gamma - bc_p\phi(2\beta-\gamma)(\beta-\gamma)]s_c^*\}$$

(11-32)

定理 11.6 表明,在 VMI 模式下,当对绿色技术的投资、持有库存和变质成本及碳限额与交易政策纳入易腐类产品的供应链时,收益共享契约可以使系统达到协调。式(11-31)和式(11-32)表明,当供应链实现协调时,制造商向每个零售商收取的批发价格在零售商相应的收入部分中增加,这意味着当制造商降低批发价格时,制造商从零售商收益中得到的分成将会增加。

进一步研究这三个供应链成员接受收益共享契约的条件可知以下定理。

定理 11.7 对供应链中的三个成员,当且仅当 ρ_1 和 ρ_2 满足 $\rho_i \geqslant \left\{\dfrac{\beta(\beta-\gamma)\eta - \beta[\alpha+bc_p\phi(\beta-\gamma)]^2}{(\beta-\gamma)(2\beta-\gamma)\eta - \beta[\alpha+bc_p\phi(\beta-\gamma)]^2}\right\}^2$, $i=1,2$ 和 $\rho_1+\rho_2 \leqslant \dfrac{2\beta\{(\beta-\gamma)\eta - [\alpha+bc_p\phi(\beta-\gamma)]^2\}}{(\beta-\gamma)(2\beta-\gamma)\eta - \beta[\alpha+bc_p\phi(\beta-\gamma)]^2}$ 时,收益共享契约才会被接受。

根据定理 11.6 和定理 11.7 可以得到如下结论。

推论 11.4 对本节所考虑的供应链有以下结论成立。

(1) 在收益共享契约下,供应链每个单位时间的利润与集中供应链利润相等,即 $\Pi_m^{rs}(s_{rs},w_1^{rs},w_2^{rs}) + \sum_{i=1}^{2}\Pi_{ri}^{rs}(p_i^{rs}) = \Pi_c(s_c^*,p_1^{c*},p_2^{c*})$。

(2) 收益共享契约下供应链的碳排放量与集中供应链的碳排放量相等,即 $E_m^{rs}(s_{rs}) = E_m^c(s_c^*)$。

(3) 如果 $\rho_1=\rho_2=\rho$,则收益共享契约对供应链中的每个成员都是可接受的,当且仅当 $\left\{\dfrac{\beta(\beta-\gamma)\eta - \beta[\alpha+bc_p\phi(\beta-\gamma)]^2}{(\beta-\gamma)(2\beta-\gamma)\eta - \beta[\alpha+bc_p\phi(\beta-\gamma)]^2}\right\}^2 \leqslant \rho \leqslant \dfrac{\beta\{(\beta-\gamma)\eta - [\alpha+bc_p\phi(\beta-\gamma)]^2\}}{(\beta-\gamma)(2\beta-\gamma)\eta - \beta[\alpha+bc_p\phi(\beta-\gamma)]^2}$。

推论 11.4(1)表明收益共享契约可以完美协调供应链。推论 11.4(2)表明,在收益共享契约下,分散供应链可以获得与集中供应链相同的利润和碳排放。从推论 11.4(3)和式(11-31)可以看出,在收益共享契约中,如果两个竞争的零售商向制造商提供相同比例的收入分成,那么制造商就会向他们收取相同的批发价格。在这种情况下,一个使收益共享契约中三个成员的利润分别高于或等于分散供应链中的利润的 ρ 将是存在的。

11.4 算例分析

本节将通过数值实验来检验本章所得的理论结果并给出相应的管理启示。

11.4.1 数值算例

算例基本模型参数值:$a=500$ 单位货物,$\alpha=0.45$,$\beta=0.85$,$\gamma=0.4$,$c_m=8$ 元/单位货物,$\theta=0.08$,$h_r=3$ 元/单位货物,$h_m=2$ 元/单位货物,$h_d=1.5$ 元/单位货物,$t_m=0.15$ 年,$e_1=50$ 千克/单位货物,$e_2=23$ 千克/单位货物,$c_p=2.5$ 元/千克,$b_1=0.45$,$b_2=0.34$,$C=10\,000$ 千克,$\eta=25$。计算结果如表 11-2 所示。

表 11-2 数值算例的最优计算结果

模型	批发价格 $(w_1;w_2)$/(元/单位货物)	绿色技术 s	销售价格 $(p_1;p_2)$/(元/单位货物)	利润(零售商1;零售商2;制造商)/元	供应链利润/元	碳排放/千克
集中式	(—;—)	59.68	(625.10;625.10)	(—;—;—)	248 480	13 407
分散式	(637.13, 637.13)	36.50	(813.84;813.84)	(26 541;26 541;161 690)	214 772	13 876
收益共享契约协调系统($\rho_1;\rho_2$)						
(0.4;0.4)	(134.48; 134.48)	59.68	(625.10;625.10)	(28 376;28 376;191 728)	248 480	13 407
(0.45;0.4)	(151.29; 134.48)	59.68	(625.10;625.10)	(31 923;28 376;188 181)	248 480	13 407
(0.5;0.45)	(168.10; 151.29)	59.68	(625.10;625.10)	(35 470;31 923;181 087)	248 480	13 407
(0.5;0.5)	(168.10; 168.10)	59.68	(625.10;625.10)	(35 470;35 470;177 540)	248 480	13 407
(0.6;0.5)	(201.73; 168.10)	59.68	(625.10;625.10)	(42 565;35 470;170 445)	248 480	13 407
(0.6;0.6)	(201.73; 201.73)	59.68	(625.10;625.10)	(42 565;42 565;163 350)	248 480	13 407

由表 11-2 可知,集中供应链下的单位时间利润为 248 480 元,对应的碳排放量

为 13 407 千克。在分散供应链中,供应链的单位时间利润为 214 772 元,对应的碳排放量为 13 876 千克。因此可以得出,制造商与两个零售商合作时,利润增加了 15.70%,碳排放减少了 3.38%,这意味着供应链三个成员的合作可以增加利润、减少碳排放。分别比较 $i=1,2$ 时 $s_c^*=59.68$ 千克,$p_i^{c*}=625.10$ 元和 $s_d^*=36.50$ 千克,$p_i^{d*}=813.84$ 元可以得知,当三个供应链成员同意合作时,制造商应该增加绿色技术水平,而两个零售商也应该降低销售价格。此外,在集中供应链中,竞争的零售商需要设定相同的销售价格并且获得相同的利润,而在分散供应链中,当制造商为相互竞争的零售商设定相同的批发价格时,零售商也需要设定相同的销售价格并获得相同的利润。

从表 11-2 中还可以观察到以下结论。

(1) 在收益共享契约中,当两个相互竞争的零售商向制造商提供相同比例的收入时(即 $\rho_1=\rho_2$),制造商为两个零售商设定相同的批发价格,这会导致竞争零售商的销售价格和利润没有差别。当 ρ_1 或 ρ_2 从 0.4 增加到 0.6 时,收益共享契约中批发价格将会增加,销售价格和绿色技术水平保持不变。收益共享契约的批发价格应小于分散供应链下的批发价格,销售价格和绿色技术水平与集中供应链时相同,这意味着收益共享契约会激励制造商和两个竞争零售商做出与供应链总体优化相一致的决策。当 ρ_1 或 ρ_2 增加时,制造商的利润会减少,而两个零售商的利润则会增加,特别是当 ρ_1 或 ρ_2 从 0.4 增加到 0.6 时,制造商和两个竞争零售商的利润都会高于分散供应链下的利润,这说明三个供应链成员可以接受收益共享契约,其中 ρ_1 或 ρ_2 的精确范围为 $[0.37, 0.61]$。

(2) 在收益共享契约中,当两个竞争零售商向制造商提供不同比例的收益时(即 $\rho_1 \neq \rho_2$),制造商将为两个零售商设定不同的批发价格,进而零售商则会设定不同的销售价格以实现利润最大化。例如,当 $\rho_1 > \rho_2$ 时,制造商为零售商 1 设定的批发价格高于为零售商 2 设定的批发价格,这就意味着制造商为零售商 2 提供了更多激励,在这种情况下,零售商 2 的利润将高于零售商 1 的利润,而 $\rho_1 < \rho_2$ 的情况则与此相反。另外,当三个供应链成员接受收益共享契约时,ρ_1 和 ρ_2 的值将满足 $\rho_1+\rho_2 \leq 1.22$ 和 $\rho_i \geq 0.37, i=1,2$。设 $\Delta_0=0$。确定 ρ_1 和 ρ_2 的图形描述如图 11-3 所示。

(3) 收益共享契约下的供应链利润与集中供应链的利润相等,且高于分散供应链的利润。但收益共享契约下的碳排放量与集中供应链相同,且低于分散供应链,这意味着用收益共享契约协调供应链能带来更高的利润和更少的碳排放。

11.4.2 灵敏度分析

本节首先将进行静态灵敏度分析,在其他参数不变的情况下只改变单个参数,以研究对供应链协调策略的影响。考虑到 $\rho_i(i=1,2)$ 的取值范围对供应链协调的影响,可以选取 $\rho_1=0.5$、$\rho_2=0.45$,然后选取与变质、库存和碳排放对应的参数 θ,

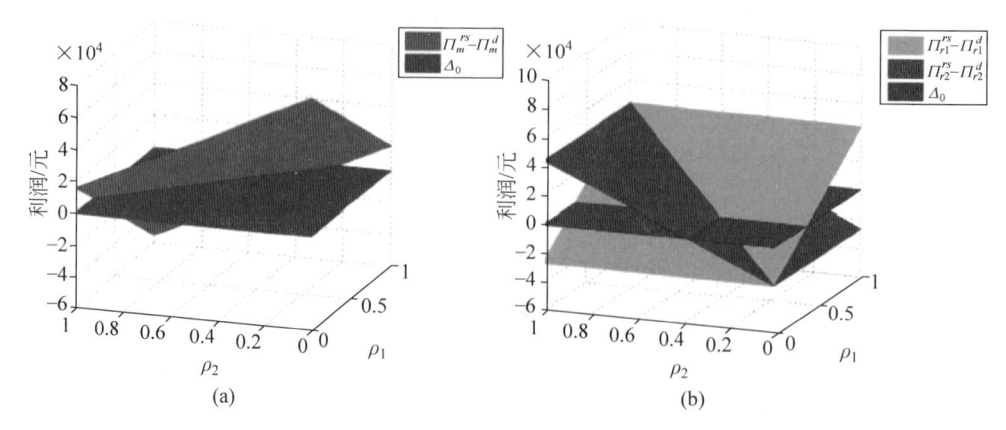

图 11-3　供应链接受 RS 契约时的利润和 ρ_i 值，$i=1,2$（见文后彩页）

(a) 满足 $\Pi_m^{rs} \geqslant \Pi_m^d$ 的 ρ_i 值，$i=1,2$；(b) 满足 $\Pi_{ri}^{rs} \geqslant \Pi_{ri}^d$ 的 ρ_i 值，$i=1,2$

h_r,h_m,e_1,e_2,c_p 和 C。将其中一个参数分别增加 40%、增加 20%、减少 20% 和减少 40%，其他参数保持不变再进行灵敏度分析，结果见表 11-3。根据表 11-3 可以得出如下结论。

（1）在收益共享契约下，当变质率 θ 增加时，制造商的批发价格、绿色技术水平、两个零售商的销售价格和利润，以及碳排放量都增加，而制造商的利润减少。当 θ 值较高时，变质产品的生产和储存可能对环境造成更大的破坏。作为主要排放方，制造商需要采用更高水平的绿色技术减少碳排放，同时还需要提高批发价格以降低技术成本，批发价格的上涨将导致销售价格的上涨。此外，收益共享契约能促使两个竞争零售商采用相同的销售价格进行合作，绿色技术水平的提高大于销售价格的变化将导致两个零售商的市场需求增加。在 VMI 模式下，两个零售商销售价格和市场需求的增加将导致零售商的利润增加。另外，随着市场需求增加，制造商的库存和购买碳排放权的成本也会增加。制造商的利润随着绿色技术投资成本的增加而下降，因为制造商利润的减少大于两个零售商利润的变化，所以整个供应链的利润将减少。以上结果表明，当分散供应链得到协调时，变质率越高，整个供应链的利润越少，碳排放量越高。

（2）在收益共享契约下，当每个零售商的单位持有成本 h_r 或制造商的单位持有成本 h_m 增加时，制造商的批发价格、销售价格和碳排放量增加，而绿色技术水平、两个零售商的利润和制造商的利润减少。在 VMI 模式下，制造商需要管理整个供应链的库存，更高的 h_r 或 h_m 将迫使制造商提高批发价格以抵消更高的持有成本。批发价格的提高会导致销售价格提高，在供应链协调的情况下，两个竞争零售商需要设定相同的销售价格，制造商则需要减少对绿色技术的投资以抵消更高的持有成本。绿色技术水平的降低和销售价格的提高会降低市场需求，在这种情况下，由于市场需求下降的影响大于销售价格上升的影响，两个零售商的利润将会下降。此外，较低的绿色技术水平会导致制造商排放更多的碳，当碳排放量超过排放限额时制造商会购买更多的碳排放权,h_r 或 h_m 的增加和购买碳排放权成本的增加最终会降低制造商的利润。这些结果表明,较小的 h_r 或 h_m 对供应商管理库存下供应链每个成员都有利,并将在减少碳排放方面发挥关键作用。

表 11-3 当 $\rho_1=0.5$ 和 $\rho_2=0.45$ 时 RS 契约协调下主要参数的灵敏度分析

参数	比例(值)	$(w_1^{rs};w_2^{rs})$/(元/单位货物)	s^{rs}	$(p_1^{rs};p_2^{rs})$/(元/单位货物)	$(\Pi_1^{rs};\Pi_2^{rs};\Pi_m^{rs})$/元	E_m^{rs}/千克
θ	+40%(0.112)	(168.38;151.54)	60.64	(625.80;625.80)	(35 505;31 955;179 840)	13 430
	+20%(0.096)	(168.25;151.42)	60.16	(625.45;625.45)	(35 487;31 938;180 460)	13 420
	−20%(0.064)	(167.96;151.16)	59.21	(624.75;624.75)	(35 456;31 910;181 700)	13 389
	−40%(0.048)	(167.80;151.02)	58.76	(624.38;624.38)	(35 443;31 899;182 300)	13 368
h_r/(元/单位货物)	+40%(4.2)	(168.37;151.53)	59.64	(625.43;625.43)	(35 422;31 880;180 870)	13 414
	+20%(3.6)	(168.24;151.41)	59.66	(625.27;625.27)	(35 446;31 902;180 980)	13 410
	−20%(2.4)	(167.97;151.18)	59.70	(624.94;624.94)	(35 495;31 945;181 190)	13 403
	−40%(1.8)	(167.84;151.06)	59.72	(624.77;624.77)	(35 519;31 967;181 300)	13 400
h_m/(元/单位货物)	+40%(2.8)	(168.26;151.43)	59.67	(625.29;625.29)	(35 443;31 898;180 960)	13 411
	+20%(2.4)	(168.18;151.36)	59.67	(625.20;625.20)	(35 457;31 911;181 020)	13 409
	−20%(1.6)	(168.03;151.23)	59.69	(625.01;625.01)	(35 484;31 936;181 140)	13 405
	−40%(1.2)	(167.95;151.16)	59.71	(624.91;624.91)	(35 498;31 949;181 210)	13 403
e_1/(千克/单位货物)	+40%(70)	(191.03;171.93)	56.15	(653.86;653.86)	(31 397;28 258;163 160)	23 895
	+20%(60)	(179.57;161.61)	57.92	(639.48;639.48)	(33 403;30 063;171 990)	18 829
	−20%(40)	(156.64;140.98)	61.45	(610.73;610.73)	(37 600;33 840;190 450)	7630.5
	−40%(30)	(145.18;130.67)	63.21	(596.35;586.35)	(39 792;35 813;200 100)	1499.4

续表

参数	比例（值）	$(w_1^{rs}; w_2^{rs})$/（元/单位货物）	s^{rs}	$(p_1^{rs}; p_2^{rs})$/（元/单位货物）	$(\Pi_1^{rs}; \Pi_2^{rs}; \Pi_m^{rs})$/元	E_m^{rs}/千克
e_2/（千克/单位货物）	+40%(32.2)	(177.52; 159.76)	58.23	(636.91; 636.91)	(33 768; 30 391; 173 590)	17 884
	+20%(27.6)	(172.81; 155.53)	58.96	(631.00; 631.00)	(34 614; 31 153; 177 320)	15 676
	−20%(18.4)	(163.40; 147.06)	60.41	(619.20; 619.20)	(36 337; 32 704; 184 900)	11 078
	−40%(13.8)	(158.70; 142.83)	61.13	(613.30; 613.30)	(37 215; 33 493; 18 8760)	8690.1
c_p/（元/千克）	+40%(3.5)	(159.79; 143.81)	78.95	(620.90; 620.90)	(38 588; 34 729; 175 320)	5936.6
	+20%(3)	(165.88; 149.30)	68.79	(625.345; 625.35)	(36 632; 32 969; 178 030)	9919.6
	−20%(2)	(167.14; 150.42)	51.27	(620.93; 620.93)	(34 922; 31 430; 184 640)	16 643
	−40%(1.5)	(163.40; 147.06)	43.30	(613.28; 613.28)	(34 881; 31 393; 188 830)	19 798
C/千克	+40%(14 000)	(168.10; 151.30)	59.68	(625.10; 625.10)	(35 470; 31 923; 191 080)	13 407
	+20%(12 000)	(168.10; 151.30)	59.68	(625.10; 625.10)	(35 470; 31 923; 186 080)	13 407
	−20%(8000)	(168.10; 151.30)	59.68	(625.10; 625.10)	(35 470; 31 923; 176 080)	13 407
	−40%(6000)	(168.10; 151.30)	59.68	(625.10; 625.10)	(35 470; 31 923; 171 080)	13 407

（3）在收益共享契约下，当生产阶段的碳排放 e_1 或库存持有阶段的碳排放 e_2 增加时，制造商的批发价格、销售价格和碳排放会增加，而绿色技术水平、两个零售商和制造商的利润则会减少。当 e_1 或 e_2 相对较小时，制造商更愿意投资更高水平的绿色技术以使碳排放低于碳限额，并通过碳排放权交易获得更多收益。在这种情况下，制造商可以通过降低批发价来激励两个零售商进行合作。另外，收益共享契约将促使两个零售商降低销售价格以刺激市场需求、增加订单数量。因此，当 e_1 或 e_2 减少时，销售价格的减少若低于制造商需求的增加则会导致两个零售商的利润增加，而制造商的利润增加则是由订单数量的增加和碳排放权的交易所致。

（4）在收益共享契约下，当碳排放许可的单位交易价格 c_p 增加时，绿色技术水平和两个零售商的利润将会增加，制造商的利润和碳排放则会减少，而制造商的批发价格和销售价格则将先增加后减少。当 c_p 较高时，制造商更愿意投资较高水平的绿色技术以减少碳排放，从而获得收益或节约成本。当碳排放量高于碳限额时，较高的 c_p 会使制造商提高批发价格以降低技术投资和购买碳排放权的成本；当碳排放量小于碳限额时，较大的 c_p 会使制造商降低批发价格以刺激两个零售商增加订单量。在这种情况下,销售价格与批发价格的变化将保持一致。绿色技术水平的提高将导致市场需求增加,进而导致两个零售商的利润增加,然而,由于绿色技术水平和市场需求的增加会导致技术投资和库存持有成本增加、制造商的利润下降,故以上结果表明,较大的 c_p 有利于两个竞争零售商,而较小的 c_p 则将有利于制造商。此外,增加 c_p 对减少碳排放具有积极作用。

(5) 在收益共享契约中,制造商的利润随着碳限额 C 的增加而增加,而制造商的批发价格、销售价格、绿色技术水平、两个零售商的利润和碳排放量则会保持不变。这些结果表明,当收益共享契约协调供应链时,碳限额并不影响两个零售商和制造商的最优运营决策,而且较高的碳限额对主要碳排放方有利,因为当碳限额增加时,制造商获得的利润更高但碳排放量相同。

为了研究多个参数同时变化对供应链协调策略的影响,本节进一步进行了鲁棒灵敏度分析,采用了田口法对协调系统的主要参数 $\theta, c_m, h_r, h_m, h_d, e_1, e_2, \rho_1, \rho_2, c_p$ 和 C 进行鲁棒性测试,如上文所述,选择 $\rho_1=0.5$ 和 $\rho_2=0.45$ 进行实验设计。田口法被广泛用于研究多个参数同时变化对各种问题的影响(Taguchi,1962;Taguchi,1987)。在现实中,c_p 和 C 通常由政府规定,因此,在采用田口法分析本节所考虑的问题时,可以将这两个参数作为不可控因素,其他参数作为控制因素。根据田口法选择 $L_{12}(2^8)$ 正交表分配 8 个控制因素($\theta, c_m, h_r, h_m, h_d, e_1, e_2, \rho_1$ 和 ρ_2),并选择 $L_4(2^2)$ 正交表分配两个不可控因素 c_p 和 C,级别 1 和级别 2 分别表示对应参数的初始值+20% 和-20%。根据田口法的信噪比公式可以计算出制造商利润、两个零售商利润和协调后系统的碳排放所对应的信噪比,实验结果如表 11-4 和图 11-4 所示。另外还可以得出,信噪比越大,每个成员的利润在期望值附近的方差越小,而信噪比越小,供应链的碳排放量在期望值附近的方差越小。

表 11-4 利润和碳排放对应的信噪比值(SN ratio)

序号	θ	c_m	h_r	h_m	h_d	e_1	e_2	ρ_1	ρ_2	c_p	1	1	2	3	
										C	1	2	1	2	
									反应值				SN ratio		
1	1	1	1	1	1	1	1	1	1	制造商	154 930	142 930	164 490	156 490	103.76
										零售商 1	39 269	39 269	39 015	39 015	91.85
										零售商 2	35 342	35 342	35 114	35 114	90.94
										碳排放	18 048	18 048	24 085	24 085	−86.56
2	1	1	1	1	1	2	2	2	2	制造商	213 980	201 980	212 220	204 220	106.36
										零售商 1	32 400	32 400	29 635	29 635	89.81
										零售商 2	29 160	29 160	26 672	26 672	88.89
										碳排放	740	740	8875	8875	−75.98
3	1	1	2	2	2	1	1	1	2	制造商	167 040	155 040	176 540	168 540	104.41
										零售商 1	39 368	39 368	39 104	39 104	91.87

续表

序号	θ	c_m	h_r	h_m	h_d	e_1	e_2	ρ_1	ρ_2	c_p	1	1	2	3	
										C	1	2	1	2	
								反应值					SN ratio		
	—	—	—	—	—	—	—	—	—	零售商2	23 621	23 621	23 462	23 462	87.44
	—	—	—	—	—	—	—	—	—	碳排放	18 039	18 039	24 091	24 091	−86.56
4	1	2	1	2	2	1	2	2	1	制造商	178 070	166 070	184 890	176 890	104.91
	—	—	—	—	—	—	—	—	—	零售商1	28 171	28 171	27 264	27 264	88.85
	—	—	—	—	—	—	—	—	—	零售商2	38 031	38 031	36 806	36 806	91.46
	—	—	—	—	—	—	—	—	—	碳排放	13 374	13 374	19 898	19 898	−84.58
5	1	2	2	1	2	2	1	2	1	制造商	191 420	179 420	194 020	186 020	105.46
	—	—	—	—	—	—	—	—	—	零售商1	30 819	30 819	28 811	28 811	89.47
	—	—	—	—	—	—	—	—	—	零售商2	41 606	41 606	38 895	38 895	92.08
	—	—	—	—	—	—	—	—	—	碳排放	6043	6043	13 464	13 464	−80.37
6	1	2	2	2	1	2	2	1	2	制造商	199 370	187 370	199 000	191 000	105.76
	—	—	—	—	—	—	—	—	—	零售商1	49 079	49 079	44 862	44 862	93.41
	—	—	—	—	—	—	—	—	—	零售商2	29 447	29 447	26 917	26 917	88.97
	—	—	—	—	—	—	—	—	—	碳排放	588	588	8815	8815	−75.91
7	2	1	2	2	1	1	2	2	1	制造商	178 730	166 730	185 130	177 130	104.94
	—	—	—	—	—	—	—	—	—	零售商1	27 939	27 939	27 150	27 150	88.80
	—	—	—	—	—	—	—	—	—	零售商2	37 718	37 718	36 653	36 653	91.40
	—	—	—	—	—	—	—	—	—	碳排放	13 411	13 411	19 583	19 583	−84.50
8	2	1	2	1	2	2	2	1	1	制造商	184 540	172 540	185 130	177 130	105.09
	—	—	—	—	—	—	—	—	—	零售商1	48 347	48 347	44 472	44 472	93.31
	—	—	—	—	—	—	—	—	—	零售商2	43 512	43 512	40 024	40 024	92.39
	—	—	—	—	—	—	—	—	—	碳排放	1216	1216	8898	8898	−76.06
9	2	1	1	2	2	1	2	2	2	制造商	204 950	192 950	206 470	198 470	106.04
	—	—	—	—	—	—	—	—	—	零售商1	30 393	30 393	28 579	28 579	89.38
	—	—	—	—	—	—	—	—	—	零售商2	27 354	27 354	25 721	25 721	88.46
	—	—	—	—	—	—	—	—	—	碳排放	6489	6489	13 439	13 439	−80.47
10	2	2	2	1	1	1	1	2	2	制造商	182 970	170 970	192 020	184 020	105.20
	—	—	—	—	—	—	—	—	—	零售商1	26 439	26 439	26 316	26 316	88.42
	—	—	—	—	—	—	—	—	—	零售商2	23 795	23 795	23 684	23 684	87.51
	—	—	—	—	—	—	—	—	—	碳排放	17 899	17 899	23 726	23 726	−86.45
11	2	2	1	2	1	2	1	1	1	制造商	177 130	165 130	180 410	172 410	104.78
	—	—	—	—	—	—	—	—	—	零售商1	45 933	45 933	43 168	43 168	92.96
	—	—	—	—	—	—	—	—	—	零售商2	41 340	41 340	38 851	38 851	92.05
	—	—	—	—	—	—	—	—	—	碳排放	6406	6406	13 414	13 414	−80.43
12	2	2	1	1	2	1	2	1	2	制造商	178 150	166 150	184 620	176 620	104.91
	—	—	—	—	—	—	—	—	—	零售商1	42 151	42 151	40 940	40 940	92.37
	—	—	—	—	—	—	—	—	—	零售商2	25 290	25 290	24 564	24 564	87.93
	—	—	—	—	—	—	—	—	—	碳排放	13 375	13 375	19 583	19 583	−84.49

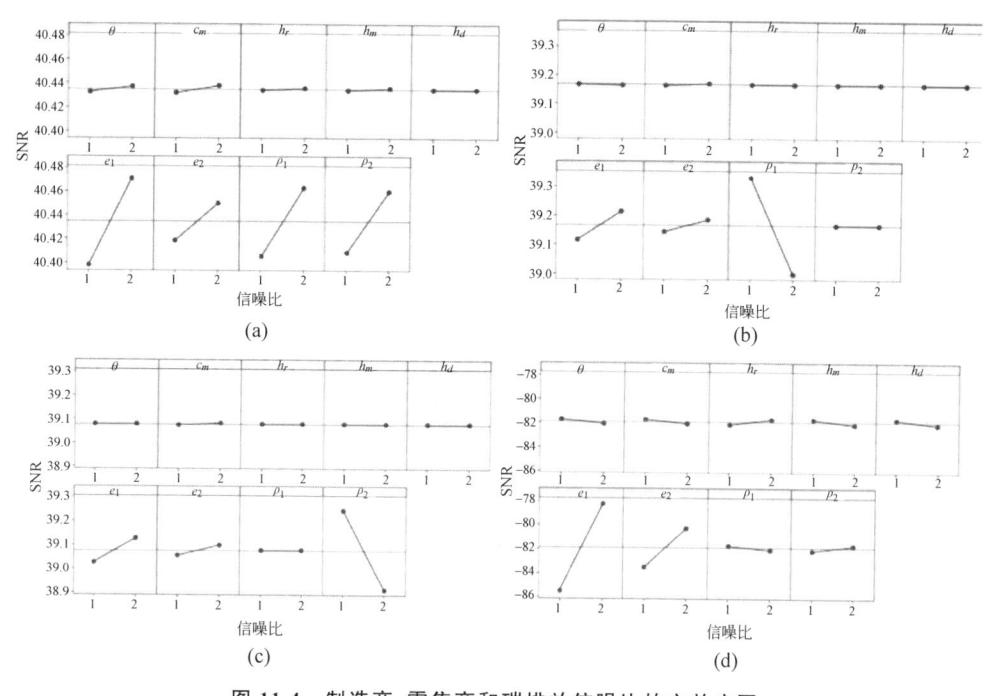

图 11-4 制造商、零售商和碳排放信噪比的主效应图
(a) 制造商信噪比的主效应图;(b) 零售商1信噪比的主效应图;
(c) 零售商2信噪比的主效应图;(d) 碳排放信噪比的主效应图

从表 11-4 可以看出:(1) 当参数 θ、c_m、h_r、h_m、h_d、e_1、e_2、ρ_1 和 ρ_2 的级别分别是 1、1、1、1、1、2、2、2 和 2 时,制造商利润对应的信噪比最大;(2) 当参数 θ、c_m、h_r、h_m、h_d、e_1、e_2、ρ_1 和 ρ_2 的级别分别是 1、2、2、2、1、2、2、1 和 2 时,零售商 1 利润对应的信噪比最大;(3) 当参数 θ、c_m、h_r、h_m、h_d、e_1、e_2、ρ_1 和 ρ_2 的级别分别是 2、1、2、1、2、2、2、1 和 1 时,零售商 2 利润对应的信噪比最大;(4) 当参数 θ、c_m、h_r、h_m、h_d、e_1、e_2、ρ_1 和 ρ_2 的级别分别是 1、1、1、1、1、1、1、1 和 1 或 1、1、2、2、2、1、1、1、2 时,供应链碳排放对应的信噪比最小。

图 11-4 显示如下。

(1) 基于信噪比,制造商获得更多利润的最优条件是 θ 级别为 2、c_m 级别为 2、h_r 级别为 2、h_m 级别为 2、h_d 级别为 1 或 2、e_1 级别为 2、e_2 级别为 2、ρ_1 级别为 2、ρ_2 级别为 2。参数 e_1、ρ_1、ρ_2 和 e_2 对制造商利润的影响较大,而参数 θ、c_m、h_r、h_m 和 h_d 对制造商利润的影响较小,其中参数 e_1 对制造商利润的影响最大。

(2) 基于信噪比,零售商 1 的最优条件是 θ 级别为 1、c_m 级别为 2、h_r 级别为 1 或 2、h_m 级别为 2、h_d 级别为 2、e_1 级别为 2、e_2 级别为 2、ρ_1 级别为 1、ρ_2 级别为 2。参数 ρ_1、e_2 和 e_1 对零售商 1 利润的影响较大,而参数 θ、c_m、h_r、h_m、h_d 和 ρ_2 对零售商 1 利润的影响较小,其中参数 ρ_1 对零售商 1 利润的影响最大。

(3) 基于信噪比,零售商 2 的最优条件是 θ 级别为 1、c_m 级别为 2、h_r 级别为

2、h_m 级别为 1 或 2、h_d 级别为 1 或 2、e_1 级别为 2、e_2 级别为 2、ρ_1 级别为 2、ρ_2 级别为 1。参数 ρ_2 和 e_1 对零售商 2 利润的影响较大，参数 θ、c_m、h_r、h_m、h_d、e_2 和 ρ_1 对零售商 2 利润的影响较小，其中参数 ρ_2 对零售商 2 利润影响最大。

（4）基于信噪比，有助于供应链减少碳排放的最优条件是 θ 级别为 2、c_m 级别为 2、h_r 级别为 1、h_m 级别为 2、h_d 级别为 2、e_1 级别为 1、e_2 级别为 1、ρ_1 级别为 2、ρ_2 级别为 1。参数 e_1 和 e_2 对供应链碳排放的影响较大，而参数 θ、c_m、h_r、h_m、h_d、ρ_1 和 ρ_2 对供应链碳排放的影响较小。

综上所述，从图 11-4 可以得到的管理启示是：当供应链由收益共享契约协调时，制造商应关注如何降低 e_1 的值，零售商 $i(i=1,2)$ 应关注谈判 $\rho_i(i=1,2)$ 的值，而 e_1 和 e_2 的值对供应链减少碳排放则起着关键作用。

11.5 本章小结

碳限额与交易政策和绿色技术投资是控制碳排放的两个有效途径。本章在供应商管理库存的条件下建立了由一个制造商和两个竞争零售商组成的易腐品低碳供应链模型。制造商的生产过程是碳排放的主要来源，在碳限额与交易政策下，制造商可以投资绿色技术以控制碳排放。考虑到各零售商的需求取决于绿色技术水平和竞争对手的销售价格，本章建立了分散供应链模型和集中供应链模型。本章还比较了分散供应链和集中供应链的利润和碳排放，并提出了收益共享契约来协调分散供应链。最后，本章通过数值算例对理论结果进行了说明，并利用田口法对关键参数进行了灵敏度分析，研究了碳足迹对供应链协调的影响。本章的研究结果提供了以下管理启示：(1)当制造商与两个竞争的零售商合作时，分散供应链的利润惩罚存在上限，供应链的碳排放可能低于分散时的情况；(2)当市场需求率与制造商的绿色技术水平和两个竞争零售商的销售价格成线性函数时，VMI 模式下的低碳供应链能够得到完美协调；(3)当收益共享契约被供应链所有成员接受时，供应链从相对较小的碳排放许可单位交易价格或相对较大的碳配额获得收益，而碳排放许可单位交易价格的增加会导致碳排放的减少，但碳排放限额对碳排放没有影响；(4)当收益共享契约被供应链所有成员接受时，θ、e_1、e_2、h_r 和 h_m 中一个参数的增加会导致整个供应链利润减少和碳排放增加，特别地，鲁棒灵敏度分析表明，在所有参数中，e_1 对制造商利润和碳排放的影响最大，$\rho_i(i=1,2)$ 对零售商 i 利润的影响最大。

第12章 低碳减排下二级冷链动态优化博弈模型

12.1 问题背景

面对全球气候变化的严峻挑战,国际社会已经签订了多项具有法律约束力的气候协定,如联合国气候变化框架公约、京都协议书及巴黎协定等。2021年,我国政府宣布将力争在2030年实现碳达峰,2060年实现碳中和,这一目标标志着我国将在最短的时间内实现碳排放强度的最大降幅,并逐步实现从碳达峰到碳中和的历史性过渡。为实现这一目标,我国政府已经制定并推行了一系列政策措施,包括建立碳排放权交易市场、推动碳减排技术的广泛应用、倡导关键行业(如能源、交通及农业等)进行低碳转型。社会实践已然证明,推广碳减排技术是降低碳排放量最有效的方法之一,众多企业也在积极探索和发展相关技术。随着消费者对易腐产品安全性和质量要求的不断提高,冷链物流行业的发展受到了极大关注。由于易腐产品需要在特定的温控环境下储存和运输,存在巨大的能源消耗。据报道,冷链物流行业的能源消耗已占全球总能源消耗的30%以上,仅储存易腐产品的电力消耗就占全球总电力消耗的15%以上,产生的温室气体排放量约占全球碳排放的1%,并且随着冷链基础设施的不断扩张,相关的碳排放问题日益凸显。在此背景下,冷链物流的碳减排也成为学术研究和行业实践的热点议题。针对冷链企业的实地调查显示,大多数为易腐产品提供保鲜服务的大型企业已经认识到了碳排放政策对企业运营的影响,并开始积极参与照明、新能源设备、智能门控制系统等碳减排设备的研发工作。在低碳发展的大背景下,产品的新鲜度和环保性成为影响易腐产品市场需求的两大因素,然而,企业增加对保鲜技术的投入在提高产品新鲜度的同时,可能也会因增加能耗而降低产品的环保性。因此,确定合适的保鲜技术投入和碳减排策略、设计有效的供应链协调机制,对提升冷链的经济和环境效益至关重要。

在实践中,保鲜技术投入和碳减排策略的制定均被视为长期、多周期的战略性议题。因此,从长期和动态的角度研究保鲜技术投入和碳减排策略更加契合企业的实际需要。尽管已有相关文献研究了低碳环境下冷链的运营和协调问题,但这些文献大多是探讨冷链成员在单一时期内的决策优化问题。例如,Cai等(2010)研究了保鲜努力对新鲜度的影响,以及新鲜度对易腐产品需求的影响;Chemonog等(2020)以产品的时效性定义易腐产品的新鲜度;Babagolzadeh等(2020)研究了在需求不确定的情况下碳税对冷链碳排放的影响。与当前相关文献的研究不同,本章采用微分博弈模型,从长期和动态的角度探讨了冷链中的保鲜技术投入、碳减排策略及供应链协调问题,并尝试回答下列问题:①当保鲜技术投入对易腐产品的新鲜度和环保性产生相反的影响时,冷链中的保鲜技术水平和碳减排水平轨迹曲线会随着时间如何变化?②在冷链运营过程中,消费者对新鲜度的偏好和消费者环保意识(CEA)等重要因素是如何影响冷链成员的决策制定和收益的?③单边成本分摊契约和改进后的双边成本分摊契约是如何影响冷链成员的均衡策略以及供应链协调性的?

基于上述问题,本章构建了由一个供应商和一个零售商组成的二级冷链物流模型。供应商负责的易腐产品生产和保鲜活动是冷链中碳排放的主要来源,因此供应商承担着投资易腐产品的保鲜技术和碳减排的责任,二者共同影响易腐产品的市场需求。零售商负责宣传易腐产品的环保性,其宣传努力程度也会影响到产品的市场需求。本章研究的主要创新点在于:①考虑了投入对保鲜技术水平和碳减排水平的跨期影响,首次使用微分博弈模型研究了一个二级冷链在低碳环境的不同情形下的长期均衡策略;②保鲜技术投入和碳减排努力共同影响着碳减排水平,同时保鲜技术投入对碳减排水平会产生消极影响,而以往文献并没有考虑到冷链的这些特性;③文章分析了新鲜度的偏好和消费者环保意识等重要因素对长期决策和效益的影响,并设计了一种改进后的双边成本分摊契约以协调供应链,为提高冷链长期的经济和环境效益提供了理论依据。

12.2 问题描述与符号假设

本节考虑了由一个供应商和一个零售商组成的二级冷链系统,其中,供应商负责进行保鲜技术投入和碳减排努力,其决策将直接影响易腐产品的新鲜度和环保性,进而影响市场对产品的需求;而零售商则负责宣传产品优势,以增加易腐产品的需求。在碳政策和消费者需求偏好的双重推动下,供应商和零售商都希望提高易腐产品的新鲜度和环保性。考虑到供应商面临更大的决策压力,本节将其视为冷链中的领导者。图12-1展示了上述冷链模型的具体决策过程。首先,易腐产品供应商根据市场需求预测,得出保鲜技术投入和碳减排努力的最优策略。然后,零售商根据供应商的策略决定产品的宣传努力,双方的决策目标均为最大化各自的效益。

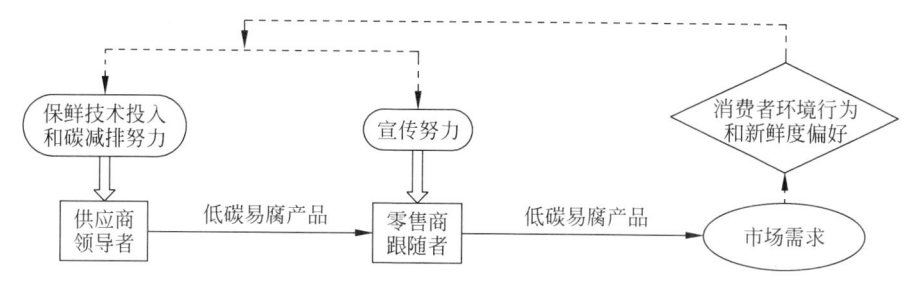

图 12-1 二级冷链系统结构

表 12-1 给出了本章构建模型涉及的变量和参数定义。此外，根据对冷链实践的调查和参考现有相关研究可以做出以下假设。

假设 12.1 t 时刻易腐产品的保鲜技术水平 $S(t)$ 与保鲜技术投入 $E_B(t)$ 呈正相关。由于保鲜设备的逐渐老化，产品的保鲜技术水平存在一个自然衰减率 δ。因此，本章参考 Liu(2015) 和 Liu 等(2021) 提出的微分方程描述了保鲜技术水平的动态变化过程，方程结构如下所示，保鲜技术水平的初始值为 $S(0)=S_0$。

$$\dot{S}(t)=\omega E_B(t)-\delta S(t)$$

假设 12.2 碳减排水平也会随时间动态变化。参考 Liu(2020) 和 Ma(2021) 的研究，假设 t 时刻的碳减排水平 $X(t)$ 与碳减排努力 $E_S(t)$ 呈正相关，同时与保鲜技术水平 $S(t)$ 呈负相关。和假设 12.1 类似，碳减排水平也会因减排设备和技术的老化而产生自然衰减，设自然衰减率为 γ，则碳减排水平的动态变化过程可以用以下方程表示，碳减排水平的初始值 $X(0)=X_0$。

$$\dot{X}(t)=\alpha E_S(t)-\beta S(t)-\gamma X(t)$$

假设 12.3 基于 Zhou 等(2018) 的研究，假设供应商和零售商的投入努力与相应成本之间都是二次关系，即

$$C(E_S(t))=\frac{1}{2}\eta_S E_S^2(t);\ C(E_B(t))=\frac{1}{2}\eta_B E_B^2(t);\ C(E_R(t))=\frac{1}{2}\eta_R E_R^2(t)$$

其中，$\eta_S>0,\eta_B>0,\eta_R>0$ 分别为碳减排努力、保鲜努力，以及营销努力的成本系数。

假设 12.4 考虑到消费者日益增长的环保意识及对易腐产品新鲜度的偏好，本章假设易腐产品的市场需求与产品的新鲜度和环保性相关。Bai 等(2019) 与 Mishra 等(2020) 的研究发现，易腐产品的新鲜度与保鲜技术水平呈正相关，环保性与碳减排水平呈正相关。基于此，本章假设易腐产品的市场需求与保鲜技术水平、碳减排水平及营销努力呈线性正相关，构造如下需求函数。

$$D(t)=D_0+\lambda X(t)+\varepsilon S(t)+\theta E_R(t)$$

其中，D_0 表示不具有碳减排水平、保鲜技术水平及营销努力时的潜在市场规模。

假设 12.5 定义碳减排努力 E_S、保鲜技术投入 $E_B(t)$、营销努力 $E_R(t)$ 为控制变量，产品的保鲜技术水平 $S(t)$ 和碳减排水平 $X(t)$ 为状态变量。供应商和零

售商具有相同的贴现率 $\rho>0$，双方的决策目标均会在无限区间内寻求最优策略，以最大化各自效益。

供应商和零售商的长期期望收益分别表示为：

$$P_S = \int_0^{+\infty} e^{-\rho t} \left[\pi_S D(t) - \frac{1}{2} \eta_S E_S^2(t) - \frac{1}{2} \eta_B E_B^2(t) \right] dt \qquad (12\text{-}1)$$

$$P_R = \int_0^{+\infty} e^{-\rho t} \left[\pi_R D(t) - \frac{1}{2} \eta_R E_R^2(t) \right] dt \qquad (12\text{-}2)$$

表 12-1 模型参数定义

类别	符号	符号含义
决策变量	$E_S(t)$	t 时刻供应商的碳减排努力程度
	$E_B(t)$	t 时刻供应商投入保鲜技术的努力程度
	$E_R(t)$	t 时刻零售商的营销努力程度
状态变量与系数	$X(t)$	t 时刻碳减排水平，$X(0)=X_0$
	$S(t)$	t 时刻保鲜技术水平，$S(0)=S_0$
	$D(t)$	t 时刻市场对低碳易腐产品的需求
	α	产品碳减排水平对碳减排努力的敏感性系数，$\alpha>0$
	β	产品碳减排水平对保鲜技术水平的敏感性系数，$\beta>0$
	γ	碳减排水平的自然衰减系数，$\gamma>0$
	ω	保鲜技术水平对投入保鲜技术努力的敏感性系数，$\omega>0$
	δ	保鲜技术水平的自然衰减系数，$\delta>0$
	λ	产品市场需求对碳减排水平（CEA）的敏感性系数，$\lambda>0$
	ε	产品市场需求对保鲜技术水平（消费者的新鲜度偏好）的敏感性系数，$\varepsilon>0$
	θ	产品市场需求对零售商营销努力程度的敏感性系数，$\theta>0$
	ρ	贴现率
	π_S	供应商的边际利润
	π_R	零售商的边际利润
	P_S	供应商的长期累计收益
	P_R	零售商的长期累计收益
	P_T	冷链渠道长期累计收益
上标	C	集中决策情景
	N	分散决策情景
	Y_1	单边成本分摊情景
	Y_2	双边成本分摊情景

12.3 碳政策下二级冷链动态优化模型

保鲜技术投入和碳减排努力都是具有跨期效应的动态决策变量，并且供应商和零售商寻求的是最大化各自的长期累计收益。因此，本章构建了集中式和分散式情形下的动态模型以研究二级冷链系统的保鲜技术投入和碳减排努力策略。

12.3.1 集中式情形下的动态优化模型

在此情景下，冷链成员将共同决策以最大化二级冷链的整体效益。集中决策情景下的目标函数可以表示为

$$\max_{E_S^C(t),E_B^C(t),E_R^C(t)} P_T^C = \int_0^\infty e^{-\rho t} \left[(\pi_S + \pi_R)D(t) - \frac{1}{2}\eta_S E_S^{C^2}(t) - \frac{1}{2}\eta_B E_B^{C^2}(t) - \frac{1}{2}\eta_R E_R^{C^2}(t) \right] dt$$

集中决策情景下的长期累计效益由供应商和零售商的总利润 $(\pi_S + \pi_R)D(t)$、供应商的碳减排成本 $\frac{1}{2}\eta_S E_S^{C^2}(t)$、供应商的保鲜技术投入成本 $\frac{1}{2}\eta_B E_B^{C^2}(t)$，以及零售商的营销成本 $\frac{1}{2}\eta_R E_R^{C^2}(t)$ 四部分所构成。

针对集中决策情景，下文将分析供应商和零售商的最优反馈均衡策略，以及保鲜技术水平和碳减排水平的最优轨迹曲线。

定理 12.1 对集中式情形下的冷链动态优化模型，有如下结论成立。

(1) 在集中决策情景下，供应商和零售商的最优保鲜技术投入、最优碳减排努力，以及最优营销努力的反馈均衡策略如下所示。

$$\begin{cases} E_S^{C^*} = \dfrac{\alpha(\pi_S + \pi_R)\lambda}{\eta_S(\rho + \gamma)} \\ E_B^{C^*} = \dfrac{\omega(\pi_S + \pi_R)(\rho\varepsilon + \gamma\varepsilon - \beta\lambda)}{\eta_B(\rho + \delta)(\rho + \gamma)} \\ E_R^{C^*} = \dfrac{\theta(\pi_S + \pi_R)}{\eta_R} \end{cases}$$

(2) 保鲜技术水平和碳减排水平的最优轨迹曲线如下所示。

$$\begin{cases} S^{C^*}(t) = S_\infty^C + (S_0 - S_\infty^C)e^{-\delta t} \\ X^{C^*}(t) = X_\infty^C + \left[X_0 - X_\infty^C + \dfrac{\beta(S_0 - S_\infty^C)}{\gamma - \delta} \right]e^{-\gamma t} - \dfrac{\beta(S_0 - S_\infty^C)}{\gamma - \delta}e^{-\delta t} \end{cases}$$

其中，$\begin{cases} S_\infty^C = \dfrac{\omega^2(\pi_S+\pi_R)(\rho\varepsilon+\gamma\varepsilon-\beta\lambda)}{\delta\eta_B(\rho+\delta)(\rho+\gamma)} \\ X_\infty^C = \dfrac{\alpha^2(\pi_S+\pi_R)\lambda}{\gamma\eta_S(\rho+\gamma)} - \dfrac{\beta\omega^2(\pi_S+\pi_R)(\rho\varepsilon+\gamma\varepsilon-\beta\lambda)}{\gamma\delta\eta_B(\rho+\delta)(\rho+\gamma)} \end{cases}$

S_∞^C、X_∞^C 分别为 $t\to\infty$ 时保鲜技术水平和碳减排水平的稳态值。

(3) 集中情景下，二级冷链的最优效益为

$$P_T^{C^*} = e^{-\rho t}[a_1^{C^*} X^{C^*}(t) + b_1^{C^*} S^{C^*}(t) + c_1^{C^*}]$$

其中，$\begin{cases} a_1^{C^*} = \dfrac{(\pi_S+\pi_R)\lambda}{\rho+\gamma} \\ b_1^{C^*} = \dfrac{(\pi_S+\pi_R)(\rho\varepsilon+\gamma\varepsilon-\beta\lambda)}{(\rho+\delta)(\rho+\gamma)} \\ c_1^{C^*} = \dfrac{(\pi_S+\pi_R)D_0}{\rho} + \dfrac{\alpha^2(\pi_S+\pi_R)^2\lambda^2}{2\rho\eta_S(\rho+\gamma)^2} + \dfrac{\omega^2(\pi_S+\pi_R)^2(\rho\varepsilon+\gamma\varepsilon-\beta\lambda)^2}{2\rho\eta_B(\rho+\gamma)^2(\rho+\delta)^2} + \dfrac{\theta^2(\pi_S+\pi_R)^2}{2\rho\eta_R} \end{cases}$

定理 12.1 表明，在集中决策情景下，无论是供应商的最优保鲜技术投入 $E_B^{C^*}$ 还是最优碳减排努力 $E_S^{C^*}$，抑或是零售商的最优营销努力 $E_R^{C^*}$ 均与时间 t 无关，所有的最优决策 $(E_B^{C^*}, E_S^{C^*}, E_R^{C^*})$ 都随着供应商和零售商边际利润 (π_S, π_R) 的增加而增加。此外，各敏感性系数对这些决策努力也会产生重大影响，例如，碳减排水平对碳减排努力程度的敏感性系数 (α) 对 $E_S^{C^*}$ 有正向影响，保鲜技术水平对保鲜技术投入努力程度的敏感性系数 (ω) 和市场对新鲜度偏好的敏感性系数 (ε) 对 $E_B^{C^*}$ 也都有正向影响。此外，CEA(λ) 对 $E_S^{C^*}$ 有正向影响，对 $E_B^{C^*}$ 有负面影响，而碳减排水平对保鲜技术水平的敏感性系数 (β) 对 $E_B^{C^*}$ 也有负面影响。在大多数情况下，易腐产品市场需求对营销努力程度的敏感性系数 (θ) 对 $E_R^{C^*}$ 有正向影响。衰减率 (δ, γ)、贴现率 (ρ)，以及各成本系数 (η_S, η_B, η_R) 均对 $E_S^{C^*}, E_B^{C^*}, E_R^{C^*}$ 有负面影响。

当 $\rho\varepsilon+\gamma\varepsilon-\beta\lambda<0$ 时 $E_B^{C^*}<0$，这表明易腐产品的供应商不会进行保鲜技术投入，因此，接下来的分析将假设 $\rho\varepsilon+\gamma\varepsilon-\beta\lambda>0$。对定理 12.1 的结论进行分析可以发现，保鲜技术水平的轨迹曲线 $S^{C^*}(t)$ 是单调的，若 $S_0<S_\infty^C$，则 $S^{C^*}(t)$ 随时间单调递增，反之则随时间单调递减。当 $\beta=0$ 时，碳减排水平的轨迹曲线 $X^{C^*}(t)$ 也是单调的，若同时满足 $S_0<S_\infty^C$ 且 $X_0<X_\infty^C$，则 $X^{C^*}(t)$ 随时间单调递增，否则，$X^{C^*}(t)$ 将至多只改变一次变化趋势。

12.3.2 分散式情形下的动态优化模型

在分散情景下,供应商和零售商将共同参与施塔克尔贝格微分博弈,并做出各自的最优决策,以实现自身效益的最大化。根据12.2节所描述的决策顺序,易腐产品的供应商将率先决策最优的保鲜技术投入努力程度 $E_B^N(t)$ 和碳减排努力程度 $E_S^N(t)$,随后零售商再决策最优的营销努力 $E_R^N(t)$,所以该情景下,供应商和零售商的目标函数为

$$\max_{E_B^N(t), E_S^N(t)} P_S^N = \int_0^\infty e^{-\rho t} \left[\pi_S D(t) - \frac{1}{2} \eta_S E_S^{N^2}(t) - \frac{1}{2} \eta_B E_B^{N^2}(t) \right] dt$$

$$\max_{E_R^N(t)} P_R^N = \int_0^\infty e^{-\rho t} \left[\pi_R D(t) - \frac{1}{2} \eta_R E_R^{N^2}(t) \right] dt$$

在分散决策情境下,供应商和零售商最优反馈均衡策略及保鲜技术水平和碳减排水平的最优状态轨迹如下结论所示。

定理 12.2 对分散式情形下的冷链动态优化模型,有如下结论成立。

(1) 在不具有成本分摊契约的分散决策情景下,二级冷链的最优反馈均衡策略如下所示。

$$\begin{cases} E_S^{N^*} = \dfrac{\alpha \pi_S \lambda}{\eta_S (\rho + \gamma)} \\[2mm] E_B^{N^*} = \dfrac{\omega \pi_S (\rho \varepsilon + \gamma \varepsilon - \beta \lambda)}{\eta_B (\rho + \gamma)(\rho + \delta)} \\[2mm] E_R^{N^*} = \dfrac{\theta \pi_R}{\eta_R} \end{cases}$$

(2) 保鲜技术水平和碳减排水平的最优状态轨迹如下所示。

$$\begin{cases} S^{N^*}(t) = S_\infty^N + (S_0 - S_\infty^N) e^{-\delta t} \\[2mm] X^{N^*}(t) = X_\infty^N + \left[X_0 - X_\infty^N + \dfrac{\beta(S_0 - S_\infty^N)}{\gamma - \delta} \right] e^{-\gamma t} - \dfrac{\beta(S_0 - S_\infty^N)}{\gamma - \delta} e^{-\delta t} \end{cases}$$

其中,$\begin{cases} S_\infty^N = \dfrac{\omega^2 \pi_S (\rho \varepsilon + \gamma \varepsilon - \beta \lambda)}{\delta \eta_B (\rho + \gamma)(\rho + \delta)} \\[2mm] X_\infty^N = \dfrac{\alpha^2 \pi_S \lambda}{\gamma \eta_S (\rho + \gamma)} - \dfrac{\beta \omega^2 \pi_S (\rho \varepsilon + \gamma \varepsilon - \beta \lambda)}{\gamma \delta \eta_B (\rho + \gamma)(\rho + \delta)} \end{cases}$

S_∞^N, X_∞^N 分别为该情景下 $t \to \infty$ 时保鲜技术水平和碳减排水平的稳态值。

(3) 分散决策情景下,供应商和零售商的最优效益分别为

$$P_S^{N^*} = e^{-\rho t} [a_{1S}^{N^*} X^{N^*}(t) + b_{1S}^{N^*} S^{N^*}(t) + c_{1S}^{N^*}]$$

$$P_R^{N^*} = e^{-\rho t} [a_{1R}^{N^*} X^{N^*}(t) + b_{1R}^{N^*} S^{N^*}(t) + c_{1R}^{N^*}]$$

其中,
$$\begin{cases} a_{1S}^{N^*} = \dfrac{\pi_S \lambda}{\rho + \gamma} \\ b_{1S}^{N^*} = \dfrac{\pi_S (\rho\epsilon + \gamma\epsilon - \beta\lambda)}{(\rho+\gamma)(\rho+\delta)} \\ c_{1S}^{N^*} = \dfrac{\pi_S D_0}{\rho} + \dfrac{\pi_S \theta^2 \pi_R}{\rho \eta_R} + \dfrac{\omega^2 \pi_S^2 (\rho\epsilon + \gamma\epsilon - \beta\lambda)^2}{2\rho \eta_B (\rho+\gamma)^2 (\rho+\delta)^2} + \dfrac{\alpha^2 \pi_S^2 \lambda^2}{2\eta_S (\rho+\gamma)^2} \end{cases},$$

$$\begin{cases} a_{1R}^{N^*} = \dfrac{\pi_R \lambda}{\rho + \gamma} \\ b_{1R}^{N^*} = \dfrac{\pi_R (\rho\epsilon + \gamma\epsilon - \beta\lambda)}{(\rho+\gamma)(\rho+\delta)} \\ c_{1R}^{N^*} = \dfrac{\pi_R D_0}{\rho} + \dfrac{\theta^2 \pi_R^2}{2\rho \eta_R} + \dfrac{\alpha^2 \pi_S \pi_R \lambda^2}{\rho \eta_S (\rho+\gamma)^2} + \dfrac{\omega^2 \pi_S \pi_R (\rho\epsilon + \gamma\epsilon - \beta\lambda)^2}{\rho \eta_B (\rho+\gamma)^2 (\rho+\delta)^2} \end{cases}$$

(4) 分散决策情景下,二级冷链的最优渠道效益为
$$P_T^{N^*} = \mathrm{e}^{-\rho t}[(a_{1S}^{N^*} + a_{1R}^{N^*})X^{N^*}(t) + (b_{1S}^{N^*} + b_{1R}^{N^*})S^{N^*}(t) + (c_{1S}^{N^*} + c_{1R}^{N^*})]$$

定理 12.2 表明,在不具有任何成本分摊契约的分散决策情景下,供应商的最优保鲜技术投入努力 $E_B^{N^*}$ 和碳减排努力 $E_S^{N^*}$ 与零售商边际效益 π_R 无关。同样,零售商的最优营销努力 $E_R^{N^*}$ 与供应商的边际效益 π_S 也无关。通过比较定理 12.1 和定理 12.2 的结果,可以分析得到推论 12.1。

推论 12.1 $E_S^{C^*} > E_S^{N^*}, E_B^{C^*} > E_B^{N^*}, E_R^{C^*} > E_R^{N^*}, X_\infty^C > X_\infty^N, S_\infty^C > S_\infty^N, X^{C^*}(t) > X^{N^*}(t), S^{C^*}(t) > S^{N^*}(t), D^{C^*}(t) > D^{N^*}(t), P_T^{C^*} > P_T^{N^*}$。

推论 12.1 表明,集中决策情景下二级冷链的最优碳减排努力程度、投入保鲜技术的努力程度、营销努力程度、稳态碳减排水平、稳态保鲜技术水平,以及渠道总收益均优于分散决策情景下的决策与状态。集中决策情景下在增加易腐产品的新鲜度和环保性的同时提高冷链的经济效益。因此,对冷链成员而言,设计高效合理的契约以确保整个供应链的高效运作和最大化各方的经济效益是至关重要的。

12.3.3 基于单边成本分摊契约的冷链动态优化模型

为实现冷链的协调发展,本节研究了单边成本分摊契约对二级冷链的协调效果。在单边成本分摊情景下,供应商分摊了零售商的部分营销成本,旨在激励零售商增加营销投入,推动零售商更积极地推广低碳易腐产品,从而促进产品销售。假设 $\varphi^{Y_1}(t)\,(0 \leqslant \varphi^{Y_1}(t) \leqslant 1)$ 是供应商为零售商分摊的营销成本比例,那么该情景下,供应商和零售商的目标函数为

$$\max_{E_S^{Y_1}(t),E_B^{Y_1}(t),\varphi^{Y_1}(t)} P_S^{Y_1} = \int_0^\infty \mathrm{e}^{-\rho t}\left\{\pi_S D(t) - \left[\frac{1}{2}\eta_S E_S^{Y_1^2}(t) + \frac{1}{2}\eta_B E_B^{Y_1^2}(t)\right] - \varphi^{Y_1}(t)\frac{1}{2}\eta_R E_R^{Y_1^2}(t)\right\}\mathrm{d}t$$

$$\max_{E_R^{Y_1}(t)} P_R^{Y_1} = \int_0^\infty \mathrm{e}^{-\rho t}\left\{\pi_R D(t) - [1-\varphi^{Y_1}(t)]\frac{1}{2}\eta_R E_R^{Y_1^2}(t)\right\}\mathrm{d}t$$

在单边成本分摊情境下，供应商和零售商最优反馈均衡策略及保鲜技术水平和碳减排水平的最优状态轨迹如定理12.3所示。

定理12.3 对于单边成本分摊契约的冷链动态优化模型，有如下结论成立：

（1）在单边成本分摊情景下，碳减排努力、保鲜技术投入努力、营销努力及营销成本分摊比例的最优均衡策略如下所示。

$$\begin{cases} E_S^{Y_1^*} = \dfrac{\alpha\pi_S\lambda}{\eta_S(\rho+\gamma)} \\ E_B^{Y_1^*} = \dfrac{\omega\pi_S(\rho\varepsilon+\gamma\varepsilon-\beta\lambda)}{\eta_B(\rho+\gamma)(\rho+\delta)} \\ E_R^{Y_1^*} = \dfrac{\theta(2\pi_S+\pi_R)}{2\eta_R} \\ \varphi^{Y_1^*} = \dfrac{2\pi_S-\pi_R}{2\pi_S+\pi_R} \end{cases}$$

（2）保鲜技术水平和碳减排水平的最优状态轨迹如下所示。

$$\begin{cases} S^{Y_1^*}(t) = S^{N^*}(t) = S_\infty^{Y_1} + (S_0 - S_\infty^{Y_1})\mathrm{e}^{-\delta t} \\ X^{Y_1^*}(t) = X^{N^*}(t) = X_\infty^{Y_1} + \left[X_0 - X_\infty^{Y_1} + \dfrac{\beta(S_0-S_\infty^{Y_1})}{\gamma-\delta}\right]\mathrm{e}^{-\gamma t} - \dfrac{\beta(S_0-S_\infty^{Y_1})}{\gamma-\delta}\mathrm{e}^{-\delta t} \end{cases}$$

其中，$\begin{cases} S_\infty^{Y_1} = S_\infty^N = \dfrac{\omega^2\pi_S(\rho\varepsilon+\gamma\varepsilon-\beta\lambda)}{\delta\eta_B(\rho+\gamma)(\rho+\delta)} \\ X_\infty^{Y_1} = X_\infty^N = \dfrac{\alpha^2\pi_S\lambda}{\gamma\eta_S(\rho+\gamma)} - \dfrac{\beta\omega^2\pi_S(\rho\varepsilon+\gamma\varepsilon-\beta\lambda)}{\gamma\delta\eta_B(\rho+\gamma)(\rho+\delta)} \end{cases}$

$S_\infty^{Y_1}, X_\infty^{Y_1}$ 分别为该情景下 $t\to\infty$ 时保鲜技术水平和碳减排水平的稳态值。

（3）单边成本分摊情景下，供应商和零售商的最优效益分别为

$$P_S^{Y_1^*} = \mathrm{e}^{-\rho t}[a_{1S}^{Y_1^*}X^{Y_1^*}(t) + b_{1S}^{Y_1^*}S^{Y_1^*}(t) + c_{1S}^{Y_1^*}]$$

$$P_R^{Y_1^*} = \mathrm{e}^{-\rho t}[a_{1R}^{Y_1^*}X^{Y_1^*}(t) + b_{1R}^{Y_1^*}S^{Y_1^*}(t) + c_{1R}^{Y_1^*}]$$

其中，$\begin{cases} a_{1S}^{Y_1^*} = \dfrac{\pi_S \lambda}{\rho+\gamma} \\ b_{1S}^{Y_1^*} = \dfrac{\pi_S (\rho\varepsilon+\gamma\varepsilon-\beta\lambda)}{(\rho+\gamma)(\rho+\delta)} \\ c_{1S}^{Y_1^*} = \dfrac{\pi_S D_0}{\rho} + \dfrac{\theta^2 (2\pi_S+\pi_R)^2}{8\rho\eta_R} + \dfrac{\alpha^2 \pi_S^2 \lambda^2}{2\rho\eta_S(\rho+\gamma)^2} + \dfrac{\omega^2 \pi_S^2 (\rho\varepsilon+\gamma\varepsilon-\beta\lambda)^2}{2\rho\eta_B[(\rho+\gamma)(\rho+\delta)]^2} \end{cases}$,

$\begin{cases} a_{1R}^{Y_1^*} = \dfrac{\pi_R \lambda}{\rho+\gamma} \\ b_{1R}^{Y_1^*} = \dfrac{\pi_R (\rho\varepsilon+\gamma\varepsilon-\beta\lambda)}{(\rho+\gamma)(\rho+\delta)} \\ c_{1R}^{Y_1^*} = \dfrac{\pi_S D_0}{\rho} + \dfrac{\pi_R \theta^2 (2\pi_S+\pi_R)}{4\rho\eta_R} + \dfrac{\alpha^2 \pi_S \pi_R \lambda^2}{\rho\eta_S(\rho+\gamma)^2} + \dfrac{\omega^2 \pi_S \pi_R (\rho\varepsilon+\gamma\varepsilon-\beta\lambda)^2}{\rho\eta_B[(\rho+\gamma)(\rho+\delta)]^2} \end{cases}$

（4）单边成本分摊情景下，二级冷链的最优渠道效益为

$$P_T^{Y_1^*}(t) = e^{-\rho t}\left[(a_{1S}^{Y_1^*} + a_{1R}^{Y_1^*})X^{Y_1^*}(t) + (b_{1S}^{Y_1^*} + b_{1R}^{Y_1^*})S^{Y_1^*}(t) + (c_{1S}^{Y_1^*} + c_{1R}^{Y_1^*})\right]$$

$$= e^{-\rho t}\left[\dfrac{\pi_S+\pi_R}{\rho+\gamma}\lambda X^{Y_1^*}(t) + \dfrac{(\pi_S+\pi_R)(\rho\varepsilon+\gamma\varepsilon-\beta\lambda)}{(\rho+\gamma)(\rho+\delta)}S^{Y_1^*}(t) + \dfrac{(\pi_S+\pi_R)D_0}{\rho} + \dfrac{\alpha^2\lambda^2(\pi_S^2+2\pi_S\pi_R)}{2\rho\eta_S(\rho+\gamma)^2} + \dfrac{\theta^2(2\pi_S+\pi_R)(2\pi_S+3\pi_R)}{8\rho\eta_R} + \dfrac{\omega^2(\pi_S^2+2\pi_S\pi_R)(\rho\varepsilon+\gamma\varepsilon-\beta\lambda)^2}{2\rho\eta_B(\rho+\gamma)^2(\rho+\delta)^2}\right]$$

定理12.3表明，在单边成本分摊情景下，只有当条件$2\pi_S > \pi_R$满足时，供应商才会分摊零售商的营销成本；否则，供应商会向零售收取一定的费用。通过比较定理12.3与定理12.1、定理12.2的结果，可以分析得到推论12.2。

推论12.2 当$2\pi_S > \pi_R$时，有$E_S^{Y_1^*} = E_S^{N^*} < E_S^{C^*}$，$E_B^{Y_1^*} = E_B^{N^*} < E_B^{C^*}$，$E_R^{N^*} < E_R^{Y_1^*} < E_R^{C^*}$，$X_\infty^{Y_1} = X_\infty^N < X_\infty^C$，$S_\infty^{Y_1} = S_\infty^N < S_\infty^C$，$X^{Y_1^*}(t) = X^{N^*}(t) < X^{C^*}(t)$，$S^{Y_1^*}(t) = S^{N^*}(t) < S^{C^*}(t)$，$D^{C^*}(t) > D^{Y_1^*}(t) > D^{N^*}(t)$，$P_R^{Y_1^*}(t) > P_R^{N^*}(t)$，$P_S^{Y_1^*}(t) > P_S^{N^*}(t)$，$P_T^{C^*}(t) > P_T^{Y_1^*}(t) > P_T^{N^*}(t)$成立。

推论12.2表明，在单边成本分摊情景下，供应商的最优保鲜技术投入和最优碳减排努力与分散情景下的最优策略相同。因此，保鲜技术水平和碳减排水平的最优状态轨迹保持不变。此外，零售商的营销努力会增加，进而推动市场对低碳易腐产品的需求。然而，在该情景下，即使满足条件$2\pi_S > \pi_R$，供应商和零售商的最优策略、保鲜技术水平、碳减排水平及冷链的渠道效益也无法达到集中决策下的最优水平。

12.3.4 基于双边成本分摊契约的冷链动态优化模型

为实现冷链的协调发展,本节研究了双边成本分摊契约对二级冷链的协调效果。在双边成本分摊情景下,供应商分摊了零售商的部分营销成本,旨在激励零售商增加营销投入,推动零售商更积极地推广低碳易腐产品。同时,供应商也要求零售商为其分摊部分保鲜技术投入和碳减排努力的成本。假设 $\psi^{Y_2}(t)$ ($0 \leqslant \psi^{Y_2}(t) \leqslant 1$) 是供应商为零售商分摊的营销成本比例,$\phi^{Y_2}(t)$ ($0 \leqslant \phi^{Y_2}(t) \leqslant 1$) 是零售商为供应商分摊的保鲜技术投入成本和碳减排成本的比例,那么该情景下,供应商和零售商的目标函数为

$$\max_{E_S^{Y_2}(t), E_B^{Y_2}(t), \psi^{Y_2}(t)} P_S^{Y_2} = \int_0^\infty e^{-\rho t} \left\{ \pi_S D(t) - \right.$$

$$[1 - \phi^{Y_2}(t)] \left[\frac{1}{2} \eta_S E_S^{Y_2}(t) + \frac{1}{2} \eta_B E_B^{Y_2}(t) \right] -$$

$$\left. \psi^{Y_2}(t) \frac{1}{2} \eta_R E_R^{Y_2}(t) \right\} dt$$

$$\max_{E_R^{Y_2}(t), \phi^{Y_2}(t)} P_R^{Y_2} = \int_0^\infty e^{-\rho t} \left\{ \pi_R D(t) - [1 - \psi^{Y_2}(t)] \frac{1}{2} \eta_R E_R^{Y_2}(t) - \right.$$

$$\left. \phi^{Y_2}(t) \left[\frac{1}{2} \eta_S E_S^{Y_2}(t) + \frac{1}{2} \eta_B E_B^{Y_2}(t) \right] \right\} dt$$

在分摊双边成本的情境下,供应商和零售商最优反馈均衡策略及保鲜技术水平和碳减排水平的最优状态轨迹如定理 12.4 所示。

定理 12.4 针对单边成本分摊契约的冷链动态优化模型,有如下结论成立。

(1) 在双边成本分摊情景下,碳减排努力、保鲜技术投入努力、营销努力、营销成本分摊例及保鲜技术投入成本和碳减排成本分摊比例的最优均衡策略如下所示。

$$\begin{cases} E_S^{Y_2*} = \dfrac{\alpha(\pi_S + \pi_R)\lambda}{\eta_S(\rho + \gamma)} = E_S^{C*} \\[2mm] E_B^{Y_2*} = \dfrac{\omega(\pi_S + \pi_R)(\rho\varepsilon + \gamma\varepsilon - \beta\lambda)}{(\rho + \gamma)(\rho + \delta)\eta_B} = E_B^{C*} \\[2mm] E_R^{Y_2*} = \dfrac{\theta(\pi_S + \pi_R)}{\eta_R} = E_R^{C*} \\[2mm] \psi^{Y_2*} = \dfrac{\pi_S}{\pi_S + \pi_R} \\[2mm] \phi^{Y_2*} = \dfrac{\pi_R}{\pi_S + \pi_R} \end{cases}$$

(2) 保鲜技术水平和碳减排水平的最优状态轨迹如下所示。

$$\begin{cases} S^{Y_2*}(t) = S^{C*}(t) = S_\infty^{Y_2} + (S_0 - S_\infty^{Y_2})e^{-\delta t} \\ X^{Y_2*}(t) = X^{C*}(t) = X_\infty^{Y_2} + \left[X_0 - X_\infty^{Y_2} + \frac{\beta(S_0 - S_\infty^{Y_2})}{\gamma - \delta}\right]e^{-\gamma t} - \frac{\beta(S_0 - S_\infty^{Y_2})}{\gamma - \delta}e^{-\delta t} \end{cases}$$

其中，
$$\begin{cases} S_\infty^{Y_2} = \frac{\omega^2(\pi_S + \pi_R)(\rho\varepsilon + \gamma\varepsilon - \beta\lambda)}{\delta\eta_B(\rho+\delta)(\rho+\gamma)} = S_\infty^C \\ X_\infty^{Y_2} = \frac{\alpha^2(\pi_S + \pi_R)\lambda}{\gamma\eta_S(\rho+\gamma)} - \frac{\beta\omega^2(\pi_S + \pi_R)(\rho\varepsilon + \gamma\varepsilon - \beta\lambda)}{\gamma\delta\eta_B(\rho+\delta)(\rho+\gamma)} = X_\infty^C \end{cases}$$

$S_\infty^{Y_2}, X_\infty^{Y_2}$ 分别为该情景下 $t \to \infty$ 时保鲜技术水平和碳减排水平的稳态值。

(3) 双边成本分摊情景下，供应商和零售商的最优效益分别为

$$P_S^{Y_2*} = e^{-\rho t}[a_{1S}^{Y_2*} X^{Y_2*}(t) + b_{1S}^{Y_2*} S^{Y_2*}(t) + c_{1S}^{Y_2*}]$$

$$P_R^{Y_2*} = e^{-\rho t}[a_{1R}^{Y_2*} X^{Y_2*}(t) + b_{1R}^{Y_2*} S^{Y_2*}(t) + c_{1R}^{Y_2*}]$$

其中，
$$\begin{cases} a_{1S}^{Y_2*} = \frac{\pi_S \lambda}{\rho + \gamma} \\ b_{1S}^{Y_2*} = \frac{\pi_S(\rho\varepsilon + \gamma\varepsilon - \beta\lambda)}{(\rho+\gamma)(\rho+\delta)} \\ c_{1S}^{Y_2*} = \frac{\pi_S D_0}{\rho} + \frac{\theta^2(\pi_S + \pi_R)\pi_S}{2\rho\eta_R} + \frac{\alpha^2\lambda^2(\pi_S + \pi_R)\pi_S}{2\rho\eta_S(\rho+\gamma)^2} + \frac{\omega^2(\pi_S + \pi_R)\pi_S(\rho\varepsilon + \gamma\varepsilon - \beta\lambda)^2}{2\rho\eta_B(\rho+\gamma)^2(\rho+\delta)^2} \end{cases}$$

$$\begin{cases} a_{1R}^{Y_2*} = \frac{\pi_R \lambda}{\rho + \gamma} \\ b_{1R}^{Y_2*} = \frac{\pi_R(\rho\varepsilon + \gamma\varepsilon - \beta\lambda)}{(\rho+\gamma)(\rho+\delta)} \\ c_{1R}^{Y_2*} = \frac{\pi_R D_0}{\rho} + \frac{\theta^2(\pi_S + \pi_R)\pi_R}{2\rho\eta_R} + \frac{\alpha^2\lambda^2(\pi_S + \pi_R)\pi_R}{2\rho\eta_S(\rho+\gamma)^2} + \frac{\omega^2(\pi_S + \pi_R)\pi_R(\rho\varepsilon + \gamma\varepsilon - \beta\lambda)^2}{2\rho\eta_B(\rho+\gamma)^2(\rho+\delta)^2} \end{cases}$$

在双边成本分摊情景下，易腐产品的市场需求和冷链的最优渠道效益分别为

$$D^{Y_2*}(t) = D^{C*}(t)$$

$$\begin{aligned} P_T^{Y_2*} &= e^{-\rho t}[(a_{1S}^{Y_2*} + a_{1R}^{Y_2*})X^{Y_2*}(t) + (b_{1S}^{Y_2*} + b_{1R}^{Y_2*})S^{Y_2*}(t) + (c_{1S}^{Y_2*} + c_{1R}^{Y_2*})] \\ &= e^{-\rho t}\left[\frac{\pi_S + \pi_R}{\rho+\gamma}\lambda X^{Y_2*}(t) + \frac{(\pi_S + \pi_R)(\rho\varepsilon + \gamma\varepsilon - \beta\lambda)}{(\rho+\gamma)(\rho+\delta)}S^{Y_2*}(t) + \frac{(\pi_S + \pi_R)D_0}{\rho} + \right. \\ &\left. \frac{\theta^2(\pi_S + \pi_R)^2}{2\rho\eta_R} + \frac{\alpha^2\lambda^2(\pi_S + \pi_R)^2}{2\rho\eta_S(\rho+\gamma)^2} + \frac{\omega^2(\pi_S + \pi_R)^2(\rho\varepsilon + \gamma\varepsilon - \beta\lambda)^2}{2\rho\eta_B(\rho+\gamma)^2(\rho+\delta)^2}\right] \end{aligned}$$

定理12.4表明，通过合理制定双边成本分摊契约的成本分摊比例，供应商和零售商的决策都能达到集中决策情景下的水平，保鲜技术水平和碳减排水平的最

优状态轨迹也能与集中决策情景下的状态相同。此外,这两个成本分摊比例只与供应商和零售商的边际利润有关,若供应商的边际利润(π_S)增加,则供应商应该增大营销成本的分摊比例。同样,如果零售商的边际利润(π_R)增加,那么供应商应要求零售商也增大保鲜技术投入成本和碳减排成本的分摊比例。

通过比较定理12.1、定理12.2和定理12.4可以分析得到如下结论。

推论 12.3 $E_S^{Y_2^*} = E_S^{C^*} > E_S^{N^*}$, $E_B^{Y_2^*} = E_B^{C^*} > E_B^{N^*}$, $E_R^{Y_2^*} = E_R^{C^*} > E_R^{N^*}$, $S_\infty^{Y_2} = S_\infty^{C} > S_\infty^{N}$, $X_\infty^{Y_2} = X_\infty^{C} > X_\infty^{N}$, $S^{Y_2^*}(t) = S^{C^*}(t) > S^{N^*}(t)$, $X^{Y_2^*}(t) = X^{C^*}(t) > X^{N^*}(t)$, $D^{Y_2^*}(t) = D^{C^*}(t) > D^{N^*}(t)$, $P_T^{Y_2^*} = P_T^{C^*} > P_T^{N^*}$。

推论12.3表明,引入双边成本分摊契约能够提高分散决策的效率,从而使该情景下系统的控制策略、状态轨迹及冷链的渠道总效益达到集中决策的水平。

然而,促使冷链成员参与双边成本分摊协调机制的条件 $P_R^{Y_2^*} \geqslant P_R^{N^*}$, $P_S^{Y_2^*} \geqslant P_S^{N^*}$ 并不一定满足。由推论12.3可知,$P_S^{Y_2^*} - P_S^{N^*} = a_{1S}^{Y_2^*} X^{C^*}(t) - a_{1S}^{N^*} X^{N^*}(t) + b_{1S}^{Y_2^*} S^{C^*}(t) - b_{1S}^{N^*} S^{N^*}(t) + c_{1S}^{Y_2^*} - c_{1S}^{N^*}$,$P_R^{Y_2^*} - P_R^{N^*} = a_{1R}^{Y_2^*} X^{C^*}(t) - a_{1R}^{N^*} X^{N^*}(t) + b_{1R}^{Y_2^*} S^{C^*}(t) - b_{1R}^{N^*} S^{N^*}(t) + c_{1R}^{Y_2^*} - c_{1R}^{N^*}$,虽然 $a_{1S}^{Y_2^*} = a_{1S}^{N^*}$,$b_{1S}^{Y_2^*} = b_{1S}^{N^*}$,$a_{1R}^{Y_2^*} = a_{1R}^{N^*}$,$b_{1R}^{Y_2^*} = b_{1R}^{N^*}$,$S^{C^*}(t) > S^{N^*}(t)$,$X^{C^*}(t) > X^{N^*}(t)$,但是常数项 $c_{1S}^{Y_2^*} - c_{1S}^{N^*} = \dfrac{\theta^2(\pi_S - \pi_R)\pi_S}{2\rho\eta_R} + \dfrac{\alpha^2\lambda^2\pi_R\pi_S}{2\rho\eta_S(\rho+\gamma)^2} + \dfrac{\omega^2\pi_R\pi_S(\rho\varepsilon+\gamma\varepsilon-\beta\lambda)^2}{2\rho\eta_B(\rho+\gamma)^2(\rho+\delta)^2}$,$c_{1R}^{Y_2^*} - c_{1R}^{N^*} = \dfrac{\theta^2\pi_S\pi_R}{2\rho\eta_R} + \dfrac{\alpha^2\lambda^2(\pi_R - \pi_S)\pi_R}{2\rho\eta_S(\rho+\gamma)^2} + \dfrac{\omega^2(\pi_R - \pi_S)\pi_R(\rho\varepsilon+\gamma\varepsilon-\beta\lambda)^2}{2\rho\eta_B(\rho+\gamma)^2(\rho+\delta)^2}$ 的符号是未定的,无法比较 $P_R^{Y_2^*}$ 与 $P_R^{N^*}$,$P_S^{Y_2^*}$ 与 $P_S^{N^*}$ 的大小关系,进而无法确保供应商和零售商都采纳该协调机制,因此,需要对双边成本分摊契约进行改进。

本章提出了一种改进后的双边成本分摊契约。在改进后的契约中,供应商和零售商进行双边成本分摊的协调后,需要重新分配冷链运营获得的总收益 ($P_T^{Y_2^*}$),以确保双方实现帕累托改进。假设 μ($0 \leqslant \mu \leqslant 1$)为供应商所获得的总收益分配比例,则零售商获得的总收益分配比例为 $1-\mu$。由推论12.4所示可得 μ 的有效协调范围。

推论 12.4 当 $\mu \in \left[\dfrac{P_S^{N^*}}{P_T^{Y_2^*}}, 1 - \dfrac{P_R^{N^*}}{P_T^{Y_2^*}} \right]$ 时,满足冷链成员参与双边成本分摊协调机制的条件 $P_S^{Y_2^*} \geqslant P_S^{N^*}$,$P_R^{Y_2^*} \geqslant P_R^{N^*}$。冷链成员最终协商的收益分配比例 $\mu = \dfrac{(1-v_R)}{1-v_S v_R}(\bar{\mu} - \underline{\mu}) + \underline{\mu}$,其中,$\underline{\mu} = \dfrac{P_S^{N^*}}{P_T^{Y_2^*}}$,$\bar{\mu} = 1 - \dfrac{P_R^{N^*}}{P_T^{Y_2^*}}$,$v_S$,$v_R$ 分别表示供应商和

零售商的协商力度。

推论 12.4 表明,当供应商获得的收益比例被控制在一定范围内时,供应商和零售商的期望效益都能实现帕累托改进。根据鲁宾斯坦的讨价还价模型确定冷链成员最终协商的分配比例 μ,通过改进后的双边成本分摊契约的协调,供应商和零售商的效益如下所示

$$\begin{cases} P_S^{Y_2^*} = \left[\dfrac{(1-v_R)}{1-v_S v_R}(\bar{\mu}-\underline{\mu})+\underline{\mu}\right] P_T^{Y_2^*} \\ P_R^{Y_2^*} = \left[1-\left(\dfrac{(1-v_R)}{1-v_S v_R}(\bar{\mu}-\underline{\mu})+\underline{\mu}\right)\right] P_T^{Y_2^*} \end{cases}$$

由上式可知,当一方的协商成本较低或议价能力较强时,其能从合作中获得更多的利润。

推论 12.3 和推论 12.4 表明,在双边成本分摊和收益共享协调机制下,冷链中的供应商和零售商实现了经济效益和环境效益的双赢,这一结论为冷链成员的长期合作提供了理论支持。

12.4　算例分析

为更加直观地呈现上述理论结果,本节将进行数值实验,以研究若干关键系数对碳减排水平状态曲线、保鲜技术水平状态曲线及冷链系统效益的影响,并从中深入挖掘管理启示。本章选取了一个由农业合作社与超市构成的冷链系统作为案例分析的对象,其供应链结构如图 12-2 所示。作为冷链中的供应商,该农业合作社提供包括生产、保鲜及销售易腐农业产品在内的一系列综合服务,鉴于易腐农产品的季节性特点,农业合作社对部分产品实施了保鲜措施,以延长其销售期限。而作为供应链下游的零售商,超市需要直接从农业合作社采购易腐产品。以本章所调研的 Y 农业合作社为例,该合作社正计划投资保鲜技术和碳减排技术,以提高易腐农产品的新鲜度和环保性,同时,超市也表现出对推广环保型新鲜农产品的积极意愿。

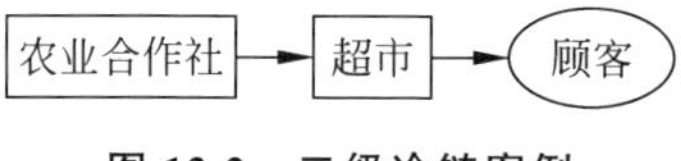

农业合作社 → 超市 → 顾客

图 12-2　二级冷链案例

参考以往对碳减排问题的研究(Deng et al.,2021;Wei et al.,2021),系数的初始值设置:$\alpha=0.8, \gamma=0.2, \omega=0.7, \beta=0.6, \delta=0.3, D_0=2$ 单位货物,$\lambda=0.5$,$\theta=0.8, \varepsilon=0.8, \pi_S=2$ 万元/吨,$\pi_R=1$ 万元/吨,$\eta_S=0.5, \eta_R=0.4, \eta_B=0.3, \rho=0.3, S_0=1$ 吨/单位货物,$X_0=5$ 吨。同时,部分参数($\delta, \beta, \omega, \eta_B, \eta_R, \pi_S, \pi_R$)的设置是根据对二级冷链实际案例的调查研究确定的。

本节分为五个部分:第一部分将探讨碳减排水平和保鲜技术水平随时间变化的轨迹;第二部分将对四种不同方案下的冷链系统效益进行分析比较;接下来的

几个部分将深入分析成本和需求的敏感性系数,以及其他几个关键参数对系统最优状态轨迹和冷链各成员效益的影响。

12.4.1 碳减排水平与保鲜技术水平的发展轨迹分析

图 12-3 表明,当时间 t 趋于无穷时(t 的单位是周),最优保鲜技术水平曲线($S^*(t)$)和碳减排水平曲线($X^*(t)$)都趋于稳定。图 12-3(a)表明,无论保鲜技术水平的初始值如何,$S^*(t)$ 最终的稳态值都将趋于相同,并且总是集中情景下的保鲜技术水平大于分散情景下的保鲜技术水平,即 $S^{C^*}(t) > S^{N^*}(t)$。由图 12-3(b)可知,碳减排水平 $X^*(t)$ 的变化也有类似的特征。此外,碳减排水平的初始值 X_0 不会对保鲜技术水平的最优轨迹产生任何影响,因此,图 12-3(a)中 $S^{N^*}_{S_0=1.2, X_0=10}(t)$ 和 $S^{N^*}_{S_0=1.2, X_0=3}(t)$、$S^{C^*}_{S_0=1.2, X_0=10}(t)$ 和 $S^{C^*}_{S_0=1.2, X_0=3}(t)$、$S^{N^*}_{S_0=5, X_0=10}(t)$ 和 $S^{N^*}_{S_0=5, X_0=3}(t)$、$S^{C^*}_{S_0=5, X_0=10}(t)$ 和 $S^{C^*}_{S_0=5, X_0=3}(t)$,这四组曲线无论碳减排水平的初始值如何,只要在相同情景下的保鲜技术水平初始值一致,则同组曲线就是重合的。与定理 12.1 所证明的结论相同,图 12-3(a)中 $S^*(t)$ 曲线单调变化,当 $S_0 < S^C_\infty$ 时,$S^{C^*}(t)$ 随时间单调递增;反之,$S^{C^*}(t)$ 随时间单调递减。图 12-3(b)表明,最优碳减排水平曲线 $X^*(t)$ 不一定单调变化,其变化趋势会受 X_0 和 S_0 的影响。例如,当 $S_0=5, X_0=10$ 时,$X^{C^*}(t)$ 和 $X^{N^*}(t)$ 单调递减,但当 $S_0=1.2, X_0=3$ 时,$X^{C^*}(t)$ 和 $X^{N^*}(t)$ 均先递增而后递减变化。

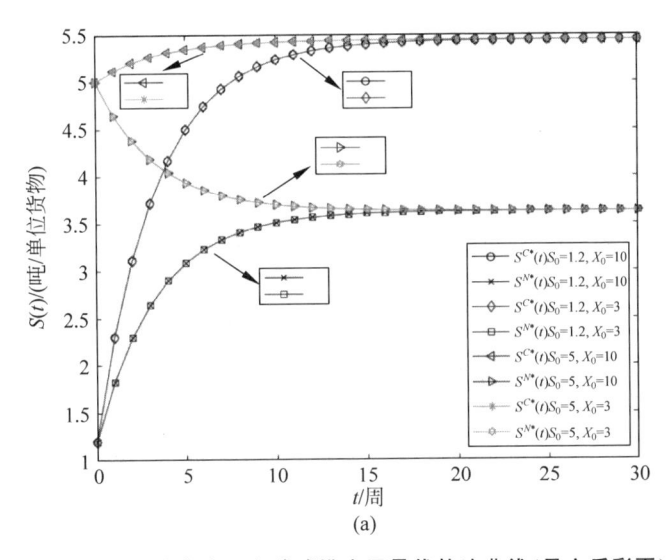

图 12-3 保鲜技术水平和碳减排水平最优轨迹曲线(见文后彩页)

(a) 保鲜技术水平最优轨迹曲线;(b) 碳减排水平最优轨迹曲线

(b)

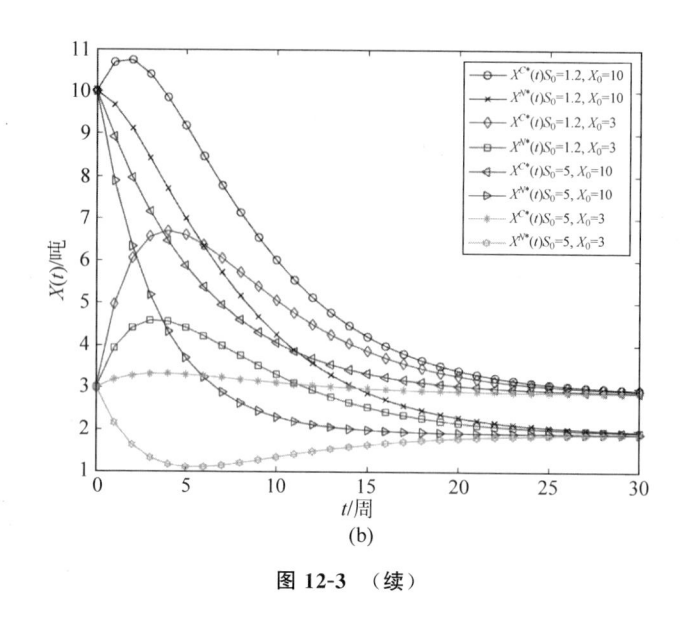

图 12-3 （续）

12.4.2 四种情景下渠道收益的比较

如图 12-4(a)、图 12-4(b)所示，相较分散决策情景，集中决策情景下的易腐产品需求量与渠道收益均呈现出显著的优势（$D^{C^*}(t) > D^{Y_1^*}(t) > D^{N^*}(t)$，$P_T^{C^*}(t) > P_T^{Y_1^*}(t) > P_T^{N^*}(t)$）。采用单边成本分摊契约机制可以有效地激发零售商在市场营销方面地投入，进而促进易腐产品需求的增长以及冷链收益的提升。然而，尽管该契约机制能在一定程度上提升供应链的效益，但效果并不能完全达到与集中决策情景同等的优化水平。图 12-4(c)、图 12-4(d)表明，与单边成本分摊契约相比，改进后的双边成本分摊契约在更大程度上增加了冷链成员的经济效益（$P_S^{Y_2^*}(t) > P_S^{Y_1^*}(t) > P_S^{N^*}(t)$，$P_R^{Y_2^*}(t) > P_R^{Y_1^*}(t) > P_R^{N^*}(t)$）。在推论 12.4 得到了供应链成员的收益分配比例之后，由于供应商处于主导地位，本章假设 $v_S = 0.9 > v_R = 0.8$。通过对比图 12-4(c)与图 12-4(d)可以发现，单边成本分摊契约对提升零售商的利润具有显著效果，具体表现为 $P_R^{Y_1^*}(t)$ 与 $P_R^{Y_2^*}(t)$ 之间差距的缩小。进一步地，通过对图 12-4(c)、图 12-4(d)及图 12-4(b)的深入分析可以注意到，在分散决策情景下，改进后的双边成本分摊契约能够使冷链系统的总收益达到与集中决策情景下的最优收益相同的水平，即（$P_S^{Y_2^*}(t) + P_R^{Y_2^*}(t) = P_T^{C^*}(t)$）。

通过 12.4.1 节与 12.4.2 节的数值实验可以得出结论：①集中决策情景对提升易腐产品的新鲜度和环保性具有积极作用，并且有效地增加了产品的市场需求和冷链系统的渠道利润；②在分散决策情景下，改进后的双边成本分摊契约，能够使冷链系统的总收益达到与集中决策情景下的最优收益相同的水平。上述数值实

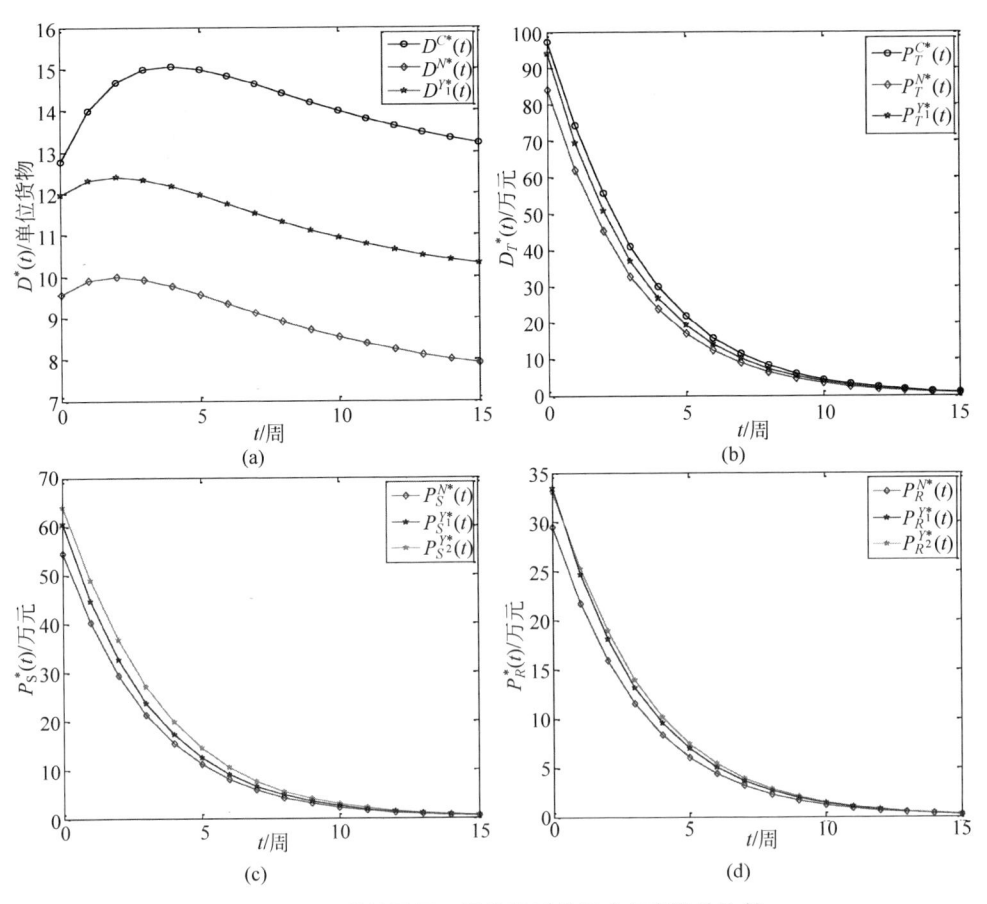

图 12-4 四种情景下二级冷链系统需求与利润的比较

(a) 不同情景下易腐产品需求的比较；(b) 不同情景下渠道总收益的比较；(c) 不同情景下供应商收益的比较；(d) 不同情景下零售商收益的比较

验的结果与推论 12.1、推论 12.2 和推论 12.3 的结论一致，进一步证实了研究发现。

12.4.3 消费者新鲜度偏好和环保意识对冷链系统的影响分析

图 12-5 和图 12-6 深入研究了不同决策情景下消费者环保意识 λ 和消费者的新鲜度偏好程度 ε 对保鲜技术水平 $S^*(t)$、碳减排水平 $X^*(t)$、易腐产品的市场需求 $D^*(t)$ 及各冷链成员收益的影响。为更加清晰直观地展现影响结果，可以参考上两节的实验数据选取 $t=3$ 时刻的数值作为分析的具体示例。图 12-5(a) 表明，随着消费者新鲜度偏好程度 ε 的增长，冷链系统的保鲜技术投入努力 E_B^* 也将相应地增加，而随着消费者环保意识 λ 的增长，E_B^* 则呈现下降趋势。此外，ΔE_B^* ($\Delta E_B^* = E_B^{C^*} - E_B^{N^*}$) 也有和 E_B^* 同样的变化趋势。如图 12-5(c) 所示，保鲜技术

水平 S^* 和 ΔS^* ($\Delta S^* = S^{C^*} - S^{N^*}$) 的变化趋势分别与 E_B^*、ΔE_B^* 保持一致。呈现这一结果的原因在于,向提升冷链的保鲜技术投入努力会增长碳排放,因此 λ, ε 的变化对 E_B^*, S^* 均会产生影响。图 12-5(b) 表明,仅消费者环保意识 λ 的变化会影响碳减排努力 E_S^*,且 E_S^* 随着 λ 的增长而增加。鉴于碳减排水平 $X^*(t)$ 受到 E_B^* 和 $S^*(t)$ 的共同作用,因此 λ 和 ε 对 $X^*(t)$ 均具有影响。图 12-5(d) 展现了 $X^*(t)$ 随着 λ 的增加而提升,随着 ε 的增加而降低,同时,ΔX^* ($\Delta X^* = X^{C^*} - X^{N^*}$) 也有同 $X^*(t)$ 一样的变化趋势。综合图 12-5 的分析结果可以得出几条结论:①λ 的提升有助于提高碳减排水平,但会降低保鲜技术水平;②ε 的增加会引起保鲜技术水平提升,但会降低碳减排水平。

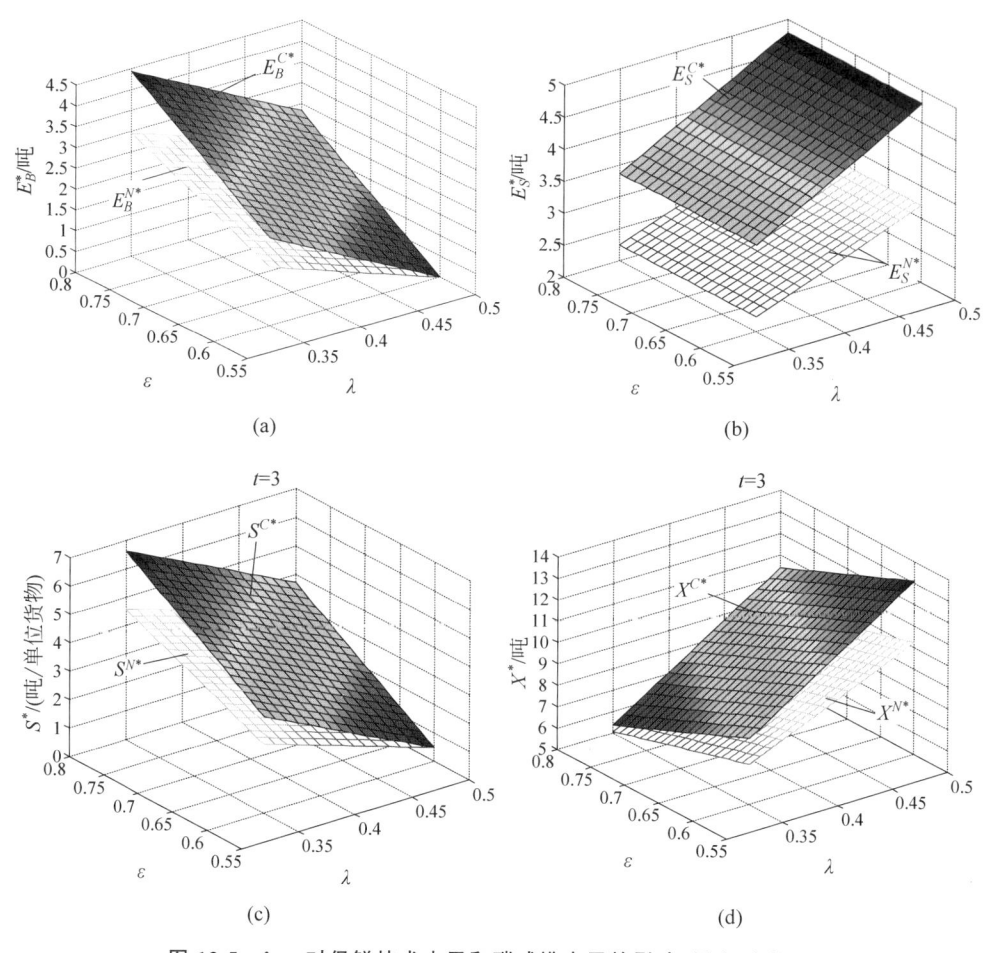

图 12-5 λ、ε 对保鲜技术水平和碳减排水平的影响(见文后彩页)

(a) λ、ε 对保鲜技术投入努力的影响;(b) λ、ε 对碳减排努力的影响;(c) λ、ε 对保鲜技术水平的影响;(d) λ、ε 对碳减排水平的影响

图 12-6(a)表明，当消费者环保意识 λ 和消费者对易腐产品的新鲜度偏好 ε 同时增加时，易腐产品的市场需求也将随之增加。事实上，无论是供应链上游的供应商收益 P_S^* 还是下游的零售商收益 P_R^* 都会随着 λ 和 ε 的增加而提升，尤其是 λ 和 ε 较小时，P_S^* 和 P_R^* 的增长速率更快，增长趋势更为显著，但供应商在不同情景下的收益差 $\Delta P_S^{1*} = P_S^{Y_2*} - P_S^{Y_1*}$，$\Delta P_S^{2*} = P_S^{Y_1*} - P_S^{N*}$ 均保持不变，而零售商在不同情景下的收益差 $\Delta P_R^{1*} = P_R^{Y_2*} - P_R^{Y_1*}$ 则随着 λ 和 ε 的增加而增加，且 $\Delta P_R^{2*} = P_R^{Y_2*} - P_R^{N*}$ 不受 λ 和 ε 的影响。

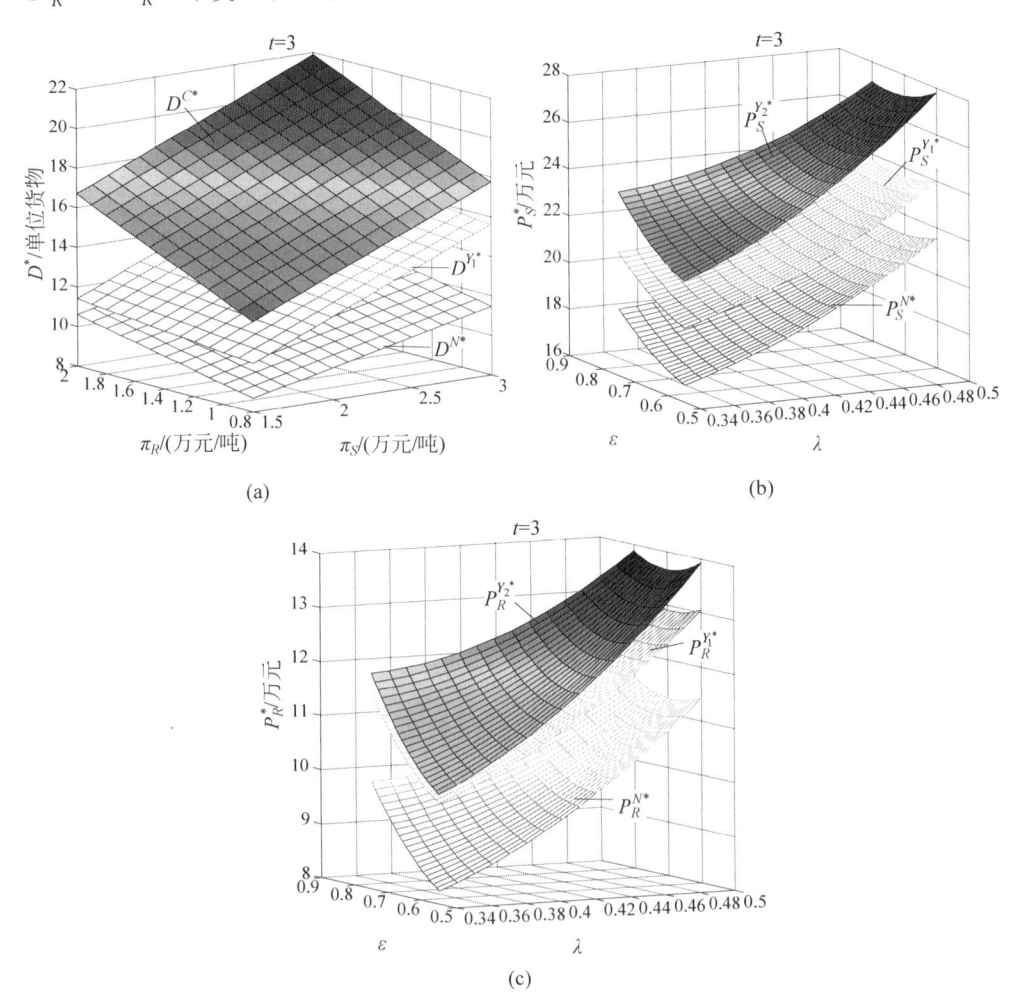

图 12-6　λ、ε 对产品市场需求和渠道收益的影响（见文后彩页）

(a) λ、ε 对产品市场需求的影响；(b) λ、ε 对供应商收益的影响；(c) λ、ε 对零售商收益的影响

本小节数值实验的研究结果表明，尽管消费者新鲜度偏好程度 ε 和消费者环保意识 λ 的提升均有助于增加易腐产品的市场需求，从而促进冷链成员经济利润

的增长,但二者对冷链运营的影响存在差异性。消费者环保意识 λ 的提升有助于增强易腐产品的环保性,但会降低产品的新鲜度;而消费者新鲜度偏好程度 ε 的提高则会产生与之相反的效果。此外,在消费者环保意识 ε 较低的情况下,消费者新鲜度偏好程度的增加能够更快地促进冷链成员经济利润的增长,但在消费者环保意识较高的情况下,增加消费者新鲜度偏好程度对渠道成员经济利润的提升并无显著影响。

12.4.4 主要成本系数对冷链系统的影响分析

图 12-7 和图 12-8 展示了碳减排努力成本系数 η_S 和保鲜技术投入努力成本系数 η_B 对不同情景下保鲜技术水平 $S^*(t)$、碳减排水平 $X^*(t)$、易腐产品的市场需求 $D^*(t)$ 及冷链成员经济收益 $P_S^*(t)$、$P_R^*(t)$ 的影响。在本节的数值实验中,同样选取 $t=3$ 时刻的数据作为分析的具体示例。

如图 12-7(a)所示,随着 η_B 降低,投入保鲜技术的努力程度 E_B^* 呈现上升趋势,而 η_S 的变化并不会对 E_B^* 产生任何影响。从图 12-7(c)可以看出,保鲜技术水平 S^* 的变化趋势与 E_B^* 保持一致。图 12-7(b)揭示了随着 η_S 降低,碳减排努力 E_S^* 将会增加,而 η_B 的变动并不会对碳减排努力 E_S^* 产生显著影响。这一结果表明,降低碳减排或保鲜技术的成本能够激励供应商提升碳减排或保鲜技术方面投入力度。此外,η_S 和 η_B 的变化均会对碳减排水平 X^* 产生影响,具体来说,碳减排水平 X^* 随着 η_S 的减少而增加,随着 η_B 的增加而增加。由图 12-7(d)可以进一步发现,碳减排努力成本系数 η_S 对碳减排水平 X^* 具有显著影响,而保鲜技术投入努力成本系数 η_B 对其影响则相对较弱。

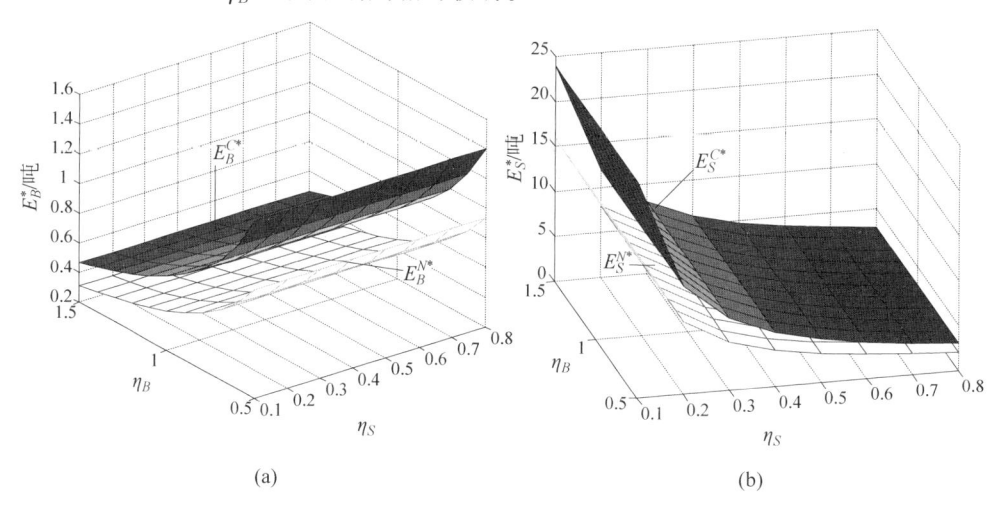

(a)

(b)

图 12-7 η_S、η_B 对保鲜技术水平和碳减排水平的影响(见文后彩页)

(a) η_S、η_B 对保鲜技术投入努力的影响;(b) η_S、η_B 对碳减排努力的影响;(c) η_S、η_B 对保鲜技术水平的影响;(d) η_S、η_B 对碳减排水平的影响

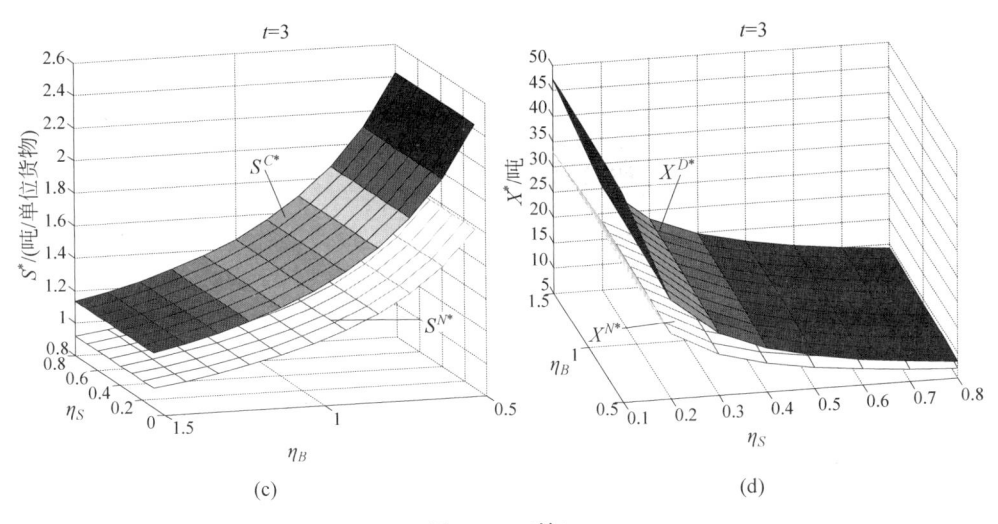

图 12-7 （续）

图 12-8(a)表明，碳减排努力成本系数 η_S 和保鲜技术投入努力成本系数 η_B 降低均会刺激易腐产品市场需求 D^* 增加。此外，如图 12-8(b)、图 12-8(c)所示，随着 η_S 的减少和 η_B 的增加，供应商的经济收益 P_S^* 和零售商的经济收益 P_R^* 呈现出快速增长的趋势。特别是 η_S 较低时，P_S^* 和 P_R^* 的增长更加明显。从图 12-8 中可以明显看出，η_S 对 P_S^*、P_R^* 及 D^* 的影响更为显著，而 η_B 对这些指标的影响则相对较弱。

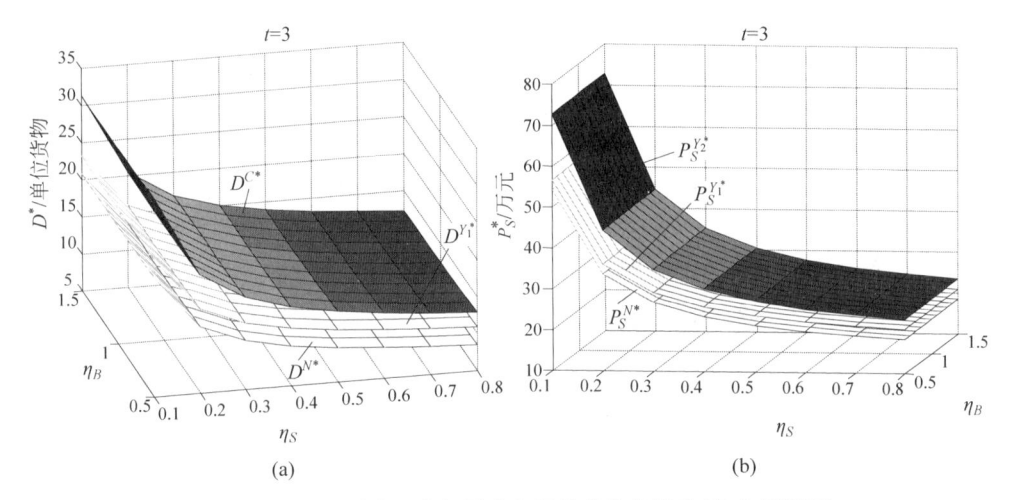

图 12-8　η_S、η_B 对产品市场需求和渠道收益的影响（见文后彩页）

(a) η_S、η_B 对产品市场需求的影响；(b) η_S、η_B 对供应商收益的影响；(c) η_S、η_B 对零售商收益的影响

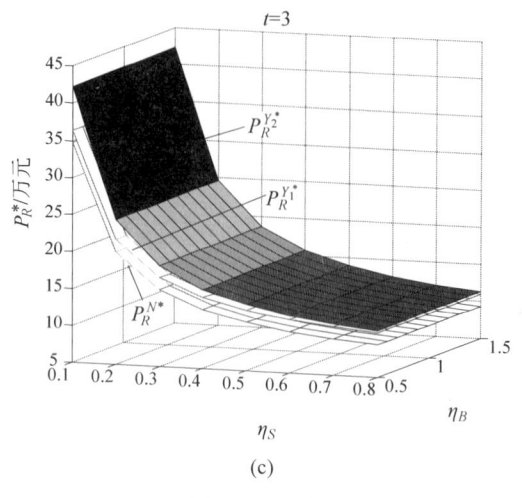

图 12-8 (续)

综上所述,本节可以得出结论:冷链通过对碳减排成本的有效控制能够同步提高冷链系统的经济与环境效益。尽管保鲜技术投入努力成本的降低能够增进易腐产品的新鲜度,但其对冷链系统的经济与环境效益的影响则是相对有限的。

12.4.5 边际利润对冷链系统的影响分析

图 12-9 呈现了供应商的边际利润 π_S 和零售商的边际利润 π_R 对保鲜技术水平 $S^*(t)$ 和碳减排水平 $X^*(t)$ 的影响。本节从理论上证明了 π_S、π_R 的增加能够促进供应商提升其在保鲜技术投入和碳减排方面的努力,同时也能够激励零售商更为积极地营销推广产品。本节的数值实验继续以 $t=3$ 时刻的数据作为分析的具体示例。图 12-9 表明,在集中决策情景下,无论是 π_S 还是 π_R 的增加,都能促进保鲜

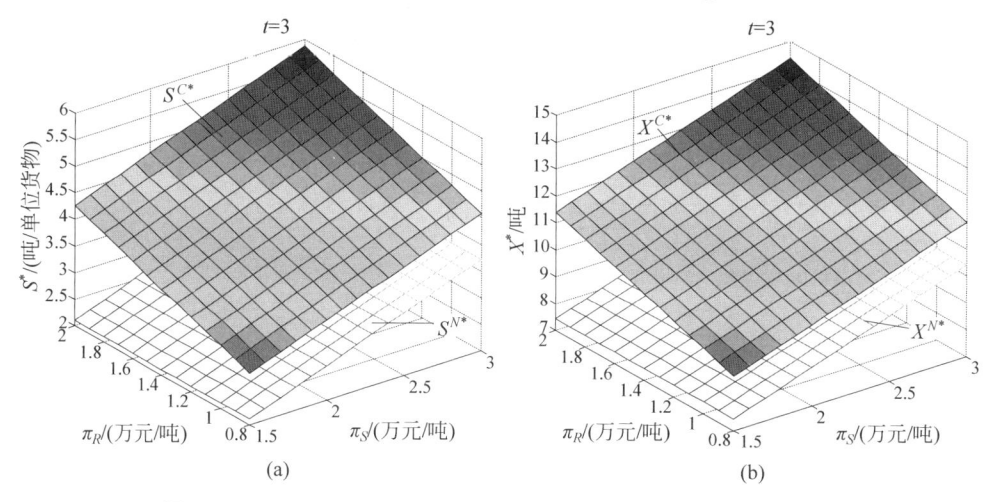

图 12-9 π_S、π_R 对保鲜技术水平和碳减排水平的影响(见文后彩页)

技术水平 $S^{C^*}(t)$ 和碳减排水平 $X^{C^*}(t)$ 的增长。而在分散决策情景下，$S^{N^*}(t)$ 和 $X^{N^*}(t)$ 主要随着供应商边际利润 π_S 的增长而增加。

如图 12-10(a) 所示，保鲜技术水平 $S^*(t)$、碳减排水平 $X^*(t)$ 及零售商营销努力 $E_R^*(t)$ 的增加有效地促进了消费者对易腐产品的购买意愿，进一步推动了产品市场需求的增加，从而实现了冷链成员经济效益的提升。

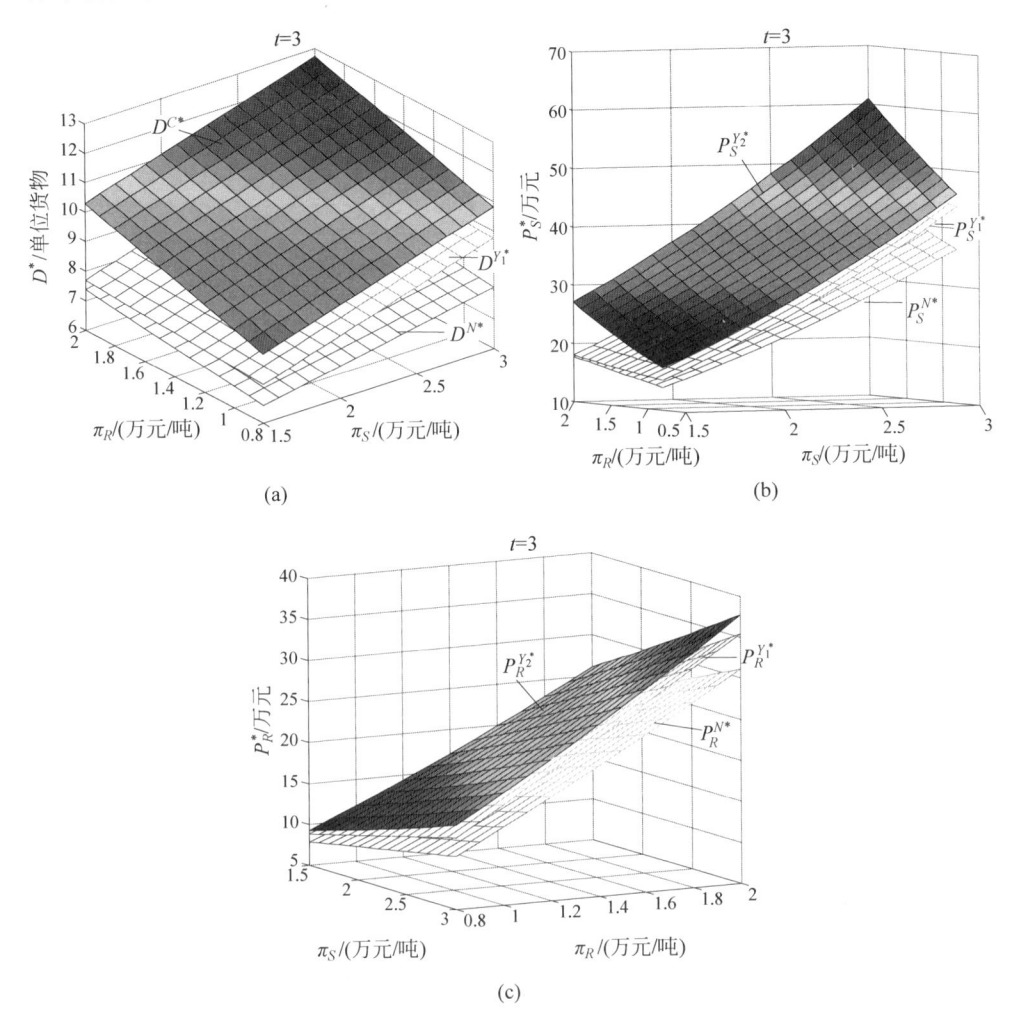

图 12-10 π_S、π_R 对产品市场需求和渠道收益的影响（见文后彩页）

(a) π_S、π_R 对产品市场需求的影响；(b) π_S、π_R 对供应商收益的影响；(c) π_S、π_R 对零售商收益的影响

图 12-11 呈现了改进后的双边成本分摊契约中，在供应商边际利润 π_S 和零售商边际利润 π_R 变化过程中，成本分摊比例机制的动态调整情况。如图 12-11 所示，当 π_S 增加或 π_R 减少时，供应商应提高其承担的零售商营销成本分摊比例 ψ^{Y_2*}。同样地，当 π_R 增加时，零售商也应提高其承担的供应商保鲜技术成本和碳

减排成本的分摊比例 $\phi_2^{Y^*}$。

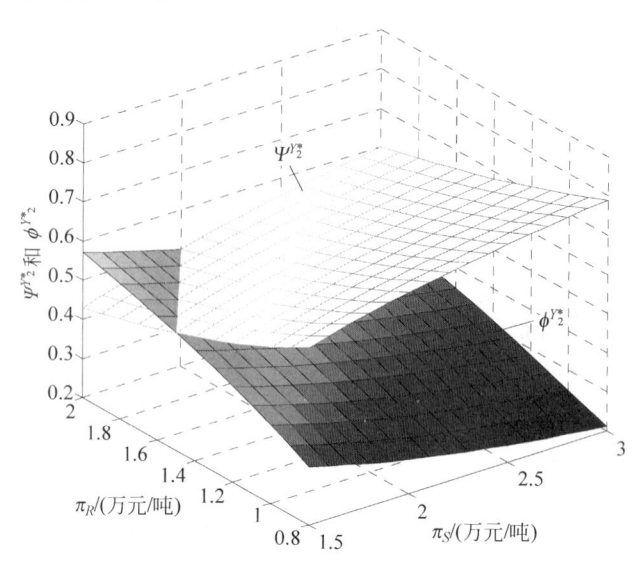

图 12-11 π_S、π_R 对成本分摊比例的影响（见文后彩图）

12.5 实践意义及其局限性分析

本书针对具有不固定保质期性质的易腐产品冷链的长期运营与协调提供了适宜的分析框架，涉及新鲜蔬菜、水果，以及肉类等商品。加大对保鲜技术的投入可以有效延长这类商品的保质期，减少损耗并提升其新鲜度。二级冷链模型是易腐产品供应广泛采用的模式（例如，农产品合作社-超市供应模式）。

这类模型可以通过引入另一个状态变量——产品商誉而进一步拓展模型，并探究其对易腐产品需求的影响。易腐产品的商誉随时间的变化可以参考 Nerlove 等(1962)和 Zhou 等(2018)的经典商誉模型来描述，因为这种商誉受到供应商的保鲜技术水平和碳减排水平，以及零售商营销努力的正面影响。尽管此前的研究尚未全面涉及这一方面，但商誉模型非常契合易腐产品冷链运营的实际状况。

本书首次综合考虑了冷链中保鲜技术投入和碳减排努力的时序效应并全面分析了在低碳经济背景下，保鲜技术水平、碳减排水平，以及零售商营销努力对易腐产品需求的影响。因此，本章通过一系列理论论证和实验分析为冷链企业和政府决策机构提供了宝贵的管理启示。本书将助力冷链企业和政府制定更为合理的长期决策，从而在提升经济和环境效益方面取得实质性的进展。

本书重点关注长期性的保鲜技术投入策略、碳减排努力策略、营销努力策略，以及供应链协调的问题，为冷链系统内在决策的制定提供了创新的视角和方法。通过细致考察这些策略对易腐产品的需求动态和供应链整体性能的影响，本书为冷链行业的持续优化和可持续性发展提供了丰富的理论依据和实践指南。

12.6　本章小结

随着消费者环境保护意识的提升和低碳经济的发展，如何实现冷链物流的低碳运营已经成为学界关注的焦点。由于冷链物流在储存和运输易腐产品的过程中需要消耗大量能源并伴随着巨额的碳排放量，因此寻求降低能耗和减少碳排放的策略对推动行业的可持续性发展至关重要。当前多数研究通过构建静态模型来优化冷链运营策略，但这些模型往往未能充分考虑到冷链成员在长期保鲜技术投入和碳减排行为上的动态决策，特别是在保鲜技术投入方面，其对冷链运营产生了双重影响——既提高了产品的新鲜度，又可能对环境造成负面影响。

基于此，本章通过构建微分博弈模型深入探讨了二级冷链系统的最优策略与协调机制问题。模型考虑了供应商的碳减排努力和保鲜技术投入，以及零售商的营销力度对易腐产品市场需求的影响。通过比较四种情景下的长期碳减排水平、保鲜技术水平、冷链成员的行为策略及渠道利润，揭示了冷链各方在低碳转型和应对市场需求变动方面的互动关系。根据这些比较分析，本章设计了一种改进后的双边成本分摊契约，旨在促进冷链各环节的有效协调。通过数值实验，本章验证了理论分析的合理性，并通过对关键系数的敏感性分析进一步阐明了不同因素对冷链系统性能的影响。本章的研究结果不仅丰富了冷链物流低碳运营的理论基础，也为实践中的供应链管理提供了重要的策略指导。

本书为冷链成员和政府机构提供了一系列管理启示，旨在推动冷链实现长期的可持续发展目标，具体建议如下所示。

（1）供应商和零售商可以通过降低运营成本或提高销售价格的策略来增加边际利润，进而实现经济效益与环境效益的共同增长。例如，供应商可以通过技术创新降低生产成本、保鲜技术投入成本，以及碳减排成本，从而提高产品的边际利润，这可能包括采用节能的制冷系统、改进的物流方案或更高效的能源管理实践；而零售商则可以通过优化营销策略和提升消费者对环保和新鲜度的支付意愿来减少宣传成本，还可以通过精准的市场定位和强化品牌形象，吸引消费者为高品质和环保型的易腐产品支付溢价。此外，零售商也可以运用数字化营销策略和社交网络平台提高宣传的针对性和效率、降低相关成本。

（2）冷链中的各方应采用改进后的双边成本分摊契约，以实现经济与环境效益的最大化。作为冷链的领导者，供应商应积极引导零售商实施该契约，将成本分摊比例与各方的边际利润紧密关联起来。当供应商的边际利润有所增长时，相应地应提高零售商在营销成本中的分摊比例；反之，当零售商的边际利润提升时，亦应增加其对供应商在保鲜技术投入和碳减排方面的成本分摊比例，并在此框架内借助鲁宾斯坦讨价还价模型来确定合理的利润分配比例，确保双方的经济效益都能实现帕累托改进。

（3）零售商应积极利用营销策略提高消费者对易腐产品的环保意识及对产品的新鲜度偏好，进而促进冷链经济环境效益的提升。通过引导消费者增强环保意识，零售商不仅能够提升销售业绩和市场份额，还能推动整个冷链系统在经济和环境层面的双重优化。在此过程中，政府的支持政策发挥着至关重要的作用，通过实施价格补贴或税收优惠等激励措施，政府可以有效地鼓励供应商采用更为环保的生产和物流方式，同时激发消费者对环保易腐产品的购买意愿。然而，当 CEA 达到一定程度后，零售商应避免过度强调消费者对新鲜度的追求，因为这可能不会给冷链的经济和环境效益带来显著改善。此时，零售商应将营销重心转向进一步增强 CEA，通过持续性的市场教育和品牌形象的塑造而深化消费者对环保价值观的认识和支持。

（4）降低供应商的碳减排成本对提升冷链系统的经济和环境效益至关重要。例如，供应商可以通过技术创新减少碳减排的成本负担，而政府也能够通过提供碳减排投入补贴和技术援助的方式协助供应商减少碳减排成本，以鼓励供应商碳减排技术的研发工作。此外，政府还可以制定一套科学的低碳产品认证体系，加强对低碳认证产品的监督管理，从而提高消费者对低碳产品的认知和信任，促进低碳品牌产品的市场认可度。

第13章

碳限额与交易政策下考虑生鲜努力的易腐品供应协调策略

13.1 问题背景

生鲜农产品是一类具有季节属性的易腐品,会因为变质而造成数量损耗,同时其新鲜度变化也会造成质量损耗,进而影响到消费者的效用。随着冷链技术的进步,出现了很多提供生鲜品保鲜及配送服务的第三方物流服务提供商(the third party logistics service provider,TPLSP),也使供应商-TPLSP-零售商三级冷链成为生鲜品的主要供应模式之一。消费者的新鲜度需求驱动了 TPLSP 投入更多保鲜努力,但也造成了保鲜成本的增加。由于大多数非固定保质期的生鲜品(如果蔬、肉制品等)是在气调库或冷库中保存,保鲜成本的增加引起了更多电能的消耗,进而释放了更多的碳排放,为减少碳排放,碳税、碳交易等政策在许多国家和地区纷纷出台,我国已实行了多个碳交易试点,且启动了全国碳交易系统。在此背景下,本节旨在研究由供应商、TPLSP 和零售商组成的三级冷链在考虑投入生鲜努力时的运营决策与协调机制。

与本章研究相关的文献主要是企业投入保鲜努力对生鲜农产品供应链运营绩效的影响: Wu 等(2015)针对由分销商和 TPLSP 构成的二级生鲜农产品供应链,考虑了产品需求函数是新鲜度和价格的乘积形式,假设生鲜品数量和质量损耗均为 TPLSP 生鲜努力的内生变量,设计了有效契约协调供应链; Ma 等(2019)在需求信息不对称的情况下构建了由农户、TPLSP 和零售商组成的三级生鲜品供应链,探讨了 TPLSP 投入保鲜努力对供应链协调的影响。还有一些学者考虑了其他供应链成员投入保鲜努力对系统决策和绩效的影响: 刘墨林等(2020)将生鲜品需求函数定量描述为价格、供应商的保鲜努力和生鲜电商增值服务水平的线性函数,在此基础上对由生鲜供应商和电商组成的二级生鲜农产品供应链研究了系统的最优保鲜和增值服务水平决策; 曹晓宁等(2021)则针对双渠道生鲜农产品供应链,考虑了供应商的保鲜努力对生鲜品新鲜度衰减的影响,并进一步研究了双渠道供应链的协调优化。

以上文献都是以生鲜农产品供应链为研究对象的,也深入探讨了系统运营决策,然而,这些文献都没有考虑低碳减排对三级生鲜农产品供应链运营绩效的影响。基于此,本章将考虑由一个供应商、TPLSP 和零售商组成的三级生鲜农产品供应链,在该系统中,碳排放主要来自零售商的运输过程和 TPL 进行保鲜存储过程。当该生鲜农产品供应链受到碳限额与交易政策规制时,本章分别构建了分散式和集中式决策模型,在此基础上,提出了收益共享和成本分摊契约协调供应链。最后,结合数值算例检验了理论结果并检验了相关系数对供应链运营策略的影响。

13.2 问题描述与符号假设

本节将考虑由一个供应商、一个 TPLSP 和一个零售商组成的生鲜农产品供应链,该供应链如图 13-1 所示。与当前该类型供应链的研究不同,本节考虑碳排放主要来自零售商的产品订购/运输过程与 TPLSP 产品的仓储/配送过程。此时,零售商和 TPLSP 均受到碳限额与交易政策的规制,故可用 E_r 和 E_l 分别表示政府分配给零售商和 TPLSP 的碳配额,用 p_c 表示碳排放交易价格。为了简化计算,本节假设运输和仓储过程中的碳排放量分别与订货数量和库存量线性相关。该生鲜农产品供应链的决策顺序如下:首先,TPLSP 确定单位产品的保鲜努力和保鲜服务价格。其次,供应商根据 TPLSP 的决策预估生鲜产品的预期新鲜度和数量损耗,结合需求预测决策由 TPLSP 存储的产品数量。当需求发生时,零售商将从 TPLSP 处购买产品,并根据保鲜努力和批发价格确定销售价格。

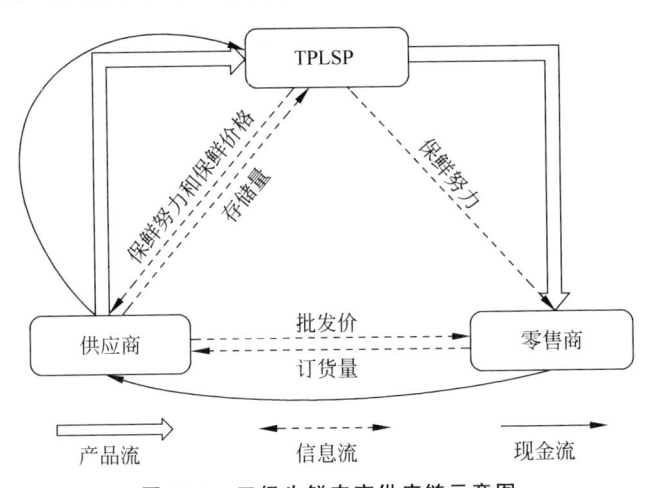

图 13-1 三级生鲜农产供应链示意图

用 τ 表示 TPLSP 投入的保鲜努力（该变量主要衡量了 TPLSP 为保持产品新鲜度所做的努力程度）；用 τ^I 和 τ^U 分别表示 TPLSP 投入保鲜努力的最小和最大水平，这里 $\tau \in [\tau^I, \tau^U]$。生鲜品在存储过程中会发生数量损耗和质量损耗，故可用 $\theta(\tau)$ 和 $m(\tau)$ 分别表示产品的新鲜度和存活率，其中 $\theta(\tau) \in [0,1]$ 和 $m(\tau) \in [0,1]$。其中，$\theta(\tau)=1$ 表示产品完全新鲜，而 $\theta(\tau)=0$ 则表示产品完全腐烂，$m(\tau)=1$ 表示所有产品在储藏期间都存活（没有数量损耗），而 $m(\tau)=0$ 表示没有产品存活。用 $c(\tau)$ 表示保存单位产品所付出的保鲜成本，则该成本包括固定成本和可变成本，例如，固定成本可能包括建造或租用保鲜设施和设备的费用，可变成本包括与储存数量有关的成本等。在实践中，固定成本通常以折旧的形式被分配给单位产品，因此，假定 $c(\tau)$ 为单位可变保鲜努力成本。此外，关于保鲜努力等还有以下假设。

假设 13.1 $\theta(\tau), m(\tau)$ 和 $c(\tau)$ 均是关于 τ 的严格递增函数，即：$\theta'(\tau)>0$，$m'(\tau)>0$ 且 $c'(\tau)>0$。这意味着保鲜努力水平越高，数量损耗就越小，单位保鲜成本就越高。为了更符合实际，可以进一步假设 $\theta''(\tau)<0, m''(\tau)<0$ 和 $c''(\tau) \geqslant 0$，这表示随着保鲜努力水平的增加，新鲜度和存活率的增长率会降低，单位保鲜成本的增长率会增加。这一假设和实际中生鲜产品的保鲜和变质特性一致。

假设 13.2 对于单调递增函数 $s(x)$，令 $E_s(x) = x\dfrac{s'(x)}{s(x)}$。此时可以称 $E_s(x)$ 为 $s(x)$ 的弹性函数，用 $E_s(x)$ 可以衡量当 x 增加 1% 时所引起的 $s(x)$ 增长的百分比。$\theta(\tau), m(\tau)$ 和 $c(\tau)$ 的弹性函数分别为 $E_\theta(\tau) = \tau\dfrac{\theta'(\tau)}{\theta(\tau)}, E_m(\tau) = \tau\dfrac{m'(\tau)}{m(\tau)}$ 和 $E_c(\tau) = \tau\dfrac{c'(\tau)}{c(\tau)}$。参照 Cai 等（2010）的研究，可以假设 $E_\theta(\tau), E_m(\tau)$ 和 $E_c(\tau)$ 都是常数，则 $\theta(\tau) = \theta_0 \tau^{E_\theta(\tau)} (\theta_0 > 0), m(\tau) = m_0 \tau^{E_m(\tau)} (m_0 > 0)$ 且 $c(\tau) = c_0 \tau^{E_c(\tau)} (c_0 > 0)$。根据假设 13.1，易知 $0 < E_\theta(\tau) < 1, 0 < E_m(\tau) < 1$ 且 $E_c(\tau) \geqslant 1$。

假设 13.3 借鉴 Cai 等（2010）提出的乘法需求函数形式，本节所考虑的生鲜品的需求可以表示为
$$D(p, \theta(\tau)) = y_0 \theta(\tau) p^{-k} \xi$$
其中，y_0, p 和 k 分别为潜在市场规模、零售商设定的零售价格，以及价格弹性，此外 ξ 为描述市场需求波动的随机变量。当前研究表明，针对价格敏感型产品，弹性系数应该满足 $k>1$。不失一般性，假设 $\xi \in (0, +\infty)$ 且 $E(\xi)=1$，令 $g(x) = x\dfrac{f(x)}{F(x)}$，其中，$f(x)$ 和 $F(x)$ 分别为 ξ 的概率密度函数和累积分布函数，则容易验证 $g(x)$ 在 $x \in (0, +\infty)$ 内单调递增。

假设 13.3 意味着市场需求主要取决于产品到达市场时的新鲜度、零售价格，以及随机因素。零售价格越高，市场需求越小，新鲜度越高，市场需求越大，这些都符合市场对生鲜产品的需求。

假设 13.4 由于生鲜产品的保质期较短,而腐烂生鲜产品的价值极低,有时甚至需要销毁,因此可以假定腐烂生鲜品没有价值,故缺货造成的损失不予考虑,所有决策者都是风险中性,并追求自身利益最大化。

本节使用的其他符号见表 13-1。

表 13-1 参数、符号汇总表

符号	说明
q	零售商的订货数量
p	零售商的售价
ω	供应商的批发价
t_r	零售商单位产品的运输成本
C_m	对供应商收取的保鲜服务价格
P_m	供应商的单位生产成本
c_r	运输过程中的单位碳排放量
c_l	仓储过程中的单位碳排放量
t_e	单位碳排放的碳税
E_t	供应链碳排放总量
$\Pi_{dr}(\cdot)$	分散系统中零售商的预期利润
$\Pi_{dm}(\cdot)$	分散系统中供应商的预期利润
$\Pi_{dl}(\cdot)$	分散系统中 TPLSP 的预期利润
$\Pi_{ds}(\cdot)$	分散系统的预期总利润
$\Pi_{cs}(\cdot)$	集中系统的预期总利润
$\Pi_{cr}(\cdot)$	协调后零售商的预期利润
$\Pi_{cm}(\cdot)$	协调后供应商的预期利润
$\Pi_{cl}(\cdot)$	协调后 TPLSP 的预期利润
上标*	碳限额与交易政策下决策模型解的最优值
上标**	碳税政策下决策模型解的最优值
上标***	无任何碳排放政策下决策模型解的最优值

13.3 三级生鲜农产品供应链优化模型

13.3.1 分散式供应链系统

本节分别考虑在碳限额与交易政策、碳税政策,以及无碳政策约束下的分散式决策模型。

模型 13.1 碳限额与交易政策下分散式决策模型

在碳限额与交易政策下,政府给零售商和 TPLSP 的碳排放配额分别为 E_r 和 E_l,此时的碳交易价格为 p_c。

根据博弈决策顺序,在第一阶段,零售商根据 TPLSP 的保鲜努力和碳排放成

第13章 碳限额与交易政策下考虑生鲜努力的易腐品供应协调策略

本进行预测,然后决策最佳订货量 q_1^* 和销售价格 p_1^*。对给定的 ω 和 τ,零售商在这一阶段的目标是通过设定最佳订货量 q_1^* 和最佳销售价格 p_1^* 来实现预期利润最大化。此时,零售商的利润函数如下所示。

$$\Pi_{dr}(p,q \mid q,\omega,\tau) = pE_\xi\{\min(q,D(p,\theta(\tau)))\} - (\omega+t_r)q + p_cE_r - p_cc_rq \tag{13-1}$$

在第二阶段,为满足零售商的需求,供应商将生鲜品储存量设为 $q_1^*/m(\tau)$,然后根据生产成本和保鲜努力确定最优批发价 ω_1^*。对给定 C_m 和 τ 的情况下,供应商在这一阶段的目标是通过设定最优批发价 ω,实现预期利润最大化。此时供应商的利润函数如下所示。

$$\Pi_{dm}(\omega \mid C_m,\tau) = \omega q - (C_m+P_m)q/m(\tau) \tag{13-2}$$

在第三阶段,TPLSP 根据供应商的存储量决策最佳的保鲜努力水平 τ_1^* 和服务价格 $C_{m_1}^*$。首先,对给定的保鲜努力水平 τ,TPLSP 的目标是通过设定最优服务价格 $C_{m_1}^*$ 实现预期利润最大化,此时 TPLSP 的利润如下所示。

$$\Pi_{dl}(C_m \mid \tau) = \frac{(C_m-c(\tau))q}{m(\tau)} + p_cE_l - p_cc_l\frac{q}{m(\tau)} \tag{13-3}$$

利用式(13-1)、式(13-2)和式(13-3)可得如下结论。

定理 13.1 碳限额与交易政策下分散式决策模型的均衡解为

$$C_{m_1}^* = \frac{(t_r+p_cc_r)m(\tau_1^*)+P_m+k(c(\tau_1^*)+p_cc_l)}{k-1} \tag{13-4}$$

$$\begin{aligned}\omega_1^* &= \frac{(t_r+p_cc_r)m(\tau_1^*)+k(C_m+P_m)}{(k-1)m(\tau_1^*)}\\ &= \frac{(2k-1)(t_r+p_cc_r)m(\tau_1^*)+k^2(P_m+c(\tau_1^*)+p_cc_l)}{(k-1)^2m(\tau_1^*)}\end{aligned} \tag{13-5}$$

$$q_1^* = \left(\frac{k-1}{k}\right)^{2k}A_0^k\theta(\tau_1^*)\left[\frac{m(\tau_1^*)}{(t_r+p_cc_r)m(\tau_1^*)+P_m+c(\tau_1^*)+p_cc_l}\right]^k \tag{13-6}$$

以及

$$p_1^* = \left[\frac{y_0\theta(\tau_1^*)z_0}{q_1^*}\right]^{1/k} = \left(\frac{k}{k-1}\right)^2\frac{1}{F(z_0)}\left[t_r+p_cc_r+\frac{P_m+c(\tau_1^*)+p_cc_l}{m(\tau_1^*)}\right] \tag{13-7}$$

从 $C_{m_1}^*$ 的表达式可以看出,保鲜服务价格会随产品价值、保鲜努力和碳排放成本的增加而增加。换言之,对价值较高的产品,供应商可能会支付较高的服务价格,以避免损失并实现增值。此外,如果碳排放成本增加,TPLSP 也会提高服务价格以平衡利润。从 ω_1^* 的表示可以看出,批发价主要由生产成本、保鲜成本、碳排放成本、运输成本和有效供应率决定。成本越高,批发价越高,质量损耗越多,有效供应量就减少,批发价就会越高。q_1^* 的表达式表明订货量主要取决于保鲜努力和相关成本。一般认为,新鲜度越高,订货量就越大。然而,从这个公式中可以看出,虽然提高新鲜度有助于增加订货量,但这并不意味着保鲜努力越多越好,因为随着保鲜努力量增加,成本也会逐步上升,这会增加零售商的采购成本,从而减少订货量。p_1^* 的表达式表明销售价格主要取决于单位保鲜成本 $c(\tau_1^*)$ 与存活率 $m(\tau_1^*)$ 的比率,既定的 $c(\tau_1^*)$,$m(\tau_1^*)$ 越低,售价会越高,而既定的 $m(\tau_1^*)$,$c(\tau_1^*)$ 越高,则售价也会越高。

将上述公式代入式(13-1)、式(13-2)和式(13-3)可得碳限额与交易政策下分散系统中每个供应链成员的预期利润具体表达式为

$$\Pi_{dl}(C_{m_1}^*, \tau_1^*) = \left(\frac{k-1}{k}\right)^{2k} \Pi^* + p_c E_l \tag{13-8}$$

$$\Pi_{dm}(\omega_1^*) = \left(\frac{k-1}{k}\right)^{2k-1} \Pi^* \tag{13-9}$$

以及

$$\Pi_{dr}(p_1^*, q_1^*) = \left(\frac{k-1}{k}\right)^{2k-2} \Pi^* + p_c E_r \tag{13-10}$$

进一步,利用上述公式可以计算得出碳限额与交易政策下分散式供应链系统的预期总利润为 $\Pi_{ds}(C_{m_1}^*, \tau_1^*, \omega_1^*, p_1^*, q_1^*) = \left(\frac{k-1}{k}\right)^{2k} \left[\frac{3k^2 - 3k + 1}{k^2 - 2k + 1}\right] \Pi^* + p_c(E_l + E_r)$,其中,$\Pi^* = \frac{1}{k-1} \frac{A_0^k \theta(\tau_1^*) m(\tau_1^*)^{k-1}}{[(t_r + p_c c_r) m(\tau_1^*) + P_m + c(\tau_1^*) + p_c c_l]^{k-1}}$。此外,供应链的碳排放总量为 $E_t^* = c_r q_1^* + c_l q_1^* / m(\tau_1^*)$。

总体来说,系统中的主要参数和供应链各成员的利润都与 $\theta(\tau_1^*)$ 和 $m(\tau_1^*)/c(\tau_1^*)$ 呈正相关,与 p_c 呈负相关。碳配额 E_l 和 E_r 对供应链决策没有影响,然而,随着碳配额 E_l 和 E_r 的增加,TPLSP 和零售商的预期利润都会增加。针对不易腐烂的生鲜产品 $m(\tau_1^*)=1, \theta(\tau_1^*)=1, c(\tau_1^*) \to 0$,则订货量会增加,批发价和销售价会降低,供应链三个成员的利润会增加。与之相反,如果保鲜努力只影响产品的新鲜度,即 $m(\tau_1^*)=1, \theta(\tau_1^*)<1, 0<c(\tau_1^*)<1$,或只影响存活率 $m(\tau_1^*)<1, \theta(\tau_1^*)=1, 0<c(\tau_1^*)<1$ 或同时影响保鲜率和存活率 $m(\tau_1^*)<1, \theta(\tau_1^*)<1, 0<c(\tau_1^*)<1$,则订货量和预期供应链利润都会减少。

此外,在不考虑碳排放交易利润 $p_c E_l$ 和 $p_c E_r$ 的情况下,有 $\Pi_{dl}(C_{m_1}^*, \tau_1^*) - p_c E_l < \Pi_{dm}(\omega_1^*) < \Pi_{dr}(p_1^*, q_1^*) - p_c E_r$ 且 $\dfrac{\Pi_{dm}(\omega_1^*)}{\Pi_{dr}(p_1^*, q_1^*) - p_c E_r} = \dfrac{k-1}{k}$,$\dfrac{\Pi_{dl}(C_{m_1}^*, \tau_1^*) - p_c E_l}{\Pi_{dm}(\omega_1^*)} = \dfrac{k-1}{k}$。从上式可以看出,价格弹性越大,供应链成员的利

润额分配就越接近。

定理 13.2 随着碳交易价格 p_c 的提高,TPLSP 将会提高保鲜努力水平 τ 维持原水平不变。

上述定理说明,随着碳交易价格 p_c 的提高,TPLSP 不会降低保鲜力度。换句话说,如果碳排放成本增加,则 TPLSP 将提高保鲜水平 τ,这将增加产品供应成本、降低产品需求同时减少碳排放。

模型 13.2 碳税政策下分散式决策模型

在碳税政策下,零售商和 TPLSP 将为每单位的碳排放上缴 t_e 单位的税费。此时,三级生鲜农产品供应链各成员的期望利润为

$$\Pi_{dr}(p,q \mid q,\omega,\tau) = pE_\xi\{\min(q, D(p,\theta(\tau)))\} - (\omega + t_r)q + t_e c_r q \tag{13-11}$$

$$\Pi_{dm}(\omega \mid C_m,\tau) = \omega q - (C_m + P_m)q/m(\tau) \tag{13-12}$$

以及

$$\Pi_{dl}(C_m \mid \tau) = \frac{(C_m - c(\tau))q}{m(\tau)} - t_e c_l \frac{q}{m(\tau)} \tag{13-13}$$

类似碳限额与交易政策情形下的推导可得三级农产品供应链在碳税政策下的均衡策略和利润可以分别被表示为

$$q_1^{**} = \left(\frac{k-1}{k}\right)^{2k} A_0^k \theta(\tau_1^{**}) \left[\frac{m(\tau_1^{**})}{(t_r + t_e c_r)m(\tau_1^{**}) + P_m + c(\tau_1^{**}) + t_e c_l}\right]^k \tag{13-14}$$

$$\Pi_{dl}(C_{m1}^{**}, \tau_1^{**}) = \left(\frac{k-1}{k}\right)^{2k} \Pi^{**} \tag{13-15}$$

$$\Pi_{dm}(\omega_1^{**}) = \left(\frac{k-1}{k}\right)^{2k-1} \Pi^{**} \tag{13-16}$$

$$\Pi_{dr}(p_1^{**}, q_1^{**}) = \left(\frac{k-1}{k}\right)^{2k-2} \Pi^{**} \tag{13-17}$$

以及

$$\Pi^{**} = \frac{1}{k-1} \frac{A_0^k \theta(\tau_1^{**}) m(\tau_1^{**})^{k-1}}{[(t_r + t_e c_r)m(\tau_1^{**}) + P_m + c(\tau_1^{**}) + t_e c_l]^{k-1}} \tag{13-18}$$

模型 13.3 无碳约束下分散式决策模型

当三级生鲜农产品供应链不受碳政策约束时,此时应有 $E_l = E_r = 0$,$p_c = 0$ 且 $c_r = c_l = 0$。类似碳限额与交易政策情形的推导可得无碳约束下三级生鲜农产品供应链的均衡策略和利润分别为

$$q_1^{***} = \left(\frac{k-1}{k}\right)^{2k} A_0^k \theta(\tau_1^{***}) \left[\frac{m(\tau_1^{***})}{t_r m(\tau_1^{***}) + P_m + c(\tau_1^{***})}\right]^k \tag{13-19}$$

$$\Pi_{dl}(C_{m_1}^{***}, \tau_1^{***}) = \left(\frac{k-1}{k}\right)^{2k} \Pi^{***} \tag{13-20}$$

$$\Pi_{dm}(\omega_1^{***}) = \left(\frac{k-1}{k}\right)^{2k-1} \Pi^{***} \tag{13-21}$$

$$\Pi_{dr}(p_1^{***}, q_1^{***}) = \left(\frac{k-1}{k}\right)^{2k-2} \Pi^{***} \tag{13-22}$$

以及

$$\Pi^{***} = \frac{1}{k-1} \frac{A_0^k \theta(\tau_1^{***}) m(\tau_1^{***})^{k-1}}{[t_r m(\tau_1^{***}) + P_m + c(\tau_1^{***})]^{k-1}} \tag{13-23}$$

针对上述三个模型可得如下结论。

定理 13.3 ①碳限额与交易政策和碳税政策都能促使 TPLSP 和零售商减少碳排放。②与碳税政策相比，碳限额与交易政策更容易被三级生鲜农产品供应链成员所接受。③若 $p_c > 0$，则 $\Pi_{dm}(C_{m_1}^*, \tau_1^*) < \Pi_{dm}(C_{m1}^{***}, \tau_1^{***})$。对于给定的 p_c，存在一个临界值 $E_{tl} = \left(\frac{k-1}{k}\right)^{2k}(\Pi^{***} - \Pi^*)/p_c$ 可以使 $E_l > E_{tl}$ 时有 $\Pi_{dl}(C_{m_1}^*, \tau_1^*) > \Pi_{dl}(C_{m_1}^{***}, \tau_1^{***})$。同样，存在临界值 E_{tr} 可以使 $E_r > E_{tr}$ 时有 $\Pi_{dr}(p_1^*, q_1^*) > \Pi_{dr}(p_1^{***}, q_1^{***})$。

定理 13.3①表明，由于碳排放权交易价格和碳税，供应链中生鲜品在两种碳排放政策下的流通量会减少，这也降低了供应链的碳排放量。而且，如果碳排放权交易价格（或碳税）相对较高（如 $P_m + p_c c_l \geqslant \phi(\tau^U)$），TPLSP 的最佳保鲜水平为 τ^U。这意味着，如果碳排放权交易价格很高，则零售商的订购量满足 $q_1^* \to 0$，此时 TPLSP 和零售商将通过出售碳限额来降低成本。定理 13.3②表明，在相同的碳减排效果下，碳限额与交易政策使得零售商和 TPLSP 获得更多的利润。因此，与碳税相比，碳限额与交易政策更容易被零售商和 TPLSP 接受。定理 13.3③表明，如果 $E_l > \left(\frac{k-1}{k}\right)^{2k}(\Pi^{***} - \Pi^*)/p_c$ 且 $E_r > \left(\frac{k-1}{k}\right)^{2k-2}(\Pi^{***} - \Pi^*)/p_c$，则零售商和 TPLSP 在碳限额与交易政策下会获得更多利润。此时，政府分配合适的碳配额值将会决定供应链成员是否愿意接受该政策，然而，供应商在任何情况下都会遭受利润损失。

13.3.2 集中式供应链系统

在集中式供应链系统中，各成员联合决策以优化供应链整体经济效益。由于批发价格 ω 保鲜服务 C_m 为供应链内转移支付变量，为了实现供应链总利润的最大化，最佳订货量 q_0^* 和销售价格 p_0^* 应由如下供应链整体利润函数确定。

$$\Pi_{cs}(p, q, \tau) = E_\xi\{\min(q, D(p, \theta(\tau)))\} - \left[t_r + p_c c_r + \frac{p_m}{m(\tau)} + \frac{c(\tau)}{m(\tau)} + \frac{p_c c_l}{m(\tau)}\right]q + p_c E_r + p_c E_l \tag{13-24}$$

类似分散式供应链系统的推导可将集中式供应链的运营策略和利润函数分别表示为

$$q_0^* = A_0^k \theta(\tau) \left[\frac{m(\tau)}{(t_r + p_c c_r) m(\tau) + P_m + c(\tau) + p_c c_l} \right]^k \tag{13-25}$$

$$p_0^* = \frac{1}{F(z_0)} \left[t_r + p_c c_r + \frac{P_m + c(\tau) + p_c c_l}{m(\tau)} \right] \tag{13-26}$$

$$\Pi_{cs}(p,q,\tau) = \frac{1}{k-1} \frac{A_0^k \theta(\tau) m(\tau)^{k-1}}{[(t_r + p_c c_r) m(\tau) + P_m + c(\tau) + p_c c_l]^{k-1}} \tag{13-27}$$

将上述供应链利润函数与分散式决策下 TPLSP 利润函数比较可得 $\tau_0^* = \tau_1^*$。这意味着对于给定的 p_c，分散式系统中的最优保鲜努力水平等于集中系统中的最优保鲜努力水平。这是因为在分散系统中，TPLSP 可以根据需求的反应函数来调整保鲜服务价格。因此，保鲜努力可以调整到最佳水平。此外还可以得到以下结论。

$$\frac{q_1^*}{q_0^*} = \left(\frac{k-1}{k} \right)^{2k} < 1, \quad \frac{p_0^*}{p_1^*} = \left(\frac{k-1}{k} \right)^2 < 1 \tag{13-28}$$

和

$$\frac{\Pi_{ds}(p_1^*, q_1^*, \tau_1^*) - p_c(E_r + E_l)}{\Pi_{cs}(p_0^*, q_0^*, \tau_0^*) - p_c(E_r + E_l)} = \left(\frac{k-1}{k} \right)^{2k} \left[\frac{3k^2 - 3k + 1}{k^2 - 2k + 1} \right] < 1 \tag{13-29}$$

这是因为在分散系统中，服务价格的提高会导致产品供应成本增加，进而降低市场需求和供应链的总利润。

13.3.3 基于收益共享和成本分摊契约下的三级生鲜农产供应链协调模型

本节以集中式供应链系统作为基准设计了收益共享和成本分担契约来协调碳限额与交易政策下的分散式生鲜农产品供应链，从而提高分散式系统的运营绩效。用 λ 表示供应商分担的 TPLSP 保鲜成本和碳排放成本比例，用 φ 表示零售商保留的销售收入比例，则在收益共享与成本分摊契约下供应链各成员的期望利润分别为

$$\Pi_{cr}(p \mid q, \omega, \tau) = \varphi p E_\xi \{\min(q, D(p, \theta(\tau)))\} - (\omega + t_r + p_c c_r) q + p_c E_r \tag{13-30}$$

$$\Pi_{cm}(\omega \mid C_m, \tau) = \omega q - (C_m + P_m + \lambda(c(\tau) + p_c c_l)) q / m(\tau) \tag{13-31}$$

$$\Pi_{cl}(C_m \mid \tau) = (1-\varphi) p E_\xi \{\min(q, D(p, \theta(\tau)))\} + \frac{(C_m + (\lambda-1)(C(\tau) + p_c c_l)) q}{m(\tau)} + p_c E_l \tag{13-32}$$

根据契约条件(即零售商在收益共享与成本分摊契约下订购量等于集中式决策系统的订购量),利用式(13-6)和式(13-30)可得如下结论。

定理 13.4 在收益共享与成本分摊契约下可得结论:(1)若 $C_m = [\lambda - 1]((t_r + p_c c_r) + P_m)$ 且 $\lambda = \dfrac{(k-1)\varphi}{k}$,协调可以实现。(2)$C_m + \lambda(c(\tau) + p_c c_l) < C_{m_1}^*$ 且 $\omega < \omega_1^*$。

从定理 13.4(1)可以得出 $\lambda < 1$ 和 $C_m < 0$。而且 p_c 越大,C_m 越小。这意味着在收益共享与成本分摊契约协调后,TPLSP 应向供应商提供补贴,而且碳交易价格越高,补贴也应越高。定理 13.4(2)表明,在收益共享与成本分摊契约得到协调后,当单位保鲜服务价格低于分散系统时,批发价格将降低而市场需求将增加。此时,由于降低保鲜服务价格也会减少 TPLSP 的收入,因此 TPLSP 应通过共享零售商的销售收入来保持其预期利润。

定理 13.5 如果三级生鲜品供应链的各成员实现共赢,那么 φ 应满足 $\varphi \in \left(\left(\dfrac{k-1}{k} \right)^{2k-2}, \dfrac{k}{2k-1} \left[1 - \left(\dfrac{k-1}{k} \right)^{2k} \right] \right)$。

在定理 13.5 中,Φ 的具体取值取决于零售商和 TPLSP 之间的议价能力,φ 越大,对零售商和供应商越有利。

13.4 算例分析

为了检验上述理论结果,可以利用数值算例进行分析。算例中的参数值分别为:$E_c = 1$ 吨,$c(\tau) = \tau$,$\theta(\tau) = \tau^{E_\theta}$,$m(\tau) = \tau^{E_m}$,$E_\theta = E_m$,$\xi \sim N(1, 0.25)$,$y_0 = 100$ 单位货物,$k = 1.8$,$P_m = 0.2$ 万元/单位货物,$t_r = 0.1$ 万元/单位货物,$E_r = 8$ 吨,$E_l = 6$ 吨,$c_r = 0.2$ 吨/单位货物,$c_l = 0.4$ 吨/单位货物,$p_c = 0.5$ 万元/吨,$\tau^U = 0.8$ 吨/单位货物和 $\tau^I = 0.03$ 吨/单位货物。

首先,利用上述参数值检验数量弹性 $E_m(\tau)$(或质量弹性 $E_\theta(\tau)$)和碳交易价格 p_c 对三级生鲜农产品供应链运营决策、碳减排量及各成员利润的影响。

13.4.1 数量/质量弹性和碳交易价格的影响

如图 13-2(a)所示,在分散式系统中,随着 E_m 和 p_c 的增加,最优保鲜努力 τ_1^* 将增加到 τ^U。在 p_c 保持不变时,τ_1^* 随着 E_m 增加而增加,这意味着对同样的保鲜努力,如果产品损耗量较低,TPLSP 将会增加 τ_1^*。对给定的 E_m,τ 随着 p_c 的增加而显著提高,这意味着当碳排放成本增加时,TPLSP 将提高 τ_1^*。图 13-2(b)和(c)显示,随着碳排放成本增加,ω_1^* 和 p_1^* 的变化趋势和 τ_1^* 相似,这是因为增加 τ_1^* 会增加保鲜成本,进而提高批发价和零售价。图 13-2(c)还表明代表 p_0^* 的曲面远低于 p_1^*,这说明集中式系统的最优销售价格低于分散式系统中的最优销售

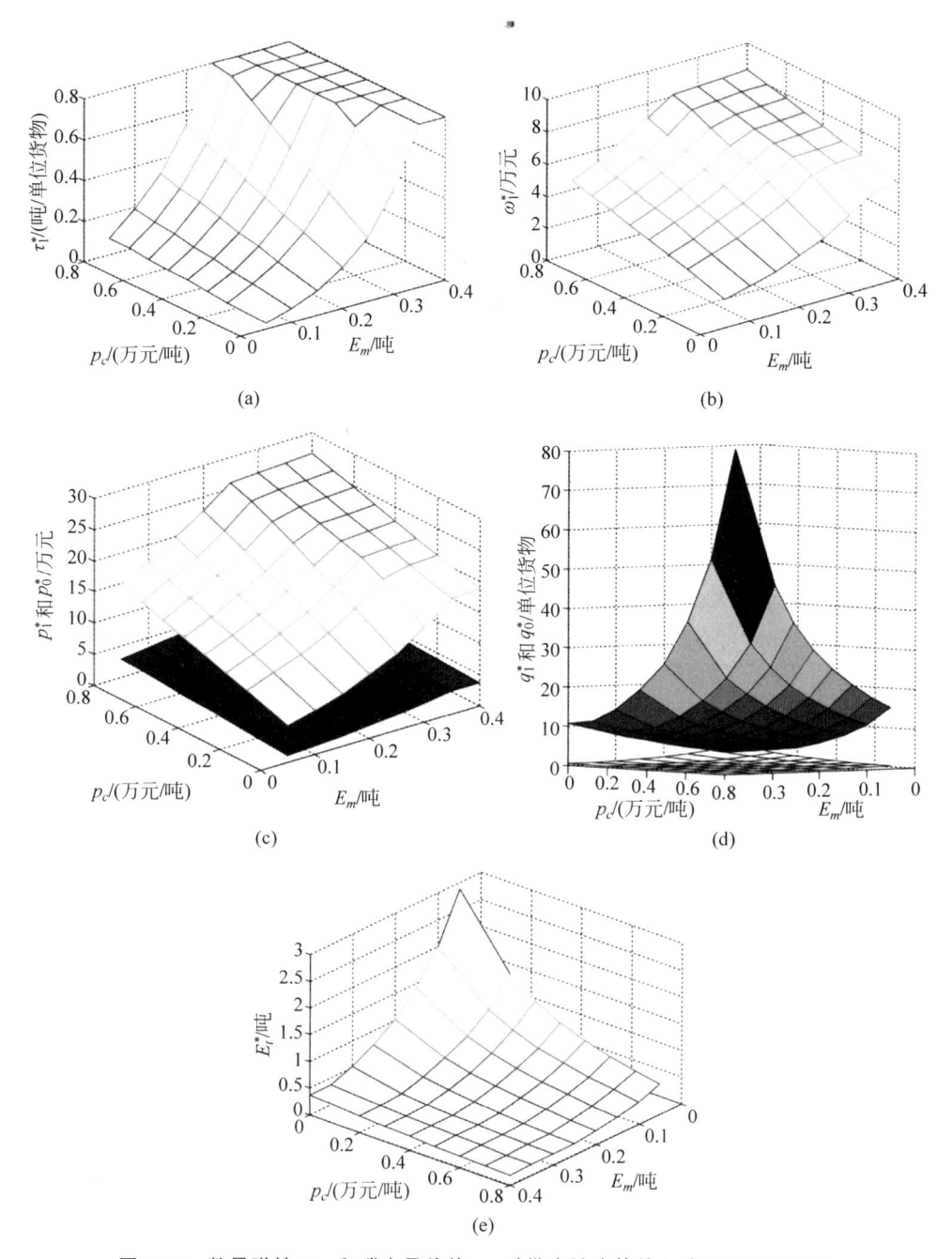

图 13-2 数量弹性 E_m 和碳交易价格 p_c 对供应链决策的影响（见文后彩页）

(a) 分散系统中最优保鲜努力 τ_1^* 随着 E_m 和 p_c 的变化；(b) 分散系统中最优批发价格 ω_1^* 随着 E_m 和 p_c 的变化；(c) 随着 E_m 和 p_c 的变化在分散系统中与集中系统中最优销售价格 p_1^*、p_0^* 的比较；(d) 随着 E_m 和 p_c 的变化在分散系统中与集中系统中最优订货量 q_1^*、q_0^* 的比较；(e) 分散系统中总碳排放量 E_t^* 随 E_m 和 p_c 的变化价格,此时,最佳订货量 q_1^* 则显示了与销售价格相反的变化趋势。如图 13-2(d) 所示,q_0^* 的曲面高于 q_1^*,这表明集中式系统的最优订货量高于分散式系统中的最优订货量。图 13-2(e)表明,随着订货量 q_1^* 的减少和保鲜努力 τ_1^* 的提高,碳排放量也会减少。

图 13-3 检验了 E_m 和 p_c 对三级生鲜农产品供应链各成员利润的影响。图 13-3(a)表明,在分散式系统中,供应商的预期利润 Π_{dm} 会随着 E_m 和 p_c 的增加而降低,这主要是由生鲜品销量下降所致。然而,对于 Π_{dl} 和 Π_{dr} 来讲,它们的变化趋势则不同,如图 13-3(b)和图 13-3(c)所示。随着 E_m 增加,q_1^* 减少,这也导致 Π_{dl} 和 Π_{dr} 都会减少。随着 p_c 的增加,尽管 q_1^* 减少会降低利润,但因为碳排放量减少,p_c 增加也会使碳交易收入增加。从图 13-3(b)可以看出,当 $E_m < 0.1$ 且 $p_c < 0.3$ 时,q_1^* 减少带来的收入减少量大于碳排放量减少带来的收入增加量,这也造成 Π_{dr} 随着 p_c 的增加而减少。否则,q_1^* 减少带来的收入减少量则会小于

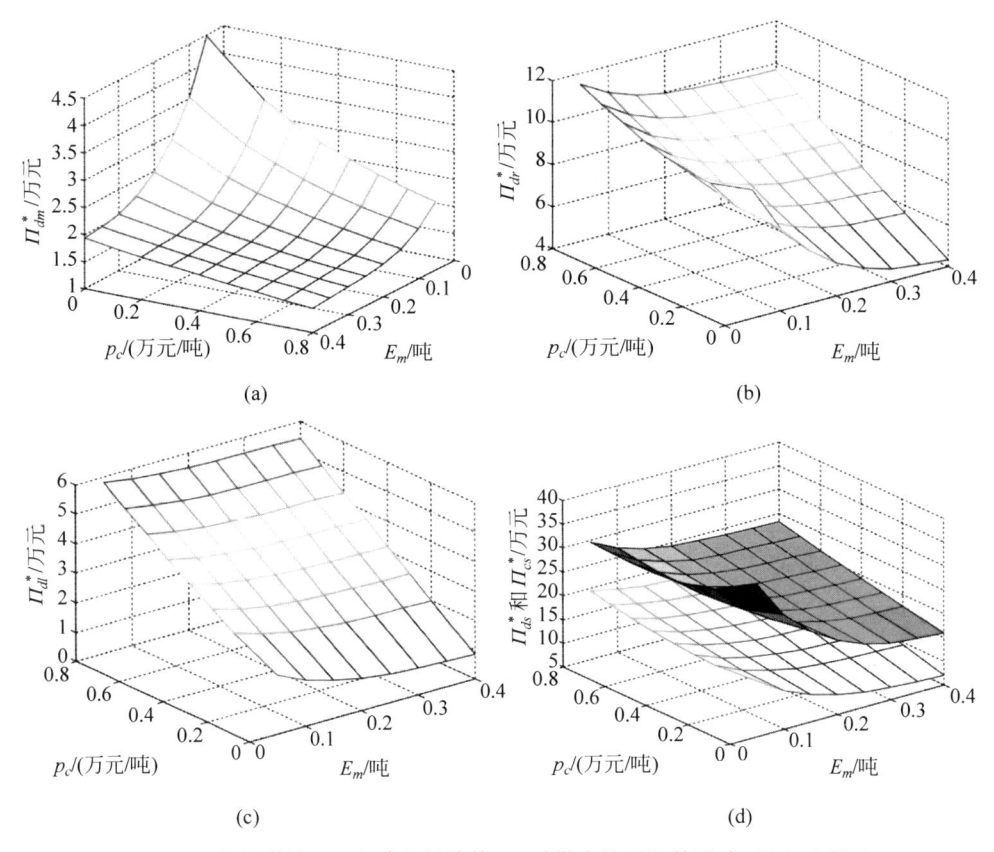

(a)

(b)

(c)

(d)

图 13-3 数量弹性 E_m 和碳交易价格 p_c 对供应链利润的影响(见文后彩页)

(a) 分散系统中供应商预期利润 Π_{dm}^* 随 E_m 和 p_c 的变化;(b) 分散系统中零售商预期利润 Π_{dr}^* 随 E_m 和 p_c 的变化;(c) 分散系统中 TPLSP 预期利润 Π_{dl}^* 随 E_m 和 p_c 的变化;(d) 随着 E_m 和 p_c 的变化在分散系统中与集中系统中供应链利润 Π_{ds}^*、Π_{cs}^* 的比较

碳排放减少带来的收入增加量,此时 Π_{dr} 随着 p_c 的增加而降低。Π_{dl} 和 Π_{ds} 也存在类似的变化规律。这些变化表明在碳限额与交易政策下,政府可以通过合理的设置 p_c 或碳配额来降低零售商和 TPLSP 遭受利润损失。尽管如此,供应商则会因为 q_1^* 的降低而蒙受利润损失。图 13-3(d)表明,集中式系统中整个供应链的利润总是高于分散式系统的。

从图 13-4 和图 13-5 可以看出,在碳税政策下,TPLSP 和零售商的利润远低于无碳排放政策约束的情景($\Pi_{dl}^{**} < \Pi_{dl}^{***}$ 和 $\Pi_{dc}^{**} < \Pi_{dc}^{***}$)。在碳限额与交易政策下,TPLSP 和零售商的利润 Π_{dl}^* 和 Π_{dc}^* 随着 E_l 和 E_r 的增加而线性递增。当 $t_e = p_c$ 时,如果 $E_l = 0$ 且 $E_r = 0$,则有 $\Pi_{dl}^* = \Pi_{dl}^{**}$,$\Pi_{dc}^* = \Pi_{dc}^{**}$。如果 $E_l > 0$,则 $\Pi_{dl}^* > \Pi_{dl}^{**}$。类似地,如果 $E_r > 0$,则 $\Pi_{dc}^* > \Pi_{dc}^{**}$。对政府分配给 TPLSP 的碳配额,存在 E_l 的阈值 E_{tl} 可以使 $E_l > E_{tl}$ 时有 $\Pi_{dl}^* > \Pi_{dl}^{***}$。对政府分配给零售商的碳配额,存在 E_r 的阈值 E_{tr} 可以使 $E_r > E_{tr}$ 时有 $\Pi_{dc}^* > \Pi_{dc}^{***}$。这些变化意味着,由于碳限额与交易政策能为 TPLSP 和零售商带来更多利润,与碳税政策相比,碳限额与交易政策更容易被受碳政策规制的企业所接受。

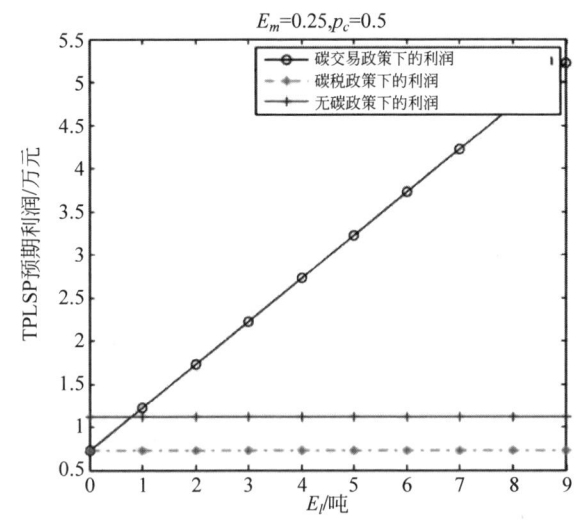

图 13-4　分散系统中第三方物流服务供应商利润随 E_l 的变化趋势

图 13-6 描述了碳减排效果随 E_m 的变化情况。如图所示,当 E_m 越低时,碳减排的效果越明显($E_t^{***} - E_t^*$),说明对于 E_m 较高的生鲜品应设置较高的 p_c 来降低碳排放。

13.4.2　协调机制对各成员预期利润的影响

接下来进一步检验收益共享和成本分担契约对三级生鲜农产品供应链成员利润的影响,不妨令 $E_\theta = E_m = 0.15$ 和 $p_c = 0.5$,其他参数不变。利用上述参数值可

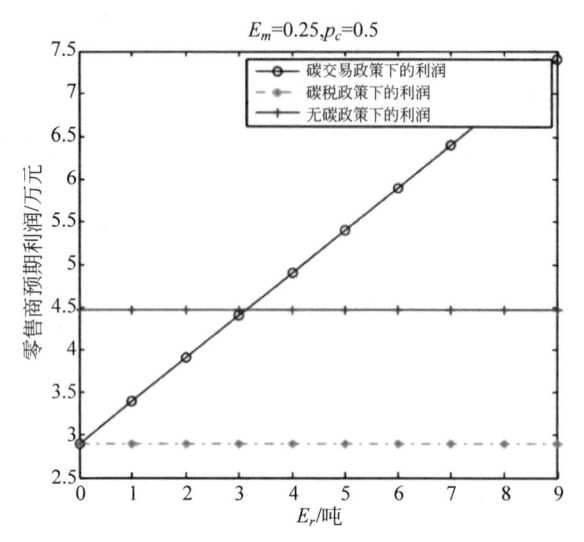

图 13-5　分散系统中零售商利润随 E_r 的变化趋势

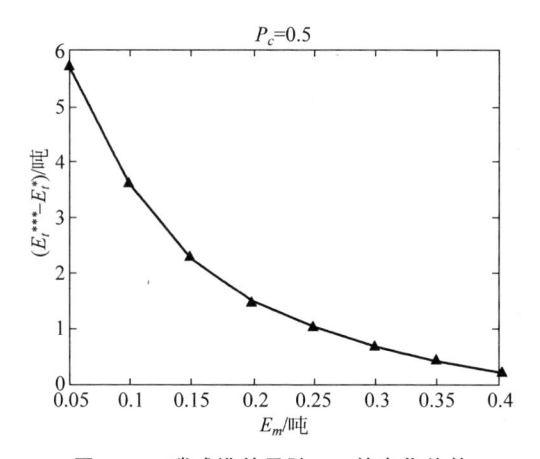

图 13-6　碳减排效果随 E_m 的变化趋势

得分散式系统下的最优决策为 $q_1^* = 0.70, p_1^* = 15.68, C_{m_1}^* = 1.47$ 及 $\omega_1^* = 4.876$；供应链各成员的预期利润则为 $\Pi_{dr} = 8.45, \Pi_{dm} = 1.98$ 和 $\Pi_{dl} = 3.88$。此时供应链的总利润为 $\Pi_{ds} = 11.32$。类似求解可得集中式系统的最优决策为 $q_0^* = 13.04$ 和 $p_0^* = 3.1$，此时供应链的总利润为 $\Pi_{cs} = 23.31$。而且，在收益共享和成本分摊契约下，该三级生鲜农产品供应链要实现完美协调，契约参数 φ 的有效范围需为 $[0.27, 0.65]$。

图 13-7 描述了协调后生鲜农产品供应链每个成员的利润随契约系数 φ 的变化情况。三级生鲜农产品供应链在收益共享与成本契约协调后，零售商和供应商的利润分别随着 φ 的增加而增加，而 TPLSP 的利润则会减少。当 $\varphi \in [0.27,$

0.65]时,$\Pi_{cl} \in [4, 12.95]$,$\Pi_{cm} \in [1.98, 4.71]$且$\Pi_{cr} \in [8.45, 14.6]$。因此,该三级生鲜农产品供应链在收益共享与成本分摊契约协调后各成员的利润均高于分散式系统的利润。此外,φ的具体数值通常取决于零售商和TPLSP之间的议价能力。

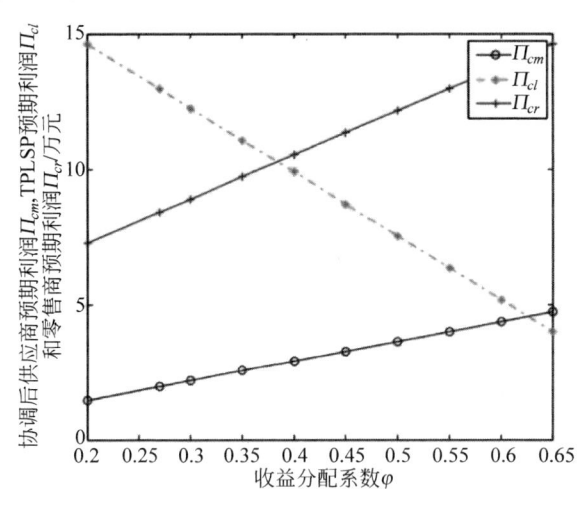

图 13-7　供应链各成员利润随 φ 的变化趋势

13.5　本章小结

本章研究了碳限额与交易政策下包括供应商、TPLSP和零售商在内的三级生鲜农产品供应链的协调机制。针对该三级生鲜农产品供应链,考虑产品的需求受新鲜度、价格和随机因素的影响,并假设产品数量损耗和质量损耗都为TPLSP保鲜努力的内生变量,首先构建了三个非合作模型研究碳交易价格对供应链决策的影响,并比较了碳限额与交易政策和碳税政策两种政策对三级冷链系统的碳减排效果。然后,以考虑碳限额与交易机制的集中决策模型为基准,设计了收益共享和成本分担契约来协调系统。为了验证理论模型结果,本章对关键参数进行了敏感性分析,得出的相关结论如下：首先,针对数量或质量弹性较大的生鲜产品,TPLSP需要加大保鲜力度。其次,针对数量或质量弹性较低的产品,政府应该提高碳交易价格来降低供应链企业产生的碳排放。再次,针对受碳政策规制的供应链企业,在相同碳排放量下,碳限额与交易政策能比碳税政策带来更多的利润。最后,收益共享与成本分摊契约能够使三级生鲜农产品供应链的所有成员实现帕累托改进。

参 考 文 献

AGATZ, N, ERERA A, SAVELSBERGH M, et al, 2012. Optimization for dynamic ridsharing: a review[J]. European Journal of Operationall Research, 223(2): 295-303.

AGRAWAL S, BANERJEE S, PAPACHRISTOS S, 2013. Inventory model with deteriorating items, ramp-type demand and partially backlogged shortages for a two warehouse system [J]. Applied Mathematical Modelling, 37(20-21): 8912-8929.

ALFARES H, GHAITAN A M, 2016. Inventory and pricing model with price-dependent demand, time-varying holding cost, and quantity discounts[J]. Computers & Industrial Engineering, 94: 170-177.

AMIRI S A H S, ZAHEDI A, KAZEMI M, et al, 2020. Determination of the optimal sales level of perishable goods in a two-echelon supply chain network[J]. Computers & Industrial Engineering, 139: 106156.

ARIKAN E, JAMMERNEGG W, 2014. The single period inventory model under dual sourcing and product carbon footprint constraint[J]. International Journal of Production Economics, 157: 15-23.

BABAGOLZADEH M, SHRESTHA A, ABBASI B, et al, 2020. Sustainable cold supply chain management under demand uncertainty and carbon tax regulation[J]. Transportation Research Part D: Transport and Environment, 80: 102245.

BAI Q, JIN M, XU X, 2019. Effects of carbon emission reduction on supplychain coordination with vendor-managed deteriorating product inventory[J]. International Journal of Production Economics, 208: 83-99.

BAI Q, XU X, XU J, et al, 2016. Coordinating a supply chain for deteriorating items with multi-factor-dependent demand over a finite planning horizon[J]. Applied Mathematical Modelling, 40(21-22): 9342-9361.

BAI Q, XU J, GONG Y, et al, 2022a. Robust decisions for regulated sustainable manufacturing with partial demand information: Mandatory emission capacity versus emission tax[J]. European Journal of Operational Research, 298(3): 874-893.

BAI Q, XU J, ZHANG Y, 2022b. The distributionally robust optimization model for a remanufacturing system under cap-and-trade policy: A newsvendor approach[J]. Annals of Operations Research, 309(2): 731-760.

BAI Q, CHEN J, XU J, 2023. Energy conservation investment and supply chain structure under cap-and-trade regulation for a green product[J]. Omega, 119: 102886.

BAKKER M, RIEZEBOS J, TEUNTER R H, 2012. Review of inventory systems with deterioration since 2001[J]. European Journal of Operational Research, 221(2): 275-284.

BANERJEE S, AGRAWAL S, 2017. Inventory model for deteriorating items with freshness and price dependent demand: Optimal discounting and ordering policies[J]. Applied Mathematical Modelling, 52: 53-64.

BAZAN E,JABER M Y,ZANONI S,2017. Carbon emissions and energy effects on a two-level manufacturer-retailer closed-loop supply chain model with remanufacturing subject to different coordination mechanisms[J]. International Journal of Production Economics,183: 394-408.

BAZAN E, JABER M Y, ZANONI S, 2015. Supply chain models with greenhouse gases emissions, energy usage and different coordination decisions [J]. Applied Mathematical Modelling,39(17): 5131-5151.

BECKER-PETH M,THONEMANN U W,2016. Reference points in revenue sharing contracts—How to design optimal supply chain contracts [J]. European Journal of Operational Research,249(3): 1033-1049.

BENJAAFAR S, LI Y, DASKIN M, 2012. Carbon footprint and the management of supply chains: Insights from simple models[J]. IEEE Transactions on Automation Science and Engineering,10(1): 99-116.

BERK E, GÜRLER Ü, LEVINE R A, 2007. Bayesian demand updating in the lost sales newsvendor problem: A two-moment approximation[J]. European Journal of Operational Research,182(1): 256-281.

BERNSTEIN F,SONG J S,ZHENG X,2008. "Bricks-and-mortar" vs. "clicks-and-mortar": An equilibrium analysis[J]. European Journal of Operational Research,187(3): 671-690.

BEULLENS P,GHIAMI Y,2022. Waste reduction in the supply chain of a deteriorating food item-Impact of supply structure on retailer performance[J]. European Journal of Operational Research,300(3): 1017-1034.

BHUNIA A K,SHAIKH A A,2015. An application of PSO in a two-warehouse inventory model for deteriorating item under permissible delay in payment with different inventory policies [J]. Applied Mathematics and Computation,256: 831-850.

BOLANDIFAR E, FENG T, ZHANG F, 2018. Simple contracts to assure supply under noncontractible capacity and asymmetric cost information[J]. Manufacturing & Service Operations Management,20(2): 217-231.

BOUCHERY Y, GHAFFARI A, JEMAI Z, et al, 2017. Impact of coordination on costs and carbon emissions for a two-echelon serial economic order quantity problem[J]. European Journal of Operational Research,260(2): 520-533.

CACHON G P, LARIVIERE M A, 2005. Supply chain coordination with revenue-sharing contracts: strengths and limitations[J]. Management Science,51(1): 30-44.

CAI X, CHEN J, XIAO Y, et al, 2013. Fresh-product supply chain management with logistics outsourcing[J]. Omega,41(4): 752-765.

CAI X, CHEN J, XIAO Y, et al, 2010. Optimization and coordination of fresh product supply chains with freshness-keeping effort[J]. Production and Operations Management,19(3): 261-278.

CAI X,ZHOU X,2014. Optimal policies for perishable products when transportation to export market is disrupted[J]. Production and Operations Management,23(5): 907-923.

CASTELLANO D, GALLO M, GRASSI A, et al, 2019. The effect of GHG emissions on production,inventory replenishment and routing decisions in a single vendor-multiple buyers supply chain[J]. International Journal of Production Economics,218: 30-42.

CATTANI K, GILLAND W, HEESE H S, et al, 2006. Boiling frogs: Pricing strategies for a manufacturer adding a direct channel that competes with the traditional channel[J]. Production and Operations Management, 15(1): 40-56.

CHAKRABORTY D, JANA D K, ROY T K, 2018. Two-warehouse partial backlogging inventory model with ramp type demand rate, three-parameter Weibull distribution deterioration under inflation and permissible delay in payments[J]. Computers & Industrial Engineering, 123: 157-179.

CHAN C K, WONG W H, LANGEVIN A, et al, 2017. An integrated production-inventory model for deteriorating items with consideration of optimal production rate and deterioration during delivery[J]. International Journal of Production Economics, 189: 1-13.

CHEN J, DONG M, RONG Y, et al, 2018a. Dynamic pricing for deteriorating products with menu cost[J]. Omega, 75: 13-26.

CHEN J, DONG M, XU L, 2018b. A perishable product shipment consolidation model considering freshness-keeping effort[J]. Transportation Research Part E: Logistics and Transportation Review, 115: 56-86.

CHEN J, ZHANG H, SUN Y, 2012. Implementing coordination contracts in a manufacturer Stackelberg dual-channel supply chain[J]. Omega, 40(5): 571-583.

CHEN L, CHEN X, KEBLIS M F, et al, 2019. Optimal pricing and replenishment policy for deteriorating inventory under stock-level-dependent, time-varying and price-dependent demand[J]. Computers & Industrial Engineering, 135: 1294-1299.

CHEN S C, TENG J T, 2015. Inventory and credit decisions for time-varying deteriorating items with up-stream and down-stream trade credit financing by discounted cash flow analysis[J]. European Journal of Operational Research, 243(2): 566-575.

CHEN T H, 2017. Optimizing pricing, replenishment and rework decision for imperfect and deteriorating items in a manufacturer-retailer channel[J]. International Journal of Production Economics, 183: 539-550.

CHEN X, BENJAAFAR S, ELOMRI A, 2019. On the effectiveness of emission penalties in decentralized supply chains[J]. European Journal of Operational Research, 274(3): 1155-1167.

CHEN X, BENJAAFAR S, ELOMRI A, 2013. The carbon-constrained EOQ[J]. Operations Research Letters, 41(2): 172-179.

CHEN X, WANG X, 2016. Effects of carbon emission reduction policies on transportation mode selections with stochastic demand[J]. Transportation Research Part E: Logistics and Transportation Review, 90: 196-205.

CHEN Z, BIDANDA B, 2019. Sustainable manufacturing production-inventory decision of multiple factories with JIT logistics, component recovery and emission control[J]. Transportation Research Part E: Logistics and Transportation Review, 128: 356-383.

CHEN Z, 2018. Optimization of production inventory with pricing and promotion effort for a single-vendor multi-buyer system of perishable products[J]. International Journal of Production Economics, 203: 333-349.

CHENG T C E, 1991. An EOQ model with learning effect on setups[J]. Production and Inventory Management Journal, 32(1): 83-84.

CHERNONOG T, 2020. Inventory and marketing policy in a supply chain of a perishable product

[J]. International Journal of Production Economics, 219: 259-274.

CLAASSEN G D H, KIRST P, VAN A T T, et al, 2024. Integrating time-temperature dependent deterioration in the economic order quantity model for perishable products in multi-echelon supply chains[J]. Omega, 125: 103041.

CLAASSEN G D H, KIRST P, VAN A T T, et al, 2024. Integrating time-temperature dependent deterioration in the economic order quantity model for perishable products in multi-echelon supply chains[J]. Omega, 125: 103041.

DAVIS A M, KATOK E, SANTAMARÍA N, 2014. Push, pull, or both? A behavioral study of how the allocation of inventory risk affects channel efficiency[J]. Management Science, 60(11): 2666-2683.

DE GIOVANNI P, 2021. Smart Supply Chains with vendor managed inventory, coordination, and environmental performance[J]. European Journal of Operational Research, 292(2): 515-531.

DENG Y, YOU D, ZHANG Y, 2021. Research on improvement strategies for low-carbon technology innovation based on a differential game: The perspective of tax competition[J]. Sustainable Production and Consumption, 26: 1046-1061.

DRAKE D F, KLEINDORFER P R, VAN WASSENHOVE L N, 2016. Technology choice and capacity portfolios under emissions regulation[J]. Production and Operations Management, 25(6): 1006-1025.

DUAN Y, CAO Y, HUO J, 2018. Optimal pricing, production, and inventory for deteriorating items under demand uncertainty: The finite horizon case[J]. Applied Mathematical Modelling, 58: 331-348.

DUMRONGSIRI A, FAN M, JAIN A, et al, 2008. A supply chain model with direct and retail channels[J]. European Journal of Operational Research, 187(3): 691-718.

DYE C Y, 2020. Optimal joint dynamic pricing, advertising and inventory control model for perishable items with psychic stock effect[J]. European Journal of Operational Research, 283(2): 576-587.

DYE C Y, 2013. The effect of preservation technology investment on a non-instantaneous deteriorating inventory model[J]. Omega, 41(5): 872-880.

DYE C Y, HSIEH T P, 2012. An optimal replenishment policy for deteriorating items with effective investment in preservation technology[J]. European Journal of Operational Research, 218(1): 106-112.

DYE C Y, YANG C T, 2016. Optimal dynamic pricing and preservation technology investment for deteriorating products with reference price effects[J]. Omega, 62: 52-67.

DYE C Y, YANG C T, 2015. Sustainable trade credit and replenishment decisions with credit-linked demand under carbon emission constraints[J]. European Journal of Operational Research, 244(1): 187-200.

FENG H, ZENG Y, CAI X, et al, 2021. Altruistic profit allocation rules for joint replenishment with carbon cap-and-trade policy[J]. European Journal of Operational Research, 290(3): 956-967.

FENG L, CHAN Y L, CÁRDENAS-BARRÓN L E, 2017. Pricing and lot-sizing polices for perishable goods when the demand depends on selling price, displayed stocks, and expiration date[J]. International Journal of Production Economics, 185: 11-20.

FENG L,2019. Dynamic pricing, quality investment, and replenishment model for perishable items[J]. International Transactions in Operational Research,26(4): 1558-1575.

FERGUSON M E,KOENIGSBERG O,2007. How should a firm manage deteriorating inventory? [J]. Production and Operations Management,16(3): 306-321.

GALLEGO G,MOON I,1993. The distribution free newsboy problem: review and extensions [J]. Journal of the Operational Research Society,44(8): 825-834.

GERCHAK Y, WANG Y, 2004. Revenue-sharing vs. wholesale-price contracts in assembly systems with random demand[J]. Production and Operations Management,13(1): 23-33.

GHARE P M,SCHRADER G H,1963. A modelforexponentiallydecayinginventory system[J]. InternationalJournal of Production Research,21: 49-46.

GHIAMI Y,BEULLENS P,2020. The continuous resupply policy for deteriorating items with stock-dependent observable demand in a two-warehouse and two-echelon supply chain[J]. Applied Mathematical Modelling,82: 271-292.

GHIAMI Y, WILLIAMS T, 2015. A two-echelon production-inventory model for deteriorating items with multiple buyers [J]. International Journal of Production Economics, 159: 233-240.

GHOREISHI M, WEBER G W, MIRZAZADEH A, 2015. An inventory model for non-instantaneous deteriorating items with partial backlogging, permissible delay in payments, inflation-and selling price-dependent demand and customer returns[J]. Annals of Operations Research,226: 221-238.

GILDING B H,2014. Inflation and the optimal inventory replenishment schedule within a finite planning horizon[J]. European Journal of Operational Research,234(3): 683-693.

GIRI B C,BARDHAN S,2012. Supply chain coordination for a deteriorating item with stock and price-dependent demand under revenue sharing contract[J]. International Transactions in Operational Research,19(5): 753-768.

GIRI B C,MAITI T,2014. Profit improvement through retailer-stackelberg in a multi-echelon supply chain of deteriorating product with price-sensitive demand[J]. Journal of Industrial and Production Engineering,31(4): 187-198.

GOLDBERG D A,REIMAN M I,WANG Q,2021. A survey of recent progress in the asymptotic analysis of inventory systems[J]. Production and Operations Management,30(6): 1718-1750.

GONG X,ZHOU S X,2013. Optimal production planning with emissions trading[J]. Operations Research,61(4): 908-924.

GOYAL S K,GIRI B C,2001. Recent trends in modeling of deteriorating inventory[J]. European Journal of Operational Research,134(1): 1-16.

GOYAL S K,GIRI B C,2003. The production-inventory problem of a product with time varying demand,production and deterioration rates[J]. European Journal of Operational Research, 147(3): 549-557.

GURNANI H, ERKOC M, 2008. Supply contracts in manufacturer-retailer interactions with manufacturer-quality and retailer effort-induced demand [J]. Naval Research Logistics (NRL),55(3): 200-217.

HALAT K, HAFEZALKOTOB A, 2019. Modeling carbon regulation policies in inventory decisions of a multi-stage green supply chain: A game theory approach[J]. Computers &

Industrial Engineering,128：807-830.

HALAT K,HAFEZALKOTOB A,SAYADI M K,2021. Cooperative inventory games in multi-echelon supply chains under carbon tax policy: vertical or horizontal? [J]. Applied Mathematical Modelling,99：166-203.

HE P,ZHANG W,XU X,et al,2015. Production lot-sizing and carbon emissions under cap-and-trade and carbon tax regulations[J]. Journal of Cleaner Production,103：241-248.

HE Y,GONG Y,HONG X,2022. Demand information acquisition and disclosure in a non-instantaneous deteriorating items supply chain[J]. Computers & Industrial Engineering,169：108250.

HEYDARI J,CHOI T M,RADKHAH S,2017. Pareto improving supply chain coordination under a money-back guarantee service program[J]. Service Science,9(2)：91-105.

HSIEH T P,DYE C Y,2017. Optimal dynamic pricing for deteriorating items with reference price effects when inventories stimulate demand [J]. European Journal of Operational Research,262(1)：136-150.

HUANG H,HE Y,LI D,2017. EPQ for an unreliable production system with endogenous reliability and product deterioration[J]. International Transactions in Operational Research,24(4)：839-866.

HUANG L,LIU B,ZHANG R,2024. Channel strategies for competing retailers: Whether and when to introduce live stream? [J]. European Journal of Operational Research,312(2)：413-426.

HUANG X,YANG S,WANG Z,2021. Optimal pricing and replenishment policy for perishable food supply chain under inflation[J]. Computers & Industrial Engineering,158：107433.

HUANG Y S,FANG C C,LIN Y A,2020. Inventory management in supply chains with consideration of Logistics, green investment and different carbon emissions policies[J]. Computers & Industrial Engineering,139：106207.

HUANG Y S,HO J W,JIAN H J,et al,2021. Quantity discount coordination for supply chains with deteriorating inventory[J]. Computers & Industrial Engineering,152：106987.

JABER M Y,GLOCK C H,EL SAADANY A M A,2013. Supply chain coordination with emissions reduction incentives[J]. International Journal of Production Research,51(1)：69-82.

JAGGI C K,PAREEK S,KHANNA A, et al,2014. Credit financing in a two-warehouse environment for deteriorating items with price-sensitive demand and fully backlogged shortages[J]. Applied Mathematical Modelling,38(21-22)：5315-5333.

JAIN R,MITTAL M,MANGLA S K,et al,2023. Optimizing supply chain strategies for deteriorating items and imperfect manufacturing under carbon emission regulations[J]. Computers & Industrial Engineering,182：109350.

JANSSEN L,CLAUS T,SAUER J,2016. Literature review of deteriorating inventory models by key topics from 2012 to 2015[J]. International Journal of Production Economics,182：86-112.

JAUHARI W A,PUJAWAN I N,SUEF M,et al,2022. Low carbon inventory model for vendor？buyer system with hybrid production and adjustable production rate under stochastic demand [J]. Applied Mathematical Modelling,108：840-868.

JIANGTAO M,GUIMEI C,TING F,et al,2014. Optimal ordering policies for perishable multi-item under stock-dependent demand and two-level trade credit[J]. Applied Mathematical

Modelling,38(9-10):2522-2532.

JONAS C P,2019. Optimizing a two-warehouse system under shortage backordering,trade credit,and decreasing rental conditions[J]. International Journal of Production Economics,209:147-155.

KEVORK I S,2010. Estimating the optimal order quantity and the maximum expected profit for single-period inventory decisions[J]. Omega,38(3-4):218-227.

KHAN M A A,SHAIKH A A,KONSTANTARAS I,et al,2020. Inventory models for perishable items with advanced payment,linearly time-dependent holding cost and demand dependent on advertisement and selling price[J]. International Journal of Production Economics,230:107804.

KHAN M A A,SHAIKH A A,PANDA G C,et al,2020. The effect of advance payment with discount facility on supply decisions of deteriorating products whose demand is both price and stock dependent[J]. International Transactions in Operational Research,27(3):1343-1367.

KONUR D,SCHAEFER B,2014. Integrated inventory control and transportation decisions under carbon emissions regulations:LTL vs. TL carriers[J]. Transportation Research Part E:Logistics and Transportation Review,68:14-38.

KROMMYDA I P,SKOURI K,KONSTANTARAS I,et al,2013. Optimal pricing and replenishment policy for noninstantaneous deteriorating items and two levels of storage[J]. Asia-Pacific Journal of Operational Research,30(4):1350001.

LEE Y P,DYE C Y,2012. An inventory model for deteriorating items under stock-dependent demand and controllable deterioration rate[J]. Computers & Industrial Engineering,63(2):474-482.

LETIZIA P,POURAKBAR M,HARRISON T,2018. The impact of consumer returns on the multichannel sales strategies of manufacturers[J]. Production and Operations Management,27(2):323-349.

LEVIN R I,MCLAUGHLIN C P,LAMONE R P,et al,1974. Production/operations management:contemporary policy for managing operating systems[M]. New York:Tata McGraw Hill.

LI G P,HE X,ZHOU J,et al,2019. Pricing,replenishment and preservation technology investment decisions for non-instantaneous deteriorating items[J]. Omega,84:114-126.

LI R,TENG J T,2018. Pricing and lot-sizing decisions for perishable goods when demand depends on selling price,reference price,product freshness,and displayed stocks[J]. European Journal of Operational Research,270(3):1099-1108.

LI Y,CHEANG B,LIM A,2012. Grocery perishables management[J]. Production and Operations Management,21(3):504-517.

LI Z,HAI J,2019. Inventory management for one warehouse multi-retailer systems with carbon emission costs[J]. Computers & Industrial Engineering,130:565-574.

LIAO Y,BANERJEE A,YAN C,2011. A distribution-free newsvendor model with balking and lost sales penalty[J]. International Journal of Production Economics,133(1):224-227.

LIU A,ZHU Q,XU L,et al,2021. Sustainable supply chain management for perishable products in emerging markets:An integrated location-inventory-routing model[J]. Transportation

Research Part E：Logistics and Transportation Review，150：102319.

LIU B，CAI G，TSAY A A，2014. Advertising in asymmetric competing supply chains[J]. Production and Operations Management，23(11)：1845-1858.

LIU C，CHEN W，ZHOU Q，et al，2021. Modelling dynamic freshness-keeping effort over a finite time horizon in a two-echelon online fresh product supply chain[J]. European Journal of Operational Research，293(2)：511-528.

LIN F，JIA T，WU F，et al，2019. Impacts of two-stage deterioration on an integrated inventory model under trade credit and variable capacity utilization[J]. European Journal of Operational Research，272(1)：219-234.

LIU G，ZHANG J，TANG W，2015. Strategic transfer pricing in a marketing-operations interface with quality level and advertising dependent goodwill[J]. Omega，56：1-15.

LIN K P，2013. An extended inventory models with trapezoidal type demands[J]. Applied Mathematics and Computation，219(24)：11414-11419.

LIU L，ZHAO Q，GOH M，2021. Perishable material sourcing and final product pricing decisions for two-echelon supply chain under price-sensitive demand[J]. Computers & Industrial Engineering，156：107260.

LIU L，ZHAO L，REN X，2019. Optimal preservation technology investment and pricing policy for fresh food[J]. Computers & Industrial Engineering，135：746-756.

LIU M，DAN B，ZHANG S，et al，2021. Information sharing in an E-tailing supply chain for fresh produce with freshness-keeping effort and value-added service[J]. European Journal of Operational Research，290(2)：572-584.

LIN T Y，SARKER B R，2017. A pull system inventory model with carbon tax policies and imperfect quality items[J]. Applied Mathematical Modelling，50：450-462.

LIU Y，LI Q，YANG Z，2019. A new production and shipment policy for a coordinated single-vendor single-buyer system with deteriorating items[J]. Computers & Industrial Engineering，128：492-501.

LIU J，KE H，TIAN G，2020. Impact of emission reduction investments on decisions and profits in a supply chain with two competitive manufacturers[J]. Computers & Industrial Engineering，149：106784.

LOK Y W，SUPADI S S，WONG K B，2023. Optimal investment in preservation technology for non-instantaneous deteriorating items under carbon emissions consideration[J]. Computers & Industrial Engineering，183：109446.

LUO L，SUN J，2016. New product design under channel acceptance：brick-and-mortar，online-exclusive，or brick-and-click[J]. Production and Operations Management，25(12)：2014-2034.

MA D，HU J，YAO F，2021. Big data empowering low-carbon smart tourism study on low-carbon tourism O2O supply chain considering consumer behaviors and corporate altruistic preferences[J]. Computers & Industrial Engineering，153：107061.

MA X，WANG S，ISLAM S M N，et al，2019. Coordinating a three-echelon fresh agricultural products supply chain considering freshness-keeping effort with asymmetric information[J]. Applied Mathematical Modelling，67：337-356.

MAHMOODI A，2019. Joint pricing and inventory control of duopoly retailers with deteriorating items and linear demand[J]. Computers & Industrial Engineering，132：36-46.

MANNA A K, AKHTAR M, SHAIKH A A, et al, 2021. Optimization of a deteriorated two-warehouse inventory problem with all-unit discount and shortages via tournament differential evolution[J]. Applied Soft Computing, 107: 107388.

MANUPATI V K, JEDIDAH S J, GUPTA S, et al, 2019. Optimization of a multi-echelon sustainable production-distribution supply chain system with lead time consideration under carbon emission policies[J]. Computers & Industrial Engineering, 135: 1312-1323.

MARCHI B, ZANONI S, ZAVANELLA L E, et al, 2019. Supply chain models with greenhouse gases emissions, energy usage, imperfect process under different coordination decisions[J]. International Journal of Production Economics, 211: 145-153.

MISHRA U, WU J Z, TSAO Y C, et al, 2020. Sustainable inventory system with controllable non-instantaneous deterioration and environmental emission rates[J]. Journal of Cleaner Production, 244: 118807.

NAGARE M, DUTTA P, CHEIKHROUHOU N, 2021. Extended distribution-free newsvendor models with demand updates using experts' judgment[J]. International Transactions in Operational Research, 28(6): 3536-3576.

NAHMIAS S, 1982. Perishable inventory theory: A review[J]. Operations Research, 30(4): 680-708.

NERLOVE M, ARROW K J, 1962. Optimal advertising policy under dynamic conditions[J]. Economica: 129-142.

OTRODI F, YAGHIN R G, TORABI S A, 2019. Joint pricing and lot-sizing for a perishable item under two-level trade credit with multiple demand classes[J]. Computers & Industrial Engineering, 127: 761-777.

OUYANG L Y, WU K S, YANG C T, et al, 2016. Optimal order policy in response to announced price increase for deteriorating items with limited special order quantity[J]. International Journal of Systems Science, 47(3): 718-729.

ÖZBILGE A, HASSINI E, PARLAR M, 2022. A review of bricks-and-clicks dual-channels literature: trends and opportunities[J]. INFOR: Information Systems and Operational Research, 60(4): 436-472.

ÖZBILGE A, HASSINI E, PARLAR M, 2024. Optimal pricing and donation policy for fresh goods[J]. European Journal of Operational Research, 312(1): 198-210.

PAL D, MANNA A K, ALI I, et al, 2024. A two-warehouse inventory model with credit policy and inflation effect[J]. Decision Analytics Journal, 10: 100406.

PAKHIRA R, SARKAR S, GHOSH U, 2020. Study of memory effect in an inventory model for deteriorating items with partial backlogging[J]. Computers & Industrial Engineering, 148: 106705.

PANDA S, MODAK N M, CÁRDENAS-BARRÓN L E, 2017. Coordination and benefit sharing in a three-echelon distribution channel with deteriorating product[J]. Computers & Industrial Engineering, 113: 630-645.

PANDO V, SAN-JOSÉ L A, GARCÍA-LAGUNA J, et al, 2018. Optimal lot-size policy for deteriorating items with stock-dependent demand considering profit maximization[J]. Computers & Industrial Engineering, 117: 81-93.

PETRUZZI N C, DADA M, 1999. Pricing and the newsvendor problem: A review with extensions

[J]. Operations research,47(2): 183-194.

PRASAD K,MUKHERJEE B,2016. Optimal inventory model under stock and time dependent demand for time varying deterioration rate with shortages[J]. Annals of Operations Research,243: 323-334.

RAAFAT F,1991. Survey of literature on continuously deteriorating inventory models[J]. Journal of the Operational Research society,42(1): 27-37.

RANJAN A,JHA J K,2022. Multi-period dynamic pricing model for deteriorating products in a supply chain with preservation technology investment and carbon emission[J]. Computers & Industrial Engineering,174: 108817.

RAU H,WU M Y,WEE H M,2003. Integrated inventory model for deteriorating items under a multi-echelon supply chain environment[J]. International journal of production economics,86(2): 155-168.

RAZ G,DRUEHL C T,BLASS V,2013. Design for the environment: life-cycle approach using a newsvendor model[J]. Production and operations management,22(4): 940-957.

ROSIČ H,JAMMERNEGG W,2013. The economic and environmental performance of dual sourcing: A newsvendor approach[J]. International Journal of Production Economics,143(1): 109-119.

RU J,SHI R,ZHANG J,2018. When does a supply chain member benefit from vendor-managed inventory? [J]. Production and Operations Management,27(5): 807-821.

RUIDAS S,SEIKH M R,NAYAK P K,2021. A production inventory model with interval-valued carbon emission parameters under price-sensitive demand[J]. Computers & Industrial Engineering,154: 107154.

SAINATHAN A,GROENEVELT H,2019. Vendor managed inventory contracts-coordinating the supply chain while looking from the vendor's perspective[J]. European Journal of Operational Research,272(1): 249-260.

SALAS-NAVARRO K,ROMERO-MONTES J M,ACEVEDO-CHEDID J,et al,2023. Vendor managed inventory system considering deteriorating items and probabilistic demand for a three-layer supply chain[J]. Expert Systems with Applications,218: 119608.

SAN-JOSÉ L A,SICILIA J,ALCAIDE-LÓPEZ-DE-PABLO D,2018. An inventory system with demand dependent on both time and price assuming backlogged shortages[J]. European Journal of Operational Research,270(3): 889-897.

SAN-JOSÉ L A,SICILIA J,CÁRDENAS-BARRÓN L E,et al,2024. A sustainable inventory model for deteriorating items with power demand and full backlogging under a carbon emission tax[J]. International Journal of Production Economics,268: 109098.

SARKAR B,GANGULY B,SARKAR M,et al,2016. Effect of variable transportation and carbon emission in a three-echelon supply chain model[J]. Transportation Research Part E: Logistics and Transportation Review,91: 112-128.

SCARF H E,1958. A min-max solution of an inventory problem[M]// BELLMAN R. Studies in the Mathematical Theory of Inventory and Production. San Francisco: Stanford University Press: 201-209.

SHAH N H,2017. Three-layered integrated inventory model for deteriorating items with quadratic demand and two-level trade credit financing[J]. International Journal of Systems

Science: Operations & Logistics,4(2):85-91.

SHI Y,ZHANG Z,CHEN S C,et al,2020. Optimal replenishment decisions for perishable products under cash, advance, and credit payments considering carbon tax regulations[J]. International Journal of Production Economics,223:107514.

SICILIA J,GONZÁLEZ-DE-LA-ROSA M,FEBLES-ACOSTA J,et al,2014. An inventory model for deteriorating items with shortages and time-varying demand[J]. International Journal of Production Economics,155:155-162.

SKOURI K,KONSTANTARAS I,PAPACHRISTOS S,et al,2009. Inventory models with ramp type demand rate, partial backlogging and Weibull deterioration rate[J]. European Journal of Operational Research,192(1):79-92.

SONG J S,XIAO L,ZHANG H,et al,2017. Optimal policies for a dual-sourcing inventory problem with endogenous stochastic lead times[J]. Operations Research,65(2):379-395.

STIGLIC M,AGATZ N,SAVELSBERGH M,et al,2015. The benefits of meeting points in ride-sharing systems[J]. Transportation Research Part B:Methodological,82:36-53.

SWAMI S,SHAH J,2013. Channel coordination in green supply chain management[J]. Journal of the Operational Research Society,64(3):336-351.

TAGUCHI G,1987. System of experimental design:Engineering methods to optimize quality and minimize costs[M]. New Youk:Kraus International,White Plains.

TAI A H,XIE Y,CHING W K,2016. Inspection policy for inventory system with deteriorating products[J]. International Journal of Production Economics,173:22-29.

TAI A H,XIE Y,HE W,et al,2019. Joint inspection and inventory control for deteriorating items with random maximum lifetime[J]. International Journal of Production Economics,207:144-162.

TALEIZADEH A A,NOORI-DARYAN M,CÁRDENAS-BARRÓN L E,2015. Joint optimization of price, replenishment frequency, replenishment cycle and production rate in vendor managed inventory system with deteriorating items[J]. International Journal of Production Economics,159:285-295.

TANG S,WANG W,CHO S,et al,2018. Reducing emissions in transportation and inventory management:(R,Q) Policy with considerations of carbon reduction[J]. European Journal of Operational Research,269(1):327-340.

TASHAKKOR N,MIRMOHAMMADI S H,IRANPOOR M,2018. Joint optimization of dynamic pricing and replenishment cycle considering variable non-instantaneous deterioration and stock-dependent demand[J]. Computers & Industrial Engineering,123:232-241.

TAT R,TALEIZADEH A A,ESMAEILI M,2015. Developing economic order quantity model for non-instantaneous deteriorating items in vendor-managed inventory (VMI) system[J]. International Journal of Systems Science,46(7):1257-1268.

THOMAS D J,GRIFFIN P M,1996. Coordinated supply chain management[J]. European Journal of Operational Research,94(1):1-15.

TIWARI S,CÁRDENAS-BARRÓN L E,GOH M,et al,2018. Joint pricing and inventory model for deteriorating items with expiration dates and partial backlogging under two-level partial trade credits in supply chain[J]. International Journal of Production Economics,200:16-36.

TIWARI S,CÁRDENAS-BARRÓN L E,KHANNA A,et al,2016. Impact of trade credit and inflation on retailer's ordering policies for non-instantaneous deteriorating items in a two-warehouse environment[J]. International Journal of Production Economics,176: 154-169.

TIWARI S,CÁRDENAS-BARRÓN L E,SHAIKH A A,et al,2020. Retailer's optimal ordering policy for deteriorating items under order-size dependent trade credit and complete backlogging[J]. Computers & Industrial Engineering,139: 105559.

TIWARI S,JAGGI C K,GUPTA M,et al,2018. Optimal pricing and lot-sizing policy for supply chain system with deteriorating items under limited storage capacity[J]. International Journal of Production Economics,200: 278-290.

TOPTAL A,CETINKAYA B,2017. How supply chain coordination affects the environment: a carbon footprint perspective[J]. Annals of Operations Research,250: 487-519.

TOPTAL A, ÖZLÜ H, KONUR D, 2014. Joint decisions on inventory replenishment and emission reduction investment under different emission regulations[J]. International Journal of Production Research,52(1): 243-269.

TSAY A A,AGRAWAL N,2004. Channel conflict and coordination in the e-commerce age[J]. Production and Operations Management,13(1): 93-110.

WANG C,HUANG R,2014. Pricing for seasonal deteriorating products with price-and ramp-type time-dependent demand[J]. Computers & Industrial Engineering,77: 29-34.

WANG H,GURNANI H,ERKOC M,2016. Entry deterrence of capacitated competition using price and non-price strategies[J]. Production and Operations Management,25(4): 719-735.

WANG S Y,CHOI S H,2020. Decision analysis with green awareness and demand uncertainties under the option-available ETS system[J]. Computers & Industrial Engineering, 140: 106254.

WEI J, WANG C, 2021. Improving interaction mechanism of carbon reduction technology innovation between supply chain enterprises and government by means of differential game [J]. Journal of Cleaner Production,296: 126578.

WU C,ZHAO Q,2014. Supplier-retailer inventory coordination with credit term for inventory-dependent and linear-trend demand[J]. International Transactions in Operational Research, 21(5): 797-818.

WU J,AL-KHATEEB F B,TENG J T,et al,2016. Inventory models for deteriorating items with maximum lifetime under downstream partial trade credits to credit-risk customers by discounted cash-flow analysis[J]. International Journal of Production Economics,171: 105-115.

WU J,CHANG C T,TENG J T, et al, 2017. Optimal order quantity and selling price over a product life cycle with deterioration rate linked to expiration date[J]. International Journal of Production Economics,193: 343-351.

WU Q, MU Y, FENG Y, 2015. Coordinating contracts for fresh product outsourcing logistics channels with power structures[J]. International Journal of Production Economics, 160: 94-105.

XIAO T J,XU T T,2013. Coordinating price and service level decisions for a supply chain with deteriorating item under vendor managed inventory[J]. International Journal of Production Economics,145(2): 743-752.

XU J,CHEN Y,BAI Q,2016. A two-echelon sustainable supply chain coordination under cap-

and-trade regulation[J]. Journal of Cleaner Production,135：42-56.

XU X,BAI Q,CHEN M,2017. A comparison of different dispatching policies in two-warehouse inventory systems for deteriorating items over a finite time horizon[J]. Applied Mathematical Modelling,41：359-374.

YAO Z,LEUNG S C H,LAI K K,2008. Manufacturer's revenue-sharing contract and retail competition[J]. European Journal of Operational Research,186(2)：637-651.

YAN W,XIONG Y,XIONG Z K,et al,2015. Bricks vs. clicks：Which is better for marketing remanufactured products?[J]. European Journal of Operational Research,242(2)：434-444.

YU C,QU Z,ARCHIBALD T W,et al,2020. An inventory model of a deteriorating product considering carbon emissions[J]. Computers & Industrial Engineering,148：106694.

YU Y,WANG Z,LIANG L,2012. A vendor managed inventory supply chain with deteriorating raw materials and products[J]. International Journal of Production Economics,136(2)：266-274.

YUAN Q,CHEN Y,YANG J,et al,2018. Joint control of emissions permit trading and production involving fixed and variable transaction costs[J]. Production and Operations Management,27(8)：1420-1454.

YUE J,CHEN B,WANG M C,2006. Expected value of distribution information for the newsvendor problem[J]. Operations Research,54(6)：1128-1136.

ZHANG B,XU L,2013. Multi-item production planning with carbon cap and trade mechanism[J]. International Journal of Production Economics,144(1)：118-127.

ZHANG J,WEI Q,ZHANG Q,et al,2016. Pricing, service and preservation technology investments policy for deteriorating items under common resource constraints[J]. Computers & Industrial Engineering,95：1-9.

ZHANG J,LIU G,ZHANG Q,et al,2015. Coordinating a supply chain for deteriorating items with a revenue sharing and cooperative investment contract[J]. Omega,56：37-49.

ZHANG T,HAO Y,ZHU X,2022. Consignment inventory management in a closed-loop supply chain for deteriorating items under a carbon cap-and-trade regulation[J]. Computers & Industrial Engineering,171：108410.

ZHANG Y,DONOHUE K,CUI T H,2016. Contract preferences and performance for the loss-averse supplier：Buyback vs. revenue sharing[J]. Management Science,62(6)：1734-1754.

ZENG Y,CAI X,FENG H,2022. Cost and emission allocation for joint replenishment systems subject to carbon constraints[J]. Computers & Industrial Engineering,168：108074.

ZHOU P,WEN W,2020. Carbon-constrained firm decisions：From business strategies to operations modeling[J]. European Journal of Operational Research,281(1)：1-15.

ZHOU Y,YE X,2018. Differential game model of joint emission reduction strategies and contract design in a dual-channel supply chain[J]. Journal of Cleaner Production,190：592-607.

艾学轶,张金隆,徐浩轩,等,2020.考虑保存技术投资的非立即变质品定价和库存联合决策[J].系统管理学报,29(1)：8.

柏庆国,徐健腾,2016.碳政策下分布式鲁棒优化模型的生产与减排投资策略[J].系统工程理论与实践,36(7)：1696-1709.

柏庆国,徐贤浩,2018.碳排放政策下二级易变质产品供应链的联合订购策略[J].管理工程学报,32(4)：167-177.

柏庆国,徐贤浩,潘伟,2017.多分销渠道下易变质产品的联合库存与定价模型[J].管理工程学报,31(3)：84-92.

曹晓宁,王永明,薛方红,等,2021.供应商保鲜努力的生鲜农产品双渠道供应链协调决策研究[J].中国管理科学,29(3)：109-118.

曹裕,李业梅,李青松,2019.基于提前支付的易变质产品批量订货策略研究[J].管理评论,31(4)：206-216.

陈军,但斌,曹群辉,等,2009.短保质期变质产品的两次订货策略研究[J].管理科学学学报,12(3)：83-91.

冯海荣,周永务,曾银莲,等,2021.基于不平等厌恶的易变质品供应链合作的利他收益分配[J].系统科学与数学,41(9)：2460-2476.

冯颖,林晴,张景雄,等,2023.物流联合外包下库存管理模式对供应链运作的影响[J].中国管理科学,31(1)：113-127.

冯颖,王远芳,张炎治,等,2020.随机产出下商务模式对生鲜品供应链运作的影响[J].系统工程理论与实践,40(10)：2631-2647.

冯颖,余云龙,张炎治,等,2015.TPL服务商参与决策的生鲜农产品三级供应链协调机制[J].管理工程学报,29(4)：213-221.

霍佳震,李贵萍,段永瑞,2015.部分延迟订购的易变质品联合定价和生产策略[J].运筹与管理,24(1)：255-262.

计国君,韩尚清,2015.基于第三方的易变质产品库存决策[J].控制与决策,30(4)：663-669.

康凯,赵宇杰,张敬,2019.延期付款对供应链经济订货批量及碳排放的影响[J].工业工程与管理,24(2)：147-156.

李嘉音,董明,张大力,2015.需求以来库存的易腐品订货及货架补货策略问题[J].上海交通大学学报,49(4)：550-557.

李琳,朱婷婷,范体军,2022.基于渠道差异的生鲜零售商定价和服务策略研究[J].管理工程学报,36(2)：173-181.

刘国莉,叶同,王伟,2015.弹性需求下易变质物品定价、营销与生产计划的联合优化[J].控制与决策,30(2)：362-365.

刘墨林,但斌,马崧萱,2020.考虑保鲜努力与增值服务的生鲜电商供应链最优决策与协调[J].中国管理科学,28(8)：76-88.

马常松,陈旭,罗振宇,等,2015.随机需求下考虑低碳政策规则的企业生产策略[J].控制与决策,30(6)：969-976.

马秋卓,宋海清,陈功玉,2014.碳配额交易体系下企业低碳产品定价及最优碳排放策略[J].管理工程学报,28(2)：127-136.

戢守峰,蓝海燕,孙琦,2017.考虑碳排放容忍度的多级供应链生产-库存系统碳税博弈策略[J].系统工程理论与实践,37(8)：2071-2082.

申成然,熊中楷,2014.碳排放约束下制造商再制造决策研究[J].系统工程学报,29(4)：537-549.

王磊,但斌,2015.考虑消费者效用的生鲜农产品供应链保险激励机制研究[J].管理工程学报,29(1)：200-206.

吴成锋,赵秋红,杨皎平,等,2020.考虑顾客信用的两层部分商业信用策略下易变质品的库存模型[J].管理评论,32(11)：260-269.

徐春明,赵道致,2014.两类存货影响销售率的两货栈库存模型的比较[J].系统工程学报,29(3)：394-402.

徐春明,赵道致,闵杰,2018.减排规制下基于存货影响销售模式的易变质产品库存优化模型[J].系统工程理论与实践,38(6):1512-1524.

徐健腾,柏庆国,2015.时变价格下易变质品的双渠道两货栈系统优化[J].系统工程,33(10):37-43.

徐健腾,柏庆国,张玉忠,2013.带学习效应的二级易变质产品供应链的最优策略研究[J].系统工程理论与实践,33(5):1167-1174.

徐健腾,高莹,柏庆国,等,2023.不同碳交易配额分配方法下的鲁棒减排运作策略研究[J].管理工程学报,37(3):191-200.

杨建华,韩梦莹,2021.考虑碳税对备件联合订购决策影响的研究[J].中国管理科学,29(7):23-32.

余大勇,骆建文,2008.具有有效期易变质品的最优补货策略研究[J].工业工程与管理,13(6):17-26.

张金隆,吴翔,徐浩轩,2018.易变质新产品定价与补货联合决策模型[J].系统工程学报,33(1):79-89.

张旭,张庆,2017.零售商公平关切下的生鲜品供应链协调机制[J].系统工程学报,32(4):461-473.

张云丰,王勇,龚本刚,等,2020.需求受销售价格与变质时间影响的时滞变质品供应链协调研究[J].中国管理科学,28(3):142-151.

赵连霞,张力,程明宝,等,2019.变质性产品库存模型研究:延期支付策略或延期交货策略[J].系统工程理论与实践,39(5):1117-1127.

郑梦,代文强,2022.需求依赖于库存的易变质品在线采购问题研究[J].中国管理科学,30(12):26-37.

郑琪,范体军,2018.考虑风险偏好的生鲜农产品供应链激励契约设计[J].管理工程学报,32(2):171-178.

郑宇婷,李建斌,陈植元,等,2019.不确定需求下的冷链分销商最优决策[J].管理科学学报,22(1):94-106.

附 录

附录 A

附录 A-1 引理 3.1 的证明

考虑函数 $f(x) = \dfrac{\Delta p}{\alpha + \theta}[D_1(p) + a_2 - b_2 p + (\alpha + \theta)xD_1(p)]\mathrm{e}^{(\alpha+\theta)x}$。对 $f(x)$ 关于 x 求偏导,容易知道当 $\Delta p \neq 0$ 时,$f(x)$ 是关于 $x(x>0)$ 的严格单调函数。因此若 x_1, x_2 满足 $f(x_1) - f(x_2) = 0$,则一定有 $x_1 = x_2$。结合式(3-9)则有 $t_{i+1} - t_i = t_i - t_{i-1}, i = 1, 2, \cdots, n-1$。从而可得 $t_i - t_{i-1} = \dfrac{H}{n}$。

附录 A-2 引理 3.2 的证明

若证明此引理,则需证明式(3-9)所确定的 t_i 可使 $\mathrm{TP}(p, n, \{t_i\})$ 对应的海森矩阵为负定矩阵。首先,根据式(3-9)对 $\mathrm{TP}(p, n, \{t_i\})$ 关于 $t_i (i = 1, 2, \cdots, n-1)$ 求二阶偏导数得

$$\frac{\partial^2 \mathrm{TP}(p,n,\{t_i\})}{\partial t_i^2} = \Delta p\{[D_1(p) + a_2 - b_2 p][\mathrm{e}^{(\alpha+\theta)(t_i - t_{i-1})} + \mathrm{e}^{(\alpha+\theta)(t_{i+1} - t_i)}] +$$
$$D_1(p)[\mathrm{e}^{(\alpha+\theta)(t_i - t_{i-1})} + (\alpha + \theta)(t_i - t_{i-1})\mathrm{e}^{(\alpha+\theta)(t_i - t_{i-1})} +$$
$$\mathrm{e}^{(\alpha+\theta)(t_{i+1} - t_i)} + (\alpha + \theta)(t_{i+1} - t_i)\mathrm{e}^{(\alpha+\theta)(t_{i+1} - t_i)}]\},$$

$$\frac{\partial^2 \mathrm{TP}(p,n,\{t_i\})}{\partial t_i \partial t_{i-1}} = -\Delta p\{[D_1(p) + a_2 - b_2 p]\mathrm{e}^{(\alpha+\theta)(t_i - t_{i-1})} +$$
$$D_1(p)[\mathrm{e}^{(\alpha+\theta)(t_i - t_{i-1})} + (\alpha + \theta)(t_i - t_{i-1})\mathrm{e}^{(\alpha+\theta)(t_i - t_{i-1})}]\},$$

以及

$$\frac{\partial^2 \mathrm{TP}(p,n,\{t_i\})}{\partial t_i \partial t_{i+1}} = -\Delta p\{[D_1(p) + a_2 - b_2 p]\mathrm{e}^{(\alpha+\theta)(t_{i+1} - t_i)} +$$
$$D_1(p)[\mathrm{e}^{(\alpha+\theta)(t_{i+1} - t_i)} + (\alpha + \theta)(t_{i+1} - t_i)\mathrm{e}^{(\alpha+\theta)(t_{i+1} - t_i)}]\}。$$

由上述等式可以看出 $\dfrac{\partial^2 \mathrm{TP}(p,n,\{t_i\})}{\partial t_i^2} = -\left[\dfrac{\partial^2 \mathrm{TP}(p,n,\{t_i\})}{\partial t_i \partial t_{i-1}} + \right.$

$$\frac{\partial^2 \text{TP}(p,n,\{t_i\})}{\partial t_i \partial t_{i+1}}\Bigg],\text{并且当 } j<i-1 \text{ 或者 } j>i+1 \text{ 时有} \frac{\partial^2 \text{TP}(p,n,\{t_i\})}{\partial t_i \partial t_j}=0\text{。令}$$

$$\mu(t_i) = [D_1(p) + a_2 - b_2 p] e^{(\alpha+\theta)(t_{i+1}-t_i)} + D_1(p)[e^{(\alpha+\theta)(t_{i+1}-t_i)} + (\alpha+\theta)(t_{i+1}-t_i)e^{(\alpha+\theta)(t_{i+1}-t_i)}],$$

根据引理 3.1 知道 $\mu(t_i) = \mu(t_{i-1})$,将其简记为 μ,显然有 $\dfrac{\partial^2 \text{TP}(p,n,\{t_i\})}{\partial t_i \partial t_{i-1}} = \dfrac{\partial^2 \text{TP}(p,n,\{t_i\})}{\partial t_i \partial t_{i+1}} = -\mu \Delta p$ 且 $\mu>0$。令 M_k 为其海森矩阵对应的 k 阶顺序主子式,则当 $\Delta p<0$ 时,有 $M_1 = \dfrac{\partial^2 \text{TP}(p,n,\{t_i\})}{\partial t_1^2} = 2\mu \Delta p <0$, $M_2 = \dfrac{\partial^2 \text{TP}(p,n,\{t_i\})}{\partial t_1^2} \cdot \dfrac{\partial^2 \text{TP}(p,n,\{t_i\})}{\partial t_2^2} - \left(\dfrac{\partial^2 \text{TP}(p,n,\{t_i\})}{\partial t_1 \partial t_2}\right)^2 = 3(\mu \Delta p)^2 >0$,以及当 $k>2$ 时, $M_k =$

$$\begin{vmatrix} 2\mu\Delta p & -\mu\Delta p & 0 & \cdots & 0 & 0 \\ -\mu\Delta p & 2\mu\Delta p & -\mu\Delta p & \cdots & 0 & 0 \\ \vdots & \vdots & \vdots & & \vdots & \vdots \\ 0 & 0 & 0 & \cdots & -\mu\Delta p & 2\mu\Delta p \end{vmatrix}_{k\times k} =$$

$$\mu^k (\Delta p)^k \begin{vmatrix} 2 & -1 & 0 & \cdots & 0 & 0 \\ -\mu\Delta p & 2 & -1 & \cdots & 0 & 0 \\ \vdots & \vdots & \vdots & & \vdots & \vdots \\ 0 & 0 & 0 & \cdots & -1 & 2 \end{vmatrix}_{k\times k} \circ$$

容易求得 $M_k = (k+1)\mu^k (\Delta p)^k$。由于 $\mu>0$,因此当 $\Delta p<0$ 时,若 k 为奇数则 $M_k<0$;若 k 为偶数则 $M_k>0$。从而说明其海森矩阵为负定矩阵。

附录 A-3 定理 3.2 的证明

首先忽略掉订购次数 n 取整数的限制,将其松弛为一连续变量,若能证明 $\text{TP}(p,n)$ 为 n 的凹函数,则定理得证。对 $\text{TP}(p,n)$ 关于 n 求一阶偏导数得

$$\frac{\partial \text{TP}(p,n)}{\partial n} = \Delta p \left\{ -\left[D_1(p) \frac{H^2}{n^2} + \frac{(a_2 - b_2 p)H}{(\alpha+\theta)n}\right] e^{(\alpha+\theta)\frac{H}{n}} + \frac{(a_2 - b_2 p)}{(\alpha+\theta)^2} \left[e^{(\alpha+\theta)\frac{H}{n}} - 1\right]\right\} - A_1 n^l \quad \text{(A-1)}$$

令式(A-1)等于零,则有

$$A_1 n^l = \Delta p \left\{ -\left[D_1(p) \frac{H^2}{n^2} + \frac{(a_2 - b_2 p)H}{(\alpha+\theta)n}\right] e^{(\alpha+\theta)\frac{H}{n}} + \frac{(a_2 - b_2 p)}{(\alpha+\theta)^2} \left[e^{(\alpha+\theta)\frac{H}{n}} - 1\right]\right\} \quad \text{(A-2)}$$

对 $\text{TP}(p,n)$ 关于 n 求二阶偏导数,并结合式(A-2)得

$$\frac{\partial^2 \text{TP}(p,n)}{\partial n^2} = \frac{\Delta p}{n(\alpha+\theta)} \left\{ D_1(p)(\alpha+\theta)^2 \frac{H^3}{n^3} e^{(\alpha+\theta)\frac{H}{n}} + \right.$$

$$[(l+2)D_1(p)+a_2-b_2p](\alpha+\theta)\frac{H^2}{n^2}e^{(\alpha+\theta)\frac{H}{n}}+$$

$$\left. l(a_2-b_2p)\left[\frac{H}{n}e^{(\alpha+\theta)\frac{H}{n}}-\frac{1}{\alpha+\theta}e^{(\alpha+\theta)\frac{H}{n}}+\frac{1}{\alpha+\theta}\right]\right\} \quad \text{(A-3)}$$

不妨令 $x=\dfrac{H}{n}$,定义函数

$$g(x)=D_1(p)(\alpha+\theta)^2 x^3 e^{(\alpha+\theta)x}+[(l+2)D_1(p)+a_2-b_2p](\alpha+\theta)x^2 e^{(\alpha+\theta)x}+$$

$$l(a_2-b_2p)\left[x e^{(\alpha+\theta)x}-\frac{1}{\alpha+\theta}e^{(\alpha+\theta)x}+\frac{1}{\alpha+\theta}\right] \quad \text{(A-4)}$$

显然有 $\dfrac{\partial^2 \text{TP}(p,n)}{\partial n^2}=\dfrac{\Delta p}{n(\alpha+\theta)}g(x)$。又 $g(x)$ 在 $x>0$ 时为严格单调递增函数,这是因为当 $-0.5 \leqslant l \leqslant -0.074$ 时,$g'(x)>0$。容易知道 $g(0)=0$,从而有 $g(x)>0$。因此当 $\Delta p<0$ 时,$\dfrac{\partial^2 \text{TP}(p,n)}{\partial n^2}<0$,这表明 TP($p,n$) 是订购次数 n 的凹函数。

由于 n 的取值为整数,因此对于任意给定的 p,当 $\Delta p<0$ 时,利用 TP(p,n)$\geqslant$TP($p,n+1$),以及 TP(p,n)$\geqslant$TP($p,n-1$) 可以求出使 TP(p,n) 达到最大的 n^*。

附录 A-4　推论 3.1 的证明

定义函数 $h(x)=-\left[x^2 D_1(p)+x\dfrac{(a_2-b_2p)}{\alpha+\theta}\right]e^{(\alpha+\theta)x}+\dfrac{(a_2-b_2p)}{(\alpha+\theta)^2}[e^{(\alpha+\theta)x}-1]$,

由式(A-1)知 $\dfrac{\partial \text{TP}(p,n)}{\partial n}=-A_1 n^l + \Delta p h(x)$。由于 $h'(x)=-[(\alpha+\theta)xD_1(p)+a_2-b_2p+2D_1(p)]xe^{(\alpha+\theta)x}$,若 $x>0$ 则 $h'(x)<0$,这表明 $h(x)$ 在 $x>0$ 时为单调递减函数。又因 $h(0)=0$,从而有 $h(x)<h(0)=0$。进一步当 $\Delta p>0$ 时,可得 $\dfrac{\partial \text{TP}(p,n)}{\partial n}<0$,因此 TP($p,n$) 是关于 n 的单调递减函数,从而可得零售商的最优订购次数为 $n^*=1$。

附录 A-5　定理 3.3 的证明

当最优订购次数 n^* 给定时,结合式(3-10)对 TP(p,n^*) 关于 p 求一阶偏导数并化简得

$$\frac{\partial \text{TP}(p,n^*)}{\partial p}=\frac{\theta}{\alpha+\theta}[D_1(p)+a_2-b_2p]H-(b_1+b_2)pH+$$

$$\alpha \left\{ \frac{D_1(p)H}{\alpha+\theta} e^{(\alpha+\theta)\frac{H}{n^*}} + n^* \frac{(a_2-b_2 p)}{(\alpha+\theta)^2} [e^{(\alpha+\theta)\frac{H}{n^*}} - 1] \right\} -$$

$$\Delta p \left\{ \frac{b_1 H}{\alpha+\theta} e^{(\alpha+\theta)\frac{H}{n^*}} + \frac{n^* b_2}{(\alpha+\theta)^2} [e^{(\alpha+\theta)\frac{H}{n^*}} - 1] \right\} +$$

$$(\alpha p - c_2 - c_t e_2 - \theta c_3) \frac{(b_1+b_2)H}{\alpha+\theta} \tag{A-5}$$

不妨令 $\lambda(p)$ 为上述等式的右端项，容易验证 $\lambda(+\infty)<0$，又

$$\lambda(0) = \frac{\theta}{\alpha+\theta}(a_1+a_2)H + \alpha \left\{ \frac{a_1 H}{\alpha+\theta} e^{(\alpha+\theta)\frac{H}{n^*}} + \frac{n^* a_2}{(\alpha+\theta)^2} [e^{(\alpha+\theta)\frac{H}{n^*}} - 1] \right\} +$$

$$(c_1+c_t e_1)\left\{ b_1 H e^{(\alpha+\theta)\frac{H}{n^*}} + \frac{n^* b_2}{\alpha+\theta} [e^{(\alpha+\theta)\frac{H}{n^*}} - 1] \right\} +$$

$$(c_2+c_t e_2+\theta c_3)\left\{ \frac{b_1 H}{\alpha+\theta} [e^{(\alpha+\theta)\frac{H}{n^*}} - 1] + \frac{n^* b_2}{(\alpha+\theta)^2} [e^{(\alpha+\theta)\frac{H}{n^*}} - 1] - (\alpha+\theta)\frac{H}{n^*} \right\} \tag{A-6}$$

利用 $e^{(\alpha+\theta)\frac{H}{n^*}} - 1 - (\alpha+\theta)\frac{H}{n^*} > 0$，可得 $\lambda(0)>0$。从而可以知道 $\lambda(p)=0$ 有解，即存在 p 使得 $TP(p,n^*)$ 达到最大。进一步对 $TP(p,n^*)$ 关于 p 求二阶偏导数得

$$\frac{\partial^2 TP(p,n^*)}{\partial p^2} = -2\alpha \left\{ \frac{b_1 H}{\alpha+\theta} e^{(\alpha+\theta)\frac{H}{n^*}} + \frac{n^* b_2}{(\alpha+\theta)^2} [e^{(\alpha+\theta)\frac{H}{n^*}} - 1] \right\} - \frac{2\theta(b_1+b_2)H}{\alpha+\theta} < 0 \tag{A-7}$$

由式 (A-7) 可以知道存在唯一的最优销售价格 p^* 能使零售商的总利润函数达到最大。因此对给定最优订购次数 n^*，由 $\lambda(p)=0$ 所确定的 p^* 即为最优销售价格。

附录 B

附录 B-1　定理 4.1 的证明

对任意给定的 n，若零售商的利润函数 $TP_1(n,\{s_i\},X)$ 取得最大值，则应有 $\frac{\partial TP_1(n,\{s_i\},X)}{\partial s_i}=0$，$i=1,2,\cdots,n$。利用函数 $e^{\theta x}$ 的单调性，结合式 (4-10) 得 $s_i - s_{i-1} = s_{i+1} - s_i$，即零售商在有限计划期 H 内的订购周期长度相等。用边界条件 $s_0=0$，$s_n=H$，可得 $s_i - s_{i-1} = \frac{H}{n}$，$i=1,2,\cdots,n$。

接下来证明由式(4-10)确定的$\{s_i\}$可以使$\text{TP}_1(n,\{s_i\},X)$取得最大值。对$\text{TP}_1(n,\{s_i\},X)$关于s_i, s_{i-1}和s_{i+1}分别求二阶偏导数得

$$\frac{\partial^2 \text{TP}_1(n,\{s_i\},X)}{\partial s_i^2} = -(c+c_p c_e)\theta D[\mathrm{e}^{\theta(s_i-s_{i-1})} + \mathrm{e}^{\theta(s_{i+1}-s_i)}] \quad \text{(B-1)}$$

$$\frac{\partial^2 \text{TP}_1(n,\{s_i\},X)}{\partial s_i \partial s_{i-1}} = (c+c_p c_e)\theta D \mathrm{e}^{\theta(s_i-s_{i-1})} \quad \text{(B-2)}$$

和

$$\frac{\partial^2 \text{TP}_1(n,\{s_i\},X)}{\partial s_i \partial s_{i+1}} = (c+c_p c_e)\theta D \mathrm{e}^{\theta(s_{i+1}-s_i)} \quad \text{(B-3)}$$

进一步,当$j>i+1$或$j<i-1$时,$\frac{\partial^2 \text{TP}_1(n,\{s_i\},X)}{\partial s_i \partial s_j}=0$。当$s_i-s_{i-1}=\frac{H}{n}$时,不妨令$\delta=(c+c_p c_e)\theta D \mathrm{e}^{\theta \frac{H}{n}}$,则由式(B-1)~式(B-3)得$\frac{\partial^2 \text{TP}_1(n,\{s_i\},X)}{\partial s_i \partial s_{i+1}}=\frac{\partial^2 \text{TP}_1(n,\{s_i\},X)}{\partial s_i \partial s_{i-1}}=\delta>0$和$\frac{\partial^2 \text{TP}_1(n,\{s_i\},X)}{\partial s_i^2}=-2\delta<0$。令$M_k$为$\text{TP}_1(n,\{s_i\},X)$对应海森矩阵的$k$阶顺序主子式,则当$k \geqslant 2$时有

$$M_k = \begin{vmatrix} -2\delta & \delta & 0 & \cdots & 0 & 0 \\ \delta & -2\delta & \delta & \cdots & 0 & 0 \\ \vdots & \vdots & \vdots & & \vdots & \vdots \\ 0 & 0 & 0 & \cdots & \delta & -2\delta \end{vmatrix}_{k \times k} = (k+1)(-\delta)^k \quad \text{(B-4)}$$

当k为奇数时,$M_k<0$;当k为偶数时,$M_k>0$,因此$\text{TP}_1(n,\{s_i\},X)$对应的海森矩阵为负定矩阵。从而定理得证。

附录 B-2 定理 4.2 的证明

将订购周期次数n松弛为连续变量,对$\text{TP}_1(n)$关于n求一阶和二阶偏导数得

$$\frac{\partial \text{TP}_1(n)}{\partial n} = -(A+c_p A_e) + (c+c_p c_e)\frac{D}{\theta} f\left(\frac{\theta H}{n}\right) \quad \text{(B-5)}$$

$$\frac{\partial^2 \text{TP}_1(n)}{\partial n^2} = -(c+c_p c_e)\frac{D\theta H^2}{n^3}\mathrm{e}^{\frac{\theta H}{n}} \quad \text{(B-6)}$$

由式(B-6)可知,$\text{TP}_1(n)$是关于n的严格凹函数。另外,对函数$f(x)$求一阶偏导数得$f'(x)=x\mathrm{e}^x>0$,这表明$f(x)$是关于x的严格递增函数,从而有$0 \leqslant f(x) \leqslant f(\theta H)$。此时,若$(c+c_p c_e)Df(\theta H) \leqslant \theta(A+c_p A_e)$则有$\frac{\partial \text{TP}_1(n)}{\partial n} \leqslant 0$,这表明$\text{TP}_1(n)$是关于$n$的非增函数,因此零售商只需订购1次即可使其利润值取得

最大。否则,根据 $TP_1(n)$ 的凹函数性质可知由 $\dfrac{\partial TP_1(n)}{\partial n}=0$ 所确定的 n_1 能使零售商的利润值取得最大。

附录 B-3　定理 4.3 的证明

比较式(4-11)和式(4-15)可得 $TP_2(n)+c_p[E-E(n)]=TP_1(n)$。若 $E\geqslant E(n_2^*)$,则有 $TP_2(n_2^*)\leqslant TP_1(n_2^*)$。容易知道 n_2^* 和 n_1^* 分别为碳限额与交易政策下库存优化模型的可行解和最优解,从而有 $TP_1(n_2^*)\leqslant TP_1(n_1^*)$,因此 $TP_1(n_1^*)\geqslant TP_2(n_2^*)$ 成立。类似地,利用 n_1^* 和 n_2^* 分别为无碳约束下库存优化模型的可行解和最优解,可得当 $C\leqslant E(n_1^*)$ 时 $TP_1(n_1^*)\leqslant TP_2(n_2^*)$。

附录 B-4　定理 4.4 的证明

利用式(4-11)、式(4-13)和式(4-15),分别化简 $\dfrac{\partial TP_1(n)}{\partial n}=0$, $\dfrac{\partial E(n)}{\partial n}=0$ 和 $\dfrac{\partial TP_2(n)}{\partial n}=0$ 得

$$(c+c_p c_e)Df\left(\dfrac{\theta H}{n}\right)=\theta(A+c_p A_e) \tag{B-7}$$

$$c_e Df\left(\dfrac{\theta H}{n}\right)=\theta A_e \tag{B-8}$$

$$cDf\left(\dfrac{\theta H}{n}\right)=\theta A \tag{B-9}$$

(1) 若 $Ac_e=A_e c$,则有 $\dfrac{A}{c}=\dfrac{A_e}{c_e}=\dfrac{A+c_p A_e}{c+c_p c_e}$。此时,当 $cDf(\theta H)>\theta A$ 时,可以得出由式(B-7)、式(B-8)和式(B-9)确定的 n_1,n_0 和 n_2 一定存在。利用 $f(x)=xe^x-e^x+1$ 的严格单调性质,比较式(B-7)、式(B-8)和式(B-9)可得 $n_1=n_0=n_2$ 与 $\lfloor n_1 \rfloor=\lfloor n_0 \rfloor=\lfloor n_2 \rfloor$。进一步比较式(4-12)、式(4-14)和式(4-16)得 $n_0^*=n_1^*=n_2^*$ 或 $|n_1^*-n_0^*|=1$ 或 $|n_1^*-n_2^*|=1$。当 $cDf(\theta H)\leqslant \theta A$ 时,由式(4-12)、式(4-14)和式(4-16)可得 $n_0^*=n_1^*=n_2^*=1$。

(2) 若 $Ac_e>A_e c$,则有 $\dfrac{A}{c}>\dfrac{A+c_p A_e}{c+c_p c_e}>\dfrac{A_e}{c_e}$,则分如下四种情况证明结论成立。

情形 1　$cDf(\theta H)>\theta A$。此时由式(B-7)、式(B-8)和式(B-9)所确定的 n_1,n_0 和 n_2 一定存在。利用函数 $f(x)$ 的单调性质,比较式(B-7)、式(B-8)和式(B-9)可得 $n_0>n_1>n_2$ 和 $\lfloor n_0 \rfloor\geqslant\lfloor n_1 \rfloor\geqslant\lfloor n_2 \rfloor$。又因为 $n_0^*\geqslant\lfloor n_0 \rfloor$ 和 $n_1^*\leqslant\lfloor n_1 \rfloor+1$,所以有 $n_1^*\leqslant n_0^*+1$;类似地,由 $n_1^*\geqslant\lfloor n_1 \rfloor$ 和 $n_2^*\leqslant\lfloor n_2 \rfloor+1$ 可得 $n_1^*\geqslant n_2^*-1$。从

而有 $n_2^* - 1 \leqslant n_1^* \leqslant n_0^* + 1$。

情形 2 $\dfrac{\theta(A + c_p A_e)}{c + c_p c_e} \leqslant Df(\theta H) \leqslant \dfrac{\theta A}{c}$。此时可以验证 n_2 不满足式(B-9)。由式(4-16)可得 $n_2^* = 1$。比较式(B-7)和式(B-8)并利用函数 $f(x)$ 的严格单调性可得 $n_0 > n_1$ 和 $\lfloor n_0 \rfloor > \lfloor n_1 \rfloor$。又因为 $n_0^* > \lfloor n_0 \rfloor$ 与 $n_1^* \leqslant \lfloor n_1 \rfloor + 1$，所以有 $n_1^* \leqslant n_0^* + 1$。从而有 $1 = n_2^* \leqslant n_1^* \leqslant n_0^* + 1$。

情形 3 $\dfrac{\theta A_e}{c_e} < Df(\theta H) \leqslant \dfrac{\theta(A + c_p A_e)}{c + c_p c_e}$。此时 n_1 和 n_2 不满足式(B-7)和式(B-9)。由式(4-12)和式(4-16)可得 $n_1^* = n_2^* = 1$。根据 n_0 的存在性，由式(4-14)可得 $n_0^* \geqslant \lfloor n_0 \rfloor > 1$，从而有 $n_0^* > n_1^* = n_2^* = 1$。

情形 4 $c_e Df(\theta H) \leqslant \theta A_e$。由式(4-12)、式(4-14)和式(4-16)可得 $n_0^* = n_1^* = n_2^* = 1$。

(3) 若 $Ac_e < A_e c$，则 $\dfrac{A}{c} < \dfrac{A + c_p A_e}{c + c_p c_e} < \dfrac{A_e}{c_e}$。类似(2)的证明可以验证结论成立。

附录 C

附录 C-1 引理 5.2 的证明

利用引理 5.1 和式(5-5)可得

$$J^G(z) = (e_1 + e_2\delta)\tau_0 z - e_2 \tau_0 \mu + \frac{1}{2}e_2\delta\tau_0[\sqrt{\sigma^2 + (z - \mu)^2} - (z - \mu)]$$

(C-1)

利用式(C-1)化简 $J^G(z) = K$ 得

$$e_2\delta\sqrt{\sigma^2 + (z - \mu)^2} = K_0 - (2e_1 + e_2\delta)z \quad \text{(C-2)}$$

和

$$4e_1(e_1 + e_2\delta)z^2 + 2z[(e_2\delta)^2\mu - (2e_1 + e_2\delta)K_0] + K_0^2 - (e_2\delta)^2(\mu^2 + \sigma^2) = 0$$

(C-3)

求解式(C-3)可得 $J^G(z) = K$ 的两个根 z_1 和 z_2，其中 z_2 的表达式为

$$z_2 = \frac{(2e_1 + e_2\delta)K_0 - (e_2\delta)^2\mu + e_2\delta\Delta_0}{4e_1(e_1 + e_2\delta)} \quad \text{(C-4)}$$

接下来，根据式(C-2)检验 z_1 和 z_2 是否满足 $K_0 > (2e_1 + e_2\delta)z$，即 $z < \dfrac{K_0}{2e_1 + e_2\delta}$。一方面，由式(C-4)可得 $z_2 > \dfrac{K_0}{2e_1 + e_2\delta}$。若 $z_2 \leqslant \dfrac{K_0}{2e_1 + e_2\delta}$，则有

$$e_2\delta[K_0 - \mu(2e_1 + e_2\delta)] + (2e_1 + e_2\delta)\Delta_0 < 0 \tag{C-5}$$

若 $K_0 > \mu(2e_1 + e_2\delta)$，即 $K > e_1\tau_0\mu$，则有 $e_2\delta[K_0 - \mu(2e_1 + e_2\delta)] + (2e_1 + e_2\delta)\Delta_0 > 0$，与式(C-5)矛盾。若 $K_0 \leqslant \mu(2e_1 + e_2\delta)$，即 $K \leqslant e_1\tau_0\mu$，则由 $[K_0 - \mu(2e_1 + e_2\delta)]^2 + (2e_1 + e_2\delta)^2\sigma^2 > 0$ 得 $(2e_1 + e_2\delta)^2\Delta_0^2 > (e_2\delta)^2[\mu(2e_1 + e_2\delta) - K_0]^2$，即 $e_2\delta[K_0 - \mu(2e_1 + e_2\delta)] + (2e_1 + e_2\delta)\Delta_0 > 0$，与式(C-5)矛盾。这表明 z_2 不满足 $z < \dfrac{K_0}{2e_1 + e_2\delta}$，即 z_2 不是方程 $J^G(z) = K$ 的可行解。

另一方面，当 $K_0 \leqslant \mu(2e_1 + e_2\delta)$ 时，即 $K \leqslant e_1\tau_0\mu$ 或当 $K_0 > \mu(2e_1 + e_2\delta)$ 时，即 $K > e_1\tau_0\mu$，有 $(2e_1 + e_2\delta)\Delta_0 > e_2\delta[K_0 - \mu(2e_1 + e_2\delta)]$ 成立，进一步有 $(2e_1 + e_2\delta)[(2e_1 + e_2\delta)K_0 - (e_2\delta)^2\mu - e_2\delta\Delta_0] < 4e_1(e_1 + e_2\delta)K_0$。利用式(5-9)，上式可化简为 $z_1 < \dfrac{K_0}{2e_1 + e_2\delta}$，从而表明 z_1 是方程 $J^G(z) = K$ 的唯一可行解。

附录 C-2　引理 5.3 的证明

首先，由 $(2e_1 + e_2\delta)\dfrac{2K}{\tau_0} + 2e_1e_2\delta\mu > 0$ 和 $K_0 = \dfrac{2K}{\tau_0} + e_2\delta\mu$ 可得 $(2e_1 + e_2\delta)K_0 - (e_2\delta)^2\mu > 0$。当 $K > \dfrac{e_2\delta\tau_0(\sqrt{\mu^2 + \sigma^2} - \mu)}{2}$ 时，有 $K_0 > e_2\delta\sqrt{\mu^2 + \sigma^2}$ 和 $[(2e_1 + e_2\delta)K_0 - (e_2\delta)^2\mu]^2 > (e_2\delta\Delta_0)^2$，进而有 $(2e_1 + e_2\delta)K_0 - (e_2\delta)^2\mu > e_2\delta\Delta_0$。在此情形下，结合式(5-9)，可得 $z_1 > 0$。当 $0 \leqslant K \leqslant \dfrac{e_2\delta\tau_0(\sqrt{\mu^2 + \sigma^2} - \mu)}{2}$ 时，我们可得 $K_0 \leqslant e_2\delta\sqrt{\mu^2 + \sigma^2}$ 和 $[(2e_1 + e_2\delta)K_0 - (e_2\delta)^2\mu]^2 \leqslant (e_2\delta\Delta_0)^2$，进而有 $(2e_1 + e_2\delta)K_0 - (e_2\delta)^2\mu \leqslant e_2\delta\Delta_0$。在此情形下，结合式(5-9)，可得 $z_1 \leqslant 0$。

附录 C-3　定理 5.1 的证明

利用式(5-7)和引理 5.1 可得零售商在最坏分布情形下的利润为
$$\Pi_s^G(z) = (p - v + c_s e_2)\delta\tau_0\mu - [c_1 + c_2 - v\delta + c_s(e_1 + e_2\delta)]\tau_0 z + c_s K - \dfrac{1}{2}(p + s - v + c_s e_2)\delta\tau_0[\sqrt{\sigma^2 + (z - \mu)^2} - (z - \mu)] \tag{C-6}$$

利用式(C-6)对 $\Pi_s^G(z)$ 分别求一阶和二阶导数得
$$\dfrac{\partial \Pi_s^G(z)}{\partial z} = -[c_1 + c_2 - v\delta + c_s(e_1 + e_2\delta)]\tau_0 - \dfrac{1}{2}(p + s - v + c_s e_2)\delta\tau_0\left[\dfrac{z - \mu}{\sqrt{\sigma^2 + (z - \mu)^2}} - 1\right] \tag{C-7}$$

和

$$\frac{\partial^2 \Pi_s^G(z)}{\partial z^2} = -\frac{1}{2}(p+s-v+c_s e_2)\delta\tau_0\sigma^2[\sigma^2+(z-\mu)^2]^{-\frac{3}{2}} \quad \text{(C-8)}$$

由式(C-8)可得 $\dfrac{\partial^2 \Pi_s^G(z)}{\partial z^2}<0$，这表明 $\Pi_s^G(z)$ 是关于 z 的凹函数。利用式(C-7)求解 $\dfrac{\partial \Pi_s^G(z)}{\partial z}=0$ 可得 z_s。

另外，对 $J^G(z)$ 关于 z 求一阶导数，利用式(C-1)可得

$$\frac{\partial J^G(z)}{\partial z} = \left(e_1+\frac{1}{2}e_2\delta\right)\tau_0 + \frac{e_2\delta\tau_0(z-\mu)}{\sqrt{\sigma^2+(z-\mu)^2}} \quad \text{(C-9)}$$

利用 $-1<\dfrac{z-\mu}{\sqrt{\sigma^2+(z-\mu)^2}}<1$ 可得 $\dfrac{\partial J^G(z)}{\partial z}>e_1\tau_0>0$，这表明 $J^G(z)$ 是关于 z 的增函数。从而可知，当 $J^G(z)\leqslant K$ 时，有 $z\leqslant z_1$。因此，①当 $K>\dfrac{e_2\delta\tau_0(\sqrt{\mu^2+\sigma^2}-\mu)}{2}$ 时，根据 $J^G(z_1)=K$，以及 $J^G(z)$ 的单调性可得 $z_1>0$。结合 $z\geqslant 0$，可知此情形下库存因子的可行域为 $\{z|0\leqslant z\leqslant z_1\}$。此时如果 $z_s>0$，根据 $\Pi_s^G(z)$ 的凹函数性质得若 $z_1\leqslant z_s$，则 $z_s^*=z_1$；若 $z_1\geqslant z_s$，则 $z_s^*=z_s$，即此情形下有 $z_s^*=\min\{z_1,z_s\}$。如果 $z_s\leqslant 0$，则根据 $\Pi_s^G(z)$ 的凹函数性质得 $z_s^*=0$。②当 $0\leqslant K\leqslant \dfrac{e_2\delta\tau_0(\sqrt{\mu^2+\sigma^2}-\mu)}{2}$ 时，根据 $J^G(z)$ 的单调性得 $z_1\leqslant 0$。考虑到 $z\leqslant z_1$ 和 $z\geqslant 0$，可知此情形下库存因子的可行域为空集。

附录 C-4 定理 5.2 的证明

利用式(5-8)和引理 5.1 可得零售商在最坏分布情形下的利润为

$$\Pi_b^G(z) = (p-v+c_b e_2)\delta\tau_0\mu - [c_1+c_2-v\delta+c_b(e_1+e_2\delta)]\tau_0 z + c_b K -$$
$$\frac{1}{2}(p+s-v+c_b e_2)\delta\tau_0[\sqrt{\sigma^2+(z-\mu)^2}-(z-\mu)] \quad \text{(C-10)}$$

类似对定理 5.1 的证明，利用式(C-10)可得 $\Pi_b^G(z)$ 关于 z 的凹函数。进而求解 $\dfrac{\partial \Pi_b^G(z)}{\partial z}=0$ 得 z_b。利用 $J^G(z)$ 的增函数性质可知当 $J^G(z)\geqslant K$ 时，有 $z\geqslant z_b^*$。因此，①当 $K>\dfrac{e_2\delta\tau_0(\sqrt{\mu^2+\sigma^2}-\mu)}{2}$ 时，根据 $J^G(z_1)=K$，以及 $J^G(z)$ 的单调性可得 $z_1>0$。结合 $z\geqslant 0$，可知此情形下库存因子的可行域为 $\{z|z\geqslant z_1\geqslant 0\}$。此时，如果 $z_b>0$，则根据 $\Pi_b^G(z)$ 凹函数的性质可得最优库存因子为 $z_b^*=\max\{z_b,0\}$。否则，即 $z_b\leqslant 0$，此时可得 $z_b^*=z_b^*$。②当 $0\leqslant K\leqslant\dfrac{e_2\delta\tau_0(\sqrt{\mu^2+\sigma^2}-\mu)}{2}$ 时，根

据 $J^G(z)$ 的单调性得 $z_1 \leqslant 0$。又因为 $z \geqslant 0$ 可知,此种情形下库存因子的可行域为 $\{z|z \geqslant 0\}$。根据 $\Pi_b^G(z)$ 的凹函数性质可知,最优库存因子为 $z_b^* = \max\{z_b, 0\}$。

附录 C-5　定理 5.4 的证明

(1) 当零售商不受碳政策规制时,容易得出其利润表达式即为式(5-4)的 $\pi(q)$。利用库存因子 z 和引理 5.1,类似对 $\Pi^G(z)$ 的求解可得,零售商在最坏情形分布下的利润为

$$\pi^G(z) = (p-v)\delta\tau_0\mu - (c_1 + c_2 - v\delta)\tau_0 z - $$
$$\frac{1}{2}(p+s-v)\delta\tau_0[\sqrt{\sigma^2 + (z-\mu)^2} - (z-\mu)] \quad \text{(C-11)}$$

对 $\pi^G(z)$ 求关于 z 的二阶偏导数,利用式(C-11)可得 $\dfrac{\partial^2 \pi^G(z)}{\partial z^2} = -\dfrac{1}{2}(p+s-v)\delta\tau_0\sigma^2[\sigma^2 + (z-\mu)^2]^{-\frac{3}{2}} < 0$,这表明 $\pi^G(z)$ 是关于 z 的凹函数。进一步求解 $\dfrac{\partial \pi^G(z)}{\partial z} = 0$ 可得式(5-12)中的 z_0。在此情形下,若 $z_0 > 0$,则有 $z_0^* = z_0$;否则,根据 $\pi^G(z)$ 在 $z \geqslant 0$ 区间内的单调性可得 $z^* = 0$。因此,零售商在不受碳政策规制下最优库存因子为 $z_0^* = \max\{z_0, 0\}$。

(2) 将库存因子代入式(5-3),利用引理 5.1 可得,$\Pi^G(z) = \pi^G(z) + c_s[K - J^G(z)]$。当 $K \geqslant J^G(z_0^*)$ 时,有 $\Pi^G(z_0^*) = \pi^G(z_0^*) + c_s[K - J^G(z_0^*)]$。此时,$z_0^*$ 为碳限额与交易政策下生鲜品分布式鲁棒优化模型的可行解,根据 z^* 的最优解性质可得 $\Pi^G(z^*) \geqslant \Pi^G(z_0^*) \geqslant \pi^G(z_0^*)$。

定义函数 $f(x) = \mu + \dfrac{\sigma}{2}\left(x - \dfrac{1}{x}\right)$,容易证明 $f(x)$ 在 $x > 0$ 时为单调增函数。又因为 $\dfrac{\delta(p+s+v) - (c_1+c_2)}{c_1+c_2} > \dfrac{\delta(p+s+v-c_s e_2) - (c_1+c_2+c_s e_1)}{c_1+c_2} > \dfrac{\delta(p+s+v-c_s e_2) - (c_1+c_2+c_s e_1)}{c_1+c_2+c_s e_1}$,利用 $f(x)$ 的单调性可得 $f\left(\dfrac{\delta(p+s+v)-(c_1+c_2)}{c_1+c_2}\right) > f\left(\dfrac{\delta(p+s+v-c_s e_2)-(c_1+c_2+c_s e_1)}{c_1+c_2+c_s e_1}\right)$,即 $z_0 > z_s$。类似可得 $z_0 > z_b$。而由定理 5.1 的证明可知 $J^G(z)$ 是关于 z 的单调增函数,进而有 $J^G(z_0) > J^G(z_s)$ 和 $J^G(z_0) > J^G(z_b)$。因此,当 $z^* = z_s$ 或 z_b 而 $z_0^* = z_0$ 时,有 $J^G(z_0^*) > J^G(z^*)$。

附录 D

附录 D-1　定理 6.1 的证明

令 $\Pi_{11}^G(z, R) = \min\limits_{G^* \in \Psi} \Pi_{11}(z, R)$,分别对 $\Pi_{11}^G(z, R)$ 关于 R 和 z 求二阶偏导数,

利用式(6-10)得 $\dfrac{\partial^2 \Pi_{11}^G(z,R)}{\partial R^2} = -2bc_3 < 0$，$\dfrac{\partial^2 \Pi_{11}^G(z,R)}{\partial z^2} = \dfrac{-(p+s)\tau A_0 \sigma^2}{2[\sigma^2+(z-\mu)^2]^{\frac{3}{2}}} < 0$

以及 $\dfrac{\partial^2 \Pi_{11}^G(z,R)}{\partial z \partial R} = 0$。从而可知利润函数 $\Pi_{11}^G(z,R)$ 对应的海塞矩阵为负定矩阵，即 $\Pi_{11}^G(z,R)$ 是关于 z 和 R 的联合凹函数。

利用式(6-3)，式(6-6)和式(6-9)构造模型 M_{11} 的拉格朗日函数为

$$L_1(z,R,\lambda,\mu_1,\mu_2) = A_0 \left\{ \dfrac{\tau(p+s)[(z+\mu) - \sqrt{\sigma^2+(z-\mu)^2}]}{2} - s\mu\tau - (c_1+c_2+c_3 e)z \right\} + c_3 K - R(1-ac_3+bc_3 R) +$$

$$\lambda(ezA_0 - aR + bR^2 - K) + \mu_1 z + \mu_2 R \quad \text{(D-1)}$$

式(6-12)对应的KKT条件为

$$A_0 \left\{ \dfrac{\tau(p+s)}{2}\left[1 - \dfrac{z-\mu}{\sqrt{\sigma^2+(z-\mu)^2}}\right] - (c_1+c_2+c_3 e) \right\} + \lambda e A_0 + \mu_1 = 0 \quad \text{(D-2)}$$

$$-1 - ac_3 - 2bc_3 R - a\lambda + 2b\lambda R + \mu_2 = 0 \quad \text{(D-3)}$$

$$\lambda(ezA_0 - aR + bR^2 - K) = 0 \quad \text{(D-4)}$$

$$\mu_1 z = 0 \quad \text{(D-5)}$$

$$\mu_2 R = 0 \quad \text{(D-6)}$$

$$ezA_0 - aR + bR^2 \geqslant K \quad \text{(D-7)}$$

$$z \geqslant 0, R \geqslant 0, \lambda \geqslant 0, \mu_1 \geqslant 0, \mu_2 \geqslant 0 \quad \text{(D-8)}$$

在极大化利润的原则下，实际运营中的生鲜品订购量不可能为零，因此可以得出产品在销售前夕的可销售的商品数量也应该大于零，即 $q\tau > 0$。结合库存因子的计算公式可得 $z > 0$。利用式(D-5)容易知道拉格朗日乘子 μ_1 满足 $\mu_1 = 0$，因此，通过分析如下四种情形求解模型 M_{11}。

情形1 $\lambda = 0, \mu_1 = 0, \mu_2 > 0$。由式(D-6)可得 $R = 0$。进一步将 $\lambda = 0$ 和 $R = 0$ 代入式(D-3)可得，$\mu_2 = 1 - ac_3 > 0$，即 $0 < c_3 < \dfrac{1}{a}$，利用 $\lambda = 0$ 和 $\mu_1 = 0$ 化简式(D-2)可得 $z = z_a$。在此情形下，结合 $R = 0$，约束条件式(D-7)化简为 $K \leqslant ezA_0$。因此，当 $0 \leqslant K \leqslant ezA_0 - \dfrac{a^2}{4b} + \dfrac{1}{4bc_3^2}$ 且 $0 < c_3 < \dfrac{1}{a}$ 时，分布式鲁棒优化模型 M_{11} 的最优库存因子和减排技术投资为 $(z_{11}^*, R_{11}^*) = (z_a, 0)$。

情形2 $\lambda = 0, \mu_1 = 0, \mu_2 = 0$。将 $\lambda = 0$ 和 $\mu_1 = 0$ 代入式(D-2)，可得 $z = z_a$。将 $\lambda = 0$ 和 $\mu_2 = 0$ 代入式(D-3)，可得 $R = \dfrac{ac_3 - 1}{2bc_3} < \dfrac{a}{2b}$。根据减排技术投资的非负

性有 $c_3 > \frac{1}{a}$。将 $R = \frac{ac_3-1}{2bc_3}$ 和 $z = z_\alpha$ 代入式(D-7)，可得 $K \leqslant ezA_0 - \frac{a^2}{4b} + \frac{1}{4bc_3^2}$。因此，当 $0 \leqslant K \leqslant ezA_0 - \frac{a^2}{4b} + \frac{1}{4bc_3^2}$ 且 $c_3 \geqslant \frac{1}{a}$ 时，分布式鲁棒优化模型 M_{11} 的最优库存因子和减排技术投资为 $(z_{11}^*, R_{11}^*) = \left(z_\alpha, \frac{ac_3-1}{2bc_3}\right)$。

情形 3 $\lambda = 0, \mu_1 = 0, \mu_2 > 0$。利用 $\mu_2 > 0$ 和式(D-6)可得 $R = 0$。进一步利用 $\lambda > 0$ 和式(6-16)可得 $z = \frac{K}{eA_0}$。将 $R = 0$ 代入式(D-3)，将其化简得 $\mu_2 = 1 + a\lambda - ac_3$。由于 $\mu_2 > 0$ 可得 $\lambda > c_3 - \frac{1}{a}$。若 $c_3 < \frac{1}{a}$ 则可知 λ 的取值范围为 $\lambda > 0$。将 $\mu_1 = 0$ 代入式(D-2)，化简得

$$\lambda = \frac{c_1 + c_2 + c_3 e}{e} - \frac{(p+s)\tau}{2e}\left[1 - \frac{z-\mu}{\sqrt{\sigma^2 + (z-\mu)^2}}\right] \tag{D-9}$$

由 $\frac{d\lambda}{dz} = \frac{(p+s)\tau\sigma^2[\sigma^2+(z-\mu)^2]^{-\frac{3}{2}}}{2e} > 0$ 可得 λ 是关于 z 的增函数。因此，当 $\lambda > 0$ 时，结合式(D-9)可得 $z > z_\alpha$。又因为 $z = \frac{K}{eA_0}$ 可得当 $K > eA_0 z_\alpha$ 且 $0 < c_3 < \frac{1}{a}$ 时，分布式鲁棒优化模型 M_{11} 的最优库存因子和减排技术投资为 $(z_{11}^*, R_{11}^*) = \left(\frac{K}{eA_0}, 0\right)$。另外，若 $c_3 \geqslant \frac{1}{a}$，则可知 λ 的取值范围为 $\lambda > c_3 - \frac{1}{a} \geqslant 0$。利用 λ 是关于 z 的增函数可得当 $\lambda > c_3 - \frac{1}{a} \geqslant 0$ 时，$z > z_\beta$。又因为 $z = \frac{K}{eA_0}$ 可得当 $K > eA_0 z_\beta$ 且 $c_3 \geqslant \frac{1}{a}$ 时，分布式鲁棒优化模型 M_{11} 的最优库存因子和减排技术投资为 $(z_{11}^*, R_{11}^*) = \left(\frac{K}{eA_0}, 0\right)$。

情形 4 $\lambda > 0, \mu_1 = 0, \mu_2 = 0$。将 $\mu_2 = 0$ 代入式(D-3)可得

$$\lambda = c_3 - \frac{1}{a - 2bR} \tag{D-10}$$

将式(D-10)代入式(D-2)，求解可得分布式鲁棒优化模型 M_{11} 的最优库存因子为 $z_{11}^* > z_{11}$。由 $0 \leqslant R \leqslant \frac{a}{2b}$ 和式(D-10)可知，$a - 2bR > 0$ 和 $0 < \lambda \leqslant c_3 - \frac{1}{a}$，进一步得 $c_3 \geqslant \frac{1}{a}$。利用式(D-2)和式(D-9)可知 λ 是关于 z 的增函数。从而当 $0 < \lambda \leqslant c_3 - \frac{1}{a}$ 时，有 $z_\alpha < z_{11} < z_\beta$。此外，当 $\lambda > 0$ 时，将 z_{11} 代入式(D-4)并化简可得

$ez_{11}A_0 - aR + bR^2 = K$。容易验证 $K < ez_\alpha A_0 - \dfrac{a^2}{4b}$ 时,分布式鲁棒优化模型 M_{11} 不存在可行的减排技术投资决策。而当 $K > ez_\alpha A_0 - \dfrac{a^2}{4b}$ 时,根据 R 的取值范围 $0 \leqslant R \leqslant \dfrac{a}{2b}$,求解方程可得分布式鲁棒优化模型 M_{11} 存在唯一的最优减排技术投资 $R_{11}^* = R_{11} = \dfrac{a - \sqrt{a^2 - 4b(ez_\alpha A_0 - K)}}{2b}$。在此情形下,还容易知道 $K \leqslant eA_0 z_\beta$ 成立。若否,则由上述方程可得 $e(z_{11} - z_\beta)A_0 > aR_{11} - bR_{11}^2 > 0$,从而有 $z_{11} > z_\beta$,这与 $z_\alpha < z_{11} \leqslant z_\beta$ 相矛盾。因此,当 $ez_\alpha A_0 - \dfrac{a^2}{4b} < K < eA_0 z_\beta$ 且 $c_3 \geqslant \dfrac{1}{a}$ 时,分布式鲁棒优化模型 M_{11} 的最优库存因子和减排技术投资为 $(z_{11}^*, R_{11}^*) = (z_{11}, R_{11})$。

综合上述四种情形分析可得式(6-12),即分布式鲁棒优化模型 M_{11} 的最优库存因子和减排技术投资表达式。

附录 D-2 定理 6.2 的证明

令 $\Pi_{12}^G(z, R) = \min\limits_{G^* \in \Psi} \Pi_{12}(z, R)$,分别对 $\Pi_{12}^G(z, R)$ 关于 R 和 z 求二阶偏导数。利用式(6-13)得 $\dfrac{\partial^2 \Pi_{12}^G(z, R)}{\partial z^2} = \dfrac{-(p+s)\tau A_0 \sigma^2}{2[\sigma^2 + (z-\mu)^2]^{\frac{3}{2}}} < 0$,$\dfrac{\partial^2 \Pi_{12}^G(z, R)}{\partial R^2} = 0$ 以及 $\dfrac{\partial^2 \Pi_{12}^G(z, R)}{\partial z \partial R} = 0$。从而可知利润函数 $\Pi_{12}^G(z, R)$ 对应的海塞矩阵为半负定矩阵,即 $\Pi_{12}^G(z, R)$ 是关于 z 和 R 的联合凹函数。

利用式(6-3),式(6-8)和式(6-13)构造模型 M_{12} 的拉格朗日函数为

$$L_2(z, R, \lambda, \mu_1, \mu_2) = A_0 \left\{ \dfrac{\tau(p+s)[(z+\mu) - \sqrt{\sigma^2 + (z-\mu)^2}]}{2} - s\mu\tau - (c_1 + c_2)z \right\} -$$

$$R + \lambda(K - ezA_0 + aR - bR^2) + \mu_1 z + \mu_2 R \qquad \text{(D-11)}$$

则 KKT 条件为

$$A_0 \left\{ \dfrac{\tau(p+s)}{2} \left[1 - \dfrac{z-\mu}{\sqrt{\sigma^2 + (z-\mu)^2}} \right] - (c_1 + c_2) \right\} + \lambda eA_0 + \mu_1 = 0 \qquad \text{(D-12)}$$

$$-1 - a\lambda + 2b\lambda R + \mu_2 = 0 \qquad \text{(D-13)}$$

$$\lambda(K - ezA_0 + aR - bR^2) = 0 \qquad \text{(D-14)}$$

$$\mu_1 z = 0 \qquad \text{(D-15)}$$

$$\mu_2 R = 0 \qquad \text{(D-16)}$$

$$ezA_0 - aR + bR^2 \leqslant K \qquad \text{(D-17)}$$

$$z \geqslant 0, R \geqslant 0, \lambda \geqslant 0, \mu_1 \geqslant 0, \mu_2 \geqslant 0 \qquad (D-18)$$

类似对模型 M_{11} 的求解,在利润极大化原则下可知 $z>0$,从而得其对应的拉格朗日乘子 μ_1 满足 $\mu_1=0$。因此,通过分析如下四种情形求解模型 M_{12}。

情形 1 $\lambda=0, \mu_1=0, \mu_2>0$。由 $\mu_2>0$ 和式(D-16)可得,$R=0$,进而由式(D-13)得 $\mu_2=1$。将 $\lambda=0$ 和 $\mu_1=0$ 代入式(D-12)并求解得 $z=z_0$。结合式(D-17)可知,当 $K \geqslant ez_0 A_0$ 时,分布式鲁棒优化模型 M_{12} 的最优库存因子和减排技术投资为 $(z_{11}^*, R_{11}^*)=(z_0, 0)$。

情形 2 $\lambda>0, \mu_1=0, \mu_2>0$。由 $\mu_2>0$ 和式(D-15)可得 $R=0$。将其代入式(D-13)并利用 $\mu_2>0$ 可得 $\mu_2=1-a\lambda$ 和 $\lambda<\dfrac{1}{a}$。利用 $\lambda>0$ 和式(D-14)可得 $z=\dfrac{K}{eA_0}$。将 $\mu_1=0$ 代入式(D-12)得

$$\lambda=\dfrac{(p+s)\tau}{2e}\left[1-\dfrac{z-\mu}{\sqrt{\sigma^2+(z-\mu)^2}}\right]-\dfrac{c_1+c_2}{e} \qquad (D-19)$$

利用式(D-19)对 λ 关于 z 求一阶导数可得 $\dfrac{d\lambda}{dz}=-\dfrac{(p+s)\tau\sigma^2\left[\sigma^2+(z-\mu)^2\right]^{-\frac{3}{2}}}{2e}<0$。这表明 λ 是 z 的减函数,从而由 $0<\lambda<\dfrac{1}{a}$ 得 $z_\beta<z<z_0$。因此当 $ez_\beta A_0<K<ez_0 A_0$ 时,分布式鲁棒优化模型 M_{12} 的最优库存因子和减排技术投资为 $(z_{11}^*, R_{11}^*)=\left(\dfrac{K}{eA_0}, 0\right)$。

情形 3 $\lambda>0, \mu_1=0, \mu_2=0$。利用 $\mu_2=0$ 和式(D-13)可得 $\lambda=\dfrac{1}{a-2bR}$。将其代入式(D-12)并利用 $\mu_1=0$ 进行化简得分布式鲁棒优化模型 M_{12} 的最优库存因子为 $z_{12}^*=z_{11}$。由 $0 \leqslant R<\dfrac{a}{2b}$ 得 $\lambda \geqslant \dfrac{1}{a}$。利用 $\mu_1=0$、式(D-12)和式(D-19)得 λ 是 z 的减函数,从而由 $\lambda \geqslant \dfrac{1}{a}$ 得 $z \leqslant z_\beta$。由式(D-14)知 $K-ezA_0+aR-bR^2=0$,此时当 $K<ez_\beta A_0-\dfrac{a^2}{4b}$ 时上述方程无可行解。而当 $K>ez_\beta A_0-\dfrac{a^2}{4b}$ 时,利用 $0 \leqslant R<\dfrac{a}{2b}$ 求解上述方程得分布式鲁棒优化模型 M_{12} 的最优库存因子为 $R_{12}^*=R_{11}$。在此情形下,还容易知道应有 $K \leqslant ez_\beta A_0$。若否,则由 $K-ezA_0+aR-bR^2=0$ 可得 $ezA_0-aR+bR^2>ez_\beta A_0$,即 $eA_0(z-z_\beta)>aR-bR^2 \geqslant 0$,从而有 $z>z_\beta$,矛盾,因此,当 $ez_\beta A_0-\dfrac{a^2}{4b}<K<ez_\beta A_0$ 时,分布式鲁棒优化模型 M_{12} 的最优库存因子和减排技术投资为 $(z_{12}^*, R_{12}^*)=(z_{11}, R_{11})$。

情形 4 $\lambda=0, \mu_1=0, \mu_2=0$。将 $\lambda=0$ 和 $\mu_2=0$ 代入式(D-13)可知,此种情形不成立。

综合上述四种情形分析可得式(6-15),即分布式鲁棒优化模型 M_{12} 的最优库存因子和减排技术投资表达式。

定理 6.2 给出了模型 M_{12} 最优库存因子和减排技术投资策略的解析表达式。从定理 6.1 可以看出,当政府分配给生鲜品企业的碳配额相对比较小时$\left(\right.$例如,小于 $ez_\beta A_0 - \dfrac{a^2}{4b}\left.\right)$,生鲜品企业在碳排放量小于或等于碳配额的约束下无法做出使自身利润获得最大的鲁棒性运营策略。

附录 D-3 定理 6.5 的证明

(1) 利用式(6-5)和式(6-16)可知,$\Pi_{11}(q,R)=\Pi_{21}(q)-R+c_3(aR-bR^2)$ 或者 $\Pi_{11}(z,R)=\Pi_{21}(z)-R+c_3(aR-bR^2)$。容易知道模型 M_{21} 的最优解 $(z_{21}^*, 0)$ 是模型 M_{11} 的可行解,从而有 $\Pi_{11}^G(z_{11}^*, R_{11}^*) \geqslant \Pi_{11}^G(z_{21}^*, 0) = \Pi_{21}^G(z_{21}^*)$。类似地,由式(6-7)和式(6-16)可得 $\Pi_{12}(q,R) = \Pi_{22}(q) - R$ 或者 $\Pi_{12}(z,R) = \Pi_{22}(z) - R$。利用模型 M_{22} 的最优解 $((z_{22}^*, 0), 0)$ 是模型 M_{12} 的可行解可得,$\Pi_{12}^G(z_{12}^*, R_{12}^*) \geqslant \Pi_{12}^G(z_{22}^*, 0) = \Pi_{22}^G(z_{22}^*)$。因为模型 M_1 和 M_2 的最优利润分别为 $\Pi_1^G(z_1^*, R_1^*) = \max\{\Pi_{11}^G(z_{11}^*, R_{11}^*), \Pi_{12}^G(z_{12}^*, R_{12}^*)\}$ 和 $\Pi_2^G(z_2^*) = \max\{\Pi_{21}^G(z_{21}^*), \Pi_{22}^G(z_{22}^*)\}$,进一步可得 $\Pi_1^G(z_1^*, R_1^*) \geqslant \Pi_2^G(z_2^*)$。

另外,从定理 6.2 和定理 6.4 的证明过程可以知道,当 $K > ez_0 A_0$ 时,有 $(z_{12}^*, R_{12}^*) = (z_0, 0)$ 和 $z_{22}^* = z_0$。将其分别代入碳排放函数表达式可知 $Y(z_{12}^*, R_{12}^*) = Y(z_{22}^*, 0) \leqslant K$;而当 $K < ez_0 A_0$ 时,有 $(z_{12}^*, R_{12}^*) = \left(\dfrac{K}{eA_0}, 0\right)$ 或 (z_{11}, R_{11}) 及 $z_{22}^* = \dfrac{K}{eA_0}$,从而有 $Y(z_{12}^*, R_{12}^*) = Y(z_{22}^*, 0) = K$。综上两种情形可得 $Y(z_{12}^*, R_{12}^*) = Y(z_{22}^*, 0) \leqslant K$。

(2) 利用定理 6.1 和定理 6.4,将 (z_{11}^*, R_{11}^*) 和 z_{21}^* 的解析表达式分别代入碳排放函数容易验证结论成立。

附录 E

附录 E-1 引理 7.1 的证明

对上述二元函数 $f(x, y)$ 分别求关于 x 与 y 偏导数得:$\dfrac{\partial f(x, y)}{\partial x} =$

$\left(c_m+c_pe_1+\dfrac{c_{22}}{\beta}+c_3\right)\beta e^{(\alpha y+\beta x)}>0$，$\dfrac{\partial f(x,y)}{\partial y}=(c_{21}+c_3)e^{\alpha y}+\left(c_m+c_pe_1+\dfrac{c_{22}}{\beta}+c_3\right)\alpha(e^{\beta x}-1)e^{\alpha y}>0$，这表明 $f(x,y)$ 是分别关于 x 与 y 的严格单调增函数。由于 (x_1,y_1) 与 (x_2,y_2) 分别为二元方程 $f(x,y)=0$ 的两个根，则有 $f(x_1,y_1)=f(x_2,y_2)=0$。若 $x_1\neq x_2$，$y_1\neq y_2$，不妨设 $x_1>x_2$ 及 $y_1>y_2$。由 $f(x,y)$ 的单调性可知 $f(x_1,y_1)>f(x_1,y_2)>f(x_2,y_2)$，矛盾。

附录 E-2 引理 7.3 的证明

令 $t_i-s_i=x$，则 $s_{i+1}-t_i=\dfrac{H}{n}-x$。利用式(7-15)将 $\mathrm{TP}_c(n)$ 化简如下。

$$\mathrm{TP}_c(n)=\mathrm{TP}_c(n,x)=D\int_0^H p(t)\mathrm{d}t-n(c_m+c_pe_1)\left[W+\dfrac{D}{\beta}(e^{\beta x}-1)\right]-$$

$$n\left(\dfrac{c_{21}}{\alpha}+c_3\right)\left[W-D\left(\dfrac{H}{n}-x\right)\right]-n\left(\dfrac{c_{22}}{\beta}+c_3\right)\left[\dfrac{D}{\beta}(e^{\beta x}-1)-Dx\right]+$$

$$c_pE-nA \tag{E-1}$$

对任意给定的订购次数 n，如果能够证明 $\dfrac{\partial^2 \mathrm{TP}_c(n)}{\partial x^2}<0$ 成立则证明了结论。因此对 $\mathrm{TP}_c(n)$ 求关于 x 两次偏导数可得：$\dfrac{\partial^2 \mathrm{TP}_c(n)}{\partial x^2}=-n[\beta(c_m+c_pe_1)+c_{22}+\beta c_3]De^{\beta x}<0$，定理得证。

附录 E-3 定理 7.2 的证明

由于 n 的取值为整数，因此可以先忽略掉其整数限制（即将订购次数 n 松弛为连续变量），然后对 $\mathrm{TP}_c(n)$ 求关于 n 的一阶偏导数。结合式(7-14)有

$$\dfrac{\partial \mathrm{TP}_c(n)}{\partial x}=-A-(c_m+c_pe_1)\dfrac{D}{\beta}(e^{\beta x}-1)-\left(c_m+c_pe_1+\dfrac{c_{21}}{\alpha}+c_3\right)W-$$

$$\left(\dfrac{c_{21}}{\alpha}+c_3\right)Dx+\left(\dfrac{c_{22}}{\beta}+c_3\right)Dx-\left(\dfrac{c_{21}}{\beta}+c_3\right)\dfrac{D}{\beta}(e^{\beta x}-1)-$$

$$\dfrac{\partial x}{\partial n}nD\left[(c_m+c_pe_1)e^{\beta x}+\dfrac{c_{21}}{\alpha}+c_3+\left(\dfrac{c_{22}}{\beta}+c_3\right)(e^{\beta x}-1)\right] \tag{E-2}$$

对 $\mathrm{TP}_c(n)$ 求关于 n 的二次导数并利用 $\dfrac{\partial x}{\partial n}=-\dfrac{H}{n^2}e^{\alpha\left(\frac{H}{n}-x\right)}$ 与 $\dfrac{\partial^2 x}{\partial n^2}-\dfrac{H}{(1+\alpha)n^3}\left(\dfrac{\alpha H}{n}+2\right)e^{\alpha\left(\frac{H}{n}-x\right)}$ 得

$$\dfrac{\partial^2 \mathrm{TP}_c(n)}{\partial n^2}=-\dfrac{\alpha HD}{n^2(1+\alpha)}e^{\alpha\left(\frac{H}{n}-x\right)}\left(\dfrac{H}{n}-2\right)\left[\left(c_m+c_pe_1+\dfrac{c_{22}}{\beta}+c_3\right)(e^{\beta x}-1)+\right.$$

$$c_m + c_p e_1 + \frac{c_{21}}{\alpha} + c_3 \Big] -$$

$$\frac{HD}{n^2(1+\alpha)}\left(\frac{\alpha H}{n}+2\right)e^{\alpha(\frac{H}{n}-x)}\left(c_m+c_p e_1+\frac{c_{22}}{\beta}+c_3\right)\beta e^{\beta x} \quad \text{(E-3)}$$

令 $z=\dfrac{H}{n}$ 则 $z>x$。构造二元函数 $G(x,z)=\dfrac{\alpha(z-2)}{1+\alpha}\Big[\Big(c_m+c_p e_1+\dfrac{c_{22}}{\beta}+c_3\Big)(\mathrm{e}^{\beta x}-1)+c_m+c_p e_1+\dfrac{c_{21}}{\alpha}+c_3\Big]+\dfrac{(2+\alpha z)}{1+\alpha}\Big(c_m+c_p e_1+\dfrac{c_{22}}{\beta}+c_3\Big)\beta \mathrm{e}^{\beta x}$，则式(E-3)可以表示为 $\dfrac{\partial^2 \mathrm{TP}_c(n)}{\partial n^2}=-\dfrac{Dz}{n}\mathrm{e}^{\alpha(z-x)}G(x,z)$。容易验证 $\dfrac{\partial G(x,z)}{\partial z}>0$，这表明 $G(x,z)$ 是关于 z 的单调递增函数。因此对 $z>x$，有 $G(x,z)>G(x,x)$。另外，当 $\beta \geq \alpha$ 时有 $\dfrac{\partial G(x,z)}{\partial x}>0$，这说明 $G(x,x)$ 是关于 x 的严格单调增函数，因此当 $x>0$ 时有 $G(x,x)>G(0,0)$。利用 $\beta \geq \alpha$ 与 $c_{22} \geq c_{21}$ 可得 $\beta(c_m+c_p e_1)+c_{22}+\beta c_3 \geq \alpha(c_m+c_p e_1)+c_{21}+\alpha c_3$ 与 $G(0,0) \geq 0$。从而有 $G(x,x)>0$，因此 $\dfrac{\partial^2 \mathrm{TP}_c(n)}{\partial n^2}<0$ 成立，定理得证。

附录 E-4　定理 7.3 的证明

将 n_1^* 代入式(E-1)并与式(E-4)进行比较，则分析如下两种情形可以证明结论成立。

情形 1　$n_1^*=n_0^*$，此时有 $\mathrm{TP}_c(n_1^*)=\mathrm{TP}(n_0^*)+c_p\Big\{E-n_0^* e_1\Big[W+\dfrac{D}{\beta}(\mathrm{e}^{\beta x(n_0^*)}-1)\Big]\Big\}$。显然，当 $E \geq n_0^* e_1\Big[W+\dfrac{D}{\beta}(\mathrm{e}^{\beta x(n_0^*)}-1)\Big]$，则 $\mathrm{TP}_c(n_1^*) \geq \mathrm{TP}(n_0^*)$；否则，$\mathrm{TP}_c(n_1^*) \leq \mathrm{TP}(n_0^*)$。

情形 2　$n_1^* \neq n_0^*$，当 $E \geq n_0^* \hat{c}\Big[W+\dfrac{D}{\beta}(\mathrm{e}^{\beta x(n_0^*)}-1)\Big]$ 时，根据 n_1^* 的最优性可得 $\mathrm{TP}_c(n_1^*) \geq \mathrm{TP}_c(n_0^*)$。利用情形 1 的证明可以知道此时有 $\mathrm{TP}_c(n_1^*) \geq \mathrm{TP}(n_0^*)$。另外，当 $E \leq n_1^* e_1\Big[W+\dfrac{D}{\beta}(\mathrm{e}^{\beta x(n_1^*)}-1)\Big]$ 时，根据 n_0^* 的最优性可得 $\mathrm{TP}(n_0^*) \geq \mathrm{TP}(n_1^*)$。类似情形 1 的讨论可以得到 $\mathrm{TP}_c(n_1^*) \leq \mathrm{TP}(n_1^*)$，从而有 $\mathrm{TP}_c(n_1^*) \leq \mathrm{TP}(n_0^*)$。

附录 E-5　定理 7.4 的证明

考虑如下两种情形可以证明结论成立。

情形 1 $n_2^* = n_0^*$，比较式（4-24）与式（4-28）可得 $TP(n_0^*) = n_2^* c_t e_1 \left[\dfrac{D}{\beta}(e^{\beta x(n_2^*)} - 1) + W\right] + TP_t(n_2^*)$。显然，此时有 $TP_t(n_2^*) < TP(n_0^*)$。

情形 2 $n_2^* \neq n_0^*$，利用 n_0^* 的最优性可得 $TP(n_0^*) \geqslant TP(n_2^*)$，又根据情形 1 的证明可知 $TP(n_2^*) > TP_t(n_2^*)$，从而有 $TP_t(n_2^*) < TP(n_0^*)$。

附录 F

附录 F-1 定理 8.1 的证明

将式(8-3)~式(8-5)及式(8-13)~式(8-16)代入式(8-17)，则零售商的利润函数 $\Pi_r(s,p)$ 可表示为

$$\Pi_r(s,p) = (D_0 + \alpha s - \beta p)[p\Phi_4(n) - w\Phi_1(n) - (h_r + \theta h_d)\Phi_2(n)] - nA_r - \frac{1}{2}n\eta s^2 \tag{F-1}$$

分别对 $\Pi_r(s,p)$ 关于 s 与 p 求一阶偏导数得

$$\frac{\partial \Pi_r(s,p)}{\partial s} = p\alpha\Phi_4(n) - w\alpha\Phi_1(n) - (h_r + \theta h_d)\alpha\Phi_2(n) - n\eta s \tag{F-2}$$

$$\frac{\partial \Pi_r(s,p)}{\partial p} = D_0\Phi_4(n) + \alpha s\Phi_4(n) + \beta w\Phi_1(n) - 2\beta p\Phi_4(n) + \beta(h_r + \theta h_d)\Phi_2(n) \tag{F-3}$$

进一步对 $\Pi_r(s,p)$ 分别求关于 s 与 p 的二阶偏导数得 $\dfrac{\partial^2 \Pi_r(s,p)}{\partial s^2} = -n\eta < 0$，$\dfrac{\partial^2 \Pi_r(s,p)}{\partial s \partial p} = \alpha\Phi_4(n) > 0$，以及 $\dfrac{\partial^2 \Pi_r(s,p)}{\partial p^2} = -2\beta\Phi_4(n) < 0$。容易验证 $\dfrac{\partial^2 \Pi_r(s,p)}{\partial s^2} \cdot \dfrac{\partial^2 \Pi_r(s,p)}{\partial p^2} - \left(\dfrac{\partial^2 \Pi_r(s,p)}{\partial s \partial p}\right)^2 = \Phi_4(n)[2\beta n\eta - \alpha^2\Phi_4(n)] > 0$，这表明当 $2\beta n\eta - \alpha^2\Phi_4(n) > 0$ 时，零售商的利润函数 $\Pi_r(s,p)$ 是关于促销水平 s 与销售价格 p 的联合凹函数。

附录 F-2 定理 8.2 的证明

将式(8-8)~式(8-16)代入式(8-20)，可将制造商的利润函数化简为

$$\Pi_m(n,w) = (D_0 + \alpha s - \beta p)\Phi_1(n)\{w - (c_m + c_t e_1)\Phi_3(n) - (\widetilde{h_m} + h_d)[\Phi_3(n) - 1]\} - nA_m \tag{F-4}$$

将式(8-18)和式(8-19)代入式(F-4)，对 $\Pi_m(n,w)$ 求关于 w 的二阶偏导数可

得当 $2\beta n\eta - \alpha^2\Phi_4(n) > 0$ 时 $\dfrac{\partial^2 \Pi_m(n,w)}{\partial w^2} = \dfrac{-\beta^2 n\eta\Phi_1(n)^2}{\Phi_4(n)[2\beta n\eta - \alpha^2\Phi_4(n)]} < 0$,这表明 $\Pi_m(n,w)$ 是关于 w 的凹函数。

附录 F-3 定理 8.3 的证明

将式(8-13)~式(8-16)代入式(8-28),则供应链系统的利润函数可被化简为

$$\Pi_c(n,s,p) = (D_0 + \alpha s - \beta p)\{p\Phi_4(n) - (c_m + c_t e_1)\Phi_1(n)\Phi_3(n) - (\widetilde{h_m} + h_d)[\Phi_3(n) - 1]\Phi_1(n) - (h_r + \theta h_d)\Phi_2(n)\} - \dfrac{1}{2}n\eta s^2 - nA_r - nA_m \tag{F-5}$$

对 $\Pi_c(n,s,p)$ 分别求关于 s 和 p 的一阶偏导数得

$$\dfrac{\partial \Pi_c(n,s,p)}{\partial s} = \alpha p\Phi_4(n) - \alpha(c_m + c_t e_1)\Phi_1(n)\Phi_3(n) - \alpha(\widetilde{h_m} + h_d)[\Phi_3(n) - 1]\Phi_1(n) - n\eta s - \alpha(h_r + \theta h_d)\Phi_2(n) \tag{F-6}$$

$$\dfrac{\partial \Pi_c(n,s,p)}{\partial p} = D_0\Phi_4(n) + \alpha s\Phi_4(n) - 2\beta\Phi_4(n) + \beta(c_m + c_t e_1)\Phi_1(n)\Phi_3(n) + \beta(h_r + \theta h_d)\Phi_2(n) + \beta(\widetilde{h_m} + h_d)[\Phi_3(n) - 1]\Phi_1(n) \tag{F-7}$$

进一步对 $\Pi_c(n,s,p)$ 求关于 s 和 p 的二阶偏导数得 $\dfrac{\partial^2 \Pi_c(n,s,p)}{\partial s^2} = -n\eta < 0$,$\dfrac{\partial^2 \Pi_c(n,s,p)}{\partial s \partial p} = \alpha\Phi_4(n)$ 以及 $\dfrac{\partial^2 \Pi_c(n,s,p)}{\partial p^2} = -2\beta\Phi_4(n) < 0$。当 $2\beta n\eta - \alpha^2\Phi_4(n) > 0$ 时,容易计算 $\dfrac{\partial^2 \Pi_c(n,s,p)}{\partial s^2} \cdot \dfrac{\partial^2 \Pi_c(n,s,p)}{\partial p^2} - \left(\dfrac{\partial^2 \Pi_c(n,s,p)}{\partial s \partial p}\right)^2 = \Phi_4(n)[2\beta n\eta - \alpha^2\Phi_4(n)] > 0$,这表明 $\Pi_c(n,s,p)$ 是关于 s 和 p 的联合凹函数。

附录 F-4 定理 8.4 的证明

容易知道 $\left(n_c, 2s_c, 2p_c - \dfrac{D_0}{\beta}\right)$ 为集中式决策模型的可行解,将其代入式(F-5)求得供应链的利润值为

$$\Pi_c\left(n_d, 2s_d, 2p - \dfrac{D_0}{\beta}\right) = 4(D_0 + \alpha s_d - \beta p_d)\dfrac{n_d\eta}{\alpha}s_d - \dfrac{1}{2}n_d\eta s_d^2 - n_d A_r - n_d A_m \tag{F-8}$$

利用式(8-24)化简上式有

$$\Pi_c\left(n_d, 2s_d, 2p - \frac{D_0}{\beta}\right) = \frac{2n_d\eta[2\beta n_d\eta - \alpha^2\Phi_4(n_d)]}{\alpha^2\Phi_4(n_d)}s_d^2 - n_d A_r - n_d A_m$$

(F-9)

联合式(8-26)和式(8-27)有

$$\Pi_r(s_d, p_d) + \Pi_m(n_d, w_d) = (D_0 + \alpha s_d - \beta p_d)\frac{[3\beta n_d\eta - \alpha^2\Phi_4(n_d)]s_d}{\alpha\beta} -$$

$$n_d A_r - n_d A_m - \frac{1}{2}n_d\eta s_d^2$$

$$= \frac{3n_d\eta[2\beta n_d\eta - \alpha^2\Phi_4(n_d)]}{2\alpha^2\Phi_4(n_d)}s_d^2 - n_d A_r - n_d A_m$$

(F-10)

比较式(F-9)和式(F-10)得

$$\frac{\Pi_c\left(n_d, 2s_d, 2p_d - \frac{D_0}{\beta}\right)}{\Pi_r(s_d, p_d) + \Pi_m(n_d, w_d)} = 1 + \frac{\dfrac{n_d\eta[2\beta n_d\eta - \alpha^2\Phi_4(n_d)]}{2\alpha^2\Phi_4(n_d)}s_d^2}{\dfrac{3n_d\eta[2\beta n_d\eta - \alpha^2\Phi_4(n_d)]}{2\alpha^2\Phi_4(n_d)}s_d^2 - n_d A_r - n_d A_m}$$

$$\geqslant 1 + \frac{1}{3} = \frac{4}{3} \quad \text{(F-11)}$$

利用(n_c, s_c, p_c)求集中式决策模型的最优解得

$$\frac{\Pi_c(n_c, s_c, p_c)}{\Pi_r(s_d, p_d) + \Pi_m(n_d, w_d)} \geqslant \frac{\Pi_c\left(n_d, 2s_d, 2p_d - \dfrac{D_0}{\beta}\right)}{\Pi_r(s_d, p_d) + \Pi_m(n_d, w_d)} \geqslant \frac{4}{3} \quad \text{(F-12)}$$

附录 F-5　定理 8.5 的证明

将式(8-13)~式(8-16)代入式(8-33),将收益共享契约下零售商的利润值化简为

$$\Pi_{r/rs}(s, p) = (D_0 + \alpha s - \beta p)[\rho p\Phi_4(n_c) - w\Phi_1(n_c) - (h_r + \theta h_d)\Phi_2(n_c)] -$$

$$nA_r - \frac{1}{2}n\eta s^2$$

(F-13)

对$\Pi_{r/rs}(s, p)$分别求关于s与p的一阶偏导数并等于零,可得收益共享契约机制下的促销水平和销售价格分别为

$$s_{rs} = \frac{\alpha[\rho D_0\Phi_4(n) - \beta w\Phi_1(n)\Phi_3(n) - \beta(h_r + \theta h_d)\Phi_2(n)]}{2\beta n\eta - \rho\alpha^2\Phi_4(n)}$$

(F-14)

$$p_{rs} = \frac{\rho n\eta D_0\Phi_4(n) + [\beta n\eta - \rho\alpha^2\Phi_4(n)][w\Phi_1(n) + (h_r + \theta h_d)\Phi_2(n)]}{\rho[2\beta n\eta - \rho\alpha^2\Phi_4(n)]\Phi_4(n)}$$

(F-15)

容易证明当 $2\beta n\eta - \rho\alpha^2\Phi_4(n) > 0$ 时,$\Pi_{r/rs}(s,p)$ 是关于 s 与 p 的联合凹函数。这表明由式(F-14)和式(F-15)确定的 s_{rs} 和 p_{rs} 即是能使 $\Pi_{r/rs}(s,p)$ 最大的最优解。

根据收益共享协调条件,$n_{rs}=n_c$ 和 $p_{rs}=p_c$,比较式(8-30)和式(F-15)可得收益共享契约机制下批发价格的函数表达式即为式(8-36)。将式(8-36)代入式(F-14)得出收益共享契约机制下的促销水平的函数表达式即为式(8-35)。

附录 F-6 定理 8.6 的证明

将分散式模型的可行解 $\left(n_c, w_c, \dfrac{1}{2}s_c, \dfrac{1}{2}p_c + \dfrac{D_0}{2\beta}\right)$ 代入式(F-1)和式(F-4)得

$$\Pi_r\left(\frac{1}{2}s_c, \frac{1}{2}p_c + \frac{D_0}{2\beta}\right) = \frac{1}{4}(D_0 + \alpha s_c - \beta p_c)\frac{n_c\eta}{\alpha}s_c - n_c A_r - \frac{1}{8}n_c\eta s_c^2$$

$$= \frac{n_c\eta}{4\alpha}(D_0 - \beta p_c)s_c + \frac{1}{8}n_c\eta s_c^2 - n_c A_r \tag{F-16}$$

$$\Pi_m(n_c, w_c) = \frac{1}{4}(D_0 + \alpha s_c - \beta p_c)\frac{s_c}{\alpha\beta}[2\beta n_c\eta - \alpha^2\Phi_4(n_c)] - n_c A_m \tag{F-17}$$

这里,$w_c = \dfrac{s_c[2\beta n_c\eta - \alpha^2\Phi_4(n_c)]}{2\alpha\beta\Phi_1(n_c)} + (c_m + c_t e_1)\Phi_3(n_c) + (\widetilde{h_m} + h_d)[\Phi_3(n_c)-1]$。

考虑到 (n_d, w_d, s_d, p_d) 为分散式决策模型的最优解,因此利用其最优性质可得 $\Pi_r(s_d, p_d) \geq \Pi_r\left(\dfrac{1}{2}s_c, \dfrac{1}{2}p_c + \dfrac{D_0}{2\beta}\right)$ 和 $\Pi_m(n_d, w_d) \geq \Pi_m(n_c, w_c)$。另外,如果收益共享能够使供应链系统实现双赢,则有 $\Pi_{r/rs}(s_{rs}, p_{rs}) \geq \Pi_r(s_d, p_d)$ 与 $\Pi_{m/rs}(n_{rs}, w_{rs}) \geq \Pi_m(n_d, w_d)$。

比较式(8-37)和式(F-16)可得

$$(D_0 - \beta p_c)\frac{s_{rs}}{\alpha} + \frac{1}{2}s_{rs}^2 \geq (D_0 - \beta p_c)\frac{s_c}{4\alpha} + \frac{1}{8}s_c^2 \tag{F-18}$$

将式(8-31)代入式(F-18)并化简可得

$$\frac{1}{2}\alpha^2\Phi_4(n_c)s_{rs}^2 + [\beta n_c\eta - \alpha^2\Phi_4(n_c)]s_{rs}s_c \geq \frac{1}{8}[2\beta n_c\eta - \alpha^2\Phi_4(n_c)]s_c^2 \tag{F-19}$$

求解式(F-19)容易得出当 $\beta n_c\eta > \alpha^2\Phi_4(n_c)$ 或者 $\beta n_c\eta < \rho\alpha^2\Phi_4(n_c)$ 时有

$$\frac{s_{rs}}{s_c} \geq \frac{\alpha^2\Phi_4(n_c) - \beta n_c\eta + \sqrt{[\beta n_c\eta - \alpha^2\Phi_4(n_c)]^2 + \dfrac{1}{4}\alpha^2\Phi_4(n_c)[2\beta n_c\eta - \alpha^2\Phi_4(n_c)]}}{\alpha^2\Phi_4(n_c)} = \Omega \tag{F-20}$$

另外,比较式(8-38)和式(F-17)得

$$(D_0 + \alpha s_c - \beta p_c)\frac{n_c \eta}{\alpha}(s_c - s_{rs}) \geqslant \frac{1}{4}(D_0 + \alpha s_c - \beta p_c)\frac{s_c}{\alpha\beta}[2\beta n_c \eta - \alpha^2 \Phi_4(n_c)] + n_c \eta(s_c - s_{rs})^2 \tag{F-21}$$

利用式(8-31)化简式(F-21)得

$$\beta n_c \eta s_c(s_c - s_{rs}) - (s_c - s_{rs})^2 \alpha^2 \Phi_4(n_c) \geqslant \frac{1}{4}s_c^2[2\beta n_c \eta - \alpha^2 \Phi_4(n_c)] \tag{F-22}$$

为了求解式(F-22),分如下两种情形进行讨论。

情形 1 $\beta n_c \eta > \alpha^2 \Phi_4(n_c)$。求解式(F-22)得

$$\frac{1}{2} \leqslant 1 - \frac{s_{rs}}{s_c} \leqslant \frac{2\beta n_c \eta - \alpha^2 \Phi_4(n_c)}{2\alpha^2 \Phi_4(n_c)} \tag{F-23}$$

与

$$\frac{3\alpha^2 \Phi_4(n_c) - 2\beta n_c \eta}{2\alpha^2 \Phi_4(n_c)} \leqslant \frac{s_{rs}}{s_c} \leqslant \frac{1}{2} \tag{F-24}$$

容易证明当 $\beta n_c \eta > \alpha^2 \Phi_4(n_c)$ 时 $\Omega > \frac{3\alpha^2 \Phi_4(n_c) - 2\beta n_c \eta}{2\alpha^2 \Phi_4(n_c)}$。联立式(F-23)和式(F-26)得 $\Omega \leqslant \frac{s_{rs}}{s_c} \leqslant \frac{1}{2}$,从而有

$$\frac{\Omega \beta n_c \eta}{\beta n_c \eta + (\Omega - 1)\alpha^2 \Phi_4(n_c)} \leqslant \rho \leqslant \frac{\beta n_c \eta}{2\beta n_c \eta - \alpha^2 \Phi_4(n_c)} \tag{F-25}$$

情形 2 $\frac{1}{2}\alpha^2 \Phi_4(n_c) < \beta n_c \eta < \rho\alpha^2 \Phi_4(n_c)$,求解式(F-22)得

$$\frac{2\beta n_c \eta - \alpha^2 \Phi_4(n_c)}{2\alpha^2 \Phi_4(n_c)} \leqslant 1 - \frac{s_{rs}}{s_c} \leqslant \frac{1}{2} \tag{F-26}$$

与

$$\frac{1}{2} \leqslant \frac{s_{rs}}{s_c} \leqslant \frac{3\alpha^2 \Phi_4(n_c) - 2\beta n_c \eta}{2\alpha^2 \Phi_4(n_c)} \tag{F-27}$$

当 $\beta n_c \eta \leqslant \rho\alpha^2 \Phi_4(n_c)$ 时有 $\frac{1}{2} \leqslant \Omega \leqslant \frac{3\alpha^2 \Phi_4(n_c) - 2\beta n_c \eta}{2\alpha^2 \Phi_4(n_c)}$。联立式(F-20)和式(F-27)得

$$\Omega \leqslant \frac{s_{rs}}{s_c} \leqslant \frac{3\alpha^2 \Phi_4(n_c) - 2\beta n_c \eta}{2\alpha^2 \Phi_4(n_c)} \tag{F-28}$$

当 $\frac{1}{2}\alpha^2 \Phi_4(n_c) < \beta n_c \eta < \rho\alpha^2 \Phi_4(n_c)$ 时有 $\frac{\beta n_c \eta[3\alpha^2 \Phi_4(n_c) - 2\beta n_c \eta]}{\alpha^2 \Phi_4^2(n_c)} > \frac{\beta n_c \eta}{\alpha^2 \Phi_4(n_c)} > \frac{1}{2}$。将式(F-15)代入式(F-27)得

$$\frac{\beta n_c \eta [3\alpha^2 \Phi_4(n_c) - 2\beta n_c \eta]}{\alpha^2 \Phi_4(n_c)} < \rho < \frac{\Omega \beta n_c \eta}{\beta n_c \eta + (\Omega - 1)\alpha^2 \Phi_4(n_c)} \quad \text{(F-29)}$$

附录 F-7 定理 8.7 的证明

由式(8-37)和式(8-38)得

$$\Pi_{r/rs}(s_{rs}, p_{rs}) + \Pi_{m/rs}(n_{rs}, w_{rs})$$

$$= \frac{n_c \eta}{\alpha}(D_0 - \beta p_c)s_c + \frac{1}{2}n_c \eta s_{rs}(2s_c - s_{rs}) - n_c A_r - n_c A_m$$

$$= \frac{n_c \eta [\beta n_c \eta - \alpha^2 \Phi_4(n_c)]}{\alpha^2 \Phi_4(n_c)}s_c^2 + \frac{1}{2}n_c \eta s_{rs}(2s_c - s_{rs}) - n_c A_r - n_c A_m \quad \text{(F-30)}$$

比较式(8-31)和式(F-30)得

$$\Pi_c(n_c, s_c, p_c) - (\Pi_{r/rs}(s_{rs}, p_{rs}) + \Pi_{m/rs}(n_{rs}, w_{rs})) = \frac{1}{2}n_c \eta (s_c - s_{rs})^2$$
$$\text{(F-31)}$$

由式(8-35)可知 $s_c \geqslant s_{rs}$，等号成立当且仅当 $\rho = 1$。又由定理 8.6 知当供应链在收益共享契约下实现双赢时，收益共享因子一定满足 $\rho < 1$。因此利用式(F-31)可以证明结论成立，即：$\Pi_{r/rs}(s_{rs}, p_{rs}) + \Pi_{m/rs}(n_{rs}, w_{rs}) < \Pi_c(n_c, s_c, p_c)$。

附录 F-8 定理 8.8 的证明

将式(8-13)~式(8-16)代入式(8-39)，则两部收费契约下的零售商利润值化简为

$$\Pi_{r/tpt}(s, p) = (D_0 + \alpha s - \beta p)[p\Phi_4(n_c) - w\Phi_1(n_c) - (h_r + \theta h_d)\Phi_2(n_c)] -$$

$$nA_r - \frac{1}{2}n\eta s^2 - F \quad \text{(F-32)}$$

对 $\Pi_{r/tpt}(s, p)$ 分别求关于 s 与 p 的一阶偏导数并使之等于零，可得两部收费契约机制下的促销水平和销售价格分别为

$$s_{tpt} = \frac{\alpha [D_0 \Phi_4(n_{tpt}) - \beta w \Phi_1(n_{tpt}) - \beta(h_r + \theta h_d)\Phi_2(n_{tpt})]}{2\beta n_{tpt} \eta - \alpha^2 \Phi_4(n_{tpt})} \quad \text{(F-33)}$$

$$p_{tpt} = \frac{[w\Phi_1(n_{tpt}) + (h_r + \theta h_d)\Phi_2(n_{tpt})][\beta n_{tpt} \eta - \alpha^2 \Phi_4(n_{tpt})] + D_0 n_{tpt} \eta \Phi_4(n_{tpt})}{\Phi_4(n_{tpt})[2\beta n_{tpt} \eta - \alpha^2 \Phi_4(n_{tpt})]}$$
$$\text{(F-34)}$$

根据两部收费契约的协调条件，$n_{tpt} = n_c$ 和 $p_{tpt} = p_c$，比较式(8-37)和式(F-33)可得此契约机制下批发价格的函数表达式即为式(8-42)。将式(F-34)代入式(F-33)并化简可得式(8-41)。进一步比较式(8-36)和式(8-41)可知 $s_{tpt} = s_c$。

附录 G

附录 G-1　定理 9.1 的证明

将式(9-3)~式(9-6)以及式(9-8)~式(9-10)代入式(9-11),则可以将零售商的利润函数 $\Pi_r(s,p)$ 化简为

$$\Pi_r(s,p) = (D_0 + \alpha s - \beta p)[p\Lambda_3 - w\Lambda_1 - (h_r + \theta h_d)\Lambda_2] - \frac{1}{4}\eta s^2 \quad (G-1)$$

对于给定的 w,结合式(9-11),求解 $\dfrac{\partial \Pi_r(s,p)}{\partial s} = 0$ 和 $\dfrac{\partial \Pi_r(s,p)}{\partial p} = 0$ 可得最优促销水平和销售价格分别为

$$s_d = \frac{\alpha[D_0\Lambda_3 - \beta w\Lambda_1 - \beta(h_r + \theta h_d)\Lambda_2]}{\beta\eta - \alpha^2\Lambda_3} \quad (G-2)$$

$$p_d = \frac{\eta D_0\Lambda_3 + (\beta\eta - 2\alpha^2\Lambda_3)[w\Lambda_1 + (h_r + \theta h_d)\Lambda_2]}{2(\beta\eta - \alpha^2\Lambda_3)\Lambda_3} \quad (G-3)$$

对 $\Pi_r(s,p)$ 分别求关于 s 与 p 的二阶偏导数容易验证当 $\beta\eta - \alpha^2\Lambda_3 > 0$ 时,$\dfrac{\partial^2 \Pi_r(s,p)}{\partial s^2} \cdot \dfrac{\partial^2 \Pi_r(s,p)}{\partial p^2} - \left(\dfrac{\partial^2 \Pi_r(s,p)}{\partial s \partial p}\right)^2 > 0$,即 $\Pi_r(s,p)$ 是关于 s 与 p 的联合凹函数。

将式(9-5)、式(9-7)、式(9-8)~式(9-10)及式(G-2)与式(G-3)代入式(9-12),则制造商在分散式决策下的利润值可被化简为

$$\Pi_m(w) = (w - c_m - c_p e_1)(D_0 + \alpha s_d - \beta p_d)\Lambda_1 - \frac{1}{4}\eta s_d^2 + c_p E \quad (G-4)$$

对 $\Pi_m(w)$ 求关于 w 的二阶偏导数得 $\dfrac{\partial^2 \Pi_m(w)}{\partial w^2} = \dfrac{-\beta^2 \eta \Lambda_1^2(2\beta\eta - \alpha^2\Lambda_3)}{2\Lambda_3(\beta\eta - \alpha^2\Lambda_3)} < 0$,这表明 $\Pi_m(w)$ 是关于 w 的凹函数。求解 $\dfrac{\partial \Pi_m(w)}{\partial w} = 0$ 可知最优批发价格的函数表达式即为式(9-16)。因此,定理9.1(2)成立。进一步将式(9-16)代入式(G-2)和式(G-3)求得最优促销努力水平和销售价格的函数表达式即为式(9-13)和式(9-14)。此外将式(9-13)和式(9-14)代入式(9-5)可以求得分散式决策下的最优订购量,即式(9-15)成立,因此定理9.1(1)得证。

附录 G-2　定理 9.2 的证明

将式(9-3)~式(9-10)代入式(9-20),则供应链在集中式决策下的利润函数可

被化简为

$$\Pi_c(s,p) = (D_0 + \alpha s - \beta p)[p\Lambda_3 - (c_m + c_p e_1)\Lambda_1 - (h_r + \theta h_d)\Lambda_2] - \frac{1}{2}\eta s^2 + c_p E \tag{G-5}$$

对 $\Pi_c(s,p)$ 分别求关于 s 和 p 的一阶偏导数并等于零可以求得式(9-24)和式(9-25)。进一步对 $\Pi_c(s,p)$ 关于 s 和 p 求二阶偏导数得 $\frac{\partial^2 \Pi_c(s,p)}{\partial s^2} = -\eta < 0$，$\frac{\partial^2 \Pi_c(s,p)}{\partial s \partial p} = \alpha\Lambda_3$，以及 $\frac{\partial^2 \Pi_c(s,p)}{\partial p^2} = -2\beta\Lambda_3 < 0$。容易验证 $\frac{\partial^2 \Pi_c(s,p)}{\partial s^2} \cdot \frac{\partial^2 \Pi_c(s,p)}{\partial p^2} - \left(\frac{\partial^2 \Pi_c(s,p)}{\partial s \partial p}\right)^2 > 0$。这表明 $\Pi_c(s,p)$ 是关于 s 和 p 的联合凹函数。将式(9-21)和式(9-22)代入式(9-5)可得集中式决策下最优订购量的函数表达式即式(9-23)，因此定理9.2得证。

附录 G-3 定理 9.5 的证明

在收益共享契约机制下供应链实现双赢当且仅当 $\Pi_{r/rs}(s_{rs}, p_{rs}) \geqslant \Pi_r(s_d, p_d)$ 和 $\Pi_{m/rs}(w_{rs}) \geqslant \Pi_m(w_d)$ 同时成立。比较式(9-18)和式(9-31)可得

$$\frac{\rho\beta\eta^2(\beta\eta - \alpha^2\Lambda_3)^2}{\alpha^2\Lambda_3(\beta\eta - 2\rho\alpha^2\Lambda_3)}s_c^2 - \frac{1}{4}\eta s_{rs}^2 \geqslant \frac{\eta(\beta\eta - \alpha^2\Lambda_3)}{4\alpha^2\Lambda_3}s_d^2 \tag{G-6}$$

由式(9-13)和式(9-24)可知 $s_d = s_c$。化简式(G-6)得

$$4\rho^2\alpha^2\Lambda_3 - 4\rho\beta\eta + \beta\eta \leqslant 0 \tag{G-7}$$

求解式(G-7)得

$$\frac{\beta\eta - \sqrt{\beta\eta(\beta\eta - \alpha^2\Lambda_3)}}{2\alpha^2\Lambda_3} \leqslant \rho \leqslant \frac{\beta\eta + \sqrt{\beta\eta(\beta\eta - \alpha^2\Lambda_3)}}{2\alpha^2\Lambda_3} \tag{G-8}$$

比较式(9-19)和式(9-32)得如下不等式

$$\frac{\beta\eta(\beta\eta - \alpha^2\Lambda_3)}{\alpha\Lambda_3(\beta\eta - 2\rho\alpha^2\Lambda_3)}\left\{\frac{[2\rho\alpha^2\Lambda_3 - \beta\eta(1+\rho)](\beta\eta - \alpha^2\Lambda_3)}{\alpha\beta(\beta\eta - 2\rho\alpha^2\Lambda_3)} + \frac{(2\beta\eta - \alpha^2\Lambda_3)}{\alpha\beta}\right\}$$

$$\geqslant \frac{1}{4}\eta\left(\frac{s_{rs}}{s_c}\right)^2 + \frac{\eta(2\beta\eta - \alpha^2\Lambda_3)}{4\alpha^2\Lambda_3} \tag{G-9}$$

化简式(G-9)得

$$4\rho^2\alpha^2\Lambda_3 + 4\rho(\beta\eta - 2\alpha^2\Lambda_3) + 3\alpha^2\Lambda_3 - 2\beta\eta \leqslant 0 \tag{G-10}$$

利用 $\beta\eta - \alpha^2\Lambda_3 > 0$ 求解式(G-10)得

$$\frac{3\alpha^2\Lambda_3 - 2\beta\eta}{2\alpha^2\Lambda_3} \leqslant \rho < \frac{1}{2} \tag{G-11}$$

另外，从式(9-30)知道 ρ 应满足 $\rho<\dfrac{\beta\eta}{2\alpha^2\Lambda_3}$。容易证明 $\dfrac{\beta\eta+\sqrt{\beta\eta(\beta\eta-\alpha^2\Lambda_3)}}{2\alpha^2\Lambda_3}>\dfrac{\beta\eta}{2\alpha^2\Lambda_3}$。又因为 $\dfrac{\beta\eta}{2\alpha^2\Lambda_3}>\dfrac{1}{2}$，联立式(G-6)和式(G-11)得 $\max\left\{\dfrac{\beta\eta-\sqrt{\beta\eta(\beta\eta-\alpha^2\Lambda_3)}}{2\alpha^2\Lambda_3},\dfrac{3\alpha^2\Lambda_3-2\beta\eta}{2\alpha^2\Lambda_3}\right\}<\rho<\dfrac{1}{2}$。

附录 H

附录 H-1　定理 10.1 的证明

将 Φ_1, Φ_2 和 Φ_3 代入式(10-7)，化简可得

$$\Pi_c(s_1,s_2,p)=(D_0+\alpha_1 s_1+\alpha_2 s_2-\beta p)\{p\Phi_3-[c_m+c_p(a-bs_2)]\Phi_1-(h_r+\theta h_d)\Phi_2\}-\dfrac{1}{2}(\eta_1 s_1^2+\eta_2 s_2^2)+c_p E \quad \text{(H-1)}$$

求 $\Pi_c(s_1,s_2,p)$ 关于 p, s_1 和 s_2 的一阶导数，分别有

$$\dfrac{\partial \Pi_c(s_1,s_2,p)}{\partial p}=\beta\{-2p\Phi_3+[c_m+c_p(a-bs_2)]\Phi_1+(h_r+\theta h_d)\Phi_2\}+(D_0+\alpha_2 s_2)\Phi_3+\alpha_1 s_1\Phi_3 \quad \text{(H-2)}$$

$$\dfrac{\partial \Pi_c(s_1,s_2,p)}{\partial s_1}=\alpha_1\{p\Phi_3-[c_m+c_p(a-bs_2)]\Phi_1-(h_r+\theta h_d)\Phi_2\}-\eta_1 s_1, \quad \text{(H-3)}$$

和

$$\dfrac{\partial \Pi_c(s_1,s_2,p)}{\partial s_2}=\alpha_2\{p\Phi_3-[c_m+c_p(a-bs_2)]\Phi_1-(h_r+\theta h_d)\Phi_2\}-\eta_2 s_2+(D_0+\alpha_1 s_1+\alpha_2 s_2-\beta p)bc_p\Phi_1 \quad \text{(H-4)}$$

求 $\Pi_c(s_1,s_2,p)$ 关于 p, s_1 和 s_2 的二阶导数，进一步可得 $\dfrac{\partial^2 \Pi_c(s_1,s_2,p)}{\partial p^2}=-2\beta\Phi_3(n)$，$\dfrac{\partial^2 \Pi_c(s_1,s_2,p)}{\partial p \partial s_1}=\alpha_1\Phi_3$，$\dfrac{\partial^2 \Pi_c(s_1,s_2,p)}{\partial p \partial s_2}=-b\beta c_p\Phi_1+\alpha_2\Phi_3$，$\dfrac{\partial^2 \Pi_c(s_1,s_2,p)}{\partial s_1^2}=-\eta_1$，$\dfrac{\partial^2 \Pi_c(s_1,s_2,p)}{\partial s_1 \partial s_2}=\alpha_1 bc_p\Phi_1$ 和 $\dfrac{\partial^2 \Pi_c(s_1,s_2,p)}{\partial s_2^2}=2b\alpha_2 c_p\Phi_1-\eta_2$。

令 $\nabla^2 \Pi_c$ 为 $\Pi_c(s_1,s_2,p)$ 的 Hessian 矩阵，则有

$$\begin{vmatrix} \dfrac{\partial^2 \Pi_c(s_1,s_2,p)}{\partial p^2} & \dfrac{\partial^2 \Pi_c(s_1,s_2,p)}{\partial p \partial s_1} & \dfrac{\partial^2 \Pi_c(s_1,s_2,p)}{\partial p \partial s_2} \\ \dfrac{\partial^2 \Pi_c(s_1,s_2,p)}{\partial s_1 \partial p} & \dfrac{\partial^2 \Pi_c(s_1,s_2,p)}{\partial s_1^2} & \dfrac{\partial^2 \Pi_c(s_1,s_2,p)}{\partial s_1 \partial s_2} \\ \dfrac{\partial^2 \Pi_c(s_1,s_2,p)}{\partial s_2 \partial p} & \dfrac{\partial^2 \Pi_c(s_1,s_2,p)}{\partial s_2 \partial s_1} & \dfrac{\partial^2 \Pi_c(s_1,s_2,p)}{\partial s_2^2} \end{vmatrix} \quad \text{(H-5)}$$

由于 $\eta_2 \Phi_3 (2\beta n \eta_1 - \alpha_1^2 \Phi_3) > \eta_1 (\alpha_2 \Phi_3 + b\beta c_p \Phi_1)^2$,根据式(H-5),有

$$\frac{\partial^2 \Pi_c(s_1,s_2,p)}{\partial p^2} \frac{\partial^2 \Pi_c(s_1,s_2,p)}{\partial s_1^2} - \left(\frac{\partial^2 \Pi_c(s_1,s_2,p)}{\partial s_1 \partial p}\right)^2 = (2\beta\eta_1 - \alpha_1^2 \Phi_3)\Phi_3 > 0$$

(H-6)

和

$$|\nabla^2 \Pi_c| \& = \begin{vmatrix} \dfrac{\partial^2 \Pi_c(s_1,s_2,p)}{\partial p^2} & \dfrac{\partial^2 \Pi_c(s_1,s_2,p)}{\partial p \partial s_1} & \dfrac{\partial^2 \Pi_c(s_1,s_2,p)}{\partial p \partial s_2} \\ \dfrac{\partial^2 \Pi_c(s_1,s_2,p)}{\partial s_1 \partial p} & \dfrac{\partial^2 \Pi_c(s_1,s_2,p)}{\partial s_1^2} & \dfrac{\partial^2 \Pi_c(s_1,s_2,p)}{\partial s_1 \partial s_2} \\ \dfrac{\partial^2 \Pi_c(s_1,s_2,p)}{\partial s_2 \partial p} & \dfrac{\partial^2 \Pi_c(s_1,s_2,p)}{\partial s_2 \partial s_1} & \dfrac{\partial^2 \Pi_c(s_1,s_2,p)}{\partial s_2^2} \end{vmatrix}$$

$$= (-b\beta c_p \Phi_1 + \alpha_2 \Phi_3)[\alpha_1^2 bc_p \Phi_1 \Phi_3 + \eta_1(-b\beta c_p \Phi_1 + \alpha_2 \Phi_3)] +$$
$$\alpha_1 bc_p \Phi_1 \Phi_3 (\beta b \alpha_1 c_p \Phi_1 + \alpha_1 \alpha_2 \Phi_3) + (2b\alpha_2 c_p \Phi_1 - \eta_2)(2\beta\eta_1 - \alpha_1^2 \Phi_3)\Phi_3$$
$$= 2\alpha_1^2 \alpha_2 bc_p \Phi_1 \Phi_3^2 + \eta_1(\alpha_2 \Phi_3 - b\beta c_p \Phi_1)^2 + (2b\alpha_2 c_p \Phi_1 - \eta_2)(2\beta\eta_1 - \alpha_1^2 \Phi_3)\Phi_3$$
$$= \eta_1(\alpha_2 \Phi_3 - b\beta c_p \Phi_1)^2 + 4\beta\eta_1 b\alpha_2 c_p \Phi_1 \Phi_3 (n) - \eta_2 \Phi_3 (2\beta\eta_1 - \alpha_1^2 \Phi_3)$$
$$= \eta_1(\alpha_2 \Phi_3 + b\beta c_p \Phi_1)^2 - \eta_2 \Phi_3 (2\beta\eta_1 - \alpha_1^2 \Phi_3) < 0 \quad \text{(H-7)}$$

根据式(H-6)和式(H-7)可得 $\Pi_c(s_1,s_2,p)$ 的 Hessian 矩阵 $\nabla^2 \Pi_c$ 是负定矩阵,这说明 $\Pi_c(s_1,s_2,p)$ 是 s_1,s_2 和 p 的联合凹函数。

下面,从 $\dfrac{\partial \Pi_c(s_1,s_2,p)}{\partial p}=0$,$\dfrac{\partial \Pi_c(s_1,s_2,p)}{\partial s_1}=0$ 和 $\dfrac{\partial \Pi_c(s_1,s_2,p)}{\partial s_2}=0$ 求解最优销售价格、促销努力和可持续水平。从式(H-2)和式(H-3),解 $\dfrac{\partial \Pi_c(s_1,s_2,p)}{\partial p}=0$ 和 $\dfrac{\partial \Pi_c(s_1,s_2,p)}{\partial s_1}=0$ 可得

$$p^c = \frac{(D_0 + \alpha_2 s_2^c)\eta_1 \Phi_3 + (\beta\eta_1 - \alpha_1^2 \Phi_3)\{(h_r + \theta h_d)\Phi_2 + [c_m + c_p(a - b s_2^c)]\Phi_1\}}{(2\beta\eta_1 - \alpha_1^2 \Phi_3)\Phi_3}$$

(H-8)

和

$$s_1^c = \frac{\alpha_1\{(D_0 + \alpha_2 s_2^c)\Phi_3 - \beta(h_r + \theta h_d)\Phi_2 - \beta[c_m + c_p(a - bs_2^c)]\Phi_1\}}{2\beta\eta_1 - \alpha_1^2\Phi_3}$$

(H-9)

利用式(H-8)和式(H-9),有

$$D_0 + \alpha_1 s_1^c + \alpha_2 s_2^c - \beta p^c$$

$$= \frac{\alpha_1^2\{(D_0 + \alpha_2 s_2^c)\Phi_3 - \beta(h_r + \theta h_d)\Phi_2 - \beta[c_m + c_p(a - bs_2^c)]\Phi_1\}}{2\beta\eta_1 - \alpha_1^2\Phi_3} -$$

$$\frac{\beta(D_0 + \alpha_2 s_2^c)\eta_1\Phi_3 + \beta(\beta\eta_1 - \alpha_1^2\Phi_3)\{(h_r + \theta h_d)\Phi_2 + [c_m + c_p(a - bs_2^c)]\Phi_n\}}{(2\beta\eta_1 - \alpha_1^2\Phi_3)\Phi_3} +$$

$$D_0 + \alpha_2 s_2^c = \frac{(D_0 + \alpha_2 s_2^c)\beta\eta_1}{2\beta\eta_1 - \alpha_1^2\Phi_3} - \frac{\beta^2\eta_1(h_r + \theta h_d)\Phi_2}{(2\beta\eta_1 - \alpha_1^2\Phi_3)\Phi_3} - \frac{\beta^2\eta_1\Phi_1[c_m + (a - bs_2^c)c_p]}{(2\beta\eta_1 - \alpha_1^2\Phi_3)\Phi_3}$$

$$= \frac{\beta\eta_1\{(D_0 + \alpha_2 s_2^c)\Phi_3 - \beta(h_r + \theta h_d)\Phi_2 - \beta[c_m + (a - bs_2^c)c_p]\Phi_1\}}{(2\beta\eta_1 - \alpha_1^2\Phi_3)\Phi_3}$$

$$= \frac{\beta\eta_1 s_1^c}{\alpha_1\Phi_3}$$

(H-10)

$$p^c\Phi_3 - (h_r + \theta h_d)\Phi_2 - [c_m + (a - bs_2^c)c_p]\Phi_1$$

$$= \frac{(D_0 + \alpha_2 s_2^c)\eta_1\Phi_3 - \beta\eta_1(h_r + \theta h_d)\Phi_2}{2\beta\eta_1 - \alpha^2\Phi_3} - \frac{\beta\Phi_1[c_m + (a - bs_2^c)c_p]}{2\beta\eta_1 - \alpha^2\Phi_3} = \frac{\eta_1 s_1^c}{\alpha_1}$$

(H-11)

将式(H-10)和式(H-11)代入式(H-4),求解 $\dfrac{\partial \Pi_c(s_1, s_2, p)}{\partial s_2} = 0$ 可得

$$\eta_2 s_2^c = \frac{\eta_1(\alpha_2\Phi_3 + \beta bc_p\Phi_1)s_1^c}{\alpha_1\Phi_3}$$

(H-12)

根据式(H-9)和式(H-12),可得

$$s_2^c = \frac{\eta_1(\alpha_2\Phi_3 + \beta bc_p\Phi_1)[D_0\Phi_3 - \beta(h_r + \theta h_d)\Phi_2 - \beta(c_m + ac_p)\Phi_1]}{\eta_2\Phi_3(2\beta\eta_1 - \alpha_1^2\Phi_3) - \eta_1(\alpha_2\Phi_3 + \beta bc_p\Phi_1)^2}$$

(H-13)

附录 H-2　定理 10.2 的证明

根据向后顺序决策法,首先分析零售商的最优决策,然后推导制造商的均衡决策。利用 Φ_1, Φ_2 和 Φ_3 将式(10-12)表示为

$$\Pi_r(s_1, p) = (D_0 + \alpha_1 s_1 + \alpha_2 s_2 - \beta p)[p\Phi_3 - w\Phi_1 - (h_r + \theta h_d)\Phi_2] - \frac{1}{2}\eta_1 s_1^2$$

(H-14)

对任意的 w 和 s_2,求 $\Pi_r(s_1,p)$ 关于 p 和 s_1 的一阶偏导数有

$$\frac{\partial \Pi_r(s_1,p)}{\partial p} = -2\beta p\Phi_3 + \beta w\Phi_1 + \beta(h_r + \theta h_d)\Phi_2 + (D_0 + \alpha_2 s_2)\Phi_3 + \alpha_1 s_1 \Phi_3 \tag{H-15}$$

和

$$\frac{\partial \Pi_r(s_1,p)}{\partial s_1} = \alpha_1[p\Phi_3 - w\Phi_1 - (h_r + \theta h_d)\Phi_2] - \eta_1 s_1 \tag{H-16}$$

$\Pi_r(s_1,p)$ 关于 p 和 s_1 的二阶偏导数为 $\dfrac{\partial^2 \Pi_r(s_1,p)}{\partial p^2} = -2\beta\Phi_3$,$\dfrac{\partial^2 \Pi_r(s_1,p)}{\partial s_1^2} = -\eta$ 和 $\dfrac{\partial^2 \Pi_r(s_1,p)}{\partial s_1 \partial p} = \alpha_1 \Phi_3$,进一步有 $\dfrac{\partial^2 \Pi_r(s_1,p)}{\partial s_1^2} \cdot \dfrac{\partial^2 \Pi_r(s_1,p)}{\partial p^2} - \left[\dfrac{\partial^2 \Pi_r(s_1,p)}{\partial s_1 \partial p}\right]^2 = \Phi_3(2\beta\eta_1 - \alpha_1^2 \Phi_3)$,由于 $\eta_2 \Phi_3(2\beta\eta_1 - \alpha_1^2 \Phi_3) > \eta_1(\alpha_2 \Phi_3 + b\beta c_p \Phi_1)^2$,则有 $\Pi_r(s_1,p)$ 是 p 和 s_1 的联合凹函数。

求解 $\dfrac{\partial \Pi_r(s_1,p)}{\partial p} = 0$ 和 $\dfrac{\partial \Pi_r(s_1,p)}{\partial s_1} = 0$,可得最优销售价格和促销努力分别为

$$p^d = \frac{(D_0 + \alpha_2 s_2)\eta_1 \Phi_3 + (\beta\eta_1 - \alpha_1^2 \Phi_3)[w\Phi_1 + (h_r + \theta h_d)\Phi_2]}{(2\beta\eta_1 - \alpha_1^2 \Phi_3)\Phi_3} \tag{H-17}$$

和

$$s_1^d = \frac{\alpha_1[(D_0 + \alpha_2 s_2)\Phi_3 - \beta w\Phi_1 - \beta(h_r + \theta h_d)\Phi_2]}{2\beta\eta_1 - \alpha_1^2 \Phi_3} \tag{H-18}$$

利用式(H-17)和式(H-18)得

$$\begin{aligned}
&D_0 + \alpha_1 s_1^d + \alpha_2 s_2 - \beta p^d \\
&= D_0 + \alpha_2 s_2 + \frac{\alpha_1^2[(D_0 + \alpha_2 s_2)\Phi_3 - \beta w\Phi_1 - \beta(h_r + \theta h_d)\Phi_2]}{2\beta\eta_1 - \alpha_1^2 \Phi_3} - \\
&\quad \frac{\beta(D_0 + \alpha_2 s_2)\eta_1 \Phi_3 + \beta(\beta\eta_1 - \alpha_1^2 \Phi_3)[w\Phi_1 + (h_r + \theta h_d)\Phi_2]}{(2\beta\eta_1 - \alpha_1^2 \Phi_3)\Phi_3} \\
&= \frac{(D_0 + \alpha_2 s_2)\beta\eta_1}{2\beta\eta_1 - \alpha_1^2 \Phi_3} - \frac{w\beta^2 \eta_1 \Phi_1}{(2\beta\eta_1 - \alpha_1^2 \Phi_3)\Phi_3} - \frac{(h_r + \theta h_d)\beta^2 \eta_1 \Phi_2}{(2\beta\eta_1 - \alpha_1^2 \Phi_3)\Phi_3} \\
&= \frac{\beta\eta_1[(D_0 + \alpha_2 s_2)\Phi_3 - \beta w\Phi_1 - \beta(h_r + \theta h_d)\Phi_2]}{(2\beta\eta_1 - \alpha_1^2 \Phi_3)\Phi_3} = \frac{\beta\eta_1}{\alpha_1 \Phi_3} s_1^d \tag{H-19}
\end{aligned}$$

将式(H-17)、式(H-18)和式(H-19)代入式(10-13),可得分散系统下制造商的单位时间总利润为

$$\begin{aligned}
\Pi_m(w,s_2) &= [w - c_m - c_p(a - bs_2)](D_0 + \alpha_1 s_1^d + \alpha_2 s_2 - \beta p^d)\Phi_1 - \frac{1}{\gamma}\eta_2 s_2^2 + c_p E \\
&= [w - c_m - c_p(a - bs_2)]\frac{\beta\eta_1 \Phi_1}{\alpha\Phi_\rho} s_1^d - \frac{1}{2}\eta_2 s_2^2 + c_p E \tag{H-20}
\end{aligned}$$

根据式(H-18),则有 $\dfrac{\partial s_1^d}{\partial w} = \dfrac{-\alpha_1 \beta \Phi_1}{2\beta\eta_1 - \alpha_1^2 \Phi_3}$ 和 $\dfrac{\partial s_1^d}{\partial s_2} = \dfrac{\alpha_1 \alpha_2 \Phi_3}{2\beta\eta_1 - \alpha_1^2 \Phi_3}$,$\Pi_c(s_1, s_2, p)$ 关于 w 和 s_2 的一阶导数为

$$\frac{\partial \Pi_m(w, s_2)}{\partial w} = \frac{\beta \eta_1 \Phi_1 s_1^d}{\alpha_1 \Phi_3} - [w - c_m - c_p(a - b s_2)] \frac{\beta^2 \eta_1 \Phi_1^2}{(2\beta\eta_1 - \alpha_1^2 \Phi_3)\Phi_3} \quad (H-21)$$

和

$$\frac{\partial \Pi_m(w, s_2)}{\partial s_2} = \frac{b c_p \beta \eta_1 \Phi_1 s_1^d}{\alpha_1 \Phi_3} + [w - c_m - c_p(a - b s_2)] \frac{\beta \eta_1 \alpha_2 \Phi_1}{2\beta\eta_1 - \alpha_1^2 \Phi_3} - \eta_2 s_2 \quad (H-22)$$

求 $\Pi_m(w, s_2)$ 关于 s_2 和 w 的二阶导数,进一步可得 $\dfrac{\partial^2 \Pi_m(w, s_2)}{\partial s_2^2} = \dfrac{2 b c_p \eta_1 \alpha_2 \Phi_1}{2\beta\eta - \alpha^2 \Phi_4} - \eta_2$,$\dfrac{\partial^2 \Pi_m(w, s_2)}{\partial w^2} = \dfrac{-2\beta^2 \eta_1 \Phi_1^2}{(2\beta\eta - \alpha^2 \Phi_3)\Phi_3}$ 和 $\dfrac{\partial^2 \Pi_m(w, s_2)}{\partial s^2 \partial w} = \dfrac{\beta \eta_1 \Phi_1 (\alpha_2 \Phi_3 - b \beta c_p \Phi_1)}{(2\beta\eta_1 - \alpha_1^2 \Phi_3)\Phi_3}$。令 $\nabla^2 \Pi_m$ 为 $\Pi_m(w, s_2)$ 的 Hessian 矩阵,利用 $\eta_2 \Phi_3(2\beta\eta_1 - \alpha_1^2 \Phi_3) > \eta_1(\alpha_2 \Phi_3 + b\beta c_p \Phi_1)^2$,则有

$$|\nabla^2 \Pi_m| = \begin{vmatrix} \dfrac{\partial^2 \Pi_m(w, s_2)}{\partial w^2} & \dfrac{\partial^2 \Pi_m(w, s_2)}{\partial w \partial s_2} \\ \dfrac{\partial^2 \Pi_m(w, s_2)}{\partial s_2 \partial w} & \dfrac{\partial^2 \Pi_m(w, s_2)}{\partial s_2^2} \end{vmatrix}_{2\times 2}$$

$$= \frac{\beta^2 \eta_1 \Phi_1^2}{(2\beta\eta_1 - \alpha_1^2 \Phi_3)^2 \Phi_3^2} \{2\eta_2 \Phi_3(2\beta\eta_1 - \alpha_1^2 \Phi_3) - 4 b \beta c_p \eta_1 \alpha_2 \Phi_1 \Phi_3 - \eta_1(\alpha_2 \Phi_3 - b\beta c_p \Phi_1)^2\}$$

$$= \frac{\beta^2 \eta_1 \Phi_1^2}{(2\beta\eta_1 - \alpha_1^2 \Phi_3)^2 \Phi_3^2}[2\eta_2 \Phi_3(2\beta\eta_1 - \alpha_1^2 \Phi_3) - \eta_1(\alpha_2 \Phi_3 + b\beta c_p \Phi_1)^2] > 0$$

(H-23)

因此,有 $\Pi_c(w, s_2)$ 的海塞(Hessian)矩阵 $\nabla^2 \Pi_m$ 是负定矩阵,这意味着 $\Pi_c(w, s_2)$ 是 w 和 s_2 的联合凹函数。

将式(H-18)代入式(H-21)和式(H-22),求解 $\dfrac{\partial \Pi_m(w, s_2)}{\partial w} = 0$ 和 $\dfrac{\partial \Pi_m(w, s_2)}{\partial s_2} = 0$,有

$$w^d = \frac{\beta \Phi_1[c_m + c_p(a - b s_2^d)] + (D_0 + \alpha_2 s_2^d)\Phi_3 - \beta(h_r + \theta h_d)\Phi_2}{2\beta \Phi_1} \quad (H-24)$$

和
$$s_2^d = \frac{\eta_1(\alpha_2\Phi_3 + b\beta c_p\Phi_1)[D_0\Phi_3 - \beta(h_r+\theta h_d)\Phi_2 - \beta(c_m+ac_p)\Phi_1]}{2\eta_2\Phi_3(2\beta\eta_1 - \alpha_1^2\Phi_3) - \eta_1(\alpha_2\Phi_3 + b\beta c_p\Phi_1)^2}$$
(H-25)

将式(H-22)代入式(H-17)和式(H-18),化简最优销售价格和促销努力得

$$p^d = \frac{(D_0+\alpha_2 s_2^d)\Phi_3(3\beta\eta_1-\alpha_1^2\Phi_3) + \beta(\beta\eta_1-\alpha_1^2\Phi_3)\{[c_m+c_p(a-bs_2^d)]\Phi_1+(h_r+\theta h_d)\Phi_2\}}{2\beta(2\beta\eta_1-\alpha_1^2\Phi_3)\Phi_3}$$
(H-26)

和

$$s_1^d = \frac{\alpha_1\{(D_0+\alpha_2 s_2^d)\Phi_3 - \beta\Phi_1[c_m+c_p(a-bs_2^d)] - \beta(h_r+\theta h_d)\Phi_2\}}{2(2\beta\eta_1-\alpha_1^2\Phi_3)}$$
(H-27)

从而可知定理 10.2 中的(1)和(2)得证。

附录 H-3　定理 10.3 的证明

(1) 根据式(10-10)和式(10-17),可得 $s_2^c = \Delta s_2^d$。另外,利用式(10-10)则有

$$(D_0+\alpha_2 s_2^c)\Phi_3 - \beta(h_r+\theta h_d)\Phi_2 - \beta[c_m+c_p(a-bs_2^c)]\Phi_1$$
$$= D_0\Phi_3 - \beta(h_r+\theta h_d)\Phi_2 - \beta(c_m+ac_p)\Phi_1 + (\alpha_2\Phi_3+b\beta c_p\Phi_1)s_2^c$$
$$= \frac{\eta_2\Phi_3(2\beta\eta_1-\alpha_1^2\Phi_3)[D_0\Phi_3-\beta(h_r+\theta h_d)\Phi_2-\beta(c_m+ac_p)\Phi_1]}{\eta_2\Phi_3(2\beta\eta_1-\alpha_1^2\Phi_3) - \eta_1(\alpha_2\Phi_3+b\beta c_p\Phi_1)^2} \quad \text{(H-28)}$$

利用式(H-28)化简式(10-9),可得

$$s_1^c = \frac{\alpha_1\eta_2\Phi_3[D_0\Phi_3(n^c)-\beta(h_r+\theta h_d)\Phi_2-\beta(c_m+ac_p)\Phi_1]}{\eta_2\Phi_3(2\beta\eta_1-\alpha_1^2\Phi_3) - \eta_1(\alpha_2\Phi_3+b\beta c_p\Phi_1)^2} \quad \text{(H-29)}$$

同样地,利用式(10-17),则有

$$(D_0+\alpha_2 s_2^d)\Phi_3 - \beta(h_r+\theta h_d)\Phi_2 - \beta[c_m+c_p(a-bs_2^d)]\Phi_1$$
$$= D_0\Phi_3 - \beta(h_r+\theta h_d)\Phi_2 - \beta(c_m+ac'_p)\Phi_1 + [\alpha_2\Phi_3+b\beta c_p\Phi_1]s_2^d$$
$$= \frac{2\eta_2\Phi_3(2\beta\eta_1-\alpha_1^2\Phi_3)[D_0\Phi_3-\beta(h_r+\theta h_d)\Phi_2-\beta(c_m+ac_p)\Phi_1]}{2\eta_2\Phi_3(2\beta\eta_1-\alpha_1^2\Phi_3) - \eta_1(\alpha_2\Phi_3+b\beta c_p\Phi_1)^2}$$
(H-30)

利用式(H-30)化简式(10-15)可得

$$s_1^d = \frac{\alpha_1\eta_2\Phi_3[D_0\Phi_3-\beta(h_r+\theta h_d)\Phi_2-\beta(c_m+ac_p)\Phi_1]}{2\eta_2\Phi_3(2\beta\eta_1-\alpha_1^2\Phi_3) - \eta_1(\alpha_2\Phi_3+b\beta c_p\Phi_1)^2} \quad \text{(H-31)}$$

比较式(H-29)和式(H-31)可得 $s_1^c = \Delta s_1^d$。

(2) 利用式(H-10)和式(H-19),则有

$$\beta p^c = D_0 + \alpha_1 s_1^c + \alpha_2 s_2^c - \frac{\beta\eta_1}{\alpha_1\Phi_3}s_1^c = D_0 + \frac{(\alpha_1^2\Phi_3-\beta\eta_1)}{\alpha_1\Phi_3}s_1^c + \alpha_2 s_2^c \quad \text{(H-32)}$$

和

$$\beta p^d = D_0 + \alpha_1 s_1^d + \alpha_2 s_2^d - \frac{\beta \eta_1}{\alpha_1 \Phi_3} s_1^d = D_0 + \frac{(\alpha_1^2 \Phi_3 - \beta \eta_1)}{\alpha_1 \Phi_3} s_1^d + \alpha_2 s_2^d \quad \text{(H-33)}$$

比较式(H-32)和式(H-33)可得

$$\beta(p^c - p^d) = \frac{(\alpha_1^2 \Phi_3 - \beta \eta_1)}{\alpha_1 \Phi_3}(s_1^c - s_1^d) + \alpha_2(s_2^c - s_2^d)$$

$$= \frac{(\Delta - 1)(\alpha_1^2 \Phi_3 - \beta \eta_1)}{\alpha_1 \Phi_3} s_1^d + \alpha_2(\Delta - 1)s_2^d \quad \text{(H-34)}$$

此外，比较式(H-23)和式(H-31)可得

$$\frac{s_2^d}{s_1^d} = \frac{\eta_1(\alpha_2 \Phi_3 + b\beta c_p \Phi_1)}{\alpha_1 \eta_2 \Phi_3} \quad \text{(H-35)}$$

将式(H-35)代入式(H-34)，则有

$$\beta(p^c - p^d) = \frac{(\Delta - 1)(\alpha_1^2 \Phi_3 - \beta \eta_1)}{\alpha_1 \Phi_3} s_1^d + \alpha_2(\Delta - 1)s_2^d$$

$$= \frac{(\Delta - 1)[\alpha_2 \eta_1(\alpha_2 \Phi_3 + b\beta c_p \Phi_1) - \eta_2(\beta \eta_1 - \alpha_1^2 \Phi_3)]}{\eta_1(\alpha_2 \Phi_3 + b\beta c_p \Phi_1)} s_2^d \quad \text{(H-36)}$$

由于 $\Delta > 2$，当 $\alpha_2 \eta_1(\alpha_2 \Phi_3 + b\beta c_p \Phi_1) > \eta_2(\beta \eta_1 - \alpha_1^2 \Phi_3)$ 时，$p^c > p^d$；当 $\alpha_2 \eta_1(\alpha_2 \Phi_3 + b\beta c_p \Phi_1) = \eta_2(\beta \eta_1 - \alpha_1^2 \Phi_3)$ 时，$p^c = p^d$ 成立，当 $\alpha_2 \eta_1(\alpha_2 \Phi_3 + b\beta c_p \Phi_1) < \eta_2(\beta \eta_1 - \alpha_1^2 \Phi_3)$ 时，$p^c < p^d$ 成立。

（3）将式(H-10)和式(H-19)代入式(10-3)，则有集中和分散系统下的最优订购量为

$$Q^c = (D_0 + \alpha_1 s_1^c + \alpha_2 s_2^c - \beta p^c)\Phi_1 = \frac{\beta \eta_1 \Phi_1}{\alpha \Phi_2} s_1^c \quad \text{(H-37)}$$

和

$$Q^d = (D_0 + \alpha_1 s_1^d + \alpha_2 s_2^d - \beta p^d)\Phi_1 = \frac{\beta \eta_1 \Phi_1}{\alpha_1 \Phi_3} s_1^d \quad \text{(H-38)}$$

比较式(H-37)和式(H-38)可得，$Q^c = \Delta Q^d$。

附录 H-4　定理 10.4 的证明

（1）将式(H-37)和式(H-38)代入式(10-6)，结合式(H-10)和式(H-19)可得集中系统和分散系统下的碳排放量分别为

$$J(Q^c) = (a - bs_2^c)(D_0 + \alpha_1 s_1^c + \alpha_2 s_2^c - \beta p^c)\Phi_1 = (a - bs_2^c)\frac{\beta \eta_1 \Phi_1}{\alpha_1 \Phi_3} s_1^c$$

(H-39)

和

$$J(Q^d) = (a - bs_2^d)(D_0 + \alpha_1 s_1^d + \alpha_2 s_2^d - \beta p^d)\Phi_1 = (a - bs_2^d)\frac{\beta\eta_1\Phi_1}{\alpha_1\Phi_3}s_1^d$$
(H-40)

根据定理 10.3，比较式(H-39)和式(H-40)可得

$$\frac{J(Q^c)}{J(O^d)} = \frac{(a - bs_2^c)s_1^c}{(a - bs_2^d)s_1^d} = \frac{\Delta^2(a - bs_2^c)}{\Delta a - bs_2^c}$$
(H-41)

因为 $s_2^c < \frac{a}{b}$，$\Delta > 2$，则如果 $s_2^c < \frac{\Delta a}{(\Delta+1)b} = \Delta_2$，则 $J(Q^c) > J(Q^d)$ 成立。否则，$J(Q^c) \leqslant J(Q^d)$ 成立。

(2) 令 $x = \eta_2\Phi_3(2\beta\eta_1 - \alpha_1^2\Phi_3)$，$y = \eta_1(\alpha_2\Phi_3 + b\beta c_p\Phi_1)^2$，则有 $x > y$。从式(10-18)和式(10-19)，则有

$$\Pi_r(s_1^d, p^d) + \Pi_m(w^d, s_2^d)$$
$$= \frac{x\eta_1\eta_2[D_0\Phi_3 - \beta(h_r + \theta h_d)\Phi_2 - \beta(c_m + ac_p)\Phi_1]^2}{2(2x - y)^2} + c_p E +$$
$$\frac{\eta_1\eta_2[D_0\Phi_3 - \beta(h_r + \theta h_d)\Phi_2 - \beta(c_m + ac_p)\Phi_1]^2}{2(2x - y)}$$
$$= \frac{(3x - y)\eta_1\eta_2[D_0\Phi_3 - \beta(h_r + \theta h_d)\Phi_2 - \beta(c_m + ac_p)\Phi_1]^2}{2(2x - y)^2} + c_p E$$
(H-42)

另外，式(10-11)可化简为

$$\Pi_c(s_1^c, s_2^c, p^c) = \frac{\eta_1\eta_2[D_0\Phi_3 - \beta(h_r + \theta h_d)\Phi_2 - \beta(c_m + \alpha c_p)\Phi_1]^2}{2(x - y)} + c_p E$$
(H-43)

利用 $x > y$，则有 $\frac{1}{x - y} > \frac{3x - y}{(2x - y)^2}$，所以

$$\frac{\eta_1\eta_2[D_0\Phi_3 - \beta(h_r + \theta h_d)\Phi_2 - \beta(c_m + ac_p)\Phi_1]^2}{2(x - y)} >$$
$$\frac{(3x - y)\eta_1\eta_2[D_0\Phi_3 - \beta(h_4 + \theta h_d)\Phi_2 - \beta(c_m + ac_p)\Phi_1]^2}{2(2x - y)^2}$$
(H-44)

利用式(H-44)，比较式(H-42)和式(H-43)可得

$$\frac{\Pi_c(s_1^c, s_2^c, p^c)}{\Pi_r(s_1^d, p^d) + \Pi_m(w^d, s_2^d)} > 1$$
(H-45)

和

$$\frac{\Pi_c(s_1^c, s_2^c, p^c)}{\Pi_r(s_1^d, p^d) + \Pi_m(w^d, s_2^d)} \leqslant \frac{(2x - y)^2}{(x - y)(3x - y)} = \Omega$$
(H-46)

附录 H-5　定理 10.5 的证明

将式(10-3)～式(10-6)代入式(10-20),利用 Φ_1,Φ_2 和 Φ_3 进行化简可得

$$\Pi_{r/\text{rps}}(s_1,p) = (D_0 + \alpha_1 s_1 + \alpha_2 s_2 - \beta p)[rp\Phi_3 - w\Phi_1 - (h_r + \theta h_d)\Phi_2] - \frac{1}{2}r\eta_1 s_1^2 \tag{H-47}$$

根据一阶最优条件 $\dfrac{\partial \Pi_{r/\text{rps}}(s_1,p)}{\partial p}=0$ 和 $\dfrac{\partial \Pi_{r/\text{rps}}(s_1,p)}{\partial s_1}=0$ 可得

$$p^{\text{rps}} = \frac{r\eta_1\Phi_3(D_0 + \alpha_2 s_2) + (\beta\eta_1 - \alpha_1^2\Phi_3)[w\Phi_1 + (h_r + \theta h_d)\Phi_2]}{r\Phi_3(2\beta\eta_1 - \alpha_1^2\Phi_3)} \tag{H-48}$$

和

$$s_1^{\text{rps}} = \frac{\alpha_1[r\Phi_3(D_0 + \alpha_2 s_2) - \beta w\Phi_1 - \beta(h_r + \theta h_d)\Phi_2]}{r(2\beta\eta_1 - \alpha_1^2\Phi_3)} \tag{H-49}$$

求 $\Pi_{r/\text{rps}}(s_1,p)$ 关于 p 和 s_1 的二阶偏导数可得 $\dfrac{\partial^2 \Pi_{r/\text{rps}}(s_1,p)}{\partial p^2}=-2\beta\Phi_3$, $\dfrac{\partial^2 \Pi_{\frac{r}{\text{rps}}}(s_1,p)}{\partial s_1^2}=-r\eta_1$ 和 $\dfrac{\partial^2 \Pi_{r/\text{rps}}(s_1,p)}{\partial p \partial s_1}=r\alpha_1\Phi_3$。由于 $\eta_2\Phi_3(2\beta\eta_1-\alpha_1^2\Phi_3) > \eta_1(\alpha_2\Phi_3 + b\beta c_p\Phi_1)^2$ 且 $0<r<1$,进而有 $\dfrac{\partial^2 \Pi_{r/\text{rps}}(s_1,p)}{\partial p^2} \cdot \dfrac{\partial^2 \Pi_{\frac{r}{\text{rps}}}(s_1,p)}{\partial s_1^2} - \left(\dfrac{\partial^2 \Pi_{\frac{r}{\text{rps}}}(s_1,p)}{\partial p \partial s_1}\right)^2 = r\Phi_3(2\beta\eta_1 - r\alpha_1^2\Phi_3) > 0$,这意味着 $\Pi_{r/\text{rps}}(s_1,p)$ 是 p 和 s_1 的联合凹函数。

利用协调条件 $p^{\text{rps}}=p^c$ 和 $s_2^{\text{rps}}=s_2^c$,根据式(10-8)和式(H-48),则有

$$w^{\text{rps}} = r[c_m + c_p(a - bs_2)] + (r-1)(h_r + \theta h_d)\frac{\Phi_2}{\Phi_1} \tag{H-50}$$

将式(H-50)代入式(H-49),则有

$$s_1^{\text{rps}} = \frac{\alpha_1\{(D_0 + \alpha_2 s_2^c)\Phi_3 - \beta(h_r + \theta h_d)\Phi_2 - \beta[c_m + c_p(a - bs_2^c)]\Phi_1\}}{2\beta\eta_1 - \alpha_1^2\Phi_3} \tag{H-51}$$

附录 H-6　定理 10.6 的证明

将式(10-11)和式(10-11)代入式(H-47),利用式(H-10)和式(H-11)进行化简,可得

$$\Pi_{r/\text{rps}}(s_1^{\text{rps}}, p^{\text{rps}}) = (D_0 + a_1 s_1^{\text{rps}} + a_2 s_2^{\text{rps}} - \beta p^{\text{rps}})[rp^{\text{rps}}\Phi_3 - w^{\text{rps}}\Phi_1 -$$
$$(h_r + \theta h_d)\Phi_2] - \frac{1}{2}r\eta_1(s_1^{\text{rps}})^2$$
$$= r(D_0 + a_1 s_1^c + a_2 s_2^c - \beta p^c)\{p^c\Phi_3 - [c_m + c_p(a - bs_2^c)]\Phi_1 -$$
$$(h_r + \theta h_d)\Phi_2\} - \frac{1}{2}r\eta_1(s_1^c)^2$$
$$= r(D_0 + a_1 s_1^c + a_2 s_2^c - \beta p^c)\frac{\eta_1 s_1^c}{a_1} - \frac{1}{2}r\eta_1(s_1^c)^2$$
$$= \frac{r\beta\eta_1^2(s_1^c)^2}{a_1^2\Phi_3} - \frac{1}{2}r\eta_1(s_1^c)^2 = \frac{r\eta_1(2\beta\eta_1 - a_1^2\Phi_3)(s_1^c)^2}{2a_1^2\Phi_3} \quad (\text{H-52})$$

相似地，利用式(10-22)、式(10-23)、式(H-10)和式(H-11)，化简式(10-21)中制造商总利润如下。

$$\Pi_{m/\text{rpz}}(w^{\text{rpz}}, s_2^{\text{rps}}) = (D_0 + a_1 s_1^{\text{rps}} + a_2 s_2^{\text{rps}} - \beta p^{\text{rps}})\{[w^{\text{rps}} - c_m - c_p(a - bs_2^{\text{rps}})]\Phi_1 +$$
$$(1-r)p^{\text{rps}}\Phi_3\} - \frac{1}{2}(1-r)\eta_1(s_1^{\text{rps}})^2 - \frac{1}{2}\eta_2(s_2^{\text{rps}})^2 + c_p E$$
$$= (1-r)(D_0 + a_1 s_1^c + a_2 s_2^c - \beta p^c)\{p^c\Phi_3 - [c_m + c_p(a - bs_2^c)]\Phi_1 -$$
$$(h_r + \theta h_d)\Phi_2\} - \frac{1}{2}(1-r)\eta_1(s_1^c)^2 - \frac{1}{2}\eta_2(s_2^c)^2 + c_p E$$
$$= (1-r)(D_0 + a_1 s_1^c + a_2 s_2^c - \beta p^c)\frac{\eta_1 s_1^c}{a_1} - \frac{1}{2}(1-r)\eta_1(s_1^c)^2 -$$
$$\frac{1}{2}\eta_2(s_2^c)^2 + c_p E$$
$$= \frac{(1-r)\beta\eta_1^2(s_1^c)^2}{a_1^2\Phi_3} - \frac{1}{2}(1-r)\eta_1(s_1^c)^2 - \frac{1}{2}\eta_2(s_2^c)^2 + c_p E$$
$$= \frac{(1-r)\eta_1(2\beta\eta_1 - a_1^2\Phi_3)(s_1^c)^2}{2a_1^2\Phi_3} - \frac{1}{2}\eta_2(s_2^c)^2 + c_p E \quad (\text{H-53})$$

当且仅当每个成员的利润大于或等于分散系统下的利润时，RPS 契约才会被供应链接受，即 $\Pi_{r/\text{rps}}(s_1^{\text{rps}}, p^{\text{rps}}) \geqslant \Pi_r(s_1^d, p^d)$ 和 $\Pi_{m/\text{rps}}(w^{\text{rps}}, s_2^{\text{rps}}) \geqslant \Pi_m(w^d, s_2^d)$。比较式(10-18)和式(H-52)，利用定理 10.3 则有

$$r \geqslant \left(\frac{s_1^d}{s_1^c}\right)^2 = \frac{1}{\Delta^2} \quad (\text{H-54})$$

而比较式(10-19)和式(H-53)，则有

$$\frac{(1-r)\eta_1(2\beta\eta_1 - a_1^2\Phi_3)(s_1^c)^2}{2a_1^2\Phi_3} - \frac{1}{2}\eta_2(s_2^c)^2 \geqslant \frac{\eta_1(2\beta\eta_1 - a_1^2\Phi_3)}{a_1^2\Phi_3}(s_1^d)^2 - \frac{1}{2}\eta_2(s_2^d)^2$$
$$(\text{H-55})$$

和

$$\frac{(1-r)\eta_1(2\beta\eta_1-\alpha_1^2\Phi_3)(s_1^c)^2}{2\alpha_1^2\Phi_3} \geqslant \frac{\eta_1(2\beta\eta_1-\alpha_1^2\Phi_3)}{\alpha_1^2\Phi_3}(s_1^d)^2 + \frac{1}{2}\eta_2[(s_2^c)^2-(s_2^d)^2]$$

(H-56)

利用定理 10.3 和式(H-35)化简式(H-56),可得

$$(1-r)(2\beta\eta_1-\alpha_1^2\Phi_3)\Delta^2 \geqslant 2(2\beta\eta_1-\alpha_1^2\Phi_3) + (\Delta^2-1)\frac{\eta_1(\alpha_2\Phi_3+b\beta c_p\Phi_1)^2}{\eta_2\Phi_3}$$

(H-57)

和

$$r \leqslant \frac{\Delta^2-2}{\Delta^2} - \frac{(\Delta^2-1)\eta_1(\alpha_2\Phi_3+b\beta c_p\Phi_1)^2}{\Delta^2\eta_2\Phi_3(2\beta\eta_1-\alpha_1^2\Phi_3)} \quad \text{(H-58)}$$

进一步化简式(H-58)可得

$$r \leqslant -\frac{1}{\Delta^2} + \frac{(\Delta^2-1)[\eta_2\Phi_3(2\beta\eta_1-\alpha_1^2\Phi_3)-\eta_1(\alpha_2\Phi_3+b\beta c_p\Phi_1)^2]}{\Delta^2\eta_2\Phi_3(2\beta\eta_1-\alpha_1^2\Phi_3)}$$

$$= -\frac{1}{\Delta^2} + \frac{\Delta+1}{\Delta^2} = \frac{1}{\Delta} \quad \text{(H-59)}$$

根据式(H-54)和式(H-59)可以完成定理的证明。

附录 H-7　定理 10.7 的证明

将式(10-3)～式(10-6)代入式(10-24),利用 Φ_1,Φ_2 和 Φ_3 化简可得

$$\Pi_{r/\text{tpt}}(s_1,p) = (D_0+\alpha_1 s_1+\alpha_2 s_2-\beta p)[p\Phi_3-w\Phi_1-(h_r+\theta h_d)\Phi_2] - \frac{1}{2}\eta_1 s_1^2 - F$$

(H-60)

根据一阶最优条件 $\dfrac{\partial \Pi_{r/\text{tpt}}(s_1,p)}{\partial p}=0$ 和 $\dfrac{\partial \Pi_{r/\text{tpt}}(s_1,p)}{\partial s_1}=0$ 可得

$$p^{\text{tpt}} = \frac{\eta_1\Phi_3(D_0+\alpha_2 s_2)+(\beta\eta_1-\alpha_1^2\Phi_3)[w\Phi_1+(h_r+\theta h_d)\Phi_2]}{\Phi_3(2\beta\eta_1-\alpha_1^2\Phi_3)} \quad \text{(H-61)}$$

和

$$s_1^{\text{tpt}} = \frac{\alpha_1[\Phi_3(D_0+\alpha_2 s_2)-\beta w\Phi_1-\beta(h_r+\theta h_d)\Phi_2]}{2\beta\eta_1-\alpha_1^2\Phi_3} \quad \text{(H-62)}$$

求 $\Pi_{r/\text{rps}}(s_1,p)$ 关于 p 和 s_1 的二阶导数,则有 $\dfrac{\partial^2 \Pi_{r/\text{tpt}}(s_1,p)}{\partial p^2}=-2\beta\Phi_3$,$\dfrac{\partial^2 \Pi_{r/\text{tpt}}(s_1,p)}{\partial s_1^2}=-\eta_1$ 和 $\dfrac{\partial^2 \Pi_{r/\text{tpt}}(s_1,p)}{\partial p \partial s_1}=\alpha_1\Phi_3$。利用 $\eta_2\Phi_3(2\beta\eta_1-\alpha_1^2\Phi_3) > \eta_1(\alpha_2\Phi_3+b\beta c_p\Phi_1)^2$,则进一步有 $\dfrac{\partial^2 \Pi_{r/\text{tpt}}(s_1,p)}{\partial p^2}\dfrac{\partial^2 \Pi_{r/\text{tpt}}(s_1,p)}{\partial s_1^2} - \left(\dfrac{\partial^2 \Pi_{r/\text{tpt}}(s_1,p)}{\partial p \partial s_1}\right)^2 =$

$\Phi_3(2\beta\eta_1-\alpha_1^2\Phi_3)>0$，这意味着 $\Pi_{r/tpt}(s_1,p)$ 是 p 和 s_1 的联合凹函数。

利用协调条件 $p^{tpt}=p^c$ 和 $s_2^{tpt}=s_2^c$，根据式(10-8)和式(H-60)，则有

$$w^{tpt}=c_m+c_p(a-bs_2^c) \tag{H-63}$$

将式(H-62)代入式(H-61)，则有

$$s_1^{tpt}=\frac{\alpha_1\{(D_0+\alpha_2 s_2^c)\Phi_3-\beta(h_r+\theta h_d)\Phi_2-\beta[c_m+c_p(a-bs_2^c)]\Phi_1\}}{2\beta\eta_1-\alpha_1^2\Phi_3}$$

$$\tag{H-64}$$

附录 H-8　定理 10.8 的证明

利用定理 10.4 和式(H-59)，TPT 契约下零售商的利润可被化简为

$$\begin{aligned}\Pi_{r/tpt}(s_1^{tpt},p^{tpt})&=(D_0+\alpha_1 s_1^c+\alpha_2 s_2^c-\beta p^c)[p^c\Phi_3-w^{tpt}\Phi_1-\\&\quad(h_r+\theta h_d)\Phi_2]-\frac{1}{2}\eta_1(s_1^c)^2-F\\&=(D_0+\alpha_1 s_1^c+\alpha_2 s_2^c-\beta p^c)\{p^c\Phi_3-[c_m-(a-bs_2^c)]\Phi_1-\\&\quad(h_r+\theta h_d)\Phi_2\}-\frac{1}{2}\eta_1(s_1^c)^2-F\\&=\frac{\eta_1(2\beta\eta_1-\alpha_1^2\Phi_3)}{2\alpha_1^2\Phi_3}(s_1^c)^2-F=\frac{\eta_2^2\Phi_3(2\beta\eta_1-\alpha_1^2\Phi_3)}{2\eta_1(\alpha_2\Phi_3+b\beta c_p\Phi_1)^2}(s_2^c)^2-F\end{aligned}$$

$$\tag{H-65}$$

同样地，可以化简式(10-24)中制造商的利润如下

$$\begin{aligned}\Pi_{m/tpt}(w^{tpt},s_2^{tpt})&=(w^{tpt}-c_m)Q+c_p[E-(a-bs_2^c)Q]-\frac{1}{2}\eta_2(s_2^c)^2+F\\&=[w^{tpt}-c_m-c_P(a-bs_2^c)](D_0+\alpha_1 s_1^c+\alpha_2 s_2^c-\beta p^c)-\\&\quad\frac{1}{2}\eta_2(s_2^c)^2+c_pE+F=-\frac{1}{2}\eta_2(s_2^c)^2+c_pE+F\end{aligned}$$

$$\tag{H-66}$$

当且仅当每个成员的利润大于或等于分散系统下各利润时，TPT 契约才会被供应链接受，即 $\Pi_{r/tpt}(s_1^{tpt},p^{tpt})\geqslant\Pi_r(s_1^d,p^d)$ 和 $\Pi_{m/tpt}(w^{tpt},s_2^{tpt})\geqslant\Pi_m(w^d,s_2^d)$，比较式(10-18)和式(H-65)可得

$$F\leqslant\frac{\eta_2^2\Phi_3(2\beta\eta_1-\alpha_1^2\Phi_3)}{2\eta_1(\alpha_2\Phi_3+b\beta c_p\Phi_1)^2}[(s_2^c)^2-(s_2^d)^2] \tag{H-67}$$

利用推论 10.1，进一步可得

$$F\leqslant\frac{\eta_2[\eta_2\Phi_3(2\beta\eta_1-\alpha_1^2\Phi_3)]^2[3\eta_2\Phi_3(2\beta\eta_1-\alpha_1^2\Phi_3)-2\eta_1(\alpha_2\Phi_3+b\beta c_p\Phi_1)^2]}{2\eta_1(\alpha_2\Phi_3+b\beta c_p\Phi_1)^2[2\eta_2\Phi_3(2\beta\eta_1-\alpha_1^2\Phi_3)-\eta_1(\alpha_2\Phi_3+b\beta c_p\Phi_1)^2]^2}(s_2^c)^2$$

$$\tag{H-68}$$

比较式(10-19)和式(H-66)可得

$$F \geqslant \frac{\eta_2^2 \Phi_3 (2\beta\eta_1 - \alpha_1^2 \Phi_3)}{\eta_1 (\alpha_2 \Phi_3 + b\beta c_p \Phi_1)^2}(s_2^d)^2 + \frac{1}{2}\eta_2 [(s_2^c)^2 - (s_2^d)^2] \quad \text{(H-69)}$$

利用推论 10.1,则进一步有

$$F \geqslant \frac{\eta_2 [\eta_2 \Phi_3 (2\beta\eta_1 - \alpha_1^2 \Phi_3)]^2 (s_2^c)^2}{2\eta_1 (\alpha_2 \Phi_3 + b\beta c_p \Phi_1)^2 [2\eta_2 \Phi_3 (2\beta\eta_1 - \alpha_1^2 \Phi_3) - \eta_1 (\alpha_2 \Phi_3 + b\beta c_p \Phi_1)^2]} \quad \text{(H-70)}$$

附录 I

附录 I-1　定理 11.1 的证明

对任意给定的 w_1, w_2 和 s,根据式(11-16)求解 $\Pi_{ri}^d(p_i)$ 关于 p_i 的一阶偏导数得

$$\frac{\partial \Pi_{r1}^d(p_1)}{\partial p_1} = a + \alpha s - 2\beta p_1 + \gamma p_2 + \beta w_1 \quad \text{(I-1)}$$

和

$$\frac{\partial \Pi_{r2}^d(p_2)}{\partial p_2} = a + \alpha s - 2\beta p_2 + \gamma p_1 + \beta w_2 \quad \text{(I-2)}$$

利用 $\dfrac{\partial \Pi_{r1}^d(p_1)}{\partial p_1} = 0$,则有 $p_1^*(p_2) = \dfrac{a + \alpha s + \gamma p_2 + \beta w_1}{2\beta}$,并进一步得到 $\dfrac{\mathrm{d} p_1^*(p_2)}{\mathrm{d} p_2} = \dfrac{\gamma}{2\beta}$。同样,根据 $\dfrac{\partial \Pi_{r2}^d(p_2)}{\partial p_2} = 0$ 有 $\dfrac{\mathrm{d} p_2^*(p_1)}{\mathrm{d} p_1} = \dfrac{\gamma}{2\beta}$,所以 $p_2^*(p_1)$ 有且只有唯一解能使当 $2\beta > \gamma$ 时存在唯一的纳什均衡。

求解 $\dfrac{\partial \Pi_{r1}^d(p_1)}{\partial p_1} = 0$ 和 $\dfrac{\partial \Pi_{r2}^d(p_2)}{\partial p_2} = 0$,得到

$$p_1 = \frac{(2\beta + \gamma)(a + \alpha s) + 2\beta^2 w_1 + \beta\gamma w_2}{4\beta^2 - \gamma^2} \quad \text{(I-3)}$$

和

$$p_2 = \frac{(2\beta + \gamma)(a + \alpha s) + 2\beta^2 w_2 + \beta\gamma w_1}{4\beta^2 - \gamma^2} \quad \text{(I-4)}$$

求解 $\Pi_{ri}^d(p_i)$ 对 p_i 的二阶偏导,可以得到 $\dfrac{\partial^2 \Pi_{ri}^d(p_i)}{\partial p_i^2} = -2\beta < 0$,因此 $\Pi_{r1}^d(p_1)$ 和 $\Pi_{r2}^d(p_2)$ 分别是关于销售价格 p_1 和 p_2 的凹函数。

将式(11-5)、式(11-6)、式(11-9)和式(11-11)代入式(11-17),利用式(11-10)、式(11-12)~式(11-15)进行化简,则可以得

$$\Pi_m^d(s,w_1,w_2) = \sum_{i=1}^{2} w_i D_i(s,p_1,p_2) - [c_m + c_p(e_1 - b_1 s)]Q -$$

$$[h_r + \theta h_d + c_p(e_2 - b_2 s)]\sum_{i=1}^{2} I_{ri} -$$

$$[h_m + \theta h_d + c_p(e_2 - b_2 s)]I_m - \frac{1}{2}\eta s^2 + c_p C$$

$$= (a + \alpha s - \beta p_1 + \gamma p_2)(w_1 - A + bc_p \phi s) +$$

$$(a + \alpha s - \beta p_2 + \gamma p_1)(w_2 - A + bc_p \phi s) - \frac{1}{2}\eta s^2 + c_p C$$

(I-5)

将式(I-3)和式(I-4)代入式(I-5)可以得到

$$\Pi_m^d(s,w_1,w_2) = \frac{\{(a+\alpha s)\beta(2\beta+\gamma) + \beta[(\gamma^2 - 2\beta^2)w_1 + \beta\gamma w_2]\}}{4\beta^2 - \gamma^2}(w_1 - A + bc_p\phi s) +$$

$$\frac{\{(a+\alpha s)\beta(2\beta+\gamma) + \beta[(\gamma^2 - 2\beta^2)w_1 + \beta\gamma w_2]\}}{4\beta^2 - \gamma^2}$$

$$(w_1 - A + bc_p\phi s) - \frac{1}{2}\eta s^2 + c_p C \tag{I-6}$$

分别求 $\Pi_m^d(s,w_1,w_2)$ 对 s, w_1 和 w_2 的一阶偏导得

$$\frac{\partial \Pi_m^d(s,w_1,w_2)}{\partial s} = \frac{b\beta c_p \phi}{4\beta^2 - \gamma^2}[2(a+\alpha s)(2\beta+\gamma) + (\gamma^2 - 2\beta^2 + \beta\gamma)(w_1 + w_2)] -$$

$$\eta s + \frac{\alpha\beta(2\beta+\gamma)}{4\beta^2 - \gamma^2}(w_1 + w_2 - 2A + 2bc_p\phi s) \tag{I-7}$$

$$\frac{\partial \Pi_m^d(s,w_1,w_2)}{\partial w_1} = \frac{\beta[(a+\alpha s)(2\beta+\gamma) + (bc_p\phi s - A)(\gamma^2 - 2\beta^2 + \beta\gamma)]}{4\beta^2 - \gamma^2} +$$

$$\frac{2\beta[(\gamma^2 - 2\beta^2)w_1 + \beta\gamma w_2]}{4\beta^2 - \gamma^2} \tag{I-8}$$

和

$$\frac{\partial \Pi_m^d(s,w_1,w_2)}{\partial w_2} = \frac{\beta[(a+\alpha s)(2\beta+\gamma) + (bc_p\phi s - A)(\gamma^2 - 2\beta^2 + \beta\gamma)]}{4\beta^2 - \gamma^2} +$$

$$\frac{2\beta[(\gamma^2 - 2\beta^2)w_2 + \beta\gamma w_1]}{4\beta^2 - \gamma^2} \tag{I-9}$$

根据式(I-7)、式(I-8)和式(I-9),进一步可得到 $\dfrac{\partial^2 \Pi_m^d(s,w_1,w_2)}{\partial s^2} = \dfrac{4bc_p\phi\alpha\beta}{2\beta - \gamma} - \eta$, $\dfrac{\partial^2 \Pi_m^d(s,w_1,w_2)}{\partial w_1^2} = \dfrac{\partial^2 \Pi_m^d(s,w_1,w_2)}{\partial w_2^2} = \dfrac{2\beta(\gamma^2 - 2\beta^2)}{4\beta^2 - \gamma^2}$, $\dfrac{\partial^2 \Pi_m^d(s,w_1,w_2)}{\partial s \partial w_1} =$

$$\frac{\partial^2 \Pi_m^d(s,w_1,w_2)}{\partial s \partial w_2} = \frac{\beta[bc_p\phi(\gamma-\beta)+\alpha]}{2\beta-\gamma} \text{ 和 } \frac{\partial^2 \Pi_m^d(s,w_1,w_2)}{\partial w_1 \partial w_2} = \frac{2\beta^2\gamma}{4\beta^2-\gamma^2}。 \text{令} \nabla^2\Pi_m^d$$

为 $\Pi_m^d(s,w_1,w_2)$ 的海塞矩阵，可以得到

$$\nabla^2\Pi_m^d = \begin{pmatrix} \dfrac{\partial^2 \Pi_m^d(s,w_1,w_2)}{\partial s^2} & \dfrac{\partial^2 \Pi_m^d(s,w_1,w_2)}{\partial s \partial w_1} & \dfrac{\partial^2 \Pi_m^d(s,w_1,w_2)}{\partial s \partial w_2} \\ \dfrac{\partial^2 \Pi_m^d(s,w_1,w_2)}{\partial w_1 \partial s} & \dfrac{\partial^2 \Pi_m^d(s,w_1,w_2)}{\partial w_1^2} & \dfrac{\partial^2 \Pi_m^d(s,w_1,w_2)}{\partial w_1 \partial w_2} \\ \dfrac{\partial^2 \Pi_m^d(s,w_1,w_2)}{\partial w_2 \partial s} & \dfrac{\partial^2 \Pi_m^d(s,w_1,w_2)}{\partial w_2 \partial w_1} & \dfrac{\partial^2 \Pi_m^d(s,w_1,w_2)}{\partial w_2^2} \end{pmatrix} \qquad (\text{I-10})$$

利用 $\gamma<\beta$ 和 $\eta>\dfrac{\beta[\alpha+bc_p\phi(\beta-\gamma)]^2}{\beta-\gamma}$，则有 $\eta>\dfrac{\beta[\alpha+bc_p\phi(\beta-\gamma)]^2}{(2\beta-\gamma)(\beta-\gamma)}$，进一步可得 $\dfrac{\partial^2 \Pi_m^d(s,w_1,w_2)}{\partial s^2} < \dfrac{-\beta[bc_p\phi(\beta-\gamma)-\alpha]^2}{(2\beta-\gamma)(\beta-\gamma)} < 0$，$\dfrac{\partial^2 \Pi_m^d(s,w_1,w_2)}{\partial w_1^2} < 0$ 和 $\dfrac{\partial^2 \Pi_m^d(s,w_1,w_2)}{\partial w_2^2} < 0$。利用 $\eta>\dfrac{\beta[\alpha+bc_p\phi(\beta-\gamma)]^2}{(2\beta-\gamma)(\beta-\gamma)}$ 可得 $\beta[\alpha+bc_p\phi(\beta-\gamma)]^2 < \eta(2\beta-\gamma)(\beta-\gamma)-4bc_p\phi\alpha\beta(\beta-\gamma)$。进一步有

$$\frac{\partial^2 \Pi_m^d(s,w_1,w_2)}{\partial s^2} \cdot \frac{\partial^2 \Pi_m^d(s,w_1,w_2)}{\partial w_1^2} - \left(\frac{\partial^2 \Pi_m^d(s,w_1,w_2)}{\partial s \partial w_1}\right)^2$$

$$= \frac{\beta\{2(\gamma^2-2\beta^2)[4bc_p\phi\alpha\beta-\eta(2\beta-\gamma)]-\beta(2\beta+\gamma)[\alpha-bc_p\phi(\beta-\gamma)]^2\}}{(2\beta+\gamma)(2\beta-\gamma)^2}$$

$$> \frac{\beta(\gamma^2-2\beta^2-\beta\gamma)[4bc_p\phi\alpha\beta-\eta(2\beta-\gamma)]}{(2\beta+\gamma)(2\beta-\gamma)^2} > \frac{\beta^2(\beta+\gamma)[\alpha-bc_p\phi(\beta-\gamma)]^2}{(2\beta+\gamma)(2\beta-\gamma)(\beta-\gamma)}$$

$$> 0 \qquad (\text{I-11})$$

由式(I-10)可知

$$|\nabla^2\Pi_m^d| = \frac{4\beta^2(\beta+\gamma)\{(2\beta-\gamma)(\beta-\gamma)[4bc_p-\alpha\beta-(2\beta+\gamma)\eta]+\beta(2\beta+\gamma)[\alpha-bc_p\phi(\beta-\gamma)]^2\}}{(2\beta-\gamma)^2(2\beta+\gamma)^2}$$

$$< \frac{-32\beta^3(\beta^2-\gamma^2)bc_p\phi\alpha}{(2\beta-\gamma)^2(2\beta+\gamma)^2} < 0$$

$$(\text{I-12})$$

这说明海塞矩阵 $\nabla^2\Pi_m^d$ 是负定矩阵。因此，可以得到 $\Pi_m^d(s,w_1,w_2)$ 是关于 s,w_1 和 w_2 的联合凹函数。

根据式(I-7)、式(I-8)和式(I-9)求解 $\dfrac{\partial \Pi_m^d(s,w_1,w_2)}{\partial s}=0$，$\dfrac{\partial \Pi_m^d(s,w_1,w_2)}{\partial w_1}=0$ 和 $\dfrac{\partial \Pi_m^d(s,w_1,w_2)}{\partial w_2}=0$，分别可以得到

$$w_1^{d^*} = w_2^{d^*} = \frac{a + (\beta-\gamma)A + [\alpha - bc_p\phi(\beta-\gamma)]s_d^*}{2(\beta-\gamma)} \quad (\text{I-13})$$

和

$$s_d^* = \frac{\beta[a-(\beta-\gamma)A][\alpha+bc_p\phi(\beta-\gamma)]}{(2\beta-\gamma)(\beta-\gamma)\eta - \beta[\alpha+bc_p\phi(\beta-\gamma)]^2} \quad (\text{I-14})$$

将式(I-13)代入式(I-3)和式(I-4)得

$$p_1^{d^*} = p_2^{d^*} = \frac{\alpha(3\beta-2\gamma) + \beta(\beta-\gamma)A + [\alpha(3\beta-2\gamma) - b\beta c_p\phi(\beta-\gamma)]s_d^*}{2(\beta-\gamma)(2\beta-\gamma)}$$

(I-15)

附录 I-2 定理 11.2 的证明

根据式(I-13)、式(I-14)和式(I-15)可得

$$a + \alpha s_d^* - \beta p_1^{d^*} + \gamma p_2^{d^*} = a + \alpha s_d^* - \beta p_2^{d^*} + \gamma p_1^{d^*} = a + \alpha s_d^* + (\gamma-\beta)p_1^{d^*}$$

$$= \frac{\beta\{a - (\beta-\gamma)A + [\alpha + bc_p\phi(\beta-\gamma)]s_d^*\}}{2(2\beta-\gamma)}$$

$$= \frac{(\beta-\gamma)\eta s_d^*}{2[\alpha + bc_p\phi(\beta-\gamma)]}$$

(I-16)

$$p_1^{d^*} - w_1^{d^*} = p_2^{d^*} - w_2^{d^*} = \frac{a - (\beta-\gamma)A + [\alpha + bc_p\phi(\beta-\gamma)]s_d^*}{2(2\beta-\gamma)}$$

$$= \frac{(\beta-\gamma)\eta s_d^*}{2\beta[\alpha + bc_p\phi(\beta-\gamma)]} \quad (\text{I-17})$$

和

$$w_1^{d^*} - A + bc_p\phi s_d^* = w_2^{d^*} - A + bc_p\phi s_d^* = \frac{a - (\beta-\gamma)A + [\alpha + bc_p\phi(\beta-\gamma)]s_d^*}{2(\beta-\gamma)}$$

$$= \frac{(2\beta-\gamma)\eta s_d^*}{2\beta[\alpha + bc_p\phi(\beta-\gamma)]} \quad (\text{I-18})$$

将式(I-16)、式(I-17)和式(I-18)代入式(11-16)和式(I-5)得

$$\Pi_{r1}^d(p_1^{d^*}) = \Pi_{r2}^d(p_2^{d^*}) = \frac{(\beta-\gamma)^2\eta^2(s_d^*)^2}{4\beta[\alpha+bc_p\phi(\beta-\gamma)]^2} \quad (\text{I-19})$$

和

$$\Pi_m^d(s_d^*, w_1^{d^*}, w_2^{d^*}) = \frac{(2\beta-\gamma)(\beta-\gamma)\eta^2(s_d^*)^2}{2\beta[\alpha+bc_p\phi(\beta-\gamma)]^2} - \frac{1}{2}\eta(s_d^*)^2 + c_pC$$

$$= \frac{\eta\{(2\beta-\gamma)(\beta-\gamma)\eta - \beta[\alpha+bc_p\phi(\beta-\gamma)]^2\}(s_d^*)^2}{2\beta[\alpha+bc_p\phi(\beta-\gamma)]^2} + c_pC$$

(I-20)

将式(11-5)、式(11-6)和式(11-9)代入式(11-11),利用式(11-10)和式(I-16)进行化简,得到总碳排放量为

$$E_m^d(s_d^*) = 2[a + \alpha s_d^* + (\gamma - \beta)p_1^{d*}][(e_1 - bs_d^*)\phi_1 + (e_2 - bs_d^*)(\phi_2 + \phi_3)]$$

$$= \frac{(\beta - \gamma)\eta[e_1\phi_1 + e_2(\phi_2 + \phi_3) - b\phi s_d^*]s_d^*}{\alpha + bc_p\phi(\beta - \gamma)} \tag{I-21}$$

附录 I-3 定理 11.3 的证明

将式(11-5)、式(11-6)、式(11-9)和式(11-11)代入式(11-24),利用式(11-10)、式(11-12)~式(11-14)和式(11-15)进行化简,可以求得

$$\Pi_c(s, p_1, p_2) = \sum_{i=1}^{2} p_i D_i(s, p_1, p_2) - [c_m + c_p(e_1 - b_1 s)]Q -$$

$$[h_r + \theta h_d + c_p(e_2 - b_2 s)]\sum_{i=1}^{2} I_{ri} -$$

$$[h_m + \theta h_d + c_p(e_2 - b_2 s)]I_m - \frac{1}{2}\eta s^2 + c_p C$$

$$= (a + \alpha s - \beta p_1 + \gamma p_2)(p_1 - A + bc_p\phi s) +$$

$$(a + \alpha s - \beta p_2 + \gamma p_1)(p_2 - A + bc_p\phi s) - \frac{1}{2}\eta s^2 + c_p C \tag{I-22}$$

分别求解 $\Pi_c(s, p_1, p_2)$ 对 s, p_1 和 p_2 的一阶偏导得

$$\frac{\partial \Pi_c(s, p_1, p_2)}{\partial s} = \alpha[p_1 + p_2 + 2(bc_p\phi s - A)] +$$

$$bc_p\phi[2(a + \alpha s) + (\gamma - \beta)(p_1 + p_2)] - \eta s \tag{I-23}$$

$$\frac{\partial \Pi_c(s, p_1, p_2)}{\partial p_1} = a + \alpha s + 2\gamma p_2 - 2\beta p_1 + (\gamma - \beta)(bc_p\phi s - A) \tag{I-24}$$

和

$$\frac{\partial \Pi_c(s, p_1, p_2)}{\partial p_2} = a + \alpha s + 2\gamma p_1 - 2\beta p_2 + (\gamma - \beta)(bc_p\phi s - A) \tag{I-25}$$

分别求解 $\Pi_c(s, p_1, p_2)$ 对 s, p_1 和 p_2 的二阶偏导,可以得到 $\frac{\partial^2 \Pi_c(s, w_1, w_2)}{\partial s^2} = 4bc_p\phi\alpha - \eta$, $\frac{\partial^2 \Pi_c(s, w_1, w_2)}{\partial s \partial p_1} = \alpha + (\gamma - \beta)bc_p\phi$, $\frac{\partial^2 \Pi_c(s, w_1, w_2)}{\partial s \partial p_2} = \alpha + (\gamma - \beta)bc_p\phi$, $\frac{\partial^2 \Pi_c(s, w_1, w_2)}{\partial s \partial p_2} = \alpha + (\gamma - \beta)bc_p\phi$, $\frac{\partial^2 \Pi_c(s, w_1, w_2)}{\partial p_1^2} = -2\beta$,

$$\frac{\partial^2 \Pi_c(s,w_1,w_2)}{\partial p_1 \partial p_2} = 2\gamma \text{ 和} \frac{\partial^2 \Pi_c(s,w_1,w_2)}{\partial p_2^2} = -2\beta。$$

令 $\nabla^2 \Pi_c$ 为 $\Pi_c(s,w_1,w_2)$ 的海塞矩阵,可以得到

$$\nabla^2 \Pi_c = \begin{pmatrix} \dfrac{\partial^2 \Pi_c(s,p_1,p_2)}{\partial s^2} & \dfrac{\partial^2 \Pi_c(s,p_1,p_2)}{\partial s \partial p_1} & \dfrac{\partial^2 \Pi_c(s,p_1,p_2)}{\partial s \partial p_2} \\ \dfrac{\partial^2 \Pi_c(s,p_1,p_2)}{\partial p_1 \partial s} & \dfrac{\partial^2 \Pi_c(s,p_1,p_2)}{\partial p_1^2} & \dfrac{\partial^2 \Pi_c(s,p_1,p_2)}{\partial p_1 \partial p_2} \\ \dfrac{\partial^2 \Pi_c(s,p_1,p_2)}{\partial p_2 \partial s} & \dfrac{\partial^2 \Pi_c(s,p_1,p_2)}{\partial p_2 \partial p_1} & \dfrac{\partial^2 \Pi_c(s,p_1,p_2)}{\partial p_2^2} \end{pmatrix} \quad \text{(I-26)}$$

由于 $\beta+\gamma>0$,所以 $\dfrac{[\alpha+bc_p\phi(\beta-\gamma)]^2}{\beta-\gamma} > 4b\alpha c_p\phi + \dfrac{[\alpha-bc_p\phi(\beta-\gamma)]^2}{2\beta}$。根据 $\eta > \dfrac{[\alpha+bc_p\phi(\beta-\gamma)]^2}{\beta-\gamma}$ 可知 $\dfrac{\partial^2 \Pi_c(s,w_1,w_2)}{\partial s^2} = 4bc_p\phi\alpha - \eta < 0$,并且

$$\frac{\partial^2 \Pi_c(s,w_1,w_2)}{\partial s^2} \cdot \frac{\partial^2 \Pi_c(s,w_1,w_2)}{\partial p_1^2} - \left(\frac{\partial^2 \Pi_c(s,w_1,w_2)}{\partial s \partial p_1}\right)^2$$
$$= 2\beta(\eta - 4\alpha bc_p\phi) - [\alpha - (\beta-\gamma)bc_p\phi]^2 > 0 \quad \text{(I-27)}$$

进一步可以得到

$$|\nabla^2 \Pi_c| = 4(\beta+\gamma)\{[\alpha+(\beta-\gamma)bc_p\phi]^2 - (\beta-\gamma)\eta\} < 0, \quad \text{(I-28)}$$

这说明 $\Pi_c(s,p_1,p_2)$ 是关于 s, p_1 和 p_2 的联合凹函数。

求解 $\dfrac{\partial \Pi_c(s,p_1,p_2)}{\partial s} = 0$,$\dfrac{\partial \Pi_c(s,p_1,p_2)}{\partial p_1} = 0$ 和 $\dfrac{\partial \Pi_c(s,p_1,p_2)}{\partial p_2} = 0$ 可得

$$s_c^* = \frac{[a-(\beta-\gamma)A][\alpha+(\beta-\gamma)bc_p\phi]}{(\beta-\gamma)\eta - [\alpha+(\beta-\gamma)bc_p\phi]^2} \quad \text{(I-29)}$$

和

$$p_1^{c*} = p_2^{c*} = \frac{a + (\beta-\gamma)A + [\alpha-(\beta-\gamma)bc_p\phi]s_c^*}{2(\beta-\gamma)} \quad \text{(I-30)}$$

附录 I-4 定理 11.4 的证明

根据式(I-29)和式(I-30)则可以有

$$\begin{aligned} a + \alpha s_c^* - \beta p_1^{c*} + \gamma p_2^{c*} &= a + \alpha s_c^* - \beta p_2^{c*} + \gamma p_1^{c*} \\ &= \frac{a-(\beta-\gamma)A + [\alpha+bc_p\phi(\beta-\gamma)]s_c^*}{2} \\ &= \frac{(\beta-\gamma)\eta s_c^*}{2[\alpha+bc_p\phi(\beta-\gamma)]} \quad \text{(I-31)} \end{aligned}$$

和

$$p_1^{c^*} - A + bc_p\phi s_c^* = p_2^{c^*} - A + bc_p\phi s_c^* = \frac{a - (\beta-\gamma)A + [\alpha + bc_p\phi(\beta-\gamma)]s_c^*}{2(\beta-\gamma)}$$

$$= \frac{(2\beta-\gamma)\eta s_c^*}{2(\beta-\gamma)[\alpha + bc_p\phi(\beta-\gamma)]} \tag{I-32}$$

将式(I-29)、式(I-31)和式(I-32)代入式(I-22)中,可以得到

$$\Pi_c(s_c^*, p_1^{c^*}, p_2^{c^*}) = \frac{\{a - (\beta-\gamma)A + [\alpha + bc_p\phi(\beta-\gamma)]s_c^*\}^2}{2(\beta-\gamma)} - \frac{1}{2}\eta(s_c^*)^2 + c_p C$$

$$= \frac{\eta\{(\beta-\gamma)\eta - [\alpha + bc_p\phi(\beta-\gamma)]^2\}(s_c^*)^2}{2[\alpha + bc_p\phi(\beta-\gamma)]^2} + c_p C \tag{I-33}$$

将式(11-5)、式(11-6)和式(11-9)代入式(11-11),利用式(11-10)和式(I-31)进行化简,可以得到总碳排放量为

$$E_w^c(s_c^*) = 2[a + \alpha s_c^* + (\gamma-\beta)p_1^{c^*}][(e_1 - bs_c^*)\phi_1 + (e_2 - bs_c^*)(\phi_2 + \phi_3)]$$

$$= \frac{(\beta-\gamma)\eta[e_1\phi_1 + e_2(\phi_2+\phi_3) - b\phi s_c^*]s_c^*}{\alpha + bc_p\phi(\beta-\gamma)} \tag{I-34}$$

附录 I-5　定理 11.5 的证明

根据式(I-4)和式(I-5)可以得到

$$\sum_{i=1}^{2}\Pi_n^d(p_i^{d^*}) + \Pi_n^d(s_d^*, w_1^{d^*}, w_2^{d^*})$$

$$= \frac{\eta\{(\beta-\gamma)(3\beta-2\gamma)\eta - \beta[\alpha + bc_p\beta(\beta-\gamma)]^2\}(s_d^*)^2}{2\beta[\alpha + bc_p\phi(\beta-\gamma)]^2} + c_p C \tag{I-35}$$

比较式(I-33)和式(I-35),利用 $\frac{x+z}{y+z} < \frac{x}{y}$,其中 $x > y > 0, z > 0$,故可知

$$1 < \frac{\Pi_c(p_c^*, s_c^*)}{\Pi_r^d(p_d^*) + \Pi_m^d(s_d^*, w_1^{d^*}, w_2^{d^*})} < \Psi \tag{I-36}$$

其中 $\Psi = \dfrac{\{(2\beta-\gamma)(\beta-\gamma)\eta - \beta[\alpha + bc_\gamma\phi(\beta-\gamma)]^2\}^2}{\beta\{(\beta-\gamma)\eta - [\alpha + bc_\gamma\phi(\beta-\gamma)]^2\}\{(\beta-\gamma)(3\beta-2\gamma)\eta - [\alpha + bc_\gamma\phi(\beta-\gamma)]^2\}}$。

将式(I-4)和式(I-34)进行比较得到

$$\frac{E_m^c(s_c^*)}{E_m^d(s_d^*)} = \frac{[e_1\phi_1 + e_2(\phi_2+\phi_3) - b\phi s_c^*]s_c^*}{[e_1\phi_1 + e_2(\phi_2+\phi_3) - b\phi s_d^*]s_d^*} \tag{I-37}$$

附录 I-6　定理 11.6 的证明

根据式(11-27)求解 $\Pi_r^{rs}(p_i)$ 关于 $p_i (i=1,2)$ 的一阶导数得

$$\frac{\partial \Pi_r^{rs}(p_i)}{\partial p_1} = \rho_1(a+\alpha s) + \rho_1\gamma p_2 - 2\rho_1\beta p_1 + \beta w_1 \tag{I-38}$$

和

$$\frac{\partial \Pi_r^{rs}(p_i)}{\partial p_2} = \rho_2(a+\alpha s) + \rho_2\gamma p_1 - 2\rho_2\beta p_2 + \beta w_2 \tag{I-39}$$

对于 $i=1,2$，利用 $\frac{\partial^2 \Pi_r^{rs}(p_i)}{\partial p_i^2} = -2\beta\rho_i < 0$，可以得知 $\Pi_r^{rs}(p_i)$ 是关于 p_i 的凹函数。由 $\frac{\partial \Pi_r^{rs}(p_1)}{\partial p_1} = 0$ 和 $\frac{\partial \Pi_r^{rs}(p_2)}{\partial p_2} = 0$ 可以得到

$$p_1^{rs} = \frac{\rho_1\rho_2(2\beta+\gamma)(a+\alpha s) + 2\rho_2\beta^2 w_1 + \rho_1\beta\gamma w_2}{\rho_1\rho_2(4\beta^2-\gamma^2)} \tag{I-40}$$

和

$$p_2^{rs} = \frac{\rho_1\rho_2(2\beta+\gamma)(a+\alpha s) + 2\rho_1\beta^2 w_2 + \rho_2\beta\gamma w_1}{\rho_1\rho_2(4\beta^2-\gamma^2)} \tag{I-41}$$

将 $p_1^{rs}=p_c^*$，$p_2^{rs}=p_c^*$ 和 $s_{rs}=s_c^*$ 代入式(I-40)和式(I-41)，结合式(I-30)得到

$$w_1^{rs} = \frac{\rho_1}{2\beta(\beta-\gamma)}\{\alpha\gamma + (\beta-\gamma)(2\beta-\gamma)A + [\alpha\gamma - (2\beta-\gamma)(\beta-\gamma)bc_p\phi]s_c^*\} \tag{I-42}$$

和

$$w_2^{rs} = \frac{\rho_2}{2\beta(\beta-\gamma)}\{\alpha\gamma + (\beta-\gamma)(2\beta-\gamma)A + [\alpha\gamma - (2\beta-\gamma)(\beta-\gamma)bc_p\phi]s_c^*\} \tag{I-43}$$

由式(I-42)和式(I-43)可以得知

$$w_1^{rs}\rho_2 = w_2^{rs}\rho_1 \tag{I-44}$$

当 $\alpha\gamma \geqslant (2\beta-\gamma)(\beta-\gamma)bc_p\phi$ 时，根据式(I-42)和式(I-43)有 $w_i^{rs}>0 (i=1,2)$。另外，当 $\alpha\gamma < (2\beta-\gamma)(\beta-\gamma)bc_p\phi$ 时，有 $\frac{\alpha\gamma + (2\beta-\gamma)(\beta-\gamma)A}{(2\beta-\gamma)(\beta-\gamma)bc_p\phi - \alpha\gamma} > \frac{A}{bc_p\phi}$。根据式(11-15)可以得知 $\frac{A}{bc_p\phi} > \min\left\{\frac{e_1}{b_1}, \frac{e_2}{b_2}\right\}$。利用假设条件 $s_c^* < \min\left\{\frac{e_1}{b_1}, \frac{e_2}{b_2}\right\}$，进一步可以得到对 $0<\rho_i<1$ 且 $i=1,2$，有 $w_i^{rs}>0$。根据契约结构(包括销售价格、绿色技术水平、批发价格和每个零售商的收益比例在内的相关决策变量)可由式(I-42)和式(I-43)求解得到，因此实现供应链协调。

附录 I-7　定理 11.7 的证明

根据式(I-29)、式(I-30)、式(I-42)和式(I-43)可以得到

$$\rho_i p_i^{rs} - w_i^{rs} = \frac{\rho_i(\beta-\gamma)\eta s_c^*}{2\beta[\alpha+(\beta-\gamma)bc_p\phi]} \quad (i=1,2) \tag{I-45}$$

将式(I-45)代入式(11-27)有

$$\Pi_{ri}^{rs}(p_i^{rs}) = \frac{\rho_i \eta^2(\beta-\gamma)^2(s_c^*)^2}{4\beta[\alpha+(\beta-\gamma)bc_p\phi]^2} \quad (i=1,2) \tag{I-46}$$

进一步可以得到

$$\sum_{i=1}^{2}[w_i^{rs} - A + bc_p\phi s_c^* + (1-\rho_i)\rho_i^{rs}] = \frac{[2\beta-(\beta-\gamma)(\rho_1+\rho_2)]\eta s_c^*}{2\beta[\alpha+(\beta-\gamma)bc_p\phi]} \tag{I-47}$$

将式(I-47)和式(I-31)代入式(11-30)得

$$\Pi_m^{rs}(s_{rs}, w_1^{rs}, w_2^{rs})$$
$$= \frac{\eta\{(\beta-\gamma)\eta[2\beta-(\beta-\gamma)(\rho_1+\rho_2)]-2\beta[\alpha+(\beta-\gamma)bc_p\phi]^2\}(s_c^*)^2}{4\beta[\alpha+(\beta-\gamma)bc_p\phi]^2} + c_p C \tag{I-48}$$

当且仅当收益共享契约下每个成员的利润不低于分散系统情况的利润时，供应链成员接受该契约。比较式(I-4)和式(I-46)可以得到

$$\rho_i \geqslant \left\{\frac{\beta(\beta-\gamma)\eta-\beta[\alpha+(\beta-\gamma)bc_p\phi]^2}{(2\beta-\gamma)(\beta-\gamma)\eta-\beta[\alpha+(\beta-\gamma)bc_p\phi]^2}\right\}^2 \quad (i=1,2) \tag{I-49}$$

比较式(I-5)和式(I-48)可以得到

$$\rho_1 + \rho_2 \leqslant \frac{2\beta\{(\beta-\gamma)\eta-[\alpha+(\beta-\gamma)bc_p\phi]^2\}}{(2\beta-\gamma)(\beta-\gamma)\eta-\beta[\alpha+(\beta-\gamma)bc_p\phi]^2} \tag{I-50}$$

因为 $\beta>\gamma$ 且 $\eta > \frac{[\alpha+(\beta-\gamma)bc_p\phi]^2}{\beta-\gamma}$，所以存在 ρ_1 和 ρ_2 满足式(I-49)和式(I-50)，因此定理 11.7 得证。

附录 J

附录 J-1　定理 12.1 的证明

集中决策情景下，t 时刻后冷链总效益的最优值函数可表示为

$$V_T^C(X,S) = \max_{E_S^C(t), E_B^C(t), E_R^C(t)} \int_t^\infty e^{-\rho(\tau-t)}\bigg[(\pi_S+\pi_R)D(t) - \frac{1}{2}\eta_S E_S^{C^2}(t) -$$
$$\frac{1}{2}\eta_B E_B^{C^2}(t) - \frac{1}{2}\eta_R E_R^{C^2}(t)\bigg]dt$$

根据最优控制理论，$P_T^C = e^{-\rho t} V_T^C(X, S)$。

对任意的 $X \geq 0, S \geq 0$，最优值函数 $V_T^C(X, S)$ 满足如下 Hamilton-Jacobi-Bellman(HJB) 方程

$$\rho V_T^C(X, S) = \max_{E_S^C(t), E_B^C(t), E_R^C(t)} \{(\pi_S + \pi_R)[D_0 + \lambda X^C(t) + \varepsilon S^C(t) + \theta E_R^C(t)] - \frac{1}{2}\eta_S E_S^{C^2}(t) - \frac{1}{2}\eta_B E_B^{C^2}(t) - \frac{1}{2}\eta_R E_R^{C^2}(t) + V_{TX}^{C'}[\alpha E_S^C(t) - \beta S^C(t) - \gamma X^C(t)] + V_{TS}^{C'}[\omega E_B^C(t) - \delta S^C(t)]\}$$

(J-1)

根据最大值原理，最优化的一阶必要条件需满足：$\dfrac{\partial \rho V_T^C(X, S)}{\partial E_S^C(t)} = 0$，$\dfrac{\partial \rho V_T^C(X, S)}{\partial E_B^C(t)} = 0$，以及 $\dfrac{\partial \rho V_T^C(X, S)}{\partial E_R^C(t)} = 0$。由于 $\dfrac{\partial^2 \rho V_T^C(X, S)}{\partial E_S^{C^2}(t)} = -\eta_S < 0$，$\dfrac{\partial^2 \rho V_T^C(X, S)}{\partial E_B^{C^2}(t)} = -\eta_B < 0$，$\dfrac{\partial^2 \rho V_T^C(X, S)}{\partial E_R^{C^2}(t)} = -\eta_R < 0$，所以 $\rho V_T^C(X, S)$ 是关于 $E_S^C(t), E_B^C(t), E_R^C(t)$ 的凸函数。并且有决策变量 $E_S^C(t), E_B^C(t), E_R^C(t)$ 的海塞矩阵 $H = \begin{bmatrix} -\eta_S & 0 & 0 \\ 0 & -\eta_B & 0 \\ 0 & 0 & -\eta_R \end{bmatrix} = -\eta_S \eta_B \eta_R < 0$。所以存在满足下列方程的最优控制变量 $E_S^{C^*}(t), E_B^{C^*}(t), E_R^{C^*}(t)$ 可以使二级冷链系统获得最大化效益。

$$\left.\begin{aligned}\dfrac{\partial \rho V_T^C(X, S)}{\partial E_S^C(t)} &= -\eta_S E_S^C(t) + \alpha V_{TX}^{C'} = 0 \\ \dfrac{\partial \rho V_T^C(X, S)}{\partial E_B^C(t)} &= -\eta_B E_B^C(t) + \omega V_{TS}^{C'} = 0 \\ \dfrac{\partial \rho V_T^C(X, S)}{\partial E_R^C(t)} &= -\eta_R E_R^C(t) + \theta(\pi_S + \pi_R) = 0\end{aligned}\right\},\text{整理可得}$$

$$E_S^{C^*}(t) = \frac{\alpha V_{TX}^{C'}}{\eta_S} \tag{J-2}$$

$$E_B^{C^*}(t) = \frac{\omega V_{TS}^{C'}}{\eta_B} \tag{J-3}$$

$$E_R^{C^*}(t) = \frac{\theta(\pi_S + \pi_R)}{\eta_R} \tag{J-4}$$

将式(J-2)、式(J-3)、式(J-4)代入式(J-1)中,可以得到

$$\rho V_T^C(X,S) = (\pi_S + \pi_R)D_0 + [(\pi_S + \pi_R)\lambda - \gamma V_{TX}^{C'}]X^C(t) +$$

$$[(\pi_S + \pi_R)\varepsilon - \beta V_{TX}^{C'} - \delta V_{TS}^{C'}]S^C(t) + \frac{(\alpha V_{TX}^{C'})^2}{2\eta_S} + \frac{(\omega V_{TS}^{C'})^2}{2\eta_B} +$$

$$\frac{\theta^2(\pi_S + \pi_R)^2}{2\eta_R} \tag{J-5}$$

观察式(J-5)形式可知,$\rho V_T^C(X,S)$ 是关于 $X^C(t), S^C(t)$ 的线性函数。假设值函数 $V_T^C(X,S) = a_1^C X^C(t) + b_1^C S^C(t) + c_1^C$,则 $V_{TX}^{C'} = a_1^C, V_{TS}^{C'} = b_1^C$,整理式(J-5)可得

$$\rho[a_1^C X^C(t) + b_1^C S^C(t) + c_1^C]$$

$$= [(\pi_S + \pi_R)\lambda - \gamma a_1^C]X^C(t) + [(\pi_S + \pi_R)\varepsilon - \beta a_1^C - \delta b_1^C]S^C(t) +$$

$$(\pi_S + \pi_R)D_0 + \frac{(\alpha a_1^C)^2}{2\eta_S} + \frac{(\omega b_1^C)^2}{2\eta_B} + \frac{\theta^2(\pi_S + \pi_R)^2}{2\eta_R} \tag{J-6}$$

比较式(J-6)左右两边的形式,通过求解下列线性方程组可以得到 $a_1^{C^*}, b_1^{C^*}, c_1^{C^*}$

$$\left.\begin{array}{l}\rho a_1^C = (\pi_S + \pi_R)\lambda - \gamma a_1^C \\ \rho b_1^C = (\pi_S + \pi_R)\varepsilon - \beta a_1^C - \delta b_1^C \\ \rho c_1^C = (\pi_S + \pi_R)D_0 + \dfrac{(\alpha a_1^C)^2}{2\eta_S} + \dfrac{(\omega b_1^C)^2}{2\eta_B} + \dfrac{\theta^2(\pi_S + \pi_R)^2}{2\eta_R}\end{array}\right\},\text{整理可以得}$$

$$\left.\begin{array}{l}a_1^{C^*} = \dfrac{(\pi_S + \pi_R)\lambda}{\rho + \gamma} \\ b_1^{C^*} = \dfrac{(\pi_S + \pi_R)(\rho\varepsilon + \gamma\varepsilon - \beta\lambda)}{(\rho+\delta)(\rho+\gamma)} \\ c_1^{C^*} = \dfrac{(\pi_S + \pi_R)D_0}{\rho} + \dfrac{\alpha^2(\pi_S + \pi_R)^2\lambda^2}{2\rho\eta_S(\rho+\gamma)^2} + \dfrac{\omega^2(\pi_S + \pi_R)^2(\rho\varepsilon + \gamma\varepsilon - \beta\lambda)^2}{2\rho\eta_B(\rho+\gamma)^2(\rho+\delta)^2} + \dfrac{\theta^2(\pi_S + \pi_R)^2}{2\rho\eta_R}\end{array}\right\}。$$

$$V_T^C(X,S) = \frac{(\pi_S + \pi_R)\lambda}{\rho + \gamma}X^C(t) + \frac{(\pi_S + \pi_R)(\rho\varepsilon + \gamma\varepsilon - \beta\lambda)}{(\rho+\delta)(\rho+\gamma)}S^C(t) + \frac{(\pi_S + \pi_R)D_0}{\rho} +$$

$$\frac{\alpha^2(\pi_S + \pi_R)^2\lambda^2}{2\rho\eta_S(\rho+\gamma)^2} + \frac{\omega^2(\pi_S + \pi_R)^2(\rho\varepsilon + \gamma\varepsilon - \beta\lambda)^2}{2\rho\eta_B(\rho+\gamma)^2(\rho+\delta)^2} +$$

$$\frac{\theta^2(\pi_S + \pi_R)^2}{2\rho\eta_R} \tag{J-7}$$

因此 $E_S^{C^*}(t) = \dfrac{\alpha(\pi_S + \pi_R)\lambda}{\eta_S(\rho+\gamma)}, E_B^{C^*}(t) = \dfrac{\omega(\pi_S + \pi_R)(\rho\varepsilon + \gamma\varepsilon - \beta\lambda)}{\eta_B(\rho+\delta)(\rho+\gamma)}, E_R^{C^*} = \dfrac{\theta(\pi_S + \pi_R)}{\eta_R}$ 并且渠道效益 $P_T^C = e^{-\rho t}[a_1^{C^*}X^C(t) + b_1^{C^*}S^C(t) + c_1^{C^*}]$。

将最优控制变量 $E_S^{C^*}(t), E_B^{C^*}(t)$ 代入微分方程 $\dot{S}(t)$ 和 $\dot{X}(t)$ 中,得

$$\dot{S}^C(t) = \frac{\omega^2(\pi_S + \pi_R)(\rho\varepsilon + \gamma\varepsilon - \beta\lambda)}{\eta_B(\rho+\delta)(\rho+\gamma)} - \delta S^C(t)$$

$$\dot{X}^C(t) = \frac{\alpha^2(\pi_S + \pi_R)\lambda}{\eta_S(\rho+\gamma)} - \beta S^C(t) - \gamma X^C(t)$$

通过求解一阶非齐次微分方程,可以得到保鲜技术水平的最优轨迹轨迹曲线 $S^{C^*}(t) = S_\infty^C + (S_0 - S_\infty^C)e^{-\delta t}$,其中 $S_\infty^C = \frac{\omega^2(\pi_S + \pi_R)(\rho\varepsilon + \gamma\varepsilon - \beta\lambda)}{\delta\eta_B(\rho+\delta)(\rho+\gamma)}$。

再将 $S^{C^*}(t)$ 代入 $\dot{X}^C(t)$ 中,得 $\dot{X}^C(t) = \frac{\alpha^2(\pi_S + \pi_R)\lambda}{\eta_S(\rho+\gamma)} - \beta[S_\infty^C + (S_0 - S_\infty^C)e^{-\delta t}] - \gamma X^C(t)$。

同样,求解该一阶非齐次微分方程可以得到碳减排水平得最优轨迹曲线 $X^{C^*}(t) = X_\infty^C + \left[X_0 - X_\infty^C + \frac{\beta(S_0 - S_\infty^C)}{\gamma - \delta}\right]e^{-\gamma t} - \frac{\beta(S_0 - S_\infty^C)}{\gamma - \delta}e^{-\delta t}$,其中,$X_\infty^C = \frac{\alpha^2(\pi_S + \pi_R)\lambda}{\gamma\eta_S(\rho+\gamma)} - \frac{\beta S_\infty^C}{\gamma} = \frac{\alpha^2(\pi_S + \pi_R)\lambda}{\gamma\eta_S(\rho+\gamma)} - \frac{\beta\omega^2(\pi_S + \pi_R)(\rho\varepsilon + \gamma\varepsilon - \beta\lambda)}{\gamma\delta\eta_B(\rho+\delta)(\rho+\gamma)}$。

附录 J-2 定理 12.2 的证明

根据逆向求解法,零售商首先需要做出最优营销努力 $E_R^{N^*}(t)$ 的决策以最大化自身的预期收益。

$$P_R^N = \int_0^\infty e^{-\rho t}\{\pi_R[D_0 + \lambda X^N(t) + \varepsilon S^N(t) + \theta E_R^N(t)] - \frac{1}{2}\eta_R E_R^{N^2}(t)\}dt.$$

t 时刻后零售商预期收益的最优值函数可表示为

$$V_R^N(X,S) = \max_{E_R^N(t)} \int_t^\infty e^{-\rho(\tau-t)}\left[\pi_R D(t) - \frac{1}{2}\eta_R E_R^{N^2}(t)\right]dt,$$

根据最优控制理论,$P_R^N = e^{-\rho t} V_R^N(X,S)$。

对任意的 $X \geq 0, S \geq 0, V_R^N(X,S)$ 满足如下 Hamilton-Jacobi-Bellman(HJB) 方程。

$$\rho V_R^N(X,S) = \max_{E_R^N(t)} \left\{\pi_R[D_0 + \lambda X^N(t) + \varepsilon S^N(t) + \theta E_R^N(t)] - \frac{1}{2}\eta_R E_R^{N^2}(t) + V_{RX}^{N'}[\alpha E_S^N(t) - \beta S^N(t) - \gamma X^N(t)] + V_{RS}^{N'}[\omega E_B^N(t) - \delta S^N(t)]\right\}$$

(J-8)

对 $\frac{\partial \rho V_R^N(X,S)}{\partial E_R^N(t)} = -\eta_R E_R^C + \theta\pi_R$,且 $\frac{\partial^2 \rho V_R^N(X,S)}{\partial E_R^{N^2}(t)} = -\eta_R < 0$,因此,$E_R^{N^*}(t) = \frac{\theta\pi_R}{\eta_R}$。

接下来，供应商做出最优保鲜技术投入努力 $E_B^{N^*}(t)$ 和碳减排努力 $E_S^{N^*}(t)$，以最大化自身收益。

$$P_S^N = \int_0^\infty e^{-\rho t} \left\{ \pi_S [D_0 + \lambda X^N(t) + \varepsilon S^N(t) + \theta E_R^N(t)] - \frac{1}{2}\eta_S E_S^{N^2}(t) - \frac{1}{2}\eta_B E_B^{N^2}(t) \right\} dt,$$

t 时刻后供应商预期收益的最优值函数可被表示为

$$V_S^N(X,S) = \max_{E_S^N(t), E_B^N(t)} \int_t^\infty e^{-\rho(\tau - t)} \left\{ \pi_S [D_0 + \lambda X^N(t) + \varepsilon S^N(t) + \theta E_R^N(t)] - \frac{1}{2}\eta_S E_S^{N^2}(t) - \frac{1}{2}\eta_B E_B^{N^2}(t) \right\} dt$$

同样，根据最优控制理论，$P_S^N = e^{-\rho t} V_S^N(X,S)$。

对任意的 $X \geqslant 0, S \geqslant 0, V_S^N(X,S)$ 满足如下 Hamilton-Jacobi-Bellman(HJB) 方程。

$$\rho V_S^N(X,S) = \max_{E_S^N(t), E_B^N(t)} \{ \pi_S [D_0 + \lambda X^N(t) + \varepsilon S^N(t) + \theta E_R^N(t)] - \frac{1}{2}\eta_S E_S^{N^2}(t) -$$

$$\frac{1}{2}\eta_B E_B^{N^2}(t) + V_{SX}^{N'}[\alpha E_S^N(t) - \beta S^N(t) - \gamma X^N(t)] +$$

$$V_{SS}^{N'}[\omega E_B^N(t) - \delta S^N(t)] \} \tag{J-9}$$

为书写和理解方便，此处对时间变量 t 进行省略，$\rho V_S^N(X,S)$ 可以表示为

$$\rho V_S^N(X,S) = \max_{E_S^N, E_B^N} \left\{ \pi_S [D_0 + \lambda X^N(t) + \varepsilon S^N(t) + \theta E_R^N] - \frac{1}{2}\eta_S E_S^{N^2} - \frac{1}{2}\eta_B E_B^{N^2} + \right.$$

$$\left. V_{SS}^{N'}[\omega E_B^N - \delta S^N(t)] + V_{SX}^{N'}[\alpha E_S^N - \beta S^N(t) - \gamma X^N(t)] \right\}.$$

根据最大值原理，供应商实现最优化策略的一阶必要条件需满足：$\frac{\partial \rho V_S^N(X,S)}{\partial E_S^N} = 0, \frac{\partial \rho V_S^N(X,S)}{\partial E_B^N} = 0$，由于 $\frac{\partial^2 \rho V_S^N(X,S)}{\partial E_S^{N^2}} = -\eta_S < 0, \frac{\partial^2 \rho V_S^N(X,S)}{\partial E_B^{N^2}} = -\eta_B < 0$，所以 $\rho V_S^N(X,S)$ 是关于 E_S^N, E_B^N 的凸函数。并且有决策变量 E_S，且 E_B 的海塞矩阵 $\boldsymbol{H} = \begin{bmatrix} -\eta_S & 0 \\ 0 & -\eta_B \end{bmatrix} = \eta_S \eta_B > 0$，所以存在满足下列方程组的最优控制变量 $E_S^{N^*}, E_B^{N^*}$ 可以使供应商获得最大化效益。

$$\left. \begin{aligned} \frac{\partial \rho V_S^N}{\partial E_S^N} &= -\eta_S E_S^N + \alpha V_{SX}^{N'} \\ \frac{\partial \rho V_S^N}{\partial E_B^N} &= -\eta_B E_B^N + \omega V_{SS}^{N'} \end{aligned} \right\},$$

整理得，$E_S^{N^*} = \dfrac{\alpha V_{SX}^{N'}}{\eta_S}$，$E_B^{N^*} = \dfrac{\omega V_{SS}^{N'}}{\eta_B}$。

将 $E_S^{N^*}$，$E_B^{N^*}$ 代入 $\rho V_S^N(X,S)$ 中，可以得到

$$\rho V_S^N(X,S) = (\pi_S \lambda - \gamma V_{SX}^{N'}) X^N(t) + (\pi_S \varepsilon - \beta V_{SX}^{N'} - \delta V_{SS}^{N'}) S^N(t) +$$

$$\dfrac{\pi_S \theta^2 \pi_R}{\eta_R} + \pi_S D_0 + \dfrac{\omega^2 (V_{SS}^{N'})^2}{2\eta_B} + \dfrac{\alpha^2 (V_{SX}^{N'})^2}{2\eta_S} \tag{J-10}$$

观察式(J-10)形式可知，$\rho V_S^N(X,S)$ 是关于 X^N, S^N 的线性函数。因此假设值函数 $V_S^N(X,S) = a_{1S}^N X^N(t) + b_{1S}^N S^N(t) + c_{1S}^N$，则 $V_{SX}^{N'} = a_{1S}^N$，$V_{SS}^{N'} = b_{1S}^N$，整理式(J-10)可得

$$\rho a_{1S}^N X^N(t) + \rho b_{1S}^N S^N(t) + \rho c_{1S}^N$$

$$= (\pi_S \lambda - \gamma a_{1S}^N) X^N(t) + (\pi_S \varepsilon - \beta a_{1S}^N - \delta b_{1S}^N) S^N(t) + \dfrac{\pi_S \theta^2 \pi_R}{\eta_R} +$$

$$\pi_S D_0 + \dfrac{\omega^2 (b_{1S}^N)^2}{2\eta_B} + \dfrac{\alpha^2 (a_{1S}^N)^2}{2\eta_S} \tag{J-11}$$

比较(J-11)左右两边的形式，通过求解下列线性方程组可以得 $a_{1S}^{N^*}$，$b_{1S}^{N^*}$，$c_{1S}^{N^*}$

$$\left. \begin{aligned} \rho a_{1S}^N &= \pi_S \lambda - \gamma a_{1S}^N \\ \rho b_{1S}^N &= \pi_S \varepsilon - \beta a_{1S}^N - \delta b_{1S}^N \\ \rho c_{1S}^N &= \pi_S D_0 + \dfrac{\pi_S \theta^2 \pi_R}{\eta_R} + \dfrac{\omega^2 (b_{1S}^N)^2}{2\eta_B} + \dfrac{\alpha^2 (a_{1S}^N)^2}{2\eta_S} \end{aligned} \right\},$$

整理得

$$\left. \begin{aligned} a_{1S}^{N^*} &= \dfrac{\pi_S \lambda}{\rho + \gamma} \\ b_{1S}^{N^*} &= \dfrac{\pi_S(\rho\varepsilon + \gamma\varepsilon - \beta\lambda)}{(\rho+\gamma)(\rho+\delta)} \\ c_{1S}^{N^*} &= \dfrac{\pi_S D_0}{\rho} + \dfrac{\pi_S \theta^2 \pi_R}{\rho \eta_R} + \dfrac{\omega^2 \pi_S^2 (\rho\varepsilon + \gamma\varepsilon - \beta\lambda)^2}{2\rho\eta_B(\rho+\gamma)^2(\rho+\delta)^2} + \dfrac{\alpha^2 \pi_S^2 \lambda^2}{2\eta_S(\rho+\gamma)^2} \end{aligned} \right\}。$$

因此，$E_S^{N^*} = \dfrac{\alpha \pi_S \lambda}{\eta_S(\rho+\gamma)}$，$E_B^{N^*} = \dfrac{\omega \pi_S(\rho\varepsilon + \gamma\varepsilon - \beta\lambda)}{\eta_B(\rho+\gamma)(\rho+\delta)}$。

将 $E_S^{N^*}$，$E_B^{N^*}$ 代入式(J-8)中，整理得

$$\rho V_R^N = (\pi_R \lambda - \gamma V_{RX}^{N'}) X^N(t) + (\pi_R \varepsilon - \beta V_{RX}^{N'} - \delta V_{RS}^{N'}) S^N(t) + \pi_R D_0 +$$

$$\dfrac{\theta^2 \pi_R^2}{2\eta_R} + V_{RX}^{N'} \dfrac{\alpha^2 \pi_S \lambda}{\eta_S(\rho+\gamma)} + V_{RS}^{N'} \dfrac{\omega^2 \pi_S(\rho\varepsilon + \gamma\varepsilon - \beta\lambda)}{\eta_B(\rho+\gamma)(\rho+\delta)}$$

同样地，观察方程形式可知，ρV_R^N 是关于 X^N, S^N 的线性函数。假设值函数

$V_R^N(X,S) = a_{1R}^N X^N(t) + b_{1R}^N S^N(t) + c_{1R}^N$,则 $V_{RX}^{N'} = a_{1R}^N$,$V_{RS}^{N'} = b_{1R}^N$。通过求解下列线性方程组可以得到 $a_{1R}^N, b_{1R}^N, c_{1R}^N$。

$$\left.\begin{aligned}
\rho a_{1R}^N &= \pi_R \lambda - \gamma a_{1R}^N \\
\rho b_{1R}^N &= \pi_R \varepsilon - \beta a_{1R}^N - \delta b_{1R}^N \\
\rho c_{1R}^N &= \pi_R D_0 + \frac{\theta^2 \pi_R^2}{2\eta_R} + \frac{\alpha^2 \pi_S \pi_R \lambda^2}{\eta_S (\rho+\gamma)^2} + \frac{\omega^2 \pi_S \pi_R (\rho\varepsilon + \gamma\varepsilon - \beta\lambda)^2}{\eta_B (\rho+\gamma)^2 (\rho+\delta)^2}
\end{aligned}\right\},$$

整理得

$$\left.\begin{aligned}
a_{1R}^{N^*} &= \frac{\pi_R \lambda}{\rho+\gamma} \\
b_{1R}^{N^*} &= \frac{\pi_R (\rho\varepsilon + \gamma\varepsilon - \beta\lambda)}{(\rho+\gamma)(\rho+\delta)} \\
c_{1R}^{N^*} &= \frac{\pi_S D_0}{\rho} + \frac{\theta^2 \pi_R^2}{2\rho\eta_R} + \frac{\alpha^2 \pi_S \pi_R \lambda^2}{\rho\eta_S (\rho+\gamma)^2} + \frac{\omega^2 \pi_S \pi_R (\rho\varepsilon + \gamma\varepsilon - \beta\lambda)^2}{\rho\eta_B (\rho+\gamma)^2 (\rho+\delta)^2}
\end{aligned}\right\},$$

$$\begin{aligned}
V_R^{N^*}(X,S) = &\frac{(\pi_S+\pi_R)\lambda}{\rho+\gamma} X^N(t) + \frac{(\pi_S+\pi_R)(\rho\varepsilon+\gamma\varepsilon-\beta\lambda)}{(\rho+\gamma)(\rho+\delta)} S^N(t) + \\
&\frac{(\pi_S+\pi_R)D_0}{\rho} + \frac{\theta^2(\pi_R^2+2\pi_S\pi_R)}{2\rho\eta_R} + \\
&\frac{\omega^2(\pi_S^2+2\pi_S\pi_R)(\rho\varepsilon+\gamma\varepsilon-\beta\lambda)^2}{2\rho\eta_B(\rho+\gamma)^2(\rho+\delta)^2} + \frac{\alpha^2\lambda^2(\pi_S^2+2\pi_S\pi_R)}{2\rho\eta_S(\rho+\gamma)^2}
\end{aligned}$$

(J-12)

将最优控制变量 $E_S^{N^*}, E_B^{N^*}$ 代入微分方程 $\dot{S}(t)$ 和 $\dot{X}(t)$ 中可以得

$$\left.\begin{aligned}
\dot{S}^N(t) &= \frac{\omega^2 \pi_S (\rho\varepsilon+\gamma\varepsilon-\beta\lambda)}{\eta_B(\rho+\gamma)(\rho+\delta)} - \delta S^N(t) \\
\dot{X}^N(t) &= \frac{\alpha^2 \pi_S \lambda}{\eta_S(\rho+\gamma)} - \beta S^N(t) - \gamma X^N(t)
\end{aligned}\right\}。$$

通过求解一阶非齐次微分方程可以得到保鲜技术水平的最优轨迹轨迹曲线 $S^{N^*}(t) = S_\infty^N + (S_0 - S_\infty^N)e^{-\delta t}$,其中 $S_\infty^N = \frac{\omega^2 \pi_S (\rho\varepsilon+\gamma\varepsilon-\beta\lambda)}{\delta\eta_B(\rho+\gamma)(\rho+\delta)}$。

再将 $S^{N^*}(t)$ 代入 $\dot{X}^N(t)$ 中,得 $\dot{X}^N(t) = \frac{\alpha^2 \pi_S \lambda}{\eta_S(\rho+\gamma)} - \beta[S_\infty^N + (S_0 - S_\infty^N)e^{-\delta t}] - \gamma X^N(t)$。

同样地,求解该一阶非齐次微分方程可以得到碳减排水平得最优轨迹曲线

$$X^{N^*}(t) = X_\infty^N + \left[X_0 - X_\infty^N + \frac{\beta(S_0 - S_\infty^N)}{\gamma - \delta}\right]e^{-\gamma t} - \frac{\beta(S_0 - S_\infty^N)}{\gamma - \delta}e^{-\delta t}, 其中, X_\infty^N =$$

$$\frac{\alpha^2 \pi_S \lambda}{\gamma \eta_S (\rho + \gamma)} - \frac{\beta \omega^2 \pi_S (\rho\varepsilon + \gamma\varepsilon - \beta\lambda)}{\gamma\delta \eta_B (\rho+\gamma)(\rho+\delta)}。$$

附录 J-3 推论 12.1 的证明

通过计算控制变量之间的比值可得 $\dfrac{E_S^{C^*}}{E_S^{N^*}} = \dfrac{\pi_S + \pi_R}{\pi_S} > 1$，$\dfrac{E_B^{C^*}}{E_B^{N^*}} = \dfrac{\pi_S + \pi_R}{\pi_S} > 1$，$\dfrac{E_R^{C^*}}{E_R^{N^*}} = \dfrac{\pi_S + \pi_R}{\pi_R} > 1$，因此，$E_S^{C^*} > E_S^{N^*}$，$E_B^{C^*} > E_B^{N^*}$，$E_R^{C^*} > E_R^{N^*}$。

通过比较式(J-12)与式(J-7)可知，$a_{1S}^{N^*} + a_{1R}^{N^*} = a_1^{C^*}$，$b_{1S}^{N^*} + b_{1R}^{N^*} = b_1^{C^*}$，$c_{1S}^{N^*} + c_{1R}^{N^*} < c_1^{C^*}$。而 $S^{C^*}(t) - S^{N^*}(t) = (S_\infty^C - S_\infty^N) - (S_\infty^C - S_\infty^N)e^{-\delta t} = (S_\infty^C - S_\infty^N)(1 - e^{-\delta t})$。

由于 $S_\infty^N = \dfrac{\omega^2 \pi_S (\rho\varepsilon + \gamma\varepsilon - \beta\lambda)}{\delta \eta_B (\rho+\gamma)(\rho+\delta)} < S_\infty^C$，所以 $S^{C^*}(t) > S^{N^*}(t)$。

由 $\dfrac{X_\infty^C}{X_\infty^N} = \dfrac{\pi_S + \pi_R}{\pi_S}$ 可知，$X_\infty^C > X_\infty^N$，而 $X^{C^*}(t) - X^{N^*}(t) = (X_\infty^C - X_\infty^N) +$

$$\left[\frac{\beta(S_0 - S_\infty^C)}{\gamma - \delta} - X_\infty^C - \frac{\beta(S_0 - S_\infty^N)}{\gamma - \delta} + X_\infty^N\right]e^{-\gamma t} - \left[\frac{\beta(S_0 - S_\infty^C)}{\gamma - \delta} - \frac{\beta(S_0 - S_\infty^N)}{\gamma - \delta}\right]e^{-\delta t} =$$

$$(X_\infty^C - X_\infty^N)(1 - e^{-\gamma t}) + \frac{\beta(S_\infty^N - S_\infty^C)}{\gamma - \delta}(e^{-\gamma t} - e^{-\delta t})。$$

由以上观察可以发现，若 $\gamma > \delta$，则 $\dfrac{\beta(S_\infty^N - S_\infty^C)}{\gamma - \delta} < 0$，$e^{-\gamma t} - e^{-\delta t} < 0$，因此 $X^{C^*}(t) - X^{N^*}(t) > 0$。

若 $\gamma < \delta$，则 $\dfrac{\beta(S_\infty^N - S_\infty^C)}{\gamma - \delta} > 0$，$e^{-\gamma t} - e^{-\delta t} > 0$，因此 $X^{C^*}(t) - X^{N^*}(t) > 0$。

综上所述可以证得 $X^{C^*}(t) > X^{N^*}(t)$，$S^{C^*}(t) > S^{N^*}(t)$，$D^{C^*}(t) > D^{N^*}(t)$，$V_T^{C^*} > V_T^{N^*}$。

附录 J-4 定理 12.3 的证明

根据逆向求解法，零售商需要首先做出最优营销努力 $E_R^{Y_1^*}(t)$ 的决策，以最大化自身的预期收益。

$$P_R^{Y_1} = \int_0^\infty e^{-\rho t} \left\{ \pi_R [D_0 + \lambda X^{Y_1}(t) + \varepsilon S^{Y_1}(t) + \theta E_R^{Y_1}(t)] - [1 - \varphi^{Y_1}(t)] \frac{1}{2} \eta_R E_R^{Y_1^2}(t) \right\} dt。$$

t 时刻后零售商预期收益的最优值函数可表示为

$$V_R^{Y_1}(X,S) = \max_{E_R^{Y_1}(t)} \int_t^\infty e^{-\rho(\tau-t)} \left\{ \pi_R D(t) - [1 - \varphi^{Y_1}(t)] \frac{1}{2} \eta_R E_R^{Y_1^2}(t) \right\} dt。$$

同样,根据最优控制理论,$P_R^{Y_1} = e^{-\rho t} V_R^{Y_1}(X,S)$。

对任意的 $X \geqslant 0, S \geqslant 0, V_R^{Y_1}(X,S)$ 满足如下 Hamilton-Jacobi-Bellman(HJB)方程:

$$\rho V_R^{Y_1}(X,S) = \max_{E_R^{Y_1}(t)} \left\{ \pi_R [D_0 + \lambda X^{Y_1}(t) + \varepsilon S^{Y_1}(t) + \theta E_R^{Y_1}(t)] - [1 - \varphi^{Y_1}(t)] \frac{1}{2} \eta_R E_R^{Y_1^2}(t) + V_{RX}^{Y_1'}[\alpha E_S^{Y_1}(t) - \beta S^{Y_1}(t) - \gamma X^{Y_1}(t)] + V_{RS}^{Y_1'}[\omega E_B^{Y_1}(t) - \delta S^{Y_1}(t)] \right\}。$$

对 $\dfrac{\partial \rho V_R^{Y_1}(X,S)}{\partial E_R^{Y_1}(t)} = \theta \pi_R - [1 - \varphi^{Y_1}(t)] \eta_R E_R^{Y_1}(t)$,且 $\dfrac{\partial^2 \rho V_R^{Y_1}(X,S)}{\partial E_R^{Y_1^2}(t)} = -[1 - \varphi^{Y_1}(t)] \eta_R < 0$,因此,$E_R^{Y_1*}(t) = \dfrac{\theta \pi_R}{[1 - \varphi^{Y_1}(t)] \eta_R}$。

接下来,供应商需要做出保鲜技术投入努力 $E_B^{Y_1*}(t)$、碳减排努力 $E_S^{Y_1*}(t)$,以及营销成本分摊比例 $\varphi^{Y_1*}(t)$ 的最优决策,以最大化自身收益。

$$P_S^{Y_1} = \int_0^\infty e^{-\rho t} \left\{ \pi_S [D_0 + \lambda X^{Y_1}(t) + \varepsilon S^{Y_1}(t) + \theta E_R^{Y_1}(t)] - \frac{1}{2} \eta_S E_S^{Y_1^2}(t) - \frac{1}{2} \eta_B E_B^{Y_1^2}(t) - \varphi^{Y_1}(t) \frac{1}{2} \eta_R E_R^{Y_1^2}(t) \right\} dt,$$

t 时刻后供应商预期收益的最优值函数可表示为

$$V_S^{Y_1}(X,S) = \max_{E_S^{Y_1}(t), E_B^{Y_1}(t), \varphi^{Y_1}(t)} \int_t^\infty e^{-\rho(\tau-t)} \left\{ \pi_S [D_0 + \lambda X^{Y_1}(t) + \varepsilon S^{Y_1}(t) + \theta E_R^{Y_1}(t)] - \frac{1}{2} \eta_S E_S^{Y_1^2}(t) - \frac{1}{2} \eta_B E_B^{Y_1^2}(t) - \varphi^{Y_1}(t) \frac{1}{2} \eta_R E_R^{Y_1^2}(t) \right\} dt。$$

同样,根据最优控制理论,$P_S^{Y_1} = e^{-\rho t} V_S^{Y_1}(X,S)$。

对任意的 $X \geqslant 0$、$S \geqslant 0, V_S^{Y_1}(X,S)$ 满足如下 Hamilton-Jacobi-Bellman(HJB)

方程。

$$\rho V_S^{Y_1}(X,S) = \max_{E_S^{Y_1}(t), E_B^{Y_1}(t), \varphi^{Y_1}(t)} \left\{ \pi_S \left[D_0 + \lambda X^{Y_1}(t) + \varepsilon S^{Y_1}(t) + \frac{\theta^2 \pi_R}{(1-\varphi^{Y_1}(t))\eta_R} \right] - \right.$$

$$\frac{1}{2}\eta_S E_S^{Y_1^2}(t) - \frac{1}{2}\eta_B E_B^{Y_1^2}(t) - \frac{1}{2}\varphi^{Y_1}(t)\eta_R \left[\frac{\theta \pi_R}{(1-\varphi^{Y_1}(t))\eta_R} \right]^2 +$$

$$\left. V_{SX}^{Y_1'} [\alpha E_S^{Y_1}(t) - \beta S^{Y_1}(t) - \gamma X^{Y_1}(t)] + V_{SS}^{Y_1'} [\omega E_B^{Y_1}(t) - \delta S^{Y_1}(t)] \right\}$$

(J-13)

为书写和理解的方便，这里对时间变量 t 进行省略。

根据最大值原理，供应商实现最优化策略的一阶必要条件需满足：

$\frac{\partial \rho V_S^{Y_1}(X,S)}{\partial E_S^{Y_1}} = 0, \frac{\partial \rho V_S^{Y_1}(X,S)}{\partial E_B^{Y_1}} = 0,$ 以及 $\frac{\partial \rho V_S^{Y_1}(X,S)}{\partial \varphi^{Y_1}} = 0$。由于 $\frac{\partial^2 \rho V_S^{Y_1}(X,S)}{\partial E_S^{Y_1^2}} =$

$-\eta_S < 0, \frac{\partial^2 \rho V_S^{Y_1}(X,S)}{\partial E_B^{Y_1^2}} = -\eta_B < 0$，并且当 $\frac{\partial \rho V_S^{Y_1}(X,S)}{\partial \varphi^{Y_1}} = 0$ 时，满足

$\frac{\partial^2 \rho V_S^{Y_1}(X,S)}{\partial \varphi^{Y_1^2}} = \frac{2\theta^2 \pi_S \pi_R}{(1-\varphi^{Y_1})^3 \eta_R} - \frac{2\theta^2 \pi_R^2}{(1-\varphi^{Y_1})^3 \eta_R} - \frac{3\varphi^{Y_1} \theta^2 \pi_R^2}{(1-\varphi^{Y_1})^4 \eta_R} = -\frac{\theta^2 \pi_R}{(1-\varphi^{Y_1})^4 \eta_R} < 0,$

所以 $\rho V_S^{Y_1}(X,S)$ 是关于 $E_S^{Y_1}, E_B^{Y_1}, \varphi^{Y_1}$ 的凸函数。并且有决策变量 $E_S^{Y_1}, E_B^{Y_1}, \varphi^{Y_1}$

的海塞矩阵 $\boldsymbol{H} = \begin{bmatrix} -\eta_S & 0 & 0 \\ 0 & -\eta_B & 0 \\ 0 & 0 & -\frac{\theta^2 \pi_R}{(1-\varphi^{Y_1})^4 \eta_R} \end{bmatrix} < 0$。所以存在满足下列方程组

的最优控制变量 $E_S^{Y_1}, E_B^{Y_1}, \varphi^{Y_1}$，可以使供应商获得最大化的预期收益。

$$\begin{cases} \frac{\partial \rho V_S^{Y_1}(X,S)}{\partial E_S^{Y_1}} = -\eta_S E_S^{Y_1} + \alpha V_{SX}^{Y_1'} \\ \frac{\partial \rho V_S^{Y_1}(X,S)}{\partial E_B^{Y_1}} = -\eta_B E_B^{Y_1} + \omega V_{SS}^{Y_1'} \\ \frac{\partial \rho V_S^{Y_1}(X,S)}{\partial \varphi^{Y_1}} = \frac{\theta^2 \pi_S \pi_R}{(1-\varphi^{Y_1})^2 \eta_R} - \frac{\theta^2 \pi_R^2}{2(1-\varphi^{Y_1})^2 \eta_R} - \frac{\varphi^{Y_1} \theta^2 \pi_R^2}{(1-\varphi^{Y_1})^3 \eta_R} \end{cases}$$

整理得，$E_S^{Y_1*} = \frac{\alpha V_{SX}^{Y_1'}}{\eta_S}, E_B^{Y_1*} = \frac{\omega V_{SS}^{Y_1'}}{\eta_B}, \varphi^{Y_1*} = \frac{2\pi_S - \pi_R}{2\pi_S + \pi_R}$，且有 $E_R^{Y_1*} = \frac{\theta \pi_R}{(1-\varphi^{Y_1})\eta_R} =$

$\dfrac{\theta(2\pi_S+\pi_R)}{2\eta_R}$。

将 $E_R^{Y_1^*}$、$\varphi^{Y_1^*}$ 代入 $\rho V_R^{Y_1}(X,S)$ 中可以得到

$$\rho V_R^{Y_1}(X,S) = (\pi_R\lambda - \gamma V_{RX}^{Y_1'})X^{Y_1}(t) + (\pi_R\varepsilon - \beta V_{RX}^{Y_1'} - \delta V_{RS}^{Y_1'})S^{Y_1}(t) + \pi_R D_0 +$$

$$\dfrac{\pi_R\theta^2(2\pi_S+\pi_R)}{4\eta_R} + \dfrac{\alpha^2 V_{RX}^{Y_1'} V_{SX}^{Y_1'}}{\eta_S} + \dfrac{\omega^2 V_{RS}^{Y_1'} V_{SS}^{Y_1'}}{\eta_B}。$$

将 $E_S^{Y_1^*}$、$E_B^{Y_1^*}$、$\varphi^{Y_1^*}$ 代入 $\rho V_S^{Y_1}(X,S)$ 中可以得到

$$\rho V_S^{Y_1}(X,S) = (\pi_S\lambda - \gamma V_{SX}^{Y_1'})X^{Y_1}(t) + (\pi_S\varepsilon - \beta V_{SX}^{Y_1'} - \delta V_{SS}^{Y_1'})S^{Y_1}(t) + \pi_S D_0 +$$

$$\dfrac{\theta^2(2\pi_S+\pi_R)\pi_S}{2\eta_R} - \dfrac{\theta^2(2\pi_S+\pi_R)(2\pi_S-\pi_R)}{8\eta_R} +$$

$$\dfrac{\alpha^2(V_{SX}^{Y_1'})^2}{2\eta_S} + \dfrac{\omega^2(V_{SS}^{Y_1'})^2}{2\eta_B} \tag{J-14}$$

观察式(J-14)的形式可知，$\rho V_S^{Y_1}(X,S)$ 是关于 X^{Y_1}，S^{Y_1} 的线性函数。因此假设值函数 $V_S^N(X,S) = a_{1S}^N X^N(t) + b_{1S}^N S^N(t) + c_{1S}^N$，则 $V_{SX}^{N'} = a_{1S}^N$，$V_{SS}^{N'} = b_{1S}^N$，整理式(J-14)可得

$$\rho a_{1s}^{Y_1}X^{Y_1}(t) + \rho b_{1s}^{Y_1}S^{Y_1}(t) + \rho c_{1s}^{Y_1}$$

$$= (\pi_S\lambda - \gamma V_{SX}^{Y_1'})X^{Y_1}(t) + (\pi_S\varepsilon - \beta V_{SX}^{Y_1'} - \delta V_{SS}^{Y_1'})S^{Y_1}(t) + \pi_S D_0 +$$

$$\dfrac{\theta^2(2\pi_S+\pi_R)\pi_S}{2\eta_R} - \dfrac{\theta^2(2\pi_S+\pi_R)(2\pi_S-\pi_R)}{8\eta_R} +$$

$$\dfrac{\alpha^2(V_{SX}^{Y_1'})^2}{2\eta_S} + \dfrac{\omega^2(V_{SS}^{Y_1'})^2}{2\eta_B} \tag{J-15}$$

比较式(J-15)左右两边的形式，通过求解下列线性方程组可以得到 $a_{1s}^{Y_1^*}$，$b_{1s}^{Y_1^*}$，$c_{1s}^{Y_1^*}$。

$$\left.\begin{array}{l}\rho a_{1s}^{Y_1} = \pi_S\lambda - \gamma a_{1s}^{Y_1} \\ \rho b_{1s}^{Y_1} = \pi_S\varepsilon - \beta a_{1s}^{Y_1} - \delta b_{1s}^{Y_1} \\ \rho c_{1s}^{Y_1} = \pi_S D_0 + \dfrac{\theta^2(2\pi_S+\pi_R)^2}{8\eta_R} + \dfrac{\alpha^2\pi_S^2\lambda^2}{2\eta_S(\rho+\gamma)^2} + \dfrac{\omega^2\pi_S^2(\rho\varepsilon+\gamma\varepsilon-\beta\lambda)^2}{2\eta_B[(\rho+\gamma)(\rho+\delta)]^2}\end{array}\right\}$$

整理得

$$a_{1s}^{Y_1*} = \frac{\pi_S \lambda}{\rho + \gamma}$$

$$b_{1s}^{Y_1*} = \frac{\pi_S(\rho\varepsilon + \gamma\varepsilon - \beta\lambda)}{(\rho+\gamma)(\rho+\delta)}$$

$$c_{1s}^{Y_1*} = \frac{\pi_S D_0}{\rho} + \frac{\theta^2(2\pi_S + \pi_R)^2}{8\rho\eta_R} + \frac{\alpha^2\pi_S^2\lambda^2}{2\rho\eta_S(\rho+\gamma)^2} + \frac{\omega^2\pi_S^2(\rho\varepsilon+\gamma\varepsilon-\beta\lambda)^2}{2\rho\eta_B[(\rho+\gamma)(\rho+\delta)]^2}$$

因此,$E_S^{Y_1*} = \frac{\alpha\pi_S\lambda}{\eta_S(\rho+\gamma)}$,$E_B^{Y_1*} = \frac{\omega\pi_S(\rho\varepsilon+\gamma\varepsilon-\beta\lambda)}{\eta_B(\rho+\gamma)(\rho+\delta)}$。

将 $E_S^{Y_1*}$,$E_B^{Y_1*}$ 代入式(J-13)中,整理得

$$\rho V_R^{Y_1}(X,S) = (\pi_R\lambda - \gamma V_{RX}^{Y_1'})X^{Y_1}(t) + (\pi_R\varepsilon - \beta V_{RX}^{Y_1'} - \delta V_{RS}^{Y_1'})S^{Y_1}(t) + \pi_R D_0 +$$

$$\frac{\pi_R\theta^2(2\pi_S + \pi_R)}{4\eta_R} + \frac{\alpha^2\pi_S\lambda V_{RX}^{Y_1'}}{\eta_S} + \frac{\omega^2\pi_S(\rho\varepsilon+\gamma\varepsilon-\beta\lambda)V_{RS}^{Y_1'}}{\eta_B(\rho+\gamma)(\rho+\delta)}$$

同样地,观察方程形式可知,$\rho V_R^{Y_1}$ 是关于 X^{Y_1},S^{Y_1} 的线性函数。假设值函数 $V_R^{Y_1}(X,S) = a_{1R}^{Y_1}X^{Y_1}(t) + b_{1R}^{Y_1}S^{Y_1}(t) + c_{1R}^{Y_1}$,则 $V_{RX}^{Y_1'} = a_{1R}^{Y_1}$,$V_{RS}^{Y_1'} = b_{1R}^{Y_1}$。通过求解下列线性方程组可以得到 $a_{1R}^{Y_1*}$,$b_{1R}^{Y_1*}$,$c_{1R}^{Y_1*}$。

$$\rho a_{1R}^{Y_1} = \pi_R\lambda - \gamma a_{1R}^{Y_1}$$

$$\rho b_{1R}^{Y_1} = \pi_R\varepsilon - \beta a_{1R}^{Y_1} - \delta b_{1R}^{Y_1}$$

$$\rho c_{1R}^{Y_1} = \pi_S D_0 + \frac{\pi_R\theta^2(2\pi_S+\pi_R)}{4\eta_R} + \frac{\alpha^2\pi_S\pi_R\lambda^2}{\eta_S(\rho+\gamma)^2} + \frac{\omega^2\pi_S\pi_R(\rho\varepsilon+\gamma\varepsilon-\beta\lambda)^2}{\eta_B[(\rho+\gamma)(\rho+\delta)]^2}$$

整理得

$$a_{1R}^{Y_1*} = \frac{\pi_R\lambda}{\rho+\gamma}$$

$$b_{1R}^{Y_1*} = \frac{\pi_R(\rho\varepsilon+\gamma\varepsilon-\beta\lambda)}{(\rho+\gamma)(\rho+\delta)}$$

$$c_{1R}^{Y_1*} = \frac{\pi_S D_0}{\rho} + \frac{\pi_R\theta^2(2\pi_S+\pi_R)}{4\rho\eta_R} + \frac{\alpha^2\pi_S\pi_R\lambda^2}{\rho\eta_S(\rho+\gamma)^2} + \frac{\omega^2\pi_S\pi_R(\rho\varepsilon+\gamma\varepsilon-\beta\lambda)^2}{\rho\eta_B(\rho+\gamma)^2(\rho+\delta)^2}$$

由于 $E_B^{Y_1*} = E_B^{N*}$,$E_S^{Y_1*} = E_S^{N*}$,所以 $S^{Y_1*}(t) = S^{N*}(t)$,$X^{Y_1*}(t) = X^{N*}(t)$。

该情景下的渠道总收益为

$$P_T^{Y_1*} = e^{-\rho t}[(a_{1s}^{Y_1*} + a_{1R}^{Y_1*})X^{Y_1*}(t) + (b_{1s}^{Y_1*} + b_{1R}^{Y_1*})S^{Y_1*}(t) + (c_{1s}^{Y_1*} + c_{1R}^{Y_1*})]$$

$$= e^{-\rho t}\left[\frac{\pi_S + \pi_R}{\rho+\gamma}\lambda X^{Y_1*}(t) + \frac{(\pi_S+\pi_R)(\rho\varepsilon+\gamma\varepsilon-\beta\lambda)}{(\rho+\gamma)(\rho+\delta)}S^{Y_1*}(t) + \right.$$

$$\frac{(\pi_S+\pi_R)D_0}{\rho}+\frac{\alpha^2\lambda^2(\pi_S^2+2\pi_S\pi_R)}{2\rho\eta_S(\rho+\gamma)^2}+\frac{\theta^2(2\pi_S+\pi_R)(2\pi_S+3\pi_R)}{8\rho\eta_R}+$$

$$\frac{\omega^2(\pi_S^2+2\pi_S\pi_R)(\rho\varepsilon+\gamma\varepsilon-\beta\lambda)^2}{2\rho\eta_B(\rho+\gamma)^2(\rho+\delta)^2}\Bigg] \tag{J-16}$$

附录 J-5 推论 12.2 的证明

由定理 12.2 和定理 12.3 可知，$E_S^{Y_1^*}=E_S^{N^*}=\frac{\alpha\pi_S\lambda}{\eta_S(\rho+\gamma)}<E_S^{C^*}=\frac{\alpha(\pi_S+\pi_R)\lambda}{\eta_S(\rho+\gamma)}$，$E_B^{Y_1^*}=E_B^{N^*}=\frac{\omega\pi_S(\rho\varepsilon+\gamma\varepsilon-\beta\lambda)}{\eta_B(\rho+\gamma)(\rho+\delta)}<E_B^{C^*}=\frac{\omega(\pi_S+\pi_R)(\rho\varepsilon+\gamma\varepsilon-\beta\lambda)}{\eta_B(\rho+\delta)(\rho+\gamma)}$。

由于 $2\pi_S>\pi_R$，所以 $E_R^{N^*}=\frac{\theta\pi_R}{\eta_R}<E_R^{Y_1^*}=\frac{\theta(2\pi_S+\pi_R)}{2\eta_R}<E_R^{C^*}=\frac{\theta(\pi_S+\pi_R)}{\eta_R}$。

根据 $\dot{S}(t),\dot{X}(t)$ 的微分方程形式，当 $E_S^{Y_1^*}=E_S^{N^*},E_B^{Y_1^*}=E_B^{N^*}$ 时，有 $X^{Y_1^*}(t)=X^{N^*}(t),S^{Y_1^*}(t)=S^{N^*}(t)$。在推论 12.1 证明了 $X_\infty^N<X_\infty^C,S_\infty^N<S_\infty^C,X^{N^*}(t)<X^{C^*}(t),S^{N^*}(t)<S^{C^*}(t)$，所以 $X_\infty^{Y_1}=X_\infty^N<X_\infty^C,S_\infty^{Y_1}=S_\infty^N<S_\infty^C,X^{Y_1^*}(t)=X^{N^*}(t)<X^{C^*}(t),S^{Y_1^*}(t)=S^{N^*}(t)<S^{C^*}(t)$。

由于 $X^{Y_1^*}(t)=X^{N^*}(t)<X^{C^*}(t),S^{Y_1^*}(t)=S^{N^*}(t)<S^{C^*}(t),E_R^{N^*}<E_R^{Y_1^*}<E_R^{C^*}$，根据需求函数的结构形式 $(D(t)=D_0+\lambda X(t)+\varepsilon S(t)+\theta E_R(t))$ 可以得出 $D^{N^*}(t)<D^{Y_1^*}(t)<D^{C^*}(t)$ 的结论。

又因为 $a_{1S}^{N^*}=a_{1s}^{Y_1^*}=\frac{\pi_S\lambda}{\rho+\gamma},b_{1S}^{N^*}=b_{1s}^{Y_1^*}=\frac{\pi_S(\rho\varepsilon+\gamma\varepsilon-\beta\lambda)}{(\rho+\gamma)(\rho+\delta)},X^{Y_1^*}(t)=X^{N^*}(t),S^{Y_1^*}(t)=S^{N^*}(t),P_S^{Y_1^*}-P_S^{N^*}=e^{-\rho t}(c_{1s}^{Y_1^*}-c_{1S}^{N^*})=e^{-\rho t}\Big[\frac{\theta^2(2\pi_S+\pi_R)^2}{8\rho\eta_R}-\frac{\pi_S\theta^2\pi_R}{\rho\eta_R}\Big]=e^{-\rho t}\Big[\frac{\theta^2(2\pi_S-\pi_R)^2}{8\rho\eta_R}\Big]$，所以当 $2\pi_S=\pi_R$ 时，$P_S^{Y_1^*}-P_S^{N^*}=0$。当 $2\pi_S>\pi_R$ 时，$P_S^{Y_1^*}>P_S^{N^*}$。

同样地，因为 $a_{1R}^{N^*}=a_{1R}^{Y_1^*}=\frac{\pi_R\lambda}{\rho+\gamma},b_{1R}^{N^*}=b_{1R}^{Y_1^*}=\frac{\pi_R(\rho\varepsilon+\gamma\varepsilon-\beta\lambda)}{(\rho+\gamma)(\rho+\delta)},X^{Y_1^*}(t)=X^{N^*}(t),S^{Y_1^*}(t)=S^{N^*}(t),P_R^{Y_1^*}-P_R^{N^*}=e^{-\rho t}(c_{1R}^{Y_1^*}-c_{1R}^{N^*})=e^{-\rho t}\Big[\frac{\pi_R\theta^2(2\pi_S+\pi_R)}{4\eta_R}-\frac{\theta^2\pi_R^2}{2\eta_R}\Big]=e^{-\rho t}\Big[\frac{\pi_R\theta^2(2\pi_S-\pi_R)}{4\eta_R}\Big]$，所以当 $2\pi_S=\pi_R$ 时，$\frac{\pi_R\theta^2(2\pi_S-\pi_R)}{4\rho\eta_R}=0$。当

$2\pi_S > \pi_R$ 时,$P_R^{Y_1^*} > P_R^{N^*}$。

因此,$P_T^{Y_1^*} > P_T^{N^*}$。

$$P_T^{C^*} = e^{-\rho t}(a_1^{C^*} X^{C^*}(t) + b_1^{C^*} S^{C^*}(t) + c_1^{C^*})$$

$$= e^{-\rho t}\left[\frac{(\pi_S + \pi_R)\lambda}{\rho + \gamma} X^{C^*}(t) + \frac{(\pi_S + \pi_R)(\rho\varepsilon + \gamma\varepsilon - \beta\lambda)}{(\rho + \delta)(\rho + \gamma)} S^{C^*}(t) + \right.$$

$$\frac{(\pi_S + \pi_R)D_0}{\rho} + \frac{\alpha^2(\pi_S + \pi_R)^2 \lambda^2}{2\rho\eta_S(\rho + \gamma)^2} +$$

$$\left.\frac{\omega^2(\pi_S + \pi_R)^2(\rho\varepsilon + \gamma\varepsilon - \beta\lambda)^2}{2\rho\eta_B(\rho + \gamma)^2(\rho + \delta)^2} + \frac{\theta^2(\pi_S + \pi_R)^2}{2\rho\eta_R}\right] \tag{J-17}$$

通过对式(J-17)与式(J-16)的比较可以得出 $a_{1S}^{Y_1^*} + a_{1R}^{Y_1^*} = a_1^{C^*}$,$b_{1S}^{Y_1^*} + b_{1R}^{Y_1^*} = b_1^{C^*}$,$c_1^{C^*} - (c_{1S}^{Y_1^*} + c_{1R}^{Y_1^*}) = \frac{\alpha^2 \lambda^2 \pi_R^2}{2\rho\eta_S(\rho + \gamma)^2} + \frac{\theta^2 \pi_R^2}{8\rho\eta_R} + \frac{\omega^2 \pi_R^2}{2\rho\eta_B(\rho + \gamma)(\rho + \delta)} > 0$,且上述过程已证得 $S^{Y_1^*}(t) = S^{N^*}(t) < S^{C^*}(t)$,$X^{Y_1^*}(t) = X^{N^*}(t) < X^{C^*}(t)$,$c_1^{C^*} > (c_{1S}^{Y_1^*} + c_{1R}^{Y_1^*})$。

综上所述,$P_T^{C^*} > P_T^{Y_1^*}$。

附录 J-6 定理 12.4 的证明

根据逆向求解法,零售商首先做出对营销努力 $E_R^{Y_1^*}(t)$ 和成本分摊比例 $\phi^{Y_2^*}(t)$ 的最优决策,以最大化自身的预期收益。

$$\max_{E_R^{Y_2}(t),\phi^{Y_2}(t)} P_R^{Y_2} = \int_0^\infty e^{-\rho t}\left\{\pi_R[D_0 + \lambda X^{Y_2}(t) + \varepsilon S^{Y_2}(t) + \theta E_R^{Y_2}(t)] - \right.$$

$$\left.\phi^{Y_2}(t)\left[\frac{1}{2}\eta_S E_S^{Y_2}(t) + \frac{1}{2}\eta_B E_B^{Y_2}(t)\right] - [1 - \psi^{Y_2}(t)]\frac{1}{2}\eta_R E_R^{Y_2}(t)\right\}dt,$$

t 时刻后零售商预期收益的最优值函数可表示为

$$V_R^{Y_2}(X,S) = \max_{E_R^{Y_1}(t)} \int_t^\infty e^{-\rho(\tau - t)}\left\{\pi_R D(t) - [1 - \varphi^{Y_1}(t)]\frac{1}{2}\eta_R E_R^{Y_1^2}(t)\right\}dt。$$

根据最优控制理论,$P_R^{Y_2} = e^{-\rho t} V_R^{Y_2}(X,S)$。

对任意的 $X \geq 0, S \geq 0, V_R^{Y_2}(X,S)$ 满足如下 Hamilton-Jacobi-Bellman(HJB)方程。

$$\rho V_R^{Y_2}(X,S) = \max_{E_R^{Y_2}(t),\phi^{Y_2}(t)}\left\{\pi_R[D_0 + \lambda X^{Y_2}(t) + \varepsilon S^{Y_2}(t) + \theta E_R^{Y_2}(t)] - \right.$$

$$\left.[1 - \psi^{Y_2}(t)]\frac{1}{2}\eta_R E_R^{Y_2^2}(t) - \phi^{Y_2}(t)\left[\frac{1}{2}\eta_S E_S^{Y_2^2}(t) + \frac{1}{2}\eta_B E_B^{Y_2^2}(t)\right] + \right.$$

$$V_{RX}^{Y_2'}[\alpha E_S^{Y_2}(t) - \beta S^{Y_2}(t) - \gamma X^{Y_2}(t)] + V_{RS}^{Y_2'}[\omega E_B^{Y_2}(t) - \delta S^{Y_2}(t)]\}_{\circ}$$

为书写和理解的方便,需要对时间变量 t 进行省略。

由于 $\dfrac{\partial \rho V_R^{Y_2}(X,S)}{\partial E_R^{Y_2}} = \theta \pi_R - (1 - \psi^{Y_2})\eta_R E_R^{Y_2}$,同时 $\dfrac{\partial^2 \rho V_R^{Y_2}(X,S)}{\partial E_R^{Y_2^2}} = -(1-\psi^{Y_2})\eta_R$

<0,因此,$E_R^{Y_2} = \dfrac{\theta \pi_R}{(1-\psi^{Y_2})\eta_R}$。

令 $E_R^{Y_2} = E_R^{C^*} = \dfrac{\theta(\pi_S + \pi_R)}{\eta_R}$,计算得 $\psi^{Y_2^*} = \dfrac{\pi_S}{\pi_S + \pi_R}$。

接下来,供应商做出对保鲜技术投入努力 $E_B^{Y_2^*}$、碳减排努力 $E_S^{Y_2^*}$ 以及营销成本分摊比例 $\psi^{Y_2^*}$ 的最优决策以最大化自身收益。

$$\max_{E_S^{Y_2}, E_B^{Y_2}, \psi^{Y_2}} P_S^{Y_2} = \int_0^\infty e^{-\rho t}\left\{\pi_S[D_0 + \lambda X^{Y_2}(t) + \varepsilon S^{Y_2}(t) + \theta E_R^{Y_2^*}] - \right.$$

$$\left.(1-\phi^{Y_2})\left(\frac{1}{2}\eta_S E_S^{Y_2^2} + \frac{1}{2}\eta_B E_B^{Y_2^2}\right) - \psi^{Y_2}\frac{1}{2}\eta_R E_R^{Y_2^2}\right\}dt,$$

t 时刻后供应商预期收益的最优值函数可被表示为

$$V_S^{Y_2}(X,S) = \max_{E_S^{Y_2}, E_B^{Y_2}, \psi^{Y_2}} \int_t^\infty e^{-\rho(\tau-t)}\left\{\pi_S[D_0 + \lambda X^{Y_2}(t) + \varepsilon S^{Y_2}(t) + \theta E_R^{Y_2^*}] - \right.$$

$$\left.(1-\phi^{Y_2})\left(\frac{1}{2}\eta_S E_S^{Y_2^2} + \frac{1}{2}\eta_B E_B^{Y_2^2}\right) - \psi^{Y_2}\frac{1}{2}\eta_R E_R^{Y_2^2}\right\}dt_{\circ}$$

同样,根据最优控制理论,$P_S^{Y_2} = e^{-\rho t}V_S^{Y_2}(X,S)$。

对任意的 $X \geq 0$、$S \geq 0$,$V_S^{Y_2}(X,S)$ 满足如下 Hamilton-Jacobi-Bellman(HJB) 方程。

$$\rho V_S^{Y_2}(X,S) = \max_{E_S^{Y_2}, E_B^{Y_2}, \psi^{Y_2}}\left\{\pi_S\left[D_0 + \lambda X^{Y_2}(t) + \varepsilon S^{Y_2}(t) + \frac{\theta^2(\pi_S + \pi_R)}{\eta_R}\right] - \right.$$

$$\frac{\theta^2 \pi_S(\pi_S + \pi_R)}{2\eta_R} - (1-\phi^{Y_2})\left(\frac{1}{2}\eta_S E_S^{Y_2^2} + \frac{1}{2}\eta_B E_B^{Y_2^2}\right) +$$

$$\left.V_{SX}^{Y_2'}[\alpha E_S^{Y_2} - \beta S^{Y_2}(t) - \gamma X^{Y_2}(t)] + V_{SS}^{Y_2'}[\omega E_B^{Y_2} - \delta S^{Y_2}(t)]\right\}$$

(J-18)

求解式(J-18)可得 $E_S^{Y_2^*} = \dfrac{\alpha V_{SX}^{Y_2'}}{(1-\phi^{Y_2})\eta_S}$,$E_B^{Y_2^*} = \dfrac{\omega V_{SS}^{Y_2'}}{(1-\phi^{Y_2})\eta_B}$。

将 $E_S^{Y_2^*}$,$E_B^{Y_2^*}$ 代入 $\rho V_S^{Y_2}(X,S)$,$\rho V_S^{Y_2}(X,S)$ 中,整理得

$$\rho V_S^{Y_2}(X,S) = \max\left\{(\pi_S\lambda - \gamma V_{SX}^{Y_2'})X^{Y_2}(t) + (\pi_S\varepsilon - \beta V_{SX}^{Y_2'} - \delta V_{SS}^{Y_2'})S^{Y_2}(t) + \right.$$
$$\left. \pi_S D_0 + \frac{\theta^2(\pi_S + \pi_R)\pi_S}{2\eta_R} + \frac{\alpha^2(V_{SX}^{Y_2'})^2}{2(1-\phi^{Y_2})\eta_S} + \frac{\omega^2(V_{SS}^{Y_2'})^2}{2(1-\phi^{Y_2})\eta_B}\right\}$$
(J-19)

假设 $V_S^{Y_2} = a_{1S}^{Y_2} X^{Y_2}(t) + b_{1S}^{Y_2} S^{Y_2}(t) + c_{1S}^{Y_2}$，则 $V_{SX}^{Y_2'} = a_{1S}^{Y_2}$，$V_{SS}^{Y_2'} = b_{1S}^{Y_2}$。整理式(J-19)可得

$$\rho a_{1S}^{Y_2} X^{Y_2}(t) + \rho b_{1S}^{Y_2} S^{Y_2}(t) + \rho c_{1S}^{Y_2}$$
$$= (\pi_S\lambda - \gamma V_{SX}^{Y_2'})X^{Y_2}(t) + (\pi_S\varepsilon - \beta V_{SX}^{Y_2'} - \delta V_{SS}^{Y_2'})S^{Y_2}(t) +$$
$$\pi_S D_0 + \frac{\theta^2(\pi_S + \pi_R)\pi_S}{2\eta_R} + \frac{\alpha^2(V_{SX}^{Y_2'})^2}{2(1-\phi^{Y_2})\eta_S} + \frac{\omega^2(V_{SS}^{Y_2'})^2}{2(1-\phi^{Y_2})\eta_B} \quad \text{(J-20)}$$

比较式(J-20)左右两边的形式，通过求解下列线性方程组得到 $a_{1S}^{Y_2*}$，$b_{1S}^{Y_2*}$，$c_{1S}^{Y_2*}$：

$$\left.\begin{array}{l} \rho a_{1S}^{Y_2} = \pi_S\lambda - \gamma a_{1S}^{Y_2} \\ \rho b_{1S}^{Y_2} = \pi_S\varepsilon - \beta a_{1S}^{Y_2} - \delta b_{1S}^{Y_2} \\ \rho c_{1S}^{Y_2} = \pi_S D_0 + \dfrac{\theta^2(\pi_S + \pi_R)\pi_S}{2\eta_R} + \dfrac{\alpha^2(V_{SX}^{Y_2'})^2}{2(1-\phi^{Y_2})\eta_S} + \dfrac{\omega^2(V_{SS}^{Y_2'})^2}{2(1-\phi^{Y_2})\eta_B} \end{array}\right\}$$

整理得

$$\left.\begin{array}{l} a_{1S}^{Y_2*} = \dfrac{\pi_S\lambda}{\rho+\gamma} \\ b_{1S}^{Y_2*} = \dfrac{\pi_S(\rho\varepsilon+\gamma\varepsilon-\beta\lambda)}{(\rho+\gamma)(\rho+\delta)} \\ c_{1S}^{Y_2*} = \dfrac{\pi_S D_0}{\rho} + \dfrac{\theta^2(\pi_S+\pi_R)\pi_S}{2\rho\eta_R} + \dfrac{\alpha^2\lambda^2(\pi_S+\pi_R)\pi_S}{2\eta_S(\rho+\gamma)^2} + \dfrac{\omega^2(\pi_S+\pi_R)\pi_S(\rho\varepsilon+\gamma\varepsilon-\beta\lambda)^2}{2\eta_B(\rho+\gamma)(\rho+\delta)} \end{array}\right\}$$

令 $E_S^{Y_2*} = \dfrac{\alpha}{(1-\phi^{Y_2})\eta_S} \dfrac{\pi_S\lambda}{\rho+\gamma} = E_S^{C*} = \dfrac{\alpha(\pi_S+\pi_R)\lambda}{\eta_S(\rho+\gamma)}$，$E_B^{Y_2*} = \dfrac{\omega}{(1-\phi^{Y_2})\eta_B} \dfrac{\pi_S(\rho\varepsilon+\gamma\varepsilon-\beta\lambda)}{(\rho+\gamma)(\rho+\delta)} = E_B^{C*} = \dfrac{\omega(\pi_S+\pi_R)(\rho\varepsilon+\gamma\varepsilon-\beta\lambda)}{(\rho+\gamma)(\rho+\delta)\eta_B}$，计算得 $\phi^{Y_2*} = \dfrac{\pi_R}{\pi_S+\pi_R}$。

将 $E_S^{Y_2*}$，$E_B^{Y_2*}$ 代入式(J-18)，$\rho V_R^{Y_2}(X,S)$ 可表示为

$$\rho V_R^{Y_2}(X,S) = (\pi_R\lambda - \gamma V_{RX}^{Y_2'})X^{Y_2}(t) + (\pi_R\varepsilon - \beta V_{RX}^{Y_2'} - \delta V_{RS}^{Y_2'})S^{Y_2}(t) + \pi_S D_0 +$$

$$\frac{\theta^2(\pi_S+\pi_R)\pi_R}{2\eta_R}-\frac{\alpha^2(\pi_S+\pi_R)\pi_R\lambda^2}{2\eta_S(\rho+\gamma)^2}-\frac{\omega^2\pi_R(\pi_S+\pi_R)(\rho\varepsilon+\gamma\varepsilon-\beta\lambda)^2}{2\eta_B(\rho+\gamma)^2(\rho+\delta)^2}+$$

$$V_{RX}^{Y_2'}\frac{\alpha^2(\pi_S+\pi_R)\lambda}{\eta_S(\rho+\gamma)}+V_{RS}^{Y_2'}\frac{\omega^2(\pi_S+\pi_R)(\rho\varepsilon+\gamma\varepsilon-\beta\lambda)}{\eta_B(\rho+\gamma)(\rho+\delta)}。$$

同样地，假设 $V_R^{Y_2}(X,S)=a_{1R}^{Y_2}X^{Y_2}(t)+b_{1R}^{Y_2}S^{Y_2}(t)+c_{1R}^{Y_2}$，则 $V_{RX}^{Y_2'}=a_{1R}^{Y_2},V_{RS}^{Y_2'}=b_{1R}^{Y_2}$。$a_{1R}^{Y_2^*},b_{1R}^{Y_2^*},c_{1R}^{Y_2^*}$ 可通过求解下列方程组得到

$$\left.\begin{array}{l}\rho a_{1R}^{Y_2}=\pi_R\lambda-\gamma a_{1R}^{Y_2}\\ \rho b_{1R}^{Y_2}=\pi_R\varepsilon-\beta a_{1R}^{Y_2}-\delta b_{1R}^{Y_2}\\ \rho c_{1R}^{Y_2}=\pi_S D_0+\dfrac{\pi_R\theta^2(\pi_S+\pi_R)}{2\eta_R}+\dfrac{\alpha^2(\pi_S+\pi_R)\pi_R\lambda^2}{2\eta_S(\rho+\gamma)^2}+\dfrac{\omega^2(\pi_S+\pi_R)\pi_R(\rho\varepsilon+\gamma\varepsilon-\beta\lambda)^2}{2\eta_B[(\rho+\gamma)(\rho+\delta)]^2}\end{array}\right\}$$

整理得

$$\left.\begin{array}{l}a_{1R}^{Y_2^*}=\dfrac{\pi_R\lambda}{\rho+\gamma}\\ b_{1R}^{Y_2^*}=\dfrac{\pi_R(\rho\varepsilon+\gamma\varepsilon-\beta\lambda)}{(\rho+\gamma)(\rho+\delta)}\\ c_{1R}^{Y_2^*}=\dfrac{\pi_S D_0}{\rho}+\dfrac{\theta^2(\pi_S+\pi_R)\pi_R}{2\rho\eta_R}+\dfrac{\alpha^2\lambda^2(\pi_S+\pi_R)\pi_R}{2\rho\eta_S(\rho+\gamma)^2}+\dfrac{\omega^2(\pi_S+\pi_R)\pi_R(\rho\varepsilon+\gamma\varepsilon-\beta\lambda)^2}{2\rho\eta_B(\rho+\gamma)^2(\rho+\delta)^2}\end{array}\right\}$$

由于 $E_B^{Y_2^*}=E_B^{C^*},E_S^{Y_2^*}=E_S^{C^*}$，所以 $S^{Y_2^*}(t)=S^{C^*}(t),X^{Y_2^*}(t)=X^{C^*}(t)$。该情景下的渠道总收益为

$$\begin{aligned}P_T^{Y_2^*}&=\mathrm{e}^{-\rho t}[(a_{1s}^{Y_2^*}+a_{1R}^{Y_2^*})X^{Y_2^*}(t)+(b_{1s}^{Y_2^*}+b_{1R}^{Y_2^*})S^{Y_2^*}(t)+(c_{1s}^{Y_2^*}+c_{1R}^{Y_2^*})]\\ &=\mathrm{e}^{-\rho t}\Big[\dfrac{\pi_S+\pi_R}{\rho+\gamma}\lambda X^{Y_2^*}(t)+\dfrac{(\pi_S+\pi_R)(\rho\varepsilon+\gamma\varepsilon-\beta\lambda)}{(\rho+\gamma)(\rho+\delta)}S^{Y_2^*}(t)+\\ &\quad \dfrac{(\pi_S+\pi_R)D_0}{\rho}+\dfrac{\alpha^2\lambda^2(\pi_S^2+2\pi_S\pi_R)}{2\rho\eta_S(\rho+\gamma)^2}+\dfrac{\theta^2(2\pi_S+\pi_R)(2\pi_S+3\pi_R)}{8\rho\eta_R}+\\ &\quad \dfrac{\omega^2(\pi_S^2+2\pi_S\pi_R)(\rho\varepsilon+\gamma\varepsilon-\beta\lambda)^2}{2\rho\eta_B(\rho+\gamma)^2(\rho+\delta)^2}\Big]\end{aligned}$$

附录 J-7　推论 12.3 的证明

推论 12.1 和定理 12.4 分别证明了 $E_S^{C^*}>E_S^{N^*},E_B^{C^*}>E_B^{N^*},E_R^{C^*}>E_R^{N^*}$，$S_\infty^C>S_\infty^N,X_\infty^C>X_\infty^N,S^{C^*}(t)>S^{N^*}(t),X^{C^*}(t)>X^{N^*}(t),D^{C^*}(t)>D^{N^*}(t)$ 和 $E_S^{Y_2^*}=E_S^{C^*},E_B^{Y_2^*}=E_B^{C^*},E_R^{Y_2^*}=E_R^{C^*},S_\infty^{Y_2}=S_\infty^C,X_\infty^{Y_2}=X_\infty^C,S^{Y_2^*}(t)=S^{C^*}(t)$，$X^{Y_2^*}(t)=X^{C^*}(t),D^{Y_2^*}(t)=D^{C^*}(t)$。

通过对定理 12.1 和定理 12.4 的比较可以注意到 $a_{1S}^{Y_2*} + a_{1R}^{Y_2*} = a_1^{C*}$，$b_{1S}^{Y_2*} + b_{1R}^{Y_2*} = b_1^{C*}$，$c_{1S}^{Y_2*} + c_{1R}^{Y_2*} = c_1^{C*}$。与此同时，由于 $S^{Y_2*}(t) = S^{C*}(t)$，$X^{Y_2*}(t) = X^{C*}(t)$，所以 $P_T^{Y_2*} = P_S^{Y_2*} + P_R^{Y_2*} = P_T^{C*}$。

附录 J-8　推论 12.4 的证明

在改进后的双边成本分摊契约框架下，供应商和零售商的预期利润分别为 $P_S^{Y_2*} = \mu P_T^{Y_2*}$，$P_R^{Y_2*} = (1-\mu) P_T^{Y_2*}$，为了实现供应商和零售商预期利润的帕累托改进，必须满足以下条件。

$$\begin{cases} \mu P_T^{Y_2*} \geqslant P_S^{N*} \\ (1-\mu) P_T^{Y_2*} \geqslant P_R^{N*} \end{cases}$$

即 μ 必须满足条件 $\dfrac{P_S^{N*}}{P_T^{Y_2*}} \leqslant \mu \leqslant 1 - \dfrac{P_R^{N*}}{P_T^{Y_2*}}$，定义 $\underline{\mu} = \dfrac{P_S^{N*}}{P_T^{Y_2*}}$，$\bar{\mu} = 1 - \dfrac{P_R^{N*}}{P_T^{Y_2*}}$。供应商希望 μ 能够接近 $\bar{\mu}$，以扩大自身的运营收益。同样地，零售商则希望 μ 尽量接近 $\underline{\mu}$。μ 的值取决于双方的议价能力，本书可以参考 Rubinstein's bargaining model 来确定 μ 的具体值，考虑到供应商处于主导地位，并且首先进行决策，基于 Rubinstein's bargaining model 理论，双边成本分摊契约下供应商收益的完美均衡分割比例为 $\mu = \dfrac{(1-v_R)}{1-v_S v_R}(\bar{\mu} - \underline{\mu}) + \underline{\mu}$，其中 v_S 和 v_R 分别代表了供应商和零售商的贴现因子，由双方的耐心程度决定。

附录 K

附录 K-1　定理 13.1 的证明

用 z 表示库存因子，参考 Petruzzi 等（1999），令 $z = \dfrac{q}{y_0 \theta(\tau) p^{-k}}$，则此时有 $p = \left[\dfrac{y_0 \theta(\tau) z}{q}\right]^{1/k}$。类似证明，最佳"库存因子"$z_0$ 是唯一的，并且 z_0 满足条件：$\dfrac{z \bar{F}(z)}{\int_0^z x f(x) \mathrm{d}x} = k - 1$。因此，选择最优价格 p 的问题等同于选择最优库存因子 z。

将 $p = \left[\dfrac{y_0 \theta(\tau) z}{q}\right]^{1/k}$ 代入式（13-1），将零售商的目标函数化简为

$$\Pi_{dr}(q \mid \omega, \tau) = \frac{k}{k-1} A_0 \theta(\tau)^{1/k} q^{1-1/k} - (\omega + t_r + p_c c_r)q + p_c E_r \quad \text{(K-1)}$$

其中 $\bar{F}(z) = 1 - F(z)$,$A_0 = \bar{F}(z_0)(y_0 z_0)^{1/k}$。容易验证 $\frac{d^2_{\Pi_{dc}(q\mid\omega,\tau)}}{d^2_q} < 0$。因此,求解 $\frac{d_{\Pi_{dr}(q\mid\omega,\tau)}}{d_q} = A_0 \theta(\tau)^{1/k} q^{-1/k} - (\omega + t_r + p_c c_r) = 0$,可以得到最优订货量为

$$q_1^* = \left[\frac{A_0}{\omega + t_r + p_c c_r}\right]^k \theta(\tau) \quad \text{(K-2)}$$

将式(K-1)代入式(13-2)可将供应商利润化简为

$$\Pi_{dm}(\omega \mid C_m, \tau) = \left[\frac{A_0}{\omega + t_r + p_c c_r}\right]^k \theta(\tau) \left[\omega - \frac{C_m + P_m}{m(\tau)}\right] \quad \text{(K-3)}$$

求 $\Pi_{dm}(\omega \mid C_m, \tau)$ 对 ω 的一阶导数,利用式(K-3)可得

$$\frac{d_{\Pi_{dm}(\omega\mid C_m,\tau)}}{d_\omega} = \frac{A_0^k \theta(\tau) m(\tau)^{-1}}{(\omega + t_c + p_c c_r)^{k+1}} [(t_r + p_c c_r)m(\tau) + k(C_m + P_m) - (k-1)\omega m(\tau)]$$

(K-4)

易证有一个最优的 ω_1^* 能使 $\Pi_{dm}(\omega \mid C_m, \tau)$ 最大化,此时最优的 ω_1^* 可被表示为

$$\omega_1^* = \frac{(t_r + p_c c_r)m(\tau) + k(C_m + P_m)}{(k-1)m(\tau)} \quad \text{(K-5)}$$

将式(K-5)代入式(K-2),可得最佳订货量为

$$q_1^* = \left(\frac{k-1}{k}\right)^k A_0^k \theta(\tau) \left[\frac{m(\tau)}{(t_r + p_c c_r)m(\tau) + C_m + P_m}\right]^k \quad \text{(K-6)}$$

将式(K-6)代入式(13-3),可将 $\Pi_{dl}(C_m \mid \tau)$ 化简为

$$\Pi_{dl}(C_m \mid \tau) = \left(\frac{k-1}{k}\right)^k A_0^k \theta(\tau)(C_m - C(\tau) - p_c c_l) \frac{m(\tau)^{k-1}}{[(t_c + p_c c_r)m(\tau) + C_m + P_m]^k} + p_c E_l \quad \text{(K-7)}$$

对 $\Pi_{dl}(C_m \mid \tau)$ 求关于 C_m 的一阶导数,利用式(K-7)可得

$$\frac{d_{\Pi_{dl}(C_m\mid\tau)}}{d_{C_m}} = \left(\frac{k-1}{k}\right)^k A_0^k \theta(\tau) m(\tau)^{k-1} \cdot$$

$$\left[\frac{(t_r + p_c c_r)m(\tau) + C_m + P_m - k(C_m - p_c c_l) + kc(\tau)}{((t_r + p_c c_r)m(\tau) + C_m + P_m)^{k+1}}\right]$$

(K-8)

易证存在最优的 $C_{m_1}^*$ 能使 $\Pi_{dl}(C_m \mid \tau)$ 最大,此时最优的 $C_{m_1}^*$ 可被表示为

$$C_{m_1}^* = \frac{(t_r + p_c c_r)m(\tau) + P_m + k(c(\tau) + p_c c_l)}{k-1} \tag{K-9}$$

将式(K-9)代入式(K-7),可将 TPLSP 的利润化简为

$$\Pi_{dl}(\tau) = \frac{(C_{m_1}^* - c(\tau) - p_c c_l)q}{m(\tau)} + p_c E_l \tag{K-10}$$

和

$$\Pi_{dl}(\tau) = \frac{(k-1)^{2k-1}}{k^{2k}} \frac{A_0^k \theta(\tau) m(\tau)^{k-1}}{[(t_r + p_c c_r)m(\tau) + P_m + (c(\tau) + p_c c_l)]^{k-1}} + p_c E_l \tag{K-11}$$

利用假设 13-2 对 $\Pi_{dl}(\tau)$ 求关于 τ 的一阶导数,可得

$$\frac{d_{\Pi_l(\tau)}}{d_\tau} = \frac{(\Pi_l(\tau) - p_c E_l)[E_\theta(\tau) + (k-1)E_m(\tau)]}{\tau[(t_r + p_c c_r)m(\tau) + P_m + (c(\tau) + p_c c_l)]} \left\{ P_m + p_c c_l - c(\tau) \left[\frac{(k-1)E_c(\tau)}{E_\theta(\tau) + (k-1)E_m(\tau)} - \frac{(t_r + p_c c_r)E_\theta(\tau)}{E_\theta(\tau) + (k-1)E_m(\tau)} \frac{m(\tau)}{c(\tau)} - 1 \right] \right\} \tag{K-12}$$

令 $I(\tau) = \frac{(k-1)E_c(\tau)}{E_\theta(\tau) + (k-1)E_m(\tau)} - \frac{(t_r + p_c c_r)E_\theta(\tau)}{E_\theta(\tau) + (k-1)E_m(\tau)} \frac{m(\tau)}{c(\tau)}$, $\phi(\tau) = c(\tau)[I(\tau) - 1]$,则式(K-12)可被化简为

$$\frac{d_{\Pi_{dl}(\tau)}}{d_\tau} = \frac{(\Pi_l(\tau) - p_c E_l)[E_\theta(\tau) + (k-1)E_m(\tau)]}{\tau[(t_r + p_c c_r)m(\tau) + P_m + (c(\tau) + p_c c_l)]} \{P_m + p_c c_l - \phi(\tau)\} \tag{K-13}$$

根据假设 13.1,则有 $c''(\tau) > 0$ 且 $m''(\tau) < 0$,进一步可得 $c(\tau) = o(m(\tau))(\tau \to 0)$,且 $I'(\tau) > 0$。设 τ_1 为 $I(\tau_1) = 1$ 的解,则当 $\tau = \tau_1$ 时,$\phi(\tau) = 0$。

对 $\phi(\tau)$ 求关于 τ 的一阶导数可得 $\phi'(\tau) = c(\tau)I'(\tau) + c'(\tau)[I(\tau) - 1]$。此时,当 $\tau > \tau_1$ 时,$\phi'(\tau) > 0$,这意味着当 $\tau > \tau_1$ 时,$\phi(\tau)$ 是关于 τ 的严格递增函数。因此,最优保鲜努力的决策过程为

(1) 如果 $\tau_1 \leqslant \tau^I$,当 $\tau \in [\tau^I, \tau^U]$ 时,$0 \leqslant \phi(\tau_1) \leqslant \phi(\tau^I) \leqslant \phi(\tau^U)$。

① 如果 $P_m + p_c c_l \geqslant \phi(\tau^U)$,即 $\frac{d_{\Pi_{dl}(\tau)}}{d_\tau} \geqslant 0$,则 $\tau_1^* = \tau^U$;② 如果 $\phi(\tau^I) < P_m + p_c c_l < \phi(\tau^U)$,则 $\phi(\tau_1^*) = P_m + p_c c_l$ 且 $\tau_1^* = \phi^{-1}(P_m + p_c c_l)$(其中 $\phi^{-1}(\tau)$ 是 $\phi(\tau)$ 的反函数);③ 如果 $P_m + p_c c_l \leqslant \phi(\tau^I)$,则 $\tau_1^* = \tau^I$。

(2) 如果 $\tau^I < \tau_1 < \tau^U$,则 $\frac{d_{\Pi_l(\tau)}}{d_\tau} > 0$。当 $\tau \in (\tau^I, \tau_1)$ 并且 $0 \leqslant \phi(\tau_1) \leqslant \phi(\tau^U)$ 时,$\tau \in (\tau_1, \tau^U)$。

①如果 $P_m + p_c c_l \geqslant \phi(\tau^U)$，则 $\frac{d\Pi_l(\tau)}{d\tau} \geqslant 0$ 且 $\tau_1^* = \tau^U$；②如果 $P_m + p_c c_l < \phi(\tau^U)$，则 $\tau_1^* = \phi^{-1}(P_m + p_c c_l)$。

(3) 如果 $\tau_1 \geqslant \tau^U$，当 $\tau \in [\tau^I, \tau^U]$ 时 $\frac{d\Pi_{dl}(\tau)}{d\tau} > 0$；因此，$\tau_1^* = \tau^U$。

附录 K-2 定理 13.2 的证明

为了简化计算，需要令 $I(\tau) = \frac{(k-1)E_c(\tau)}{E_\theta(\tau) + (k-1)E_m(\tau)} - \frac{(t_r + p_c c_r)E_\theta(\tau)}{E_\theta(\tau) + (k-1)E_m(\tau)} \cdot \frac{m(\tau)}{c(\tau)} = 1$。容易证明，随着 p_c 增加，τ_1 也会增加。假设有两个碳交易价格：p_c^a 和 p_c^b 且 $p_c^a < p_c^b$，则 $\tau_1^a < \tau_1^b$，$\phi(\tau) = c(\tau)[I(\tau) - 1]$ 及 $\frac{d\phi(\tau)}{dp_c} = -\frac{c_r E_\theta(\tau)}{E_\theta(\tau) + (k-1)E_m(\tau)} m(\tau) < 0$。因此 $\phi_a(\tau) > \phi_b(\tau)$。假设 τ^F 满足方程 $P_m + p_c c_l = c(\tau) \left[\frac{(k-1)E_c(\tau)}{E_\theta(\tau) + (k-1)E_m(\tau)} - \frac{(t_r + p_c c_r)E_\theta(\tau)}{E_\theta(\tau) + (k-1)E_m(\tau)} \frac{m(\tau)}{c(\tau)} - 1 \right]$。容易发现，随着 p_c 增加，等式的左边也会增加。如果 τ^F 保持不变或减小，则等式的右边就会减小。因此，随着 p_c 的增加，τ^F 将增加，即 $\tau^{Fa} < \tau^{Fb}$。因此，最优保鲜努力的决策过程如下。

(1) 如果 $\tau_1^a < \tau_1^b \leqslant \tau^I$，并且，①如果 $P_m + p_c^a c_l \geqslant \phi_a(\tau^U)$，则 $P_m + p_c^b c_l > P_m + p_c^a c_l \geqslant \phi_a(\tau^U) > \phi_b(\tau^U)$ 和 $\tau_1^{*a} = \tau_1^{*b} = \tau^U$；②如果 $\phi_a(\tau^I) < P_m + p_c^a c_l < \phi_a(\tau^U)$，则有两种可能：如果 $\phi_b(\tau^I) < \phi_a(\tau^I) < P_m + p_c^a c_l < P_m + p_c^b c_l < \phi_b(\tau^U) < \phi_a(\tau^U)$，则 $\tau_1^{*a} = \tau^{Fa}$ 且 $\tau_1^{*b} = \tau^{Fb}$，如果 $\phi_b(\tau^I) < \phi_a(\tau^I) < P_m + p_c^a c_l < \phi_b(\tau^U) < P_m + p_c^b c_l < \phi_a(\tau^U)$，则 $\tau_1^{*a} = \tau^{Fa}$ 和 $\tau_1^{*b} = \tau^U$。因此 $\tau_1^{*a} < \tau_1^{*b}$；③如果 $P_m + p_c^a c_l \leqslant \phi_a(\tau^I)$，则 $\tau_1^{*a} = \tau^I$ 且 $\tau_1^{*a} \leqslant \tau_1^{*b}$。

(2) 如果 $\tau^I < \tau_1^a < \tau_1^b < \tau^U$，当 $\tau \in (\tau^I, \tau_1)$ 时，$\frac{d\Pi_l(\tau)}{d\tau} > 0$，并且当 $\tau \in (\tau_1, \tau^U)$ 时，$0 \leqslant \phi(\tau_1) \leqslant \phi(\tau^U)$。

①如果 $P_m + p_c^a c_l \geqslant \phi_a(\tau^U)$，则 $P_m + p_c^b c_l > P_m + p_c^a c_l \geqslant \phi_a(\tau^U) > \phi_b(\tau^U)$ 和 $\tau_1^{*a} = \tau_1^{*b} = \tau^U$；②如果 $P_m + p_c^a c_l < \phi_a(\tau^U)$，则 $\tau_1^{*a} = \tau^{Fa}$。如果 $P_m + p_c^b c_l < \phi_b(\tau^U)$，则 $\tau_1^{*b} = \tau^{Fb}$。如果 $P_m + p_c^b c_l \geqslant \phi_b(\tau^U)$，则 $\tau_1^{*b} = \tau^U$。因此，$\tau_1^{*a} < \tau_1^{*b}$。

(3) 如果 $\tau_1^a < \tau^I < \tau_1^b < \tau^U$，则有四种可能。如果 $P_m + p_c^a c_l \geqslant \phi_a(\tau^U)$，则 $P_m + p_c^b c_l > \phi_b(\tau^U)$ 且 $\tau_1^{*a} = \tau_1^{*b} = \tau^U$。如果 $\phi_a(\tau^I) < P_m + p_c^a c_l < \phi_a(\tau^U)$ 且 $P_m +$

$p_c^b c_l \geqslant \phi_b(\tau^U)$,则 $\tau_1^{*a} = \tau^{Fa}$,$\tau_1^{*b} = \tau^U$。如果 $\phi_a(\tau^I) < P_m + p_c^a c_l < \phi_a(\tau^U)$ 且 $P_m + p_c^b c_l < \phi_b(\tau^U)$,则 $\tau_1^{*a} = \tau^{Fa}$,$\tau_1^{*b} = \tau^{Fb}$。如果 $P_m + p_c^a c_l \leqslant \phi_a(\tau^I)$,则 $\tau_1^{*a} = \tau^I$。因此 $\tau_1^{*a} < \tau_1^{*b}$。

(4) 如果 $\tau_1^a < \tau^I < \tau^U < \tau_1^b$ 或 $\tau^I < \tau_1^a < \tau^U < \tau_1^b$,则 $\tau_1^{*b} = \tau^U$。因此 $\tau_1^{*a} \leqslant \tau_1^{*b}$。

(5) 如果 $\tau^U \leqslant \tau_1^a < \tau_1^b$,则 $\tau_1^{*a} = \tau_1^{*b} = \tau^U$。

综上所述,在任何情况下,如果 $p_c^a < p_c^b$,则 $\tau_1^{*a} \leqslant \tau_1^{*b}$。

附录 K-3 定理 13.3 的证明

(1) 在碳限额与交易政策下,可得最优订购量为

$$q_1^* = \left(\frac{k-1}{k}\right)^{2k} A_0^k \theta(\tau_1^*) \left[\frac{m(\tau_1^*)}{(t_r + p_c c_r)m(\tau_1^*) + P_m + c(\tau_1^*) + p_c c_l}\right]^k$$

(K-14)

当不受碳排放政策约束时,即 $p_c = 0$。根据定理 13.2 可得 $\tau_1^* \geqslant \tau_1^{***}$。在此情形下,如果 $\tau_1^* = \tau^{***}$,则有 $q_1^* < q_1^{***}$。

对 q_1^* 求关于 p_c 的一阶导数,可得

$$\frac{d_{q_1^*}}{d_{p_c}} = -k\left(\frac{k-1}{k}\right)^{2k} A_0^k \frac{\theta(\tau_1^*) m(\tau_1^*)^k [(c_r) m(\tau_1^*) + c_l]}{[(t_r + p_c c_r) m(\tau_1^*) + P_m + c(\tau_1^*) + p_c c_l]^{k+1}}$$

$$\approx -k\left(\frac{k-1}{k}\right)^{2k} A_0^k \frac{c_r \theta(\tau_1^*) m(\tau_1^*)^{k+1} + c_l m(\tau_1^*)^{k+1}]}{[(t_c + p_c c_r) m(\tau_1^*) + P_m + c(\tau_1^*) + p_c c_l]^{k+1}}$$

(K-15)

令 $\mu(\tau_1^*) = \dfrac{m(\tau_1^*)^{k+1}}{[(t_r + p_c c_r) m(\tau_1^*) + P_m + c(\tau_1^*) + p_c c_l]^{k+1}}$,则由 $c(\tau) = o(m(\tau))$ ($\tau \to 0$),可得 $\dfrac{d_{\mu(\tau_1^*)}}{d_{\tau_1^*}} < 0$。

此时由式(K-15)可得 $\dfrac{d_{q_1^*}}{d_{p_c}} \approx -k\left(\dfrac{k-1}{k}\right)^{2k} A_0^k (c_r \theta(\tau_1^*) + c_l) \mu(\tau_1^*)$,进一步得

$$\frac{d_{q_1^*}}{d_{p_c} d_{\tau_1^*}} \approx -k\left(\frac{k-1}{k}\right)^{2k} A_0^k \left[c_r \theta'(\tau_1^*) \mu(\tau_1^*) - (c_r \theta(\tau_1^*) + c_l) \frac{d_{\mu(\tau_1^*)}}{d_{\tau_1^*}}\right] < 0$$

因此,当 $\tau_1^* > \tau_1^{***}$ 时,有 $q_1^* < q_1^{***}$。类似可证 $\tau_1^{**} \geqslant \tau_1^{***}$ 且 $q_1^{**} < q_1^{***}$。

(2) 当 $t_e = p_c$ 时,可得 $\tau_1^* = \tau_1^{**}$,$q_1^* = q_1^{**}$ 且 $\Pi^* = \Pi^{**}$。此时,两种碳减排政策的减排效果相同。此外,还有

$$\Pi_{dl}(C_{m_1}^*, \tau_1^*) = \left(\frac{k-1}{k}\right)^{2k} \Pi + p_c E_l > \Pi_{dl}(C_{m1}^{**}, \tau_1^{**}) \quad \text{(K-16)}$$

$$\Pi_{dr}(p_1^*, q_1^*) = \left(\frac{k-1}{k}\right)^{2k-2} \Pi + p_c E_r > \Pi_{dr}(p_1^{**}, q_1^{**}) \tag{K-17}$$

由式(K-16)和式(K-17)可得 $\Pi_{dl}(C_{m_1}^{**}, \tau_1^{**}) < \Pi_{dl}(C_{m_1}^{***}, \tau_1^{***})$，$\Pi_{dr}(p_1^{**}, q_1^{**}) < \Pi_{dr}(p_1^{***}, q_1^{***})$，以及 $\Pi_{dm}(\omega_1^{**}) < \Pi_{dm}(\omega_1^{***})$。

(3) 由式(13-8)可知 $\Pi_{dl}(C_{m_1}^*, \tau_1^*) = \left(\frac{k-1}{k}\right)^{2k} \Pi^* + p_c E_l$，这里，$\Pi^* = \frac{1}{k-1} \frac{A_0^k \theta(\tau_1^*) m(\tau_1^*)^{k-1}}{[(t_r + p_c c_r) m(\tau_1^*) + P_m + c(\tau_1^*) + p_c c_l]^{k-1}}$。由式(13-20)可知 $\Pi_{dl}(C_{m_1}^{***}, \tau_1^{***}) = \left(\frac{k-1}{k}\right)^{2k} \Pi^{***}$，这里，$\Pi^{***} = \frac{1}{k-1} \frac{A_0^k \theta(\tau_1^{***}) m(\tau_1^{***})^{k-1}}{[t_r m(\tau_1^{***}) + P_m + c(\tau_1^{***})]^{k-1}}$。

根据定理 13.2 可得 $\Pi^* < \Pi^{***}$，从而有 $\Pi_{dm}(C_{m_1}^*, \tau_1^*) < \Pi_{dm}(C_{m_1}^{***}, \tau_1^{***})$。进一步，比较 TPLSP 的最优利润，由式(11-8)和式(11-20)可得

$$\Pi_{dl}(C_{m_1}^*, \tau_1^*) - \Pi_{dl}(C_{m_1}^{***}, \tau_1^{***}) = p_c E_l + \left(\frac{k-1}{k}\right)^{2k} (\Pi^* - \Pi^{***}) \tag{K-18}$$

由式(13.8)可知若 $\Pi_{dl}(C_{m_1}^*, \tau_1^*) > \Pi_{dl}(C_{m_1}^{***}, \tau_1^{***})$，则 $E_l > \left(\frac{k-1}{k}\right)^{2k} (\Pi^{***} - \Pi^*)/p_c$。因此可得碳配额的阈值 $E_{tl} = \left(\frac{k-1}{k}\right)^{2k} (\Pi^{***} - \Pi^*)/p_c$，类似可得阈值 $E_{tr} = \left(\frac{k-1}{k}\right)^{2k-2} (\Pi^{***} - \Pi^*)/p_c$。

附录 K-4　定理 13.4 的证明

(1) 类似定理 13.1 的证明可得在收益共享与成本分摊契约下的订购量为

$$q = \varphi^k A_0^k \theta(\tau_0^*) \left(\frac{k-1}{k}\right)^k \left[\frac{m(\tau_0^*)}{(t_r + p_c c_r) m(\tau_0^*) + C_m + P_m + \lambda(c(\tau_0^*) + p_c c_l)}\right]^k \tag{K-19}$$

根据协调条件可知，当收益共享与成本分摊契约协调供应链时，应有 $q = q_0^* = \theta(\tau_0^*) \left[\frac{A_0 m(\tau_0^*)}{(t_r + p_c c_r) m(\tau_0^*) + P_m + c(\tau_0^*) + p_c c_l}\right]^k$，从而可得

$$\varphi\left(\frac{k-1}{k}\right)[(t_r + p_c c_r) m(\tau_0^*) + P_m + c(\tau_0^*) + p_c c_l]$$
$$= [(t_r + p_c c_r) m(\tau_0^*) + C_m + P_m + \lambda(c(\tau_0^*) + p_c c_l)] \tag{K-20}$$

求解式(K-20)可得 $\lambda = \frac{(k-1)\varphi}{k}$ 并且 $C_m = \left[\frac{(k-1)\varphi}{k} - 1\right]((t_r + p_c c_r) m(\tau_0^*) + P_m)$。

在逆向求解过程中可得 $\omega = \frac{(t_r + p_c c_r) m(\tau) + k[C_m + P_m + \lambda(c(\tau) + p_c c_l)]}{(k-1) m(\tau)}$。利用

λ 和 C_m 的表达式，ω 可被化简为 $\omega = \dfrac{(\varphi-1)(t_r+p_cc_r)m(\tau_0^*)+\varphi P_m+\varphi(c(\tau_0^*)+p_cc_l)}{m(\tau_0^*)}$。

同理，将式(13-5)、式(13-6)和式(13-7)化简为

$$\Pi_{cr}(p_0^*,q_0^*)-p_cE_r = \frac{k\varphi}{k-1}A_0\theta(\tau_0^*)^{\frac{1}{k}}q_0^{*\,1-\frac{1}{k}} - (\omega+t_r+p_cc_r)q_0^*$$

$$= \frac{k\varphi}{k-1}\frac{A_0^k\theta(\tau_0^*)m(\tau_0^*)^{k-1}}{[(t_r+p_cc_r)m(\tau_0^*)+P_m+c(\tau_0^*)+p_cc_l]^{k-1}} -$$

$$\frac{\varphi\theta(\tau_0^*)A_0^km(\tau_0^*)^{k-1}}{[(t_r+p_cc_r)m(\tau_0^*)+P_m+c(\tau_0^*)+p_cc_l]^{k-1}} = \varphi\Pi_s$$

(K-21)

$$\Pi_{cm}(\omega) = \omega q_0^* - (c_m+P_m+\lambda(c(\tau)+p_cc_l))q_0^*/m(\tau)$$

$$= \theta(\tau_0^*)\left[\frac{A_0m(\tau_0^*)}{(t_r+p_cc_r)m(\tau_0^*)+P_m+c(\tau_0^*)+p_cc_l}\right]^k \cdot$$

$$\left\{\frac{\varphi}{k}\frac{(t_r+p_cc_r)m(\tau_0^*)+\varphi P_m+\varphi(c(\tau_0^*)+p_cc_l)}{m(\tau_0^*)}\right\}$$

$$= \left(\frac{k-1}{k}\right)\varphi\Pi_s \tag{K-22}$$

和

$$\Pi_{cl}(c_m^*,\tau_0^*)-p_cE_l = \frac{A_0^k\theta(\tau_0^*)m(\tau_0^*)^{k-1}}{(k-1)[(t_r+p_cc_r)m(\tau_0^*)+P_m+c(\tau_0^*)+p_cc_l]^{k-1}} \cdot$$

$$\left\{k(1-\varphi)+\left[\frac{(k-1)\varphi}{k}-1\right](k-1)\right\}$$

$$= \frac{A_0^k\theta(\tau_0^*)m(\tau_0^*)^{k-1}}{(k-1)[(t_r+p_cc_r)m(\tau_0^*)+P_m+c(\tau_0^*)+p_cc_l]^{k-1}} \cdot$$

$$\left[1-\left(2-\frac{1}{k}\right)\varphi\right]$$

$$= \left[1-\left(2-\frac{1}{k}\right)\varphi\right]\Pi_s \tag{K-23}$$

容易看出 $\Pi_{cr}(p_0^*,q_0^*)-p_cE_r$，$\Pi_{cm}(\omega)$ 和 $\Pi_{cl}(c_m^*,\tau_0^*)-p_cE_l$ 都是 Π_s 的仿射函数，而且，此时零售商、供应商和 TPLSP 的最优决策都和集中式系统中的最优决策保持一致。

(2) 由协调条件可知

$$C_m+\lambda(c(\tau_0^*)+p_cc_l) = [\lambda-1]((t_r+p_cc_r)m(\tau_0^*)+P_m)+\lambda(c(\tau_0^*)+p_cc_l)$$

(K-24)

求解式(K-24)可得 $C_{m_1}^* = \dfrac{(t_r + p_c c_r)m(\tau_1^*) + P_m + k(c(\tau_1^*) + p_c c_l)}{k-1}$。如果要证明 $C_m + \lambda(c(\tau_0^*) + p_c c_l) < C_{m_1}^*$，只需证明 $\lambda - 1 < \dfrac{1}{k-1}$，即 $\lambda < \dfrac{k}{k-1}$。

类似地，如果要证明 $\omega < \omega_1^*$ 和 $\dfrac{(\varphi-1)(t_r + p_c c_r)m(\tau_0^*) + \varphi P_m + \varphi(c(\tau_0^*) + p_c c_l)}{m(\tau_0^*)} < \dfrac{(2k-1)(t_r + p_c c_r)m(\tau_1^*) + k^2(P_m + c(\tau_1^*) + p_c c_l)}{(k-1)^2 m(\tau_1^*)}$，只需证明 $\varphi < \left(\dfrac{k}{k-1}\right)^2$。由于 $0 < \varphi < 1$，容易知道 $\varphi < \left(\dfrac{k}{k-1}\right)^2$ 显然成立。

附录 K-5　定理 13.5 的证明

三级生鲜农产品供应链在收益共享与成本分摊契约下实现共赢的充分必要条件就是契约协调后各成员的利润均高于分散式决策情形下的利润。基于这一条件分别比较各成员在契约协调前后的利润可得 $\Pi_{cr}(p_0^*, q_0^*) - p_c E_r \geqslant \left(\dfrac{k-1}{k}\right)^{2k-2} \Pi_s$，$\Pi_{cm}(\omega) \geqslant \left(\dfrac{k-1}{k}\right)^{2k-1} \Pi_s$ 以及 $\Pi_{cl}(C_m^*, \tau_0^*) - p_c E_l \geqslant \left(\dfrac{k-1}{k}\right)^{2k} \Pi_s$。求解上述不等式可得 $\left(\dfrac{k-1}{k}\right)^{2k-2} \leqslant \varphi \leqslant \dfrac{k}{2k-1}\left[1 - \left(\dfrac{k-1}{k}\right)^{2k}\right]$。此外，容易验证 $\left(\dfrac{k-1}{k}\right)^{2k-2} \leqslant \dfrac{k}{2k-1}\left[1 - \left(\dfrac{k-1}{k}\right)^{2k}\right] < 1$，这表明协调参数存在可行取值区间。

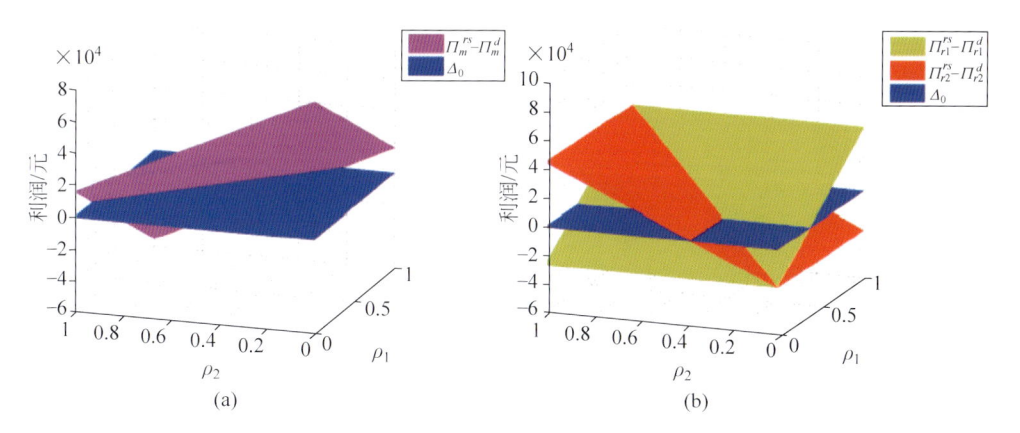

图 11-3 供应链接受 RS 契约时的利润和 ρ_i 值，$i=1,2$

（a）满足 $\Pi_m^{rs} \geqslant \Pi_m^d$ 的 ρ_i 值，$i=1,2$；（b）满足 $\Pi_{ri}^{rs} \geqslant \Pi_{ri}^d$ 的 ρ_i 值，$i=1,2$

图 12-3 保鲜技术水平和碳减排水平最优轨迹曲线

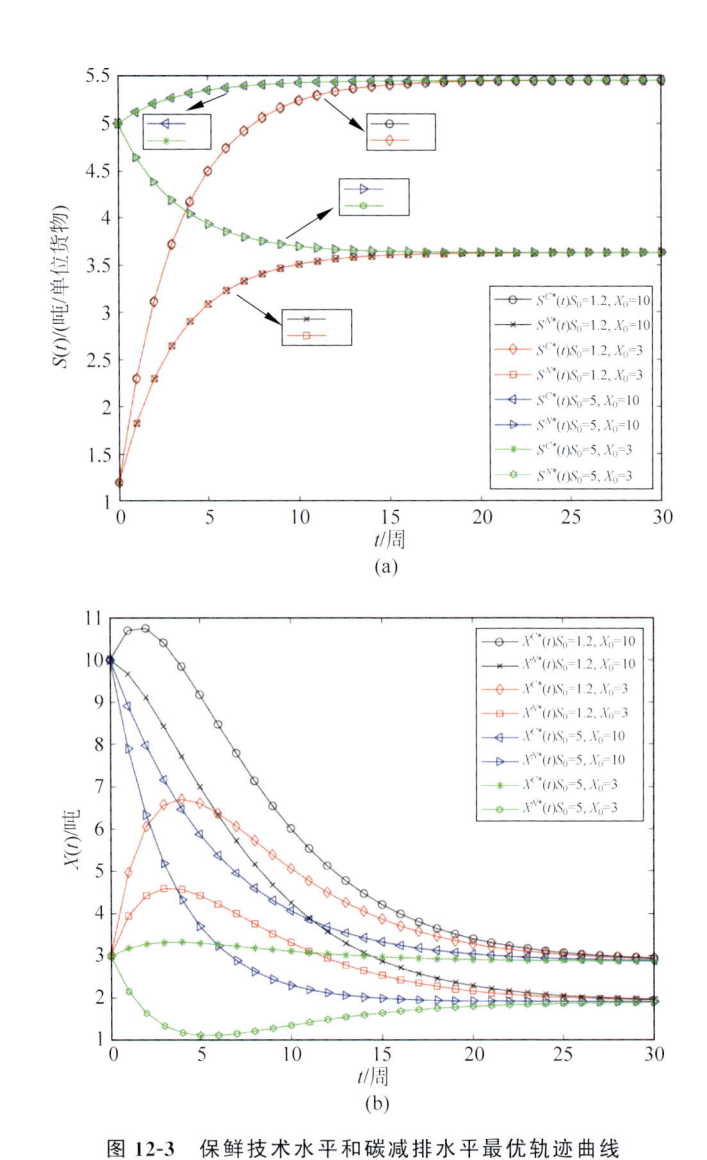

(a) 保鲜技术水平最优轨迹曲线；(b) 碳减排水平最优轨迹曲线

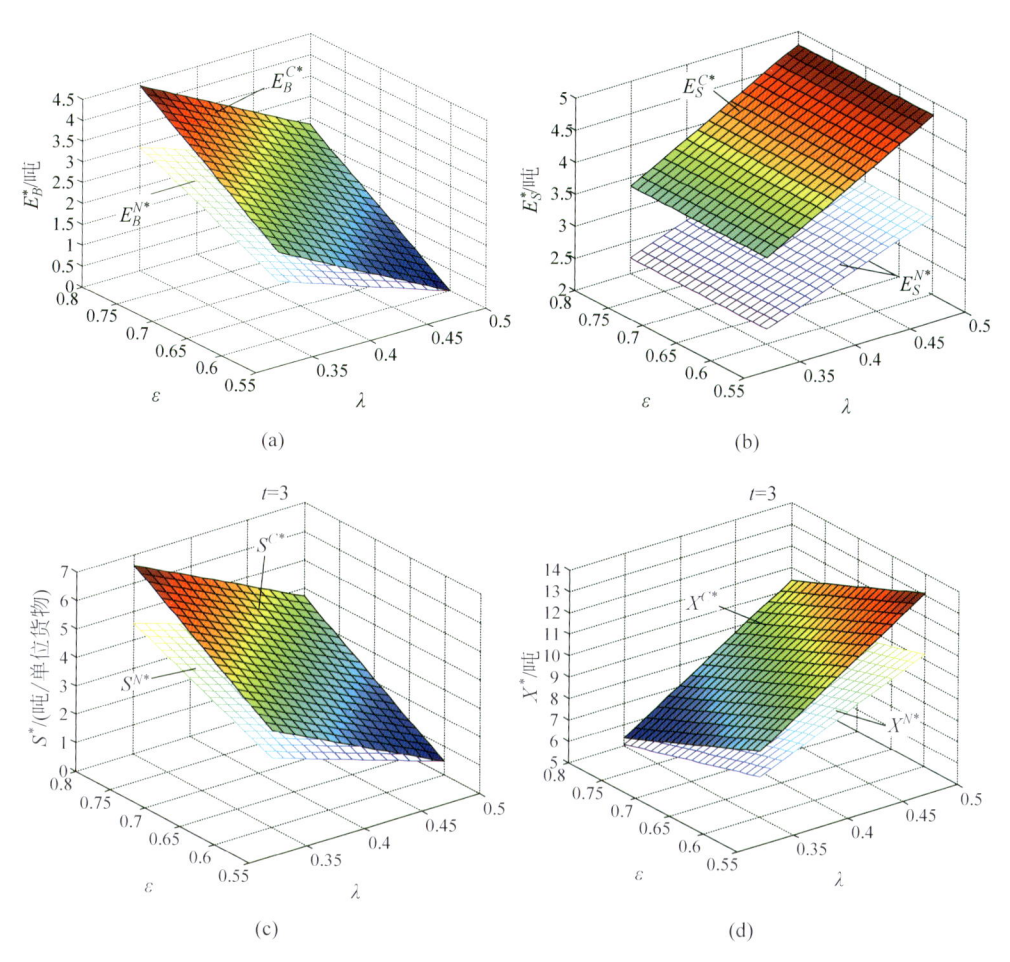

图 12-5 λ、ε 对保鲜技术水平和碳减排水平的影响

（a）λ、ε 对保鲜技术投入努力的影响；（b）λ、ε 对碳减排努力的影响；（c）λ、ε 对保鲜技术水平的影响；（d）λ、ε 对碳减排水平的影响

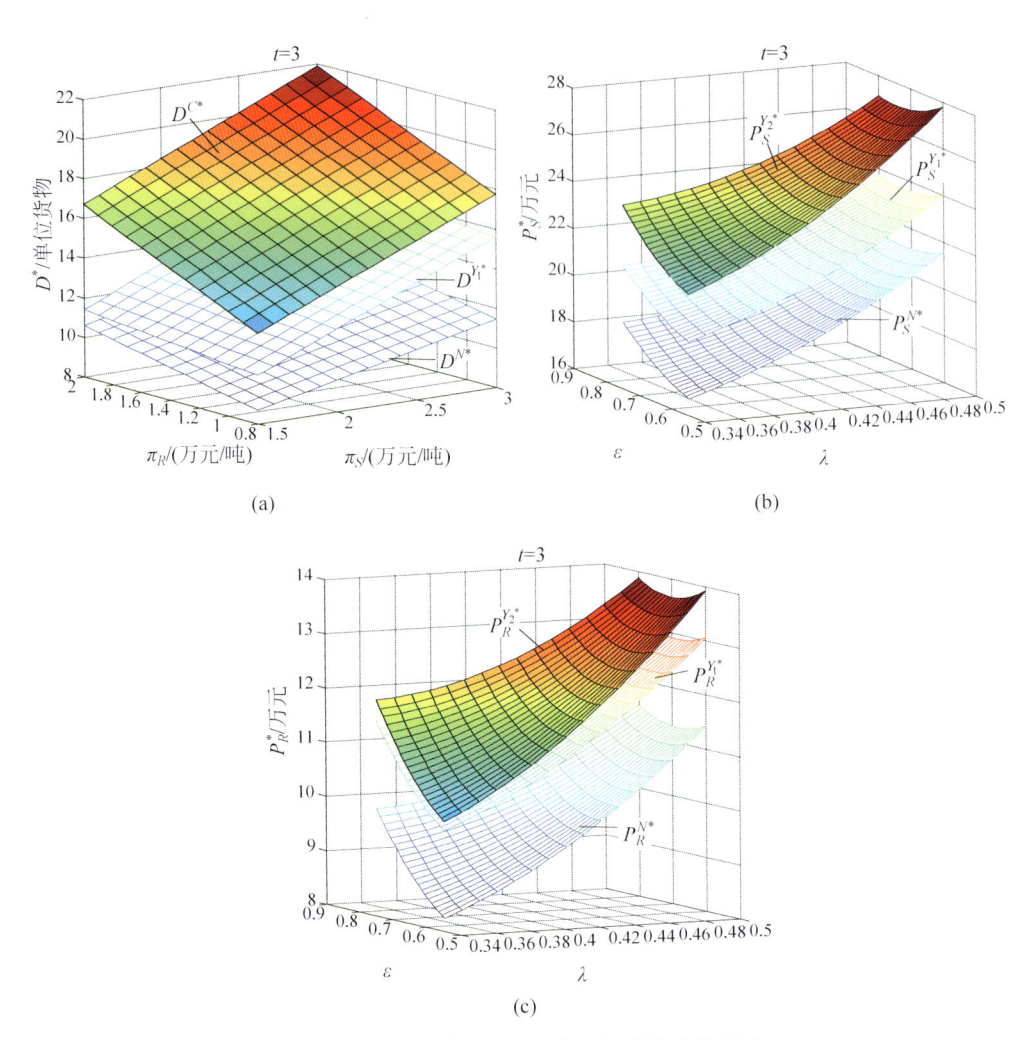

图 12-6 λ、ε 对产品市场需求和渠道收益的影响

(a) λ、ε 对产品市场需求的影响；(b) λ、ε 对供应商收益的影响；(c) λ、ε 对零售商收益的影响

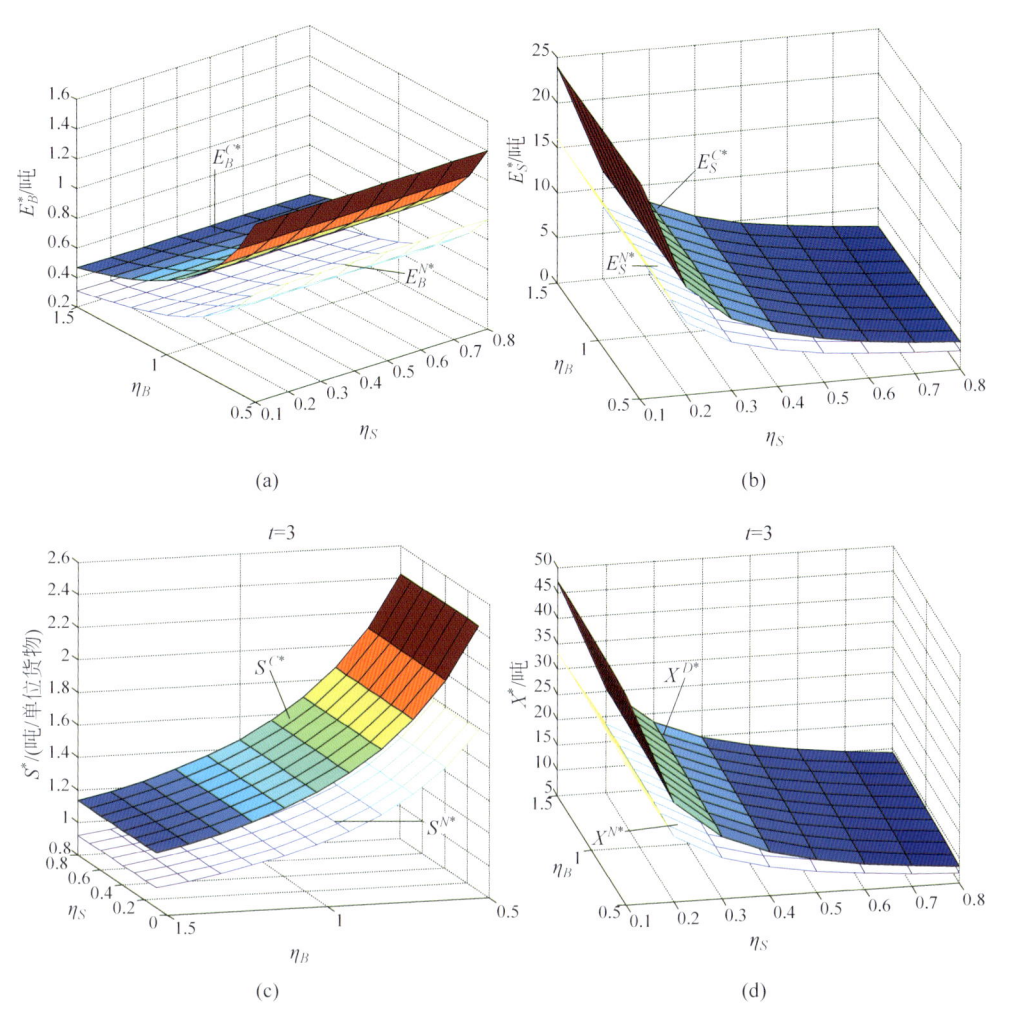

图 12-7　η_S、η_B 对保鲜技术水平和碳减排水平的影响

（a）η_S、η_B 对保鲜技术投入努力的影响；（b）η_S、η_B 对碳减排努力的影响；（c）η_S、η_B 对保鲜技术水平的影响；（d）η_S、η_B 对碳减排水平的影响

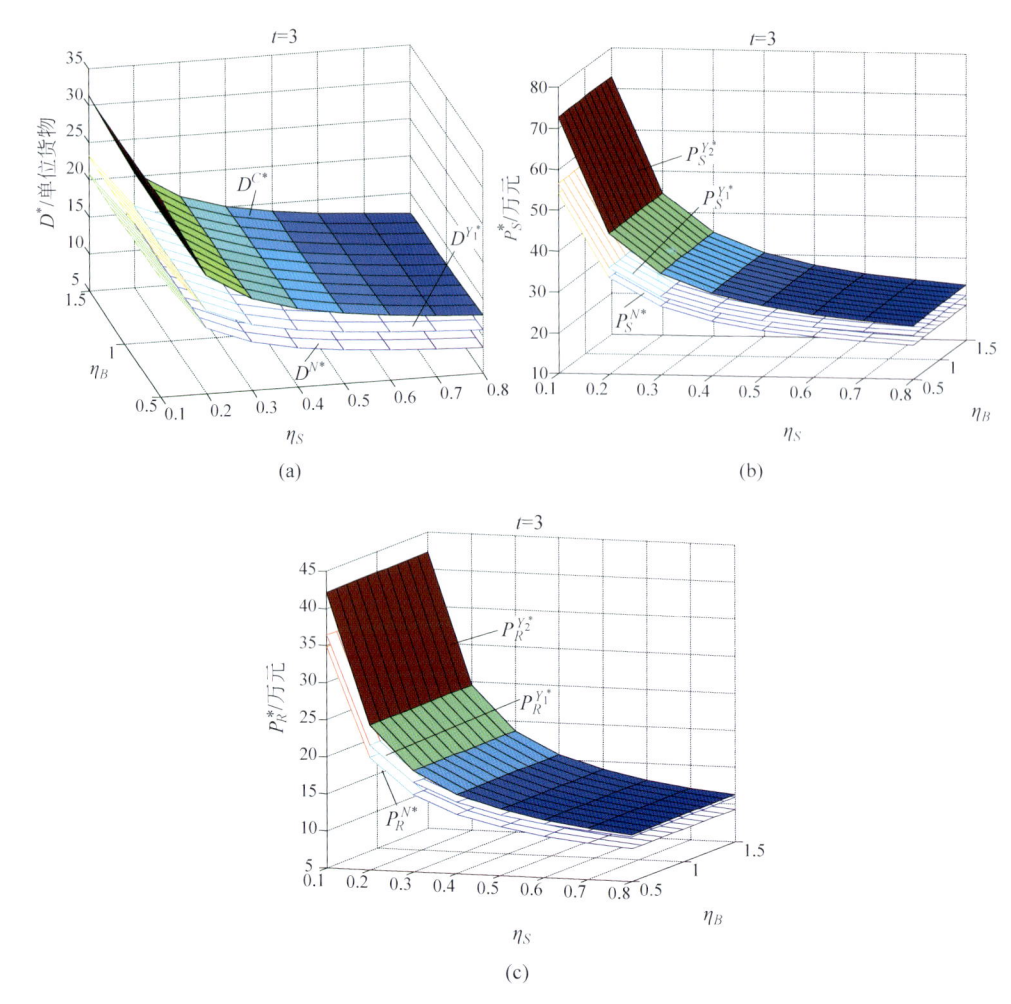

图 12-8 η_S、η_B 对产品市场需求和渠道收益的影响

(a) η_S、η_B 对产品市场需求的影响；(b) η_S、η_B 对供应商收益的影响；(c) η_S、η_B 对零售商收益的影响

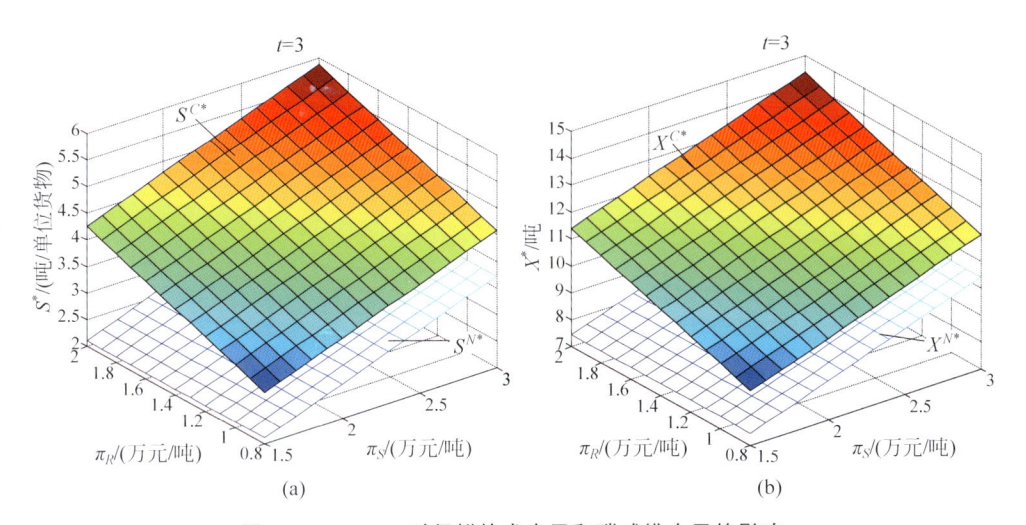

图 12-9 π_S、π_R 对保鲜技术水平和碳减排水平的影响

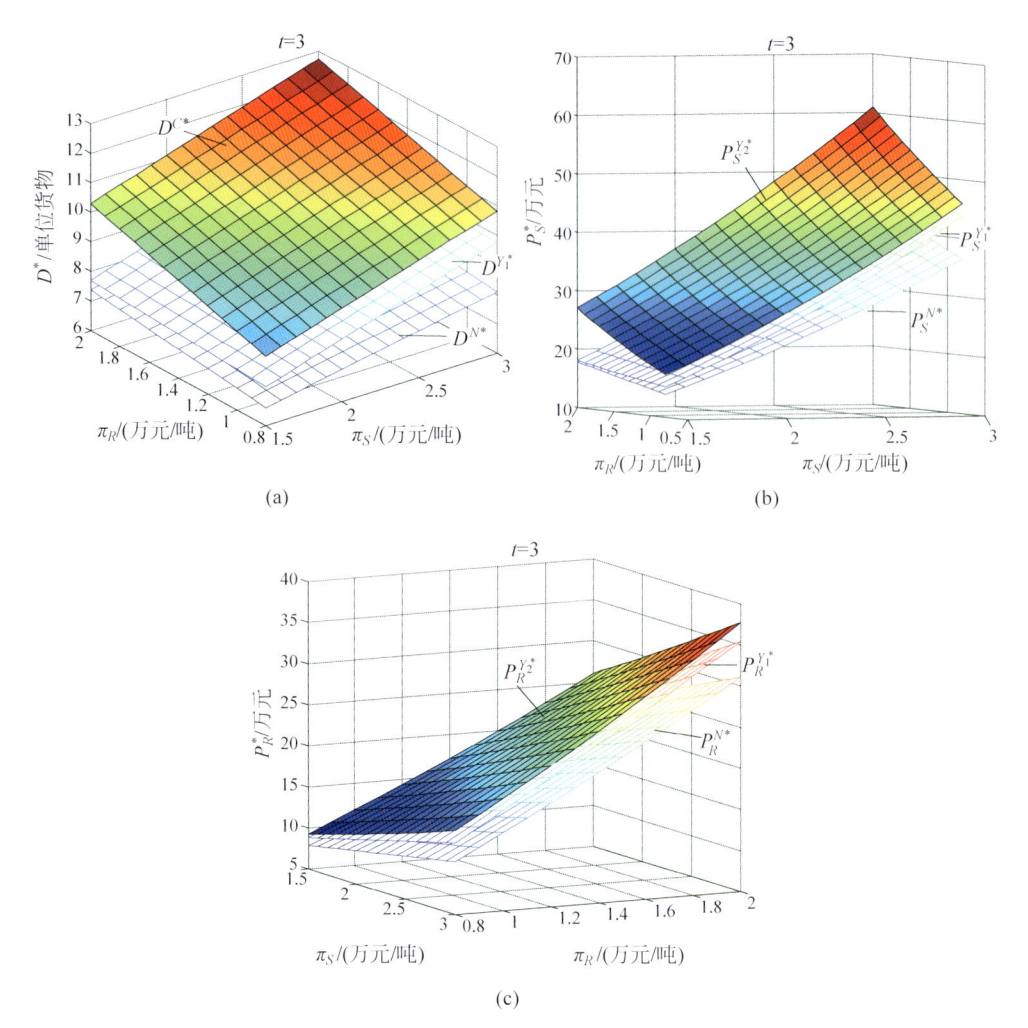

图 12-10 π_S、π_R 对产品市场需求和渠道收益的影响

（a）π_S、π_R 对产品市场需求的影响；（b）π_S、π_R 对供应商收益的影响；（c）π_S、π_R 对零售商收益的影响

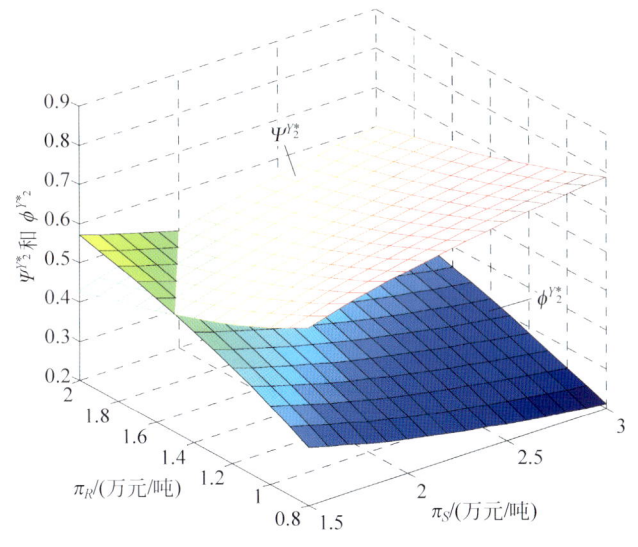

图 12-11 π_S、π_R 对成本分摊比例的影响

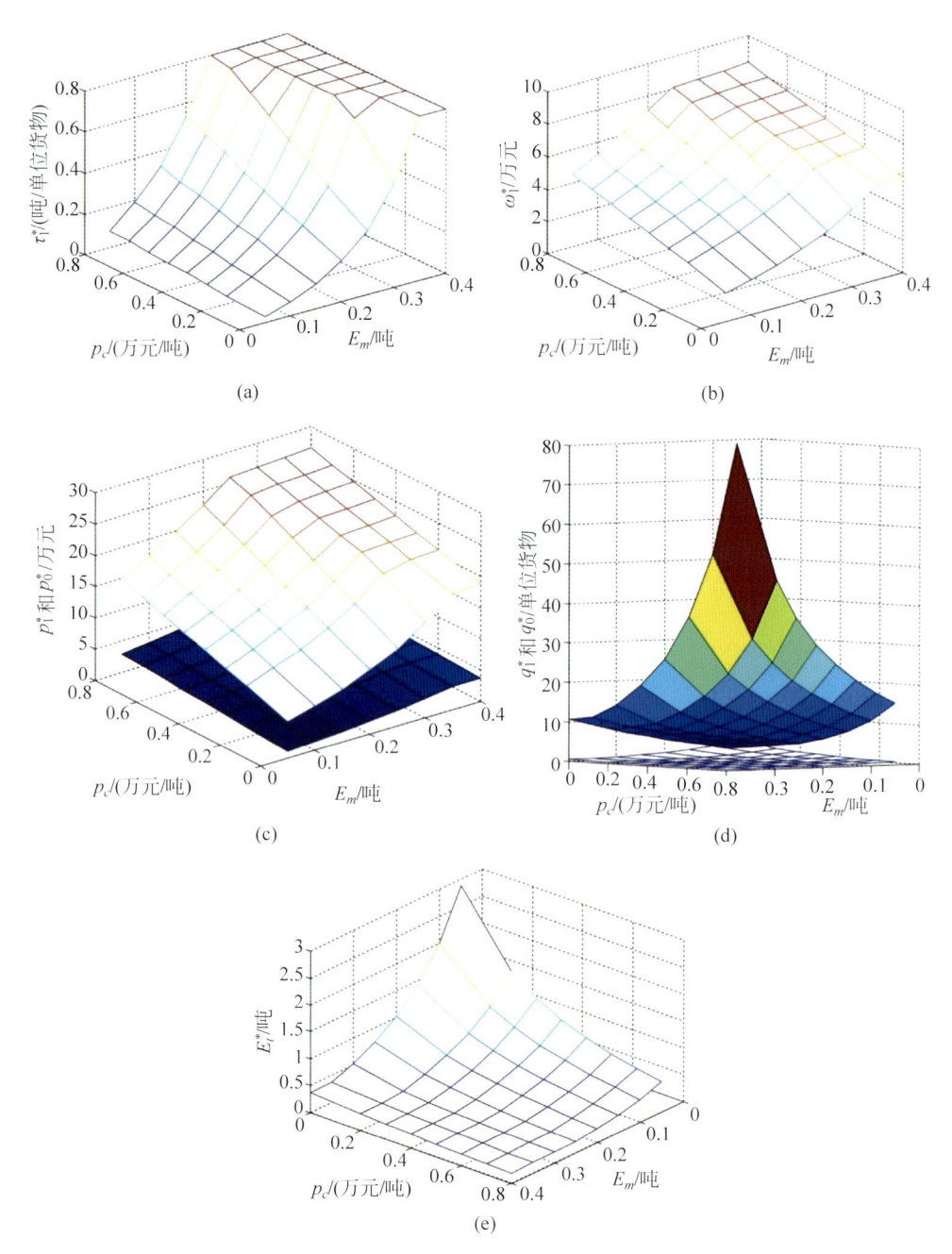

图 13-2 数量弹性 E_m 和碳交易价格 p_c 对供应链决策的影响

(a) 分散系统中最优保鲜努力 τ_1^* 随着 E_m 和 p_c 的变化；(b) 分散系统中最优批发价格 ω_1^* 随着 E_m 和 p_c 的变化；(c) 随着 E_m 和 p_c 的变化在分散系统中与集中系统中最优销售价格 p_1^*、p_0^* 的比较；(d) 随着 E_m 和 p_c 的变化在分散系统中与集中系统中最优订货量 q_1^*、q_0^* 的比较；(e) 分散系统中总碳排放量 E_t^* 随 E_m 和 p_c 的变化

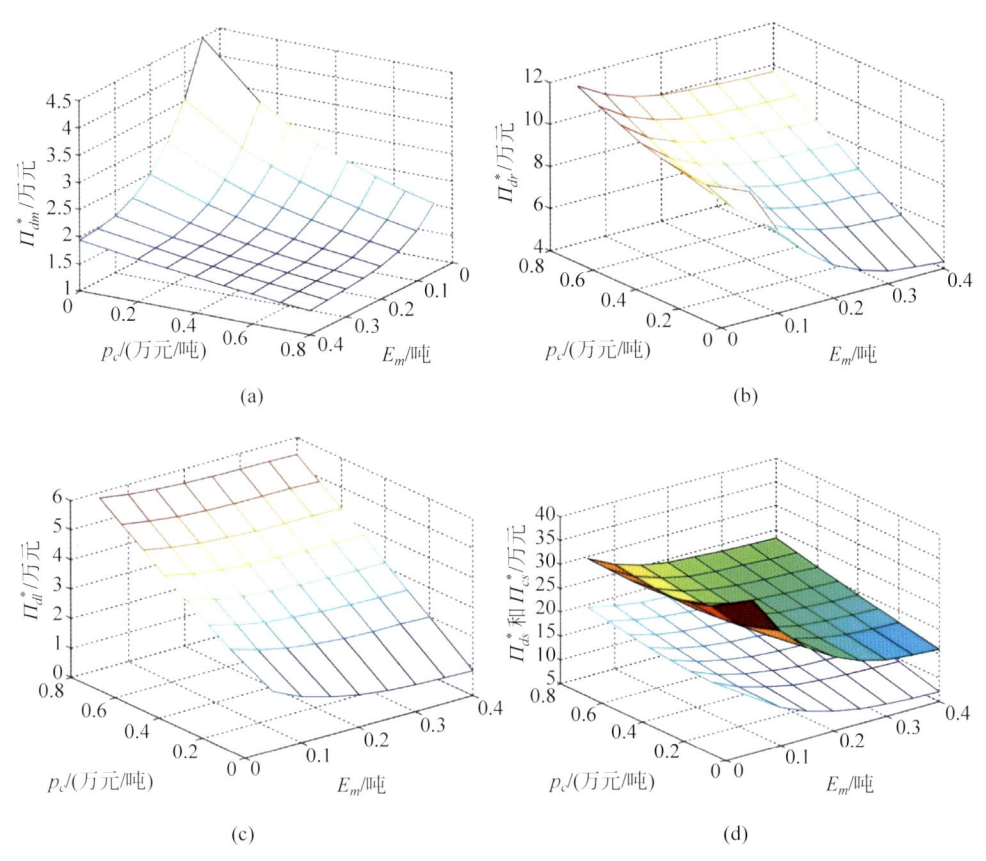

图 13-3 数量弹性 E_m 和碳交易价格 p_c 对供应链利润的影响

(a) 分散系统中供应商预期利润 Π_{dm}^* 随 E_m 和 p_c 的变化;(b) 分散系统中零售商预期利润 Π_{dr}^* 随 E_m 和 p_c 的变化;(c) 分散系统中 TPLSP 预期利润 Π_{dt}^* 随 E_m 和 p_c 的变化;(d) 随着 E_m 和 p_c 的变化在分散系统中与集中系统中供应链利润 Π_{ds}^*、Π_{cs}^* 的比较